CULTURAL TREASURES
OF THE WORLD

古今中外的各国国宝

DK图解世界文化遗产

[英] DK 出版社 编著　金丹青 译

華中科技大學出版社
http://press.hust.edu.cn
中国 · 武汉
有书至美
BOOK & BEAUTY

DK Penguin Random House

图书在版编目（CIP）数据

DK图解世界文化遗产：古今中外的各国国宝/英国DK出版社编著；金丹青译. —武汉：华中科技大学出版社，2024.1

ISBN 978-7-5772-0097-2

Ⅰ.①D… Ⅱ.①英… ②金… Ⅲ.①文化遗产－世界－图集 Ⅳ.①K103-64

中国版本图书馆CIP数据核字（2023）第192076号

Original Title: Cultural Treasures of the World: From the Relics of Ancient Empires to Modern-Day Icons

简体中文版由Dorling Kindersley Limited授权华中科技大学出版社有限责任公司在中华人民共和国境内（但不含香港、澳门和台湾地区）出版、发行。

湖北省版权局著作权合同登记 图字：17-2023-161号

DK图解世界文化遗产：古今中外的各国国宝

DK Tujie Shijie Wenhua Yichan: Gujin Zhongwai de Ge Guo Guobao

[英] DK出版社 编著

金丹青 译

出版发行：华中科技大学出版社（中国·武汉）

电话：(027) 81321913

华中科技大学出版社有限责任公司艺术分公司

电话：(010) 67326910-6023

出 版 人：阮海洪

责任编辑：莽 昱 康 晨

责任监印：赵 月 郑红红　　封面设计：邱 宏

制　　作：北京博逸文化传播有限公司

印　　刷：惠州市金宣发智能包装科技有限公司

开　　本：720mm × 1020mm　1/8

印　　张：45

字　　数：240千字

版　　次：2024年1月第1版第1次印刷

定　　价：298.00元

華中出版

目录 Contents

4

5

6

7

贝叶挂毯

这幅刺绣杰作讲述了诺曼底公爵威廉（William, Duke of Normandy）于1066年征服英格兰的故事。

导语

大约300万年前，我们遥远的祖先怀揣着目标，制作出第一种物品，那就是石器，基本上是些边缘锋利的鹅卵石，通过敲击其他岩石而成。事实证明，它们十分契合制作目的，因而沿用了100万年。随着时间推移，人类的聪明才智又贡献了其他必需品，30万年前的第一件武器、7万年前的服饰、2万年前的陶罐、5000年前的青铜器和3200年前的铁器。人类改善日常生活的动力，同样也驱动了塑造当今世界的技术。

人类历史中，深深交织着一种更为显著的欲求，那就是制作一些严格意义上并不实用或必要的东西。这种创造性动力的最早证据，包括德国霍勒费尔斯（Hohle Fels）的维纳斯女神雕塑和西班牙的阿尔塔米拉（Altamira）洞穴壁画——可以追溯至大约4万年前，远在人类摒弃游牧生活之前。艺术创作似乎根植于人类心灵，或者用19世纪英国设计师、博学家威廉·莫里斯（William Morris）的话来说，它“不仅仅是人类生活的一个偶然，可以选择接受或放开，而是生活中的有益必需品”。本书所述的，正是这种基本的人类本能，它为我们留下了那些最纷华靡丽、最意味深长、最赏心悦目、最意义重大的物品。

非凡之物出现于每一种文化中，每件都可让人从中洞悉，该文化影响下的人们如何生活。研究、阐释这些文物，可以揭示创造者们的信仰、习俗、社会结构，以及最重要的一点——他们最珍视之物。以下所展示的物品尽管形式各不相同，但有很多共同点。每件物品的制作都需要投入大量的时间、精力、技术，以及可观的工艺水平、艺术审美。而且人们在制作它们的时候，大多都考虑到了子孙后代——这证明了人类的另一种强烈冲动，即保护祖先传承和创造文化遗产的愿望。

△约公元前1600年，内布拉星象盘（NEBRA SKY DISC）
位于德国，描绘了天体之景。这是个古老的历法装置，也许是久远的星图之一。

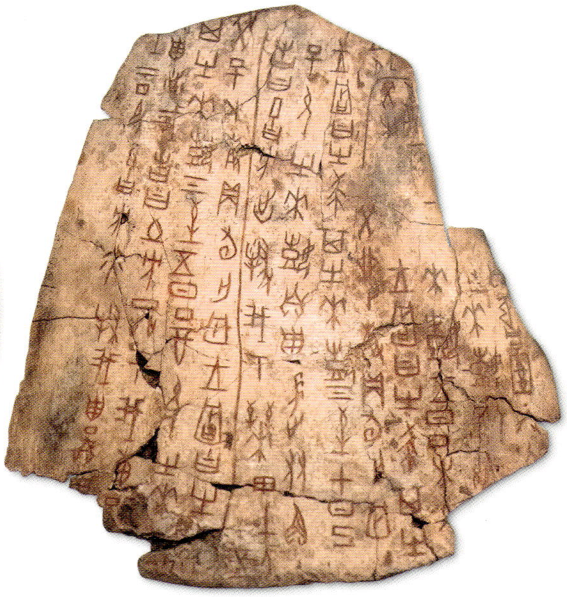

△约公元前1600—前1046年，甲骨（ORACLE BONES）
这块刻字的牛肩胛骨诞生于中国商朝时期的某次占卜仪式。上面的象形文字提供了商朝统治者关注的第一手资料。

△约1300年，《赫里福德世界地图》（*HEREFORD MAPPA MUNDI*）
这幅地图只使用了一张牛皮，为人们了解中世纪欧洲对世界的概念提供了独特视角。它由英国修道院的学者用墨水绘制而成。

“艺术的目的不是表现事物的外表，而是其内在的意义。”

公元前384—前322年，亚里士多德

有些专门为宗教目的而设计，如神的绘画和雕塑、神话中的生物、祖先代表，或精神世界中的存在；有些是为了在仪式中使用，包括面具、长袍和器皿；还有一些是为了彰显社会中某位重要人物的地位，或是为了纪念某个特定事件。随着文明愈加成熟，专业艺术家和工匠涌现，越来越多物的品应用于纯粹的装饰或艺术缘由，唯一的目的就是提供享受。世界各地富有创造力的人们维持着这一传统，制作出一系列令人眼花缭乱的“文化瑰宝”。

本书中所描绘和分析的物品都被公认为瑰宝，但并非出于本身的价值。虽然部分确实由珍贵材料制成，堪称无价之宝，但也有部分的构成材料则是泥土、岩石或木材等，毫无特别之处，更多是激发出创作灵感的社会所赋予它们的价值。文化背景凸显了价值，那是围绕物品的更广泛信仰和实践体系，而非物品本身。如今，人类学家、历史学家和普罗大众都已认识到这种非凡价值，因此本书中囊括的大多数物品现今都收藏于博物馆或画廊中，或在为后人准备的遗址上，受到保护与维护。

本书中讲述的每件物品都是其时代、其地点和其人民的产物。本书是一个集合，不仅能分析历朝历代、世界各地文化间的差异，也能揭示我们之间共同的价值观，这点同样重要。物品给予我们第一手信息。它们是原始的历史资料，与我们对话时，发自肺腑，又严于学术。它们是世界历史和文化的宝贵指南——这一观点与美国文化评论家卡米尔·帕格利亚（Camille Paglia）的话相呼应：“文化中的所有物品、所有阶段都是鲜活的。它们有声响。它们讲述着自己的历史和联结。而且它们都同时在说话！”

△1502—1520年，阿兹特克太阳石（AZTEC SUN STONE）

这块巨大的岩石可能是用来人祭的祭坛。人祭是阿兹特克人日常生活中的惯常做法。岩石中央描绘的是太阳神托纳季乌（Tonatiuh）。他们相信，定期向太阳神献祭可以确保丰收。

△约1580年，伊兹尼克陶瓷（IZNIK LIDDED BOWL）

土耳其的伊兹尼克镇是奥斯曼帝国的陶器之乡，生产了一些世界上极为装饰精美的瓷砖和器皿。

△19世纪40年代，马格达拉金冠

这顶装饰精巧的金冠上，绘有使徒的形象。埃塞俄比亚的曼提瓦布皇后（Empress Mentewab）下令制造了它，并赠予东正教教会（the Orthodox church）。

1

公元前40,000—前501年

这一时期，人类从穴居、狩猎与采集，历经定居、迁徙，在中东、欧洲、非洲、亚洲和中美洲建立起复杂社会。人类足迹遍布全球，见证了不同文明的发展历程。正是驱使人类创造具有意义与美感之物的动力，让这些古代文化有所联结。那些创作物反映了自然世界、日常生活，以及帮助人类认识周遭世界的仪式与宗教。从最早的人形描画到古希腊艺术的精致之美，从雕刻与绘画到陶器与精巧的金属制品，这一时期包罗了人类早期创造力的百花齐放。

霍勒费尔斯的《维纳斯》

已知文物中最古老的人类形象，以长毛象的獠牙雕刻而成，发掘自一座洞穴

人们从德国南部施瓦本侏罗（Swabian Jura）地区的霍勒费尔斯山洞中，发现了一座非凡雕像。它带来了旧石器时代文化（Palaeolithic culture）的新线索，令史前艺术的起始时间比以往假设的提前了许多。它很明显是一个女性的形象，约在40,000年至35,000年前，用燧石雕刻猛犸象牙制成，是世界上已知最早的雕像。

雕像突出的性特征令学者们认为，它是一种生育象征。他们无视时代错置，称它为"维纳斯"（即罗马爱神）。石器时代后期还有些类似的雕像，也拥有同样的名字。霍勒费尔斯的维纳斯是已知早期的"可移动艺术"（mobiliary art）例子之一。它很丰满，显然是在赞美女性的生殖能力，从而也决定了雕像的比例：短小的四肢与身体相比相形见绌，腹部微微隆起，乳房丰满，臀部和大腿较宽，生殖器夸张；没有头部，取而代之的是一个带孔的突起，可能作穿绳之用。

可移动艺术

旧石器时代的游猎采集部族是游牧民族。他们跟踪动物群体，会在山洞中躲避坏气候。因而他们的艺术有两种形式：洞壁和洞顶上的绘画，名为"岩面艺术"（parietal art）；"可移动艺术"，即用木材、骨头、象牙或岩石雕刻，或用黏土制作的小型便携雕塑，陪伴他们一路旅行。

沃格赫德山洞，史前雕刻的马

◁下维斯特尼采（DOLNI VESTONICE）的维纳斯

这个雕像是世界上已知早期的陶质工艺品之一，可以追溯至公元前29,000至公元前25,000年。它夸张的胸部、臀部和腹部，是欧洲旧石器时代晚期或晚石器时代（Late Stone Age）中典型的"维纳斯"雕塑。

首批"维纳斯"雕像的雕刻时间，与欧洲出现早期现代人的时间相一致

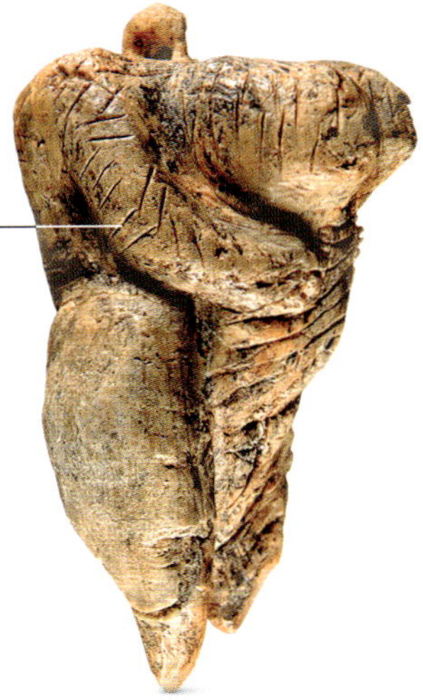

△侧视图

从侧面看，膨大夸张的乳房和圆润的腹部特别显眼，强调着雕像的女性特征和生育能力。

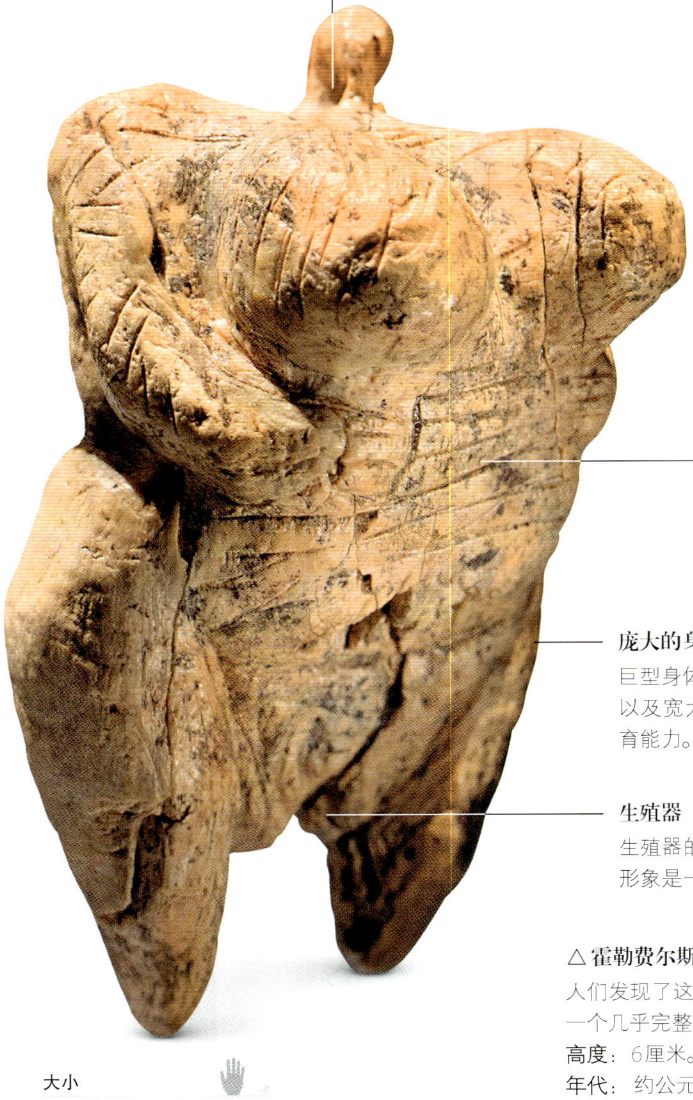

△霍勒费尔斯的《维纳斯》

人们发现了这个古代物件的6块碎片，拼凑出一个几乎完整的雕像，只有左臂丢失了。

高度：6厘米。

年代：约公元前38,000—前33,000年。

史前狮子人雕像

一尊气势磅礴的狮头人像，用赫伦施泰因–施塔德尔洞穴（Hohlenstein-Stadel cave）中发现的象牙碎片，作了艰难重塑

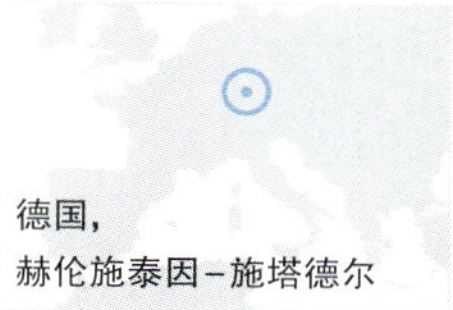

德国施瓦本侏罗（Swabian Jura）地区的山洞中，出土了大量旧石器时代晚期的文物，包括许多精心雕刻的人像和装饰品。其中最古老的是这尊猛犸象牙雕像。它非常细致地描绘了一个狮头人身的形象。

狮子人（Löwenmensch）最初只是赫伦施泰因–施塔德尔洞穴泥土中的小碎片。70多年间，随着更多碎片的发现，它得以逐渐拼凑起来。如今它近乎完整，体现了惊人的工艺水平。这个混合形象用燧石切割工具雕刻猛犸象牙而成，有清晰可辨的狮头和狮爪，以及猫科动物的修长背部。但它的手臂、腿和自信的直立姿势都拥有明确无误的人类特征。

这座雕像的制作花费了大量时间和精力，表明它具有巨大的文化或宗教意义。也许是神话中拟人生物的代表，或是身着兽皮、头戴狮头面具的萨满。

史前狮子人雕像由1,000多块象牙碎片组装而成

用燧石工具雕刻象牙

旧石器时代晚期，敲碎的燧石岩芯所制成的精巧刀片取代了简单的燧石片工具。各种专门用途的刮刀、小刀和尖头工具，让复杂的象牙与骨头雕塑成为可能。但雕刻象牙和骨头，特别是逆纹雕刻，是一项艰巨任务，需要兼具力量和技巧。

旧石器时代晚期的燧石工具

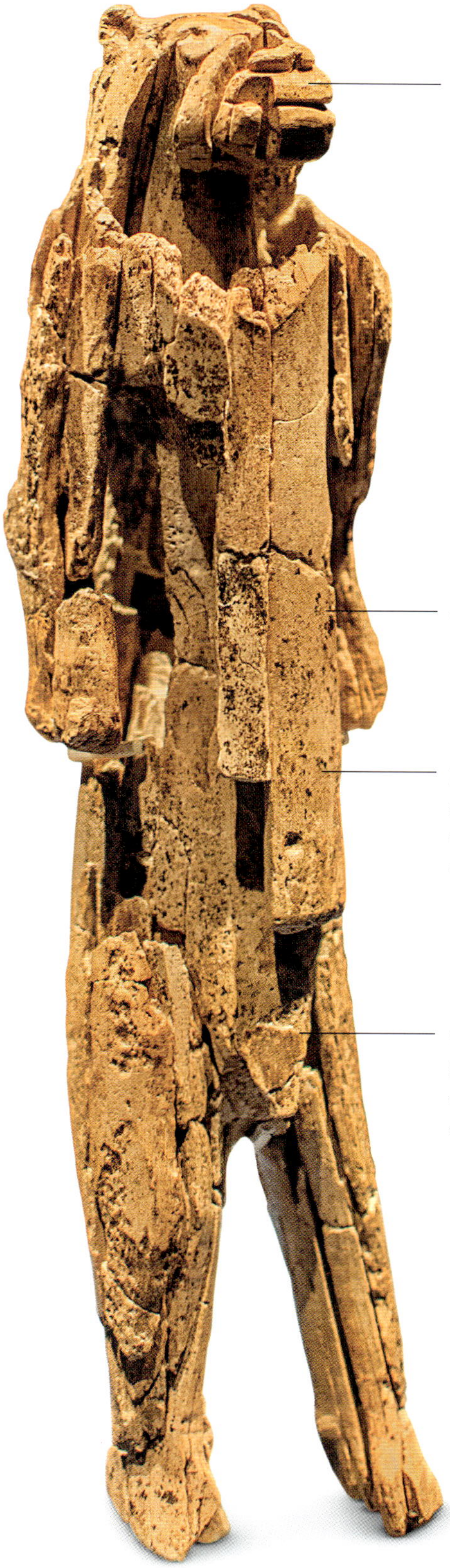

△ **侧视图**
多种多样不同特征的雕刻技术表明，雕像的雕刻过程中，使用了多种燧石工具。

◁ **史前狮子人雕像**
目前发现的文物中，狮子人雕像是最早的拟人化动物雕塑。它结合了人类和猫科动物的特征，让人可能得以一瞥旧石器时代萨满教文化的诱人一角。
高度：31.1厘米。
年代：约公元前38,000—前33,000年。

大小

▷赭石
用不同的赭石（天然黏土颜料）制作了红色、棕色和黄色。

43号野牛
这头雌性野牛标记为“43号野牛”，呈现出一种相当复杂巧妙的自然主义风格。

◁锰
用黑色的锰和木炭勾勒身体、鬃毛和牛角。

不规则性
艺术家利用裂纹等不规则之物来扩大体积，或凸显、捕捉各种解剖学特征，如这头野牛的头部。

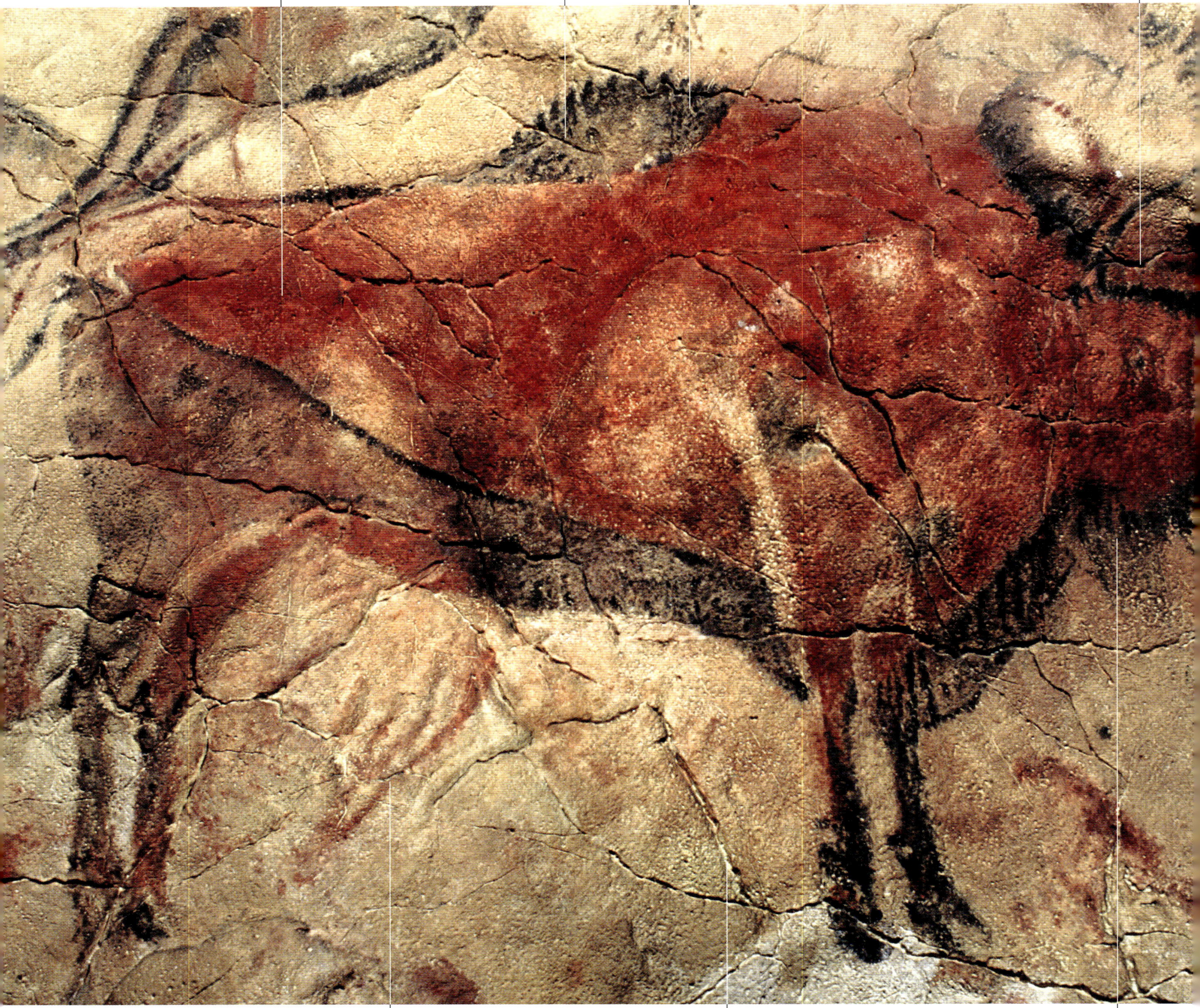

先前的描绘
之前已画上过一层红色图像。

顶部
多彩室的顶部高度从1.2米至2.7米。

细节
炭棒用来描绘更精致的细节，如下颏上的毛发。

▽《阿尔塔米拉野牛图》
这幅特殊的雌性野牛图位于阿尔塔米拉多彩室的天花板。那里还有几十幅图画。
野牛的高度：150厘米。
年代：约公元前15,000—前12,000年。

《阿尔塔米拉野牛图》

欧洲史前艺术的非凡珍品，点缀着西班牙的一面洞壁

21,000年至11,000年前，西班牙北部散提亚拿（Santillana del Mar）附近的阿尔塔米拉（Altamira）洞穴群，是旧石器时代梭鲁特（Solutrean）文化和马格德林（Magdalenian）文化的家园。300米长的洞穴中，这些文化的艺术家们在长廊、内室的墙壁和顶部，留下了数十幅令人惊叹的绘画。

史前洞穴艺术

野牛、马、野猪、山羊和鹿等可狩猎的动物，构成了绘画的主体。艺术家们在洞壁和洞顶上创作了它们的形象；在某些地区，他们会用木板或一种类似脚手架的工具来够到天花板。

第一幅画是红色的野牛图，位于洞穴中最大的多彩室（Polychrome Chamber）。野牛图使用的是赤铁矿或赭石颜料，以果汁或唾液稀释后，创造出不同色调。随后，许多画上出现了多色动物。艺术家用锰制造黑色颜料，创作后来的绘画，且常利用壁面上的自然裂纹和轮廓，来创造动态效果。

部分艺术家使用空心鸟骨在岩石上喷射颜料，再用苔藓片涂抹。此处展示的雄伟野牛高150厘米，同洞穴中大多数动物一样，只略小于真实尺寸。

人们于1868年发现了这些洞穴，1879年起作了一定调查，起初以为这些画是现代伪造品。直到1902年，它们才获认为欧洲史前洞穴艺术中的最佳例子。它们是如此珍贵，以至于如今游客只能看到复制品，以防遭到（可以以人类呼吸中的水分为生的）真菌破坏。

阿尔塔米拉多彩室的墙壁上绘有27头野牛、4头雌鹿、1头雄鹿和2匹马

△阿尔塔米拉洞顶的红色野牛图
艺术家应该以动物脂肪制成油灯，借着散发的昏暗光线，在黑暗洞穴的顶部和墙壁上，创作出了这些惊人的画作。

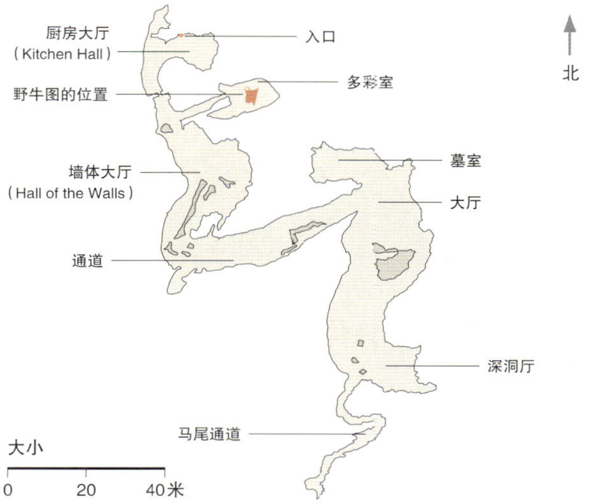

△阿尔塔米拉的长廊
阿尔塔米拉洞穴群中有几座长廊，包括多彩室、大厅（the Great Hall）、深洞厅（the Hall of the Pit）和名为马尾（Horse's Tail）的通道。

大小

卡卡杜岩画

具有重要精神意义的原住民画作，数以千计，构成了世界上伟大的岩画集中地之一

澳大利亚北领地的卡卡杜国家公园（Kakadu National Park）内，有超过5,000个已记录的岩画遗址。这些画作的年代分布从大约20,000年前至今，是世界上所有文化中持续时间极长的历史纪录之一。

原住民岩画（gunbim）的主要展厅位于乌比尔（Ubirr）和布伦基（Burrunguy）。乌比尔的展厅名为“土著岩石艺术”（Aboriginal rock art），布伦基的名为“诺尔朗吉岩画遗址”（Nourlangie Rock）。绘画覆满了原住民岩石庇护所内的墙壁、天花板和巨石。形象范围从动物和植物，到人类和祖先，还有手印和模板，不一而足。比宁基（Bininj），又名曼谷伊（Mungguy），是这片区域的原住民，也是这片土地的传统所有者。这些岩画记录了他们的信仰和历史，证实了他们与该地区的密切联系与自己的精神遗产。人们认为，有些图像具有神圣和危险性（andjamun），可能只有少数高等级的原住民男女才能看到。新画作常叠加在旧画作上，不同时期的绘画都能得以一瞥。

红色颜料
红色用赤铁矿来呈现。那是一种氧化铁，也是几千年来使用时间最长的颜料。

手部轮廓
艺术家用嘴吹出颜料，吹到一只张开的手上，创造出一种模板的效果。

不同高度
根据艺术家的身高，也许还根据他或她的地位，手印覆盖着整面墙壁的不同高度。

儿童
像这样低水平的小型手绘作品可能出自儿童之手。

黑色颜料
黑色来自氧化锰或木炭。将它们与水混合，形成糊状物。

△卡卡杜岩画
原住民艺术家在绘画时经常使用模板，包括他们的手。这种印下的画可能是卡卡杜最古老的绘画。
尺寸：真人大小。
年代：约公元前20,000年—公元2000年。

△卡卡杜国家公园
数千年来，岩石露头一直是原住民的庇护所，比如这块位于乌比尔附近的露头。而且它们与乌比尔一样，经常成为岩画遗址。

20世纪的岩画

卡卡杜的传统岩画直至20世纪80年代仍在继续绘制。这幅画位于布伦基遗址，由艺术家纳恩博米（Nayombolmi，约1895—1967年）和老尼姆·吉蒙格尔（Old Nym Djimongurr，约1910—1969年）于20世纪60年代创作。据了解，纳恩博米一生中，至少创作了650幅岩画。绘画仍然是原住民文化的一部分，是传承文化习俗和法律的一种方式，但现在绘画更多创作在树皮或帆布上。

1963—1964年，纳恩博米和吉蒙格尔所绘的祖先形象

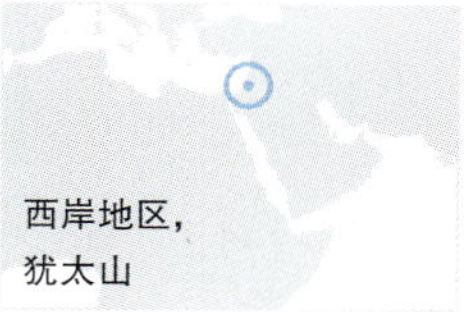

大小 

犹太山脉石制面具

神秘的石灰石雕刻面具，已历经9000年风云，来自人类历史中的一个关键时期

这个美丽的新石器时代石制面具十分引人注目，发现自西岸地区南部的普尼西弗（Pnei Hever）定居点附近。犹太沙漠和山脉地区出土了16个相似面具，这是其中之一。它可以追溯至大约9000年前的新石器时代，当时的人类文化正从狩猎采集转向农业，也开始定居。这场农业革命相伴着宗教仪式相关活动的增多。人们认为，这个面具也许会在死亡典礼或祖先崇拜的仪式中发挥作用。

面具由黄粉色的石灰石，流畅而专业地雕刻而成。空洞的眼睛和半张的嘴，带来一种怪异的感觉。颧骨是雕刻出来的，一组牙齿清晰可见，显示了雕刻者的高超技艺。面具边缘的穿孔和镂空的背面表明，它可能是戴在脸上，或者挂在柱上的。

石灰石
面具以犹太山脉的石灰石雕刻而成。这片地区可能是面具生产中心。

▽犹太山脉石制面具
面具用石制工具制作，显示出非凡的工艺。
高度：约25厘米。
年代：约公元前7000—前6000年。

可佩戴的面具
面具的比例表明，它的尺寸适合戴在脸上。也许这是宗教仪式的一部分。

鼻子
有点截短的鼻子，增加了面具头骨般的效果。

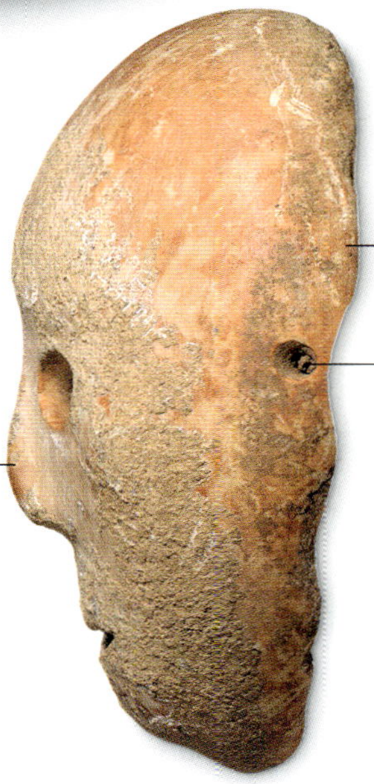

平滑的抛光
石灰岩磨得很光滑，如今有些部位已遭腐蚀。

穿孔
钻的孔表明，面具可能会系在人或物体上。

▷侧视图
面具有一个浅剖面，鼻子和圆圆的额头形成两道平滑的曲线。

新石器时代的石膏头骨

还有一个同一地区、不同时期仪式化行为的例子。人们在以色列、巴勒斯坦、叙利亚和约旦的遗址中，发现了几个埋在房屋地板下的新石器时代石膏头骨。头骨周围覆上湿石膏，以重塑面部特征。还有些碎片显示，眼睛、头发和胡须等元素会用贝壳和颜料来表示。

公元前7000年至公元前6000年，来自西岸地区耶利哥（JERICHO）的石膏头骨

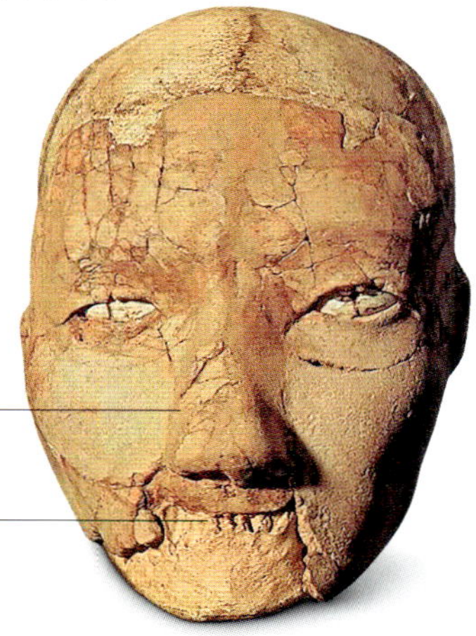

用石膏重塑的鼻子

磨至根部的牙齿

▷纳尔迈调色板
调色板发现于埃及古都希拉孔波利斯，是一件重要礼器。人们认为纳尔迈本人在国家统一中，发挥了关键作用。
高度：63.5厘米。
年代：约公元前3100年。

纳尔迈调色板

一件独特的工艺品，自埃及历史刚浮现黎明之色开始，就已用于神圣仪式；它的图像象征着古代文化事件

纳尔迈调色板是一块公元前4世纪时的灰色粉砂岩石板，用于颂扬纳尔迈国王的成就。许多历史学家认为，纳尔迈就是埃及第一王朝（Egypt’s First Dynasty，见下侧方框）的传奇创建者。1898年，英国考古学家弗雷德里克·格林（Frederick Green）和詹姆斯·奎贝尔（James Quibell）在希拉孔波利斯（Hierakonpolis）的一片神庙群中，发现了纳尔迈调色板。希拉孔波利斯是古埃及的首都之一。

独特的意义

墓葬品中，常发现一些无装饰的小型埃及调色板。它们是用来准备化妆品的。这些化妆品可能会用来装饰神庙中的神像。有装饰的较大调色板则用于仪式，更为罕见。大多数作过装饰的调色板上都描绘了动物，但纳尔迈调色板的图案要复杂得多，表明它是一件具有重大文化意义的物品。

调色板上的浅浮雕质量卓越，即使诞生于非常早期的阶段，也展现了埃及艺术的传统特征。它在横条中讲述故事，人物头部显示为侧面，但躯干是正面。它的图像十分特别，学者们无法就其中的含义达成一致，但普遍认为它与埃及统一有关（见下侧方框）。在已知艺术品中，它是最早表现同一位国王既戴了上埃及（尼罗河谷）王冠，又戴了下埃及（三角洲）王冠的。调色板的其中一面上，纳尔迈举起长矛击碎敌人头颅（一种表现王室权威的传统形象），猎鹰神荷鲁斯（Horus）在一旁观看。另一面描绘了他带领一支战队，去看战败敌人的尸体。下方有两头缠结在一起的野兽，象征着这场胜利可能带来统一的实现。

象形文字中，纳尔迈的名字以一条鲶鱼和一把凿子表示

两只狗勾勒出调色板的两侧轮廓

“蛇豹兽”（serpopard）环绕着颜料碗

▷双狗调色板
这是希拉孔波利斯出土的仪式用调色板中，比较典型的例子。它混杂了野生动物和神话生物，体现了前王朝（predynastic）早期的王权概念。

埃及的统一

上下埃及的统一，是这个国家古代史中最重要的事件，标志着它作为一个民族国家的诞生，并在公元前3100年前后迎来了王朝时代。虽然某场决定性的战役加速了统一，但从社会和政治层面上看，这个过程可能历经了好几个统治时期。变化的程度反映在纳尔迈调色板上。早期调色板描绘的是狩猎场景，将王权与野生动物的控制力联系在一起。但纳尔迈调色板的重点从狩猎转向战争，国王以人形出现在画面中，击溃了敌人。它还把国王描绘成一位统一者，戴着上埃及和下埃及的王冠。在第一王朝（First Dynasty）的登（Den，死于公元前2995年前后）统治时期，这两个王冠合并成双冠，或称“红白双冠”（pschent），代表统一。

戴着双冠的荷鲁斯神

◁**纳尔迈的名字**

纳尔迈的名字以象形文字显示，与王宫大门并列。

白王冠

这里的纳尔迈戴着上埃及的白王冠（hedjet，见对页方框）。

红王冠

纳尔迈戴着下埃及的红王冠（deshret）。

旗手

4个旗手在列队行进。

哈托尔女神（THE GODDESS HATHOR）

哈托尔两度出现在了调色板的两侧。

化妆品碗

两名随从用绳索牵着两头“蛇豹兽”的脖子。交织的脖子构成了研磨和混合化妆品原料的碗。

△ **神话生物**

这种神话中生物的现代名称是“蛇豹兽”（Serpopard），即“蛇”与“豹”的组合。埃及文原名不详。

▷**反面视图**

纳尔迈调色板的另一面是对纳尔迈国王胜利的颂扬，确定了他就是美尼斯国王（King Menes），即上、下埃及的统一者。

大小

大小

《灌木丛中的公羊》

兴盛于公元前3000年的苏美尔文明留下之物中，非凡的遗迹之一

1928年至1929年，乌尔（Ur）出土了一对几乎完全相同的雕像，此处所示就是其中之一。乌尔是苏美尔（Sumer，今伊拉克南部）一个重要的宗教、政治、商业和艺术中心，也是首批伟大文明的发源地之一。考古学家伦纳德·伍利（Leonard Woolley）为这座雕像起了名，用了《圣经》中亚伯拉罕（Abraham）的典故——亚拉伯罕献祭了一头羊角被灌木丛缠住的公羊。实际上，该雕像表现的山羊正用后腿站立着，去够树上的叶子。

雕像是在一个皇家墓址中发现的，所以很可能是一位地位显赫者的陪葬品，如女祭司长。雕像最初安装在一个木芯上，彰显了苏美尔人拥有令人印象深刻的艺术审美和技术能力。它使用了奢华材料，包括金、银和铜，羊毛用青金石（lapis lazuli）和贝壳来展现；山羊眼睛和胡须也用了青金石，令面部表情十分生动。这个形象的确切含义仍无定论，可能与土地肥沃有关。

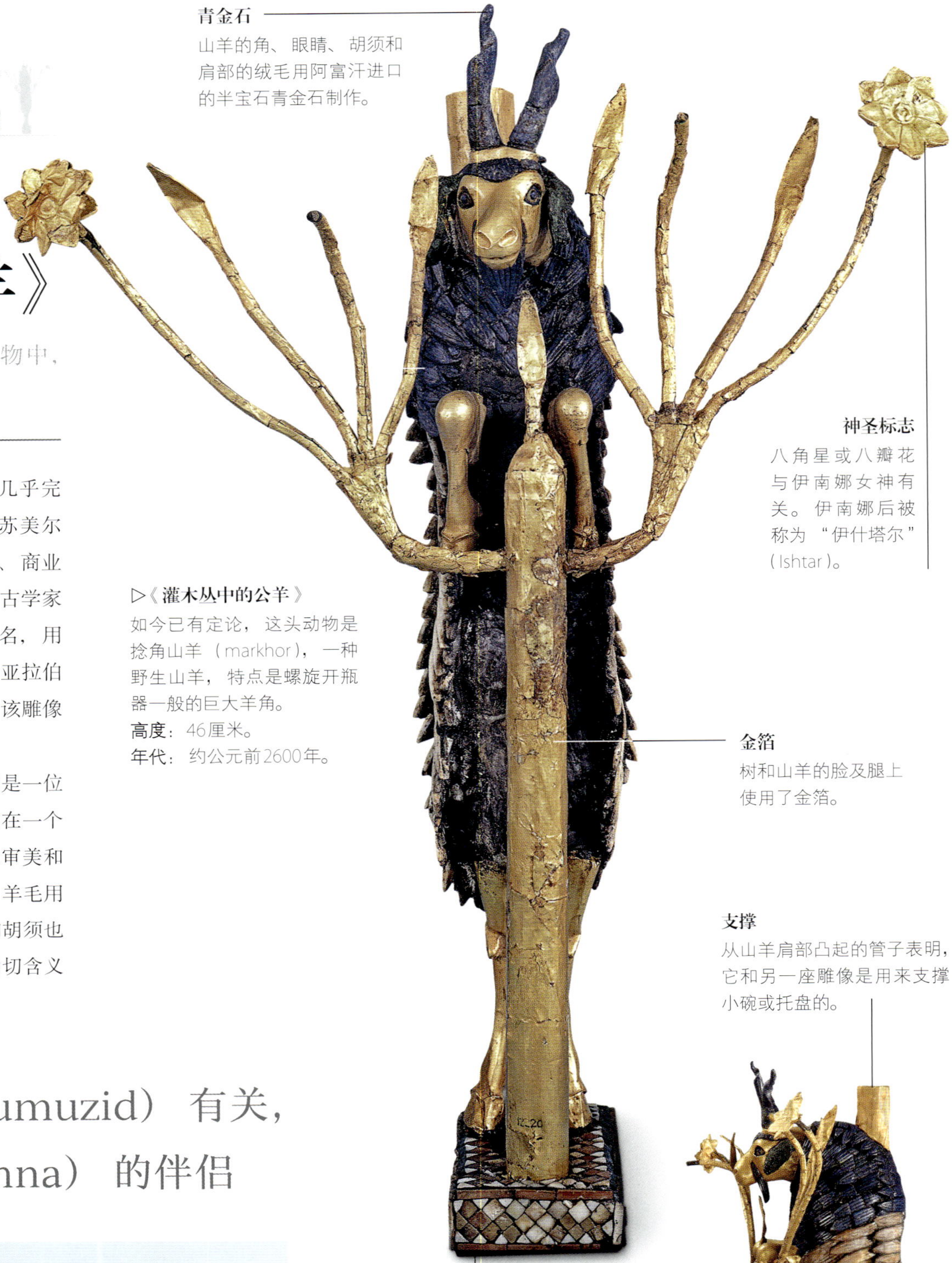

青金石
山羊的角、眼睛、胡须和肩部的绒毛用阿富汗进口的半宝石青金石制作。

神圣标志
八角星或八瓣花与伊南娜女神有关。伊南娜后被称为“伊什塔尔”（Ishtar）。

▷**《灌木丛中的公羊》**
如今已有定论，这头动物是捻角山羊（markhor），一种野生山羊，特点是螺旋开瓶器一般的巨大羊角。
高度：46厘米。
年代：约公元前2600年。

金箔
树和山羊的脸及腿上使用了金箔。

底座
木制底座上装饰着银、青金石、贝壳和石灰石。

山羊与牧羊神杜穆兹（Dumuzid）有关，他是女神伊南娜（Inanna）的伴侣

伦纳德·伍利

伦纳德·伍利爵士是20世纪重要的考古学家之一。他曾工作于地中海世界和近东的不同地区，但最出名的是与乌尔相关的成就。1922年至1934年，他在乌尔担任发掘工作负责人，以不懈的精力而闻名，日出后不久就赴遗址工作，而后在办公室待至夜里。他同时通过通俗读物和学术出版物，来传播工作所获。

伦纳德·伍利在乌尔

支撑
从山羊肩部凸起的管子表明，它和另一座雕像是用来支撑小碗或托盘的。

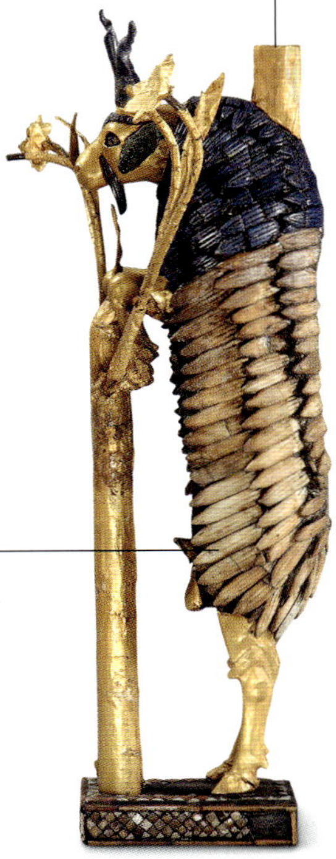

身体绒毛
贝壳经过复杂雕刻，制成身体绒毛。

▷**侧视图**
这座雕像和另一座几乎相同的成对作品可能是面对面排列的。

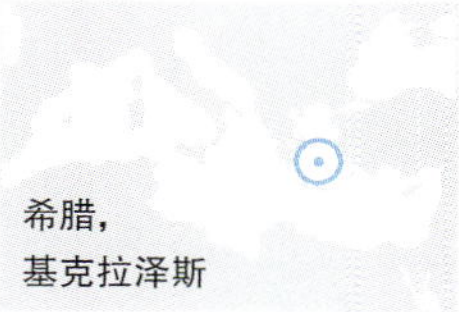

大小

基克拉泽斯雕像

虽然在现代世界中存在大量模仿和伪造品，但它确实是完完全全的古代雕塑

“基克拉泽斯”一词指的是公元前3世纪至公元前2世纪的一种文明，位于希腊基克拉泽斯群岛，繁荣于爱琴海范围。群岛以高质量的大理石而闻名，尤其是纳克索斯岛（Naxos）和帕罗斯岛（Paros）。一种独特的人物形象用这些大理石制作而成，身体和脸部的表现形式简化为近乎纯粹的抽象。这些人物主要是女性，通常刻画成双臂交叉放在腹部的模样。此处展示的是一座完整的女性雕像和从另一座雕塑上断裂下来的头部，两者都略小于真实大小。

雕像用途尚未有定论，但很多发掘自坟墓，所以可能在仪式上使用。大多数形象都是女性，因此雕像大概与丰产或生殖之神有关。20世纪时，雕像优雅简洁的形式还启发了布朗库西（Brancusi）、莫蒂里安尼（Modigliani）等现代雕塑家。正是由于这种简单性，伪造者模仿制造了大量仿品。

基克拉泽斯雕像的影响

20世纪初，许多进步画家和雕塑家都受到了非西方艺术的启发，在其中发现了欧洲主流艺术中欠缺的活力和新鲜，尤其是非洲、大洋洲和前哥伦布时期艺术。阿美迪欧·莫蒂里安尼（Amedeo Modigliani，1884—1920年）特别热衷于基克拉泽斯雕像。他雕刻的石制头像形式简洁、模样祥和，受到的影响显而易见。从此处展示的铅笔稿可以看出，本质上，它与基克拉泽斯极为相似。

1912年，阿美迪欧·莫蒂里安尼，头像雕塑画稿

▷基克拉泽斯雕像

完整雕像大小从8厘米到近乎真人尺寸不等。这座雕像脚尖朝下，意味着它不能直立。

高度：140厘米。

年代：约公元前2800—前2300年。

有光泽的大理石

基克拉泽斯群岛最著名的石材来自帕罗斯，即帕罗斯大理石。雕塑家们十分珍视它们规则的纹理和带有光泽的白色。

光滑的表面

光滑的表面是用刚玉（一种在纳克索斯岛开采出的极硬石头）粉制成的研磨粉，费尽心思摩擦出来的。

交叉的手臂

这个女性形象姿势十分典型，交叉着双臂，左臂高于右臂。

浅浅的深度

这些雕像通常由细长的矩形大理石块制成，所以头的背面是扁平的。

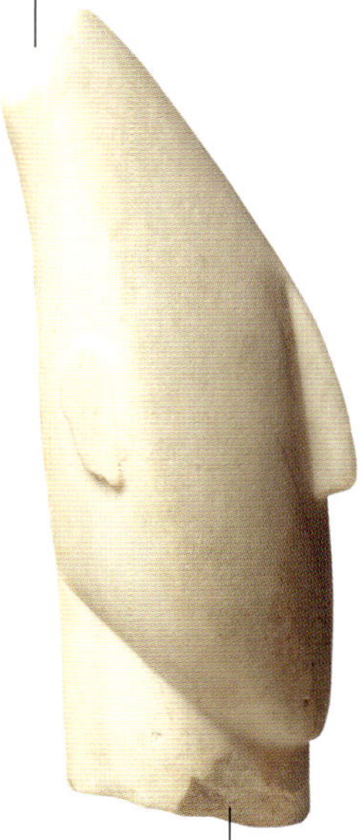

◁微妙的细节设计

侧面图显示，鼻子和额头各雕刻成一道光滑的浅弧。在头部一侧的浅浮雕中，可以看到一只耳朵。虽然这个27厘米高的头部如今已几乎没有任何特征，但最初可能涂有彩色油漆，更为生动。

损坏

这种损坏看起来是偶然的，但有时基克拉泽斯雕像似乎会故意打破，也许发生于某种仪式上。

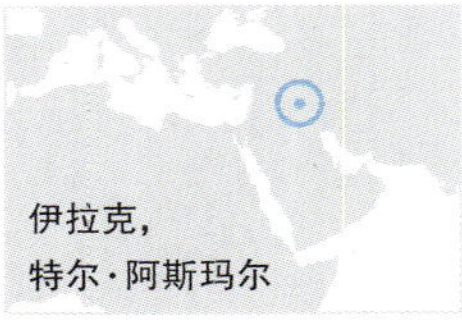

大小

宝藏中，最大的两座雕像可能代表阿布神（Abu）和一位母神的形象

特尔·阿斯玛尔宝藏

一批独特的拜神者雕像，拥有苏美尔神庙雕塑中标志性的大眼睛

苏美尔是世界上早期的文明之一，出现在名为美索不达米亚的地区，位于底格里斯河和幼发拉底河之间，也就是如今的伊拉克。苏美尔城邦发展出一种复杂的文化，核心是供奉神灵的神庙，其中艺术和手工艺扮演着重要角色。

特尔·阿斯玛尔即古代的埃什努纳（Eshnunna）。在这座位于特尔·阿斯玛尔的神庙挖掘过程中，发现了一批秘藏，内有12座大小不一的小石像。它们用雪花石膏雕刻而成，风格独特。雕像中，10座是男性，2座是女性，除了一座跪着，其余都刻画成同样的静态站立姿势，双手紧握，脸部朝天。虽然这些人物形象高度抽象，但它们的衣着和发型显示了当时的风格：男人上身赤裸，下着长裙，头发和胡须卷曲；女人则身穿连衣裙。但最令人注目的特征是夸张的大眼睛，用白色贝壳和黑色石灰石镶嵌而成，再以沥青固定，十分突出。研究者们认为每座雕像都体现了拜神者的特质，有些还刻有所代表人物的名字。它们被摆在神殿里，承载着献祭者对神灵的祈祷。

▷祈祷者

此处展示的是特尔·阿斯玛尔宝藏中的12座雕像。它们尺寸不同，料石类型不同，反映了所代表的拜神者地位不同。

倾斜的头部
头部微微向后倾斜，看向天空。

凝视的眼睛
睁大的眼睛可能表示试图与神灵直接沟通。

黑胡须
高度风格化的胡须和头发最初是用沥青涂黑的。

紧握的手
双手紧握，作出祈祷或祈求的姿势。

裙子和身体
身体主体呈圆锥形，裙子的褶皱下摆形成了一个牢固的圆形底座。

◁特尔·阿斯玛尔宝藏

这座石膏像发现于一座供奉阿布神的神庙中，位于伊拉克埃什努纳（今特尔·阿斯玛尔）。它是苏美尔早王朝时期（Early Dynastic period of Sumer，约公元前2900—前2350年）的典型雕塑风格。

高度：29.5厘米。

年代：约公元前2900—前2550年。

雪花石膏

雪花石膏有两种，即石膏（gypsum）和方解石（calcite）。由于它们都较软、易于加工，古代美索不达米亚地区和中东地区的人们常用来制作室内雕塑。两者中，石膏更软（如本页中的祭祀雕像），通常呈半透明的白色，质地细腻。而古埃及人更喜欢方解石（右图），更耐久，而且常有带状纹、斑纹或不同颜色的大理石纹。

约公元前664—前525年，
埃及卡诺匹斯罐（CANOPIC JAR）

吉萨的大斯芬克斯

一座巨大、雄伟的狮身人面石灰岩雕像，为纪念法老哈夫拉（Khafre）而造，以吉萨金字塔旁的基岩雕刻而成

古埃及文化中，斯芬克斯有着人类的头颅和狮子的身体，是强大的守护者，拥有标志性的地位。许多法老都将自己的肖像雕刻在斯芬克斯身上，以守护自己的陵墓。大斯芬克斯位于吉萨的第二座金字塔旁，即哈夫拉金字塔。哈夫拉约于公元前2558年至公元前2532年统治古埃及。据闻，大斯芬克斯的脸与哈夫拉的相同，他可能就是创建者。

这座巨石雕塑位于吉萨高原。人们认为它以岩层雕刻而成，通过在周围凿开一条沟，来塑造下半身和腿部。头部装饰着内梅什王巾（Nemes，一种皇冠头饰）；面部虽然已缺失鼻子和仪式性的胡须，但仍以一种令人信服的力量，凝视着整片沙漠。围绕它的谜团很多。新王国时期（New Kingdom，约公元前1550—约前1077年），它曾被尊为太阳神。风沙侵蚀了许多细致雕刻，磨掉了大部分躯干。尽管如此，大斯芬克斯可观的规模仍让它与吉萨金字塔并列，同为令人惊叹的奇观。

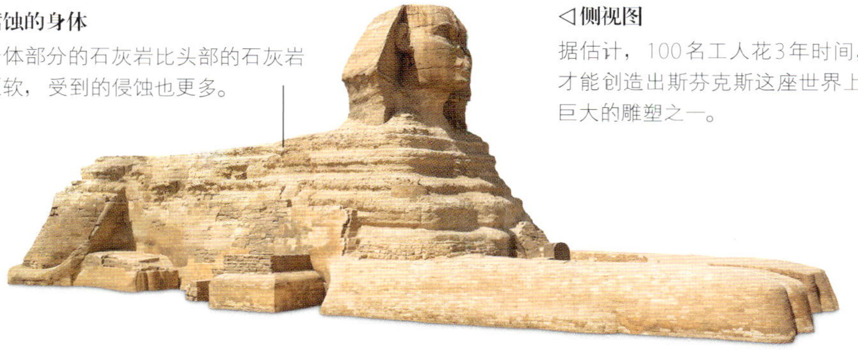

腐蚀的身体
身体部分的石灰岩比头部的石灰岩更软，受到的侵蚀也更多。

◁侧视图
据估计，100名工人花3年时间，才能创造出斯芬克斯这座世界上巨大的雕塑之一。

▽吉萨的大斯芬克斯
迄今为止，埃及所有狮身人面像中，大斯芬克斯是最大、最宏伟的一座，已经成为古代和现代埃及的象征。
高度：20米。
年代：约公元前2550年。

缺失的鼻子
缺失的鼻子原本应有约1米宽。

主要颜色
脸部和身体上的颜料痕迹表明，它最初可能涂有大胆的颜色。

缺失的胡须
这座纪念雕像上的仪式性法老胡须，很可能是后来加上去的，但如今也缺失了。

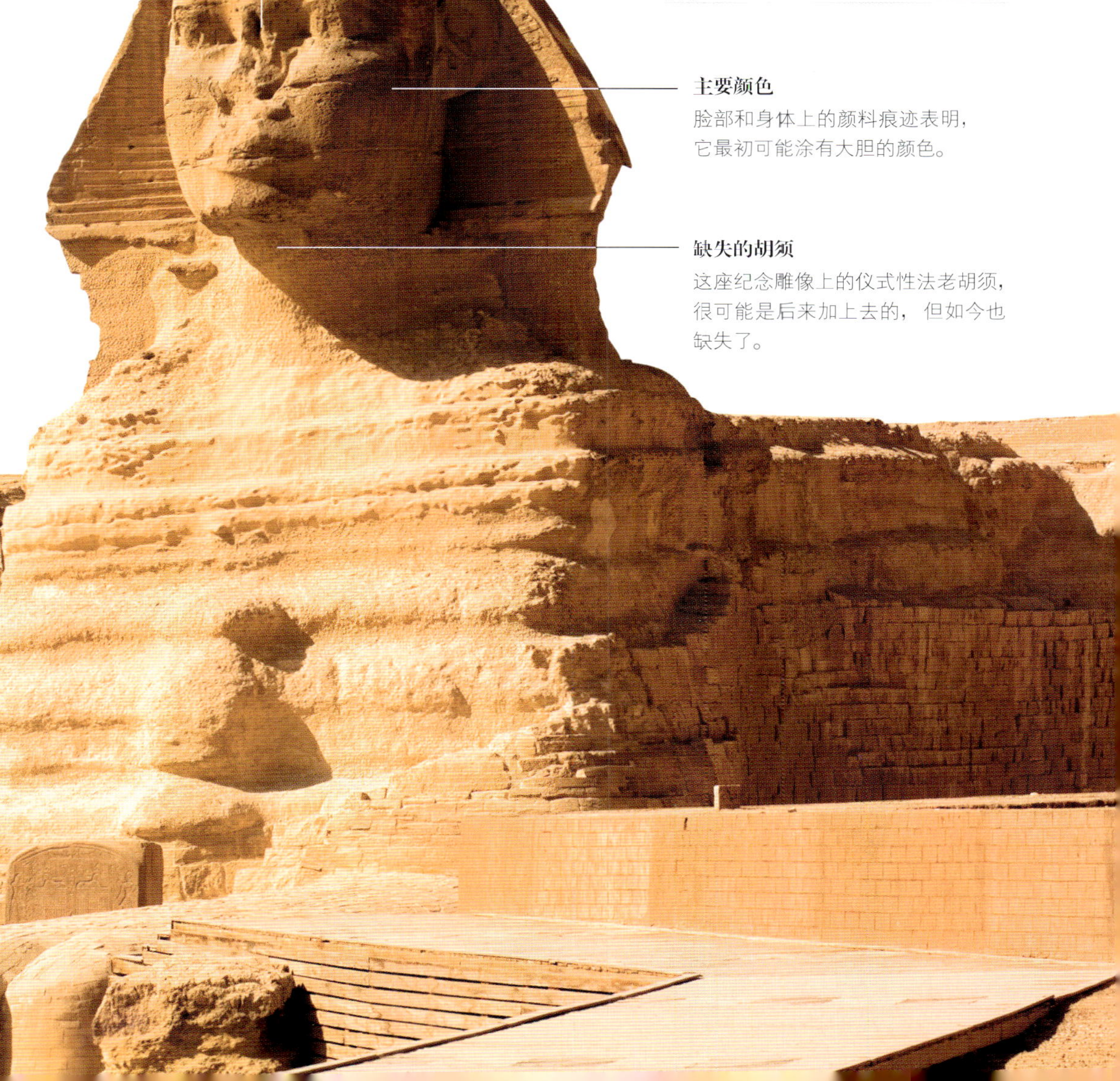

其他文化中的斯芬克斯

尽管斯芬克斯通常与埃及有关，但也出现在其他古代文化中，尤其是亚洲和希腊的传统文化。这些文化中的斯芬克斯拥有翅膀，常为女性。希腊神话里有个著名故事，俄狄浦斯（Oedipus）解开了守卫底比斯（Thebes）城的斯芬克斯所设之谜，导致祂自杀身亡。

公元前570—公元前560年，纳克索斯的斯芬克斯

▽乌尔王军旗

军旗的两条长边被戏称为“和平”与“战争”。尾端的木板也按3条横带排列，大多绘有以山羊为主的动物形象。

高：21.6厘米。

年代：约公元前2600—前2500年。

◁**最高统治者的宴请**

乌尔统治者在宴会上主持大局。苏美尔语中，“君主”一词是“lugal”，字面意思是“大人物”。

▷**音乐伴奏**

一位音乐家拿着里尔琴（lyre）。这是早期的弦乐器呈现之一。

土地的收获

农场劳动者排着队，有些人带着山羊和驴子，向统治者缴纳食物税。

乌尔王军旗

一个纪念战争胜利的马赛克箱子，十分壮丽，象征着世界上早期的文明中心之一

乌尔王军旗给了人们一个惊人提醒，第一批城市文明到底有多么精妙复杂。它目前的形态已可称非同凡响。贝壳、石灰石和青金石镶嵌制作出马赛克的画面场景，再以沥青胶粘在一个木制框架上，构成了乌尔王军旗。1927年，考古团队在乌尔（今伊拉克南部）的一座皇室墓穴中发掘了它，但当时沥青已变质，木材也解体了。他们登记每一块碎片从土壤中取出时的位置，并用石膏或蜡来记录失踪部件的形状，才将它修复成现在的模样。

军旗如今的名称来源是出土地所在的苏美尔城邦。它躺在一个人的骨架旁边，而这个人追随着统治者一同入墓。领导发掘工作的伦纳德·伍利认为，这个人是旗手，推测他生前曾把这装饰华美的盒子安在杆子上，用来宣传主人的成就。伍利的观点是一种猜测，但目前还没有其他更具说服力的说法。

可以肯定的是，盒子的4块板展示了世界上早期的城邦之一所经历的战争与和平。一面记录了一场军事胜利，另一面是庆祝宴会。每一面上，城市统治者都位于最高层，比他周围的人们高出很多。这座墓属于一位国王，目前认为是乌尔-帕比尔萨（Ur-Pabilsag）。他逝于约公元前2550年，除此以外，我们对他一无所知。但在军旗中，他身带王者之辉，将在未来登上帝王之座。

大小

▽**反面视图**

“战争”板是一场耀武扬威的演习，展示了乌尔统治者检查赤裸、被绑、流血的囚犯。士兵和战车在下方排成一排。

◁**轮式战车**

轮式车辆是苏美尔人的发明。这些战车是早期的描绘之一。

战俘

被俘的敌方士兵赤身裸体地由人领到统治者面前，等待死亡或劳役生活。

积蓄速度

随着画面的推进，牵引战车的四头驴子不断加速，从平静的行走（最左侧）变为飞奔。

军旗中的青金石来自阿富汗，表明苏美尔人的贸易联系非常广泛

◁**尾端木板**

这块尾端木板上的神秘图像，主要是人和动物的场景。顶部的图像与乌尔出土的“灌木丛中的公羊”雕像非常相似。

乌尔的皇家墓地

1926年起，伍利团队在乌尔墓地中，发现了众多成果，壮丽的军旗便是之一。乌尔出土的2000多座坟墓里，伍利确定，有16座是皇家墓穴，因为其中的物品异常丰富。

墓地的发掘

▷《阿卡德王头像》
尽管未曾正式确认身份，但这一阿卡德统治者的真人大小青铜头像，常常被称为“萨尔贡之首”（the Head of Sargon），即使曾遭破坏，依然十分摄人心魄。
高度：31厘米。
年代：约公元前2300年。

富有表现力的眉毛
风格化的眉毛使脸部表情充满了仁慈和博爱。

空洞的眼窝
眼睛处最初可能镶嵌了贵重宝石。

过大的鼻子
夸大了鼻子的尺寸，以强调萨尔贡的雄伟，损毁雕像的人却把它压扁了。

几何形胡须
虽然脸部描绘得很自然，但胡须和头发更多呈风格化的几何形状。

遭破坏的耳朵
耳朵几乎没有留下任何痕迹，被粗暴地撕掉了。

断裂的胡须
胡子是智慧和成熟的象征，破坏者故意缩短胡须长度，羞辱这位国王。

△**侧视图**
编织的头发和打结的发髻是阿卡德统治者的典型发型。

大小 

《阿卡德王头像》

一尊引人注目的青铜之作，刻画的是阿卡德统治者，可能是萨尔贡大帝（Sargon the Great），于公元前2300年前后在美索不达米亚制作

伊拉克，尼尼微

公元前24世纪早期，美索不达米亚位于今伊拉克境内底格里斯河和幼发拉底河之间，由一系列小城邦组成。阿卡德是其中一座。但一位统治者上台，继而征服了邻近国家，建立了阿卡德帝国。

受损的庄严

这位名为萨尔贡大帝的国王，掌握着前所未有的权力，如神一般受到敬仰，为无数证明他成就的图像和碑文提供了灵感。人们认为，该青铜头像刻画的是萨尔贡，也可能是他的一位继任者。但它可能是这位统治者的全身雕像中唯一留存下来的遗迹。

头像用青铜精心铸造，具有很高的艺术技巧，略微将一些特征作了理想化处理，以示强调，与这样一位强大的国王相称。对当时的阿卡德艺术来说，它的自然主义风格是全新的尝试。原本刻画的肖像都是特定地区的神灵，但高贵的世俗统治者逐步替代，而萨尔贡则是其中首位。

我们一眼就能看出，头像遭到了损毁：粗暴地挖掉了眼睛，撕掉耳朵，压扁鼻子，胡须也断了。这些部位都是显眼特征，足以展现一位强大而受人尊敬的领袖，因此这种纯粹的玷污和斩首很可能就是故意的——一位后来的征服者以这种象征性的姿态来表明，萨尔贡并非不朽，他所创建的帝国已然结束。

雕塑的精美意味着国王的内在美或善良

△约公元前2300年，萨尔贡胜利石碑（SARGON'S VICTORY STELE）
这块胜利石碑或纪念柱的碎片，描绘了萨尔贡率领队伍凯旋的场景。他的头发梳成皇家发髻的模样，一个随从为他打着遮阳伞。

阿卡德的萨尔贡

传说，萨尔贡（约公元前2334年—前2279年在位）出身卑微，一日成为基什（Kish）国王的斟酒人。后来他建立了阿卡德城，自封为国王。他在统治期间征服了苏美尔（美索不达米亚南部地区）的所有城邦，建立了阿卡德帝国。这是有史以来的第一个帝国，备受众人瞩目，版图一直延伸至地中海，北至小亚细亚（Asia Minor）。

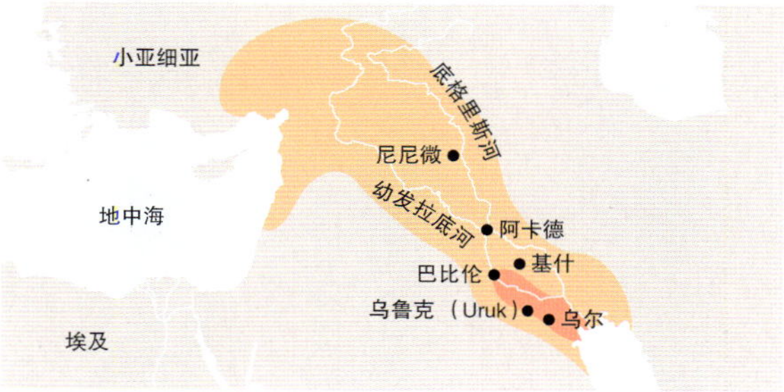

图注
阿卡德帝国　原苏美尔领土

△伊南娜女神
萨尔贡声称他的权力来自强大的女神伊南娜（或伊什塔尔）。她是天后，对她的崇拜成为苏美尔普遍的宗教习俗之一。伊拉特尔·阿斯玛尔出土了一些公元前2000年的早期陶器。它们的浮雕中，可以找到伊南娜的身影。

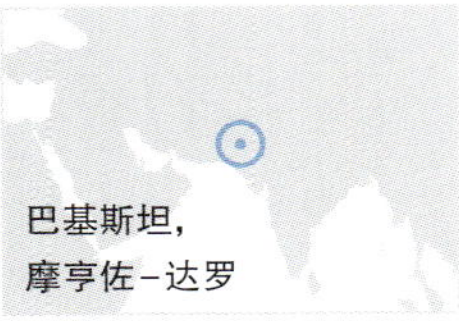

大小 

《摩亨佐-达罗舞女》

一座活泼动人的雕像，小到可以放在手掌上，
见证了4500年前的繁荣文明

这座年轻女子雕像小巧且富有特色，1926年发现于今巴基斯坦的摩亨佐-达罗（Mohenjo-daro）考古遗址。摩亨佐-达罗建于公元前2500年前后，是伟大的印度河流域文明（Indus Valley Civilization）一个主中心，20世纪30年代初首次出土。该青铜像使用失蜡铸造（lost-wax）的方法，令人们看到了世界上最早的城市文明之一所拥有的技术成就。这种对金属的使用并不寻常，因为印度河流域遗址的大部分雕像都是用耐火黏土制成。

除了左臂一堆和右臂的4个手镯，女孩一丝不挂，头微微向后仰，膝盖弯曲，一只手放在臀部，这种姿势让人们认为她在跳舞。实际上，没人知道这个形象是否在跳舞，有人认为可能描绘的是一个战士、劳动者（没有负担的右臂可以自如工作），甚至是一位女神，但如今她已经获名“舞女”。雕像的手臂和腿长得不成比例，但自然的外观和漫不经心的自信姿势，为她赢得了广泛声誉。

有人提出，“舞女”可能是一个真实女子的形象

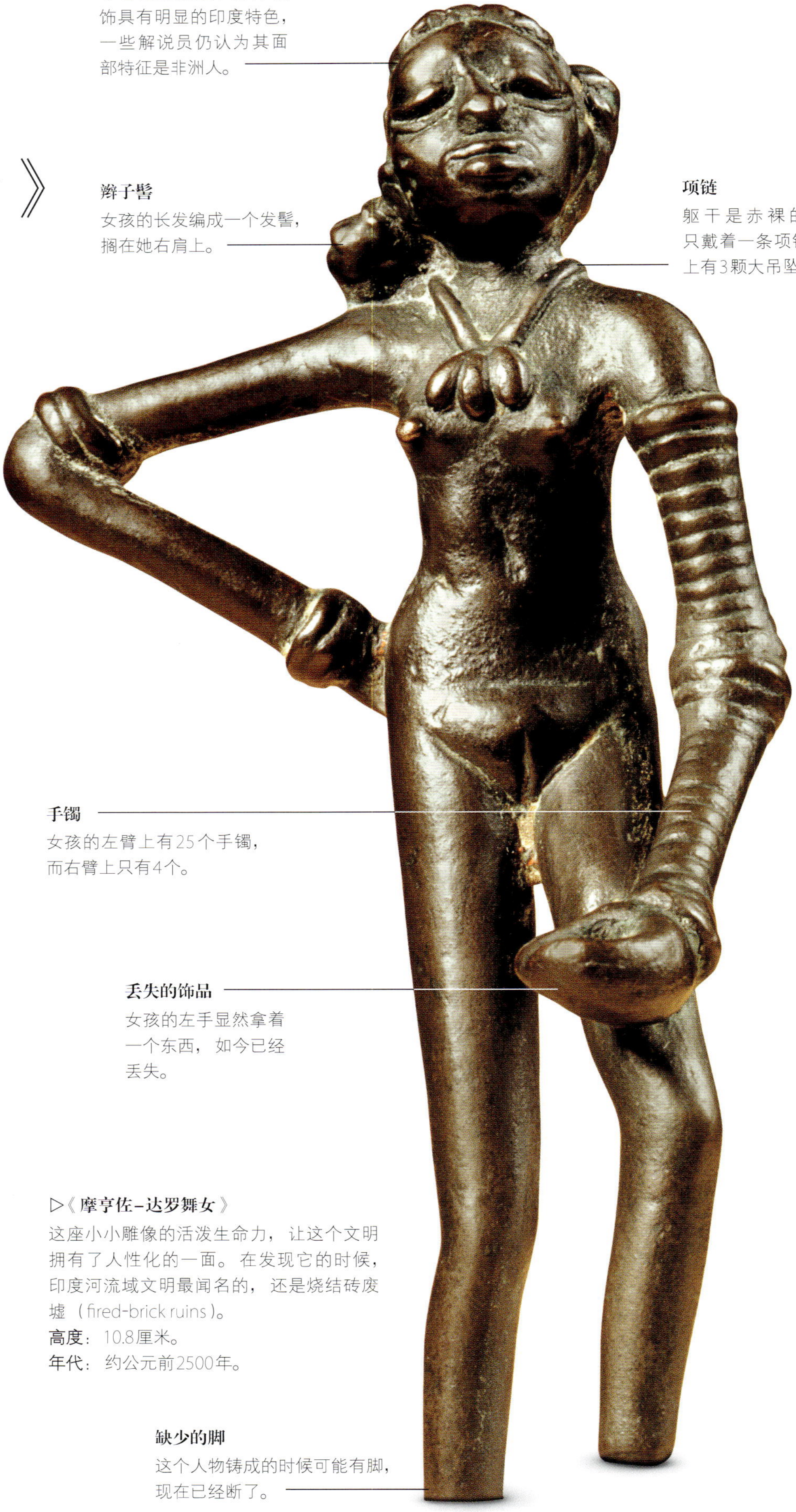

▷**《摩亨佐-达罗舞女》**
这座小小雕像的活泼生命力，让这个文明拥有了人性化的一面。在发现它的时候，印度河流域文明最闻名的，还是烧结砖废墟（fired-brick ruins）。
高度： 10.8厘米。
年代： 约公元前2500年。

古巴比伦珠宝

可以追溯至巴比伦早期辉煌时代的黄金饰品，仍然保有原来的闪亮光泽

从人类历史之初起，黄金就因其延展性、抗腐蚀性和美丽动人而受到珍视。美索不达米亚是位于幼发拉底河和底格里斯河之间的肥沃地区，也是巴比伦等一系列古代文明的发源地。这里早在公元前2000年时，就开始生产黄金工艺品。此处展示的吊坠和珠子，大约制作于公元前18或公元前17世纪，它们以精致的细节，展示了当时的金匠艺术所能抵达的复杂水平。其中部分采用了累珠技术（technique of granulation，见方框）。这种技术源自公元前2500年前后的苏美尔人。

人们认为，这些珠宝来自迪勒巴特（Dilbat），一座位于今伊拉克境内幼发拉底河流域的山城，就在这些珠宝制成前不久，被苏姆-阿布姆（Sumu-Abum）征服。他是巴比伦第一王朝（Babylon's First Dynasty）的首位国王。这些吊坠不仅美，还具有护身符意义，每一个都描绘或者象征着巴比伦万神殿中的众多神灵之一。

大小

三链结构
单独的一颗颗珠子组成了一条三链项链，其他装饰品可以挂在上面。

▽ 古巴比伦珠宝
这些吊坠是在一批秘藏中发现的，里面还有金制圆筒印章和盖子。
最大的奖章形垂饰直径： 3.6厘米。
年代： 约公元前1800—前1600年。

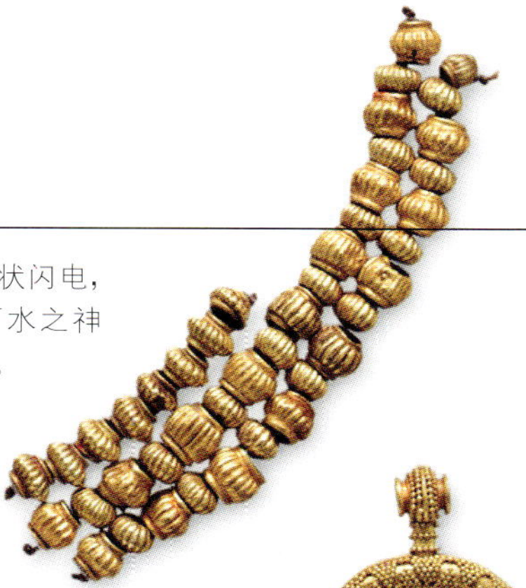

风暴神
弯曲线条代表叉状闪电，象征着风暴和雨水之神阿达德（Acad）。

拉玛女神（GODDESS LAMA）
人们认为，这两个戴着头饰、身穿长袍的女性形象代表拉玛女神。她也是一位守护神。

月神
月牙形是月神辛（Sin）的象征。

太阳神
中央圆圈散发光线的图案意味着太阳，是太阳神沙玛什（Shamash）的象征。

女神伊什塔尔
两个吊坠上各有8朵玫瑰花，表明它们是爱与战争女神伊什塔尔的圣物，她的标志是八角星。

累珠

目前已知最古老的珠宝，就是以累珠装饰技术制作的。这种技术在微小的金球表面熔出图案，可追溯至约4500年前的乌尔城邦。公元前8世纪时，这种方法已流传至今意大利境内的伊特鲁里亚（Etruria）。伊特鲁里亚金匠十分善于使用累珠技术，创作出了精致而复杂的作品。

公元前700—前600年，伊特鲁里亚黄金腓骨

这些吊坠和珠子属于一批宝藏，可能是一位珠宝商的原材料

牛
牛的身体由一整块梧桐木块雕刻而成。

亭子
亭子有4根柱子。柱子上方是纸莎草柱顶，矗立在涂成白色、模仿石灰岩的底座上。

亚麻布
亚麻布碎片附着在白漆涂成的短裙上。

人像
人像由针叶树木块制成，胳膊和腿分开安装。

高层阶级
剃光头的人代表着更高等级的庄园工人。

抄写员
4个抄写员在纸莎草卷轴和木制写字板上记录。

▷梅凯特
梅凯特雕像坐在宝座上，他的儿子伊涅特夫坐在他左边。

△梅凯特墓俑
这个模型场景是墓中发现的模型中最大的，展示了梅凯特和伊涅特夫（Inyotef）检查牛群的情景，可能是一项年度税收评估工作。
宽度： 175厘米。
年代： 约公元前1981—前1975年。

大小

梅凯特墓俑

几十座雕刻、绘制精美的小雕像，藏在一位埃及高官的墓中，为了来世再侍奉他

这些木制雕像悄然无声，排列在模拟繁荣庄园生活的场景中，成为引人入胜的古埃及生活证据之一。它们来自梅凯特的石窟陵墓。他是第十一王朝法老孟图霍特普二世（Mentuhotep II）及其继承人的首席管家。

来世的仆人

梅凯特的墓中摆放着数十个夏勃提（shabtis），即葬礼雕像，刻画的是工人和仆人，以便来世侍奉他。这些模型保存得非常好，主要与食品有关，包括粮仓、面包房、酿酒厂、马厩、屠宰场、牛群，甚至还有花园。雕像制作于中王国时期（Middle Kingdom）非王室成员当权获利的时候，制作工具是木工工厂里的锛子和弓钻，再以手工雕刻，来区分男人、女人、官员和职业。梅凯特及其儿子的雕像比较精致，可能由工匠大师负责制作。模型藏在梅凯特墓室附近一片砖砌区域。掠夺者遗漏了它们，留下了最生动、最令人难忘的古埃及艺术品。

比例

人像比例是真人的$1/5$到$1/8$。

木制底座

底座和背板用2～3厘米厚的粗糙梧桐木制成。

面包和啤酒

一个篮子里装着圆锥形的面包和啤酒瓶。

奠酒

这个男人拿着一个装酒的器皿和一个香炉。酒是献给神的饮品。

◁供奉队列

这两男两女可能是梅凯特的孩子。图中他们带着为梅凯特的葬礼仪式所准备的祭品，包括面包、啤酒、鹅和折叠的亚麻床单。黄色的木头代表通往坟墓之路的沙漠地面。

◁牛棚

在这个牛棚模型中，人们正在育肥牛以备屠宰，右边的4头牛在槽中进食。

手工喂饲

左侧棚里的两头牛，正由两名饲养员手工喂饲谷物。

墓葬船

对古埃及人来说，埋藏在墓穴中的船只模型是为了帮助导航灵魂前往来世。在梅凯特的例子中，船只也代表他生前沿着尼罗河（the Nile）所作的官方视察和休闲巡游之旅。他的坟墓里有13艘船，其中4艘旅行船、2艘厨房用船、4艘帆船、2艘独木舟和1艘狩猎或运动用船。所有船内都有船员模型，如厨师、水手、渔民，还有梅凯特及其儿子。

狩猎或运动用船

当考古学家清理墓中雕像时，他们发现了指纹，可能来自制作这些雕像或将其放入墓中之人。

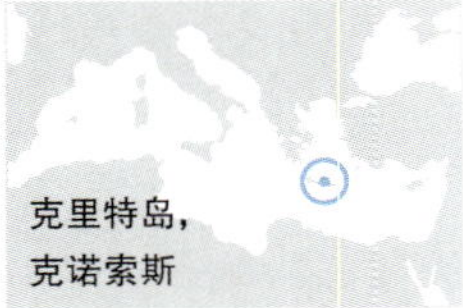

《米诺斯持蛇女神》

一座公认为米诺斯艺术标志的雕像，但其文化和宗教意义仍然是个谜

公元前2000年至公元前1100年，米诺斯文明在克里特岛（Crete）蓬勃发展。人们对他们的宗教知之甚少，因此在克诺索斯王宫遗址（the Royal Palace at Knossos）下方发现两座女性雕像时，都认为她们代表女神，或至少是女祭司。雕像用古埃及费昂斯（Egyptian faience，见方框）制成，袒露着乳房，手中抓着似乎正在蠕动的蛇。然而，几乎没有其他证据能佐证，米诺斯众神中有这样一位女神。不管“持蛇女神”这个名字是否准确，它一直沿用了下来，尤其是两座雕像中较小的那一座，也就是此处展示的雕像，已经成为米诺斯文化一个广为流行的符号。雕像庄重的姿势表明，这是某种形式的仪式：手臂伸出，高举起蛇。故意暴露的胸部带给人一种母性之神的印象，也有可能她是一位主持生育仪式的女祭司。五彩的正装和仪式性的围裙也意味着，这座雕像具有某种宗教或仪式意义。

这个人物可能是一位家庭守护女神，也可能是“捕蛇”女祭司

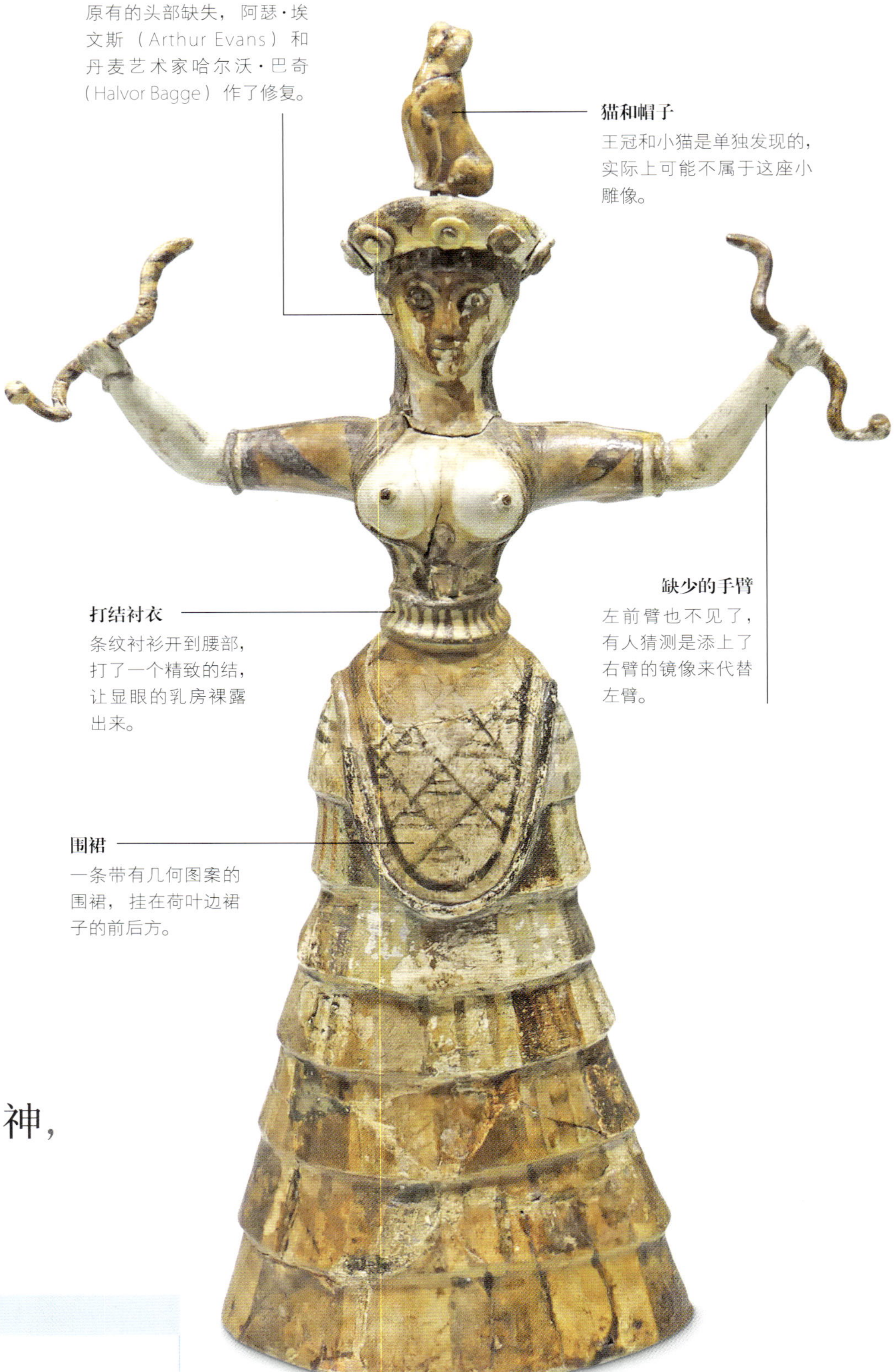

△《米诺斯持蛇女神》
英国考古学家阿瑟·埃文斯在王宫遗址下方的一间地下密室里，从一批破碎、废弃的物品中，发现了这座“持蛇女神”彩陶。他重建了缺失的部分，但因此引发争议。
高：29.5厘米。
年代：约公元前1600年。

大小

埃及费昂斯

这种“埃及费昂斯”有别于真正的彩釉陶器，是在粉碎石英浆中铸出模型，然后用火烧。这种技术发展于美索不达米亚，经埃及人完善，再传给米诺斯人等贸易伙伴。这样制作的釉料精巧美丽、色彩鲜艳，特别适合珠宝和小雕像。

公元前2000—前1900年，
河马形象的古埃及费昂斯雕像

内布拉星象盘

20世纪激动人心的考古发现之一，青铜时代（Bronze Age）的天空绘图，是已知最早的天文图

德国，内布拉

人们认为内布拉星象盘可以追溯至公元前1600年前后。它是一件独特的青铜时代艺术品，描绘了对创造者而言特别重要的天文特征。青铜底座上有醒目的蓝绿色锈迹，代表着天空，太阳、月亮和星星等天体用金箔加以突出。目前还不知道这个圆盘的功能是实用的天文仪器，还是具有某种宗教意义，但无论如何，它让我们对早期人类的天空观察，有了独特的认识。

对材料作了分析后，发现这个圆盘是数个阶段发展的成果，不同时期添加了不同天文细节。最初设计仅仅包含一个金盘、一个月牙（很可能代表太阳与月亮），以及32个小小的金圆圈（代表星星）。两侧和底部的弧线，以及边缘的冲压凹痕，都是后来增加的。

青铜时代的天文学

青铜时代以农业型社群为主。他们利用天文现象来标记时间流逝、季节变化，和农作物种植、收获的最佳时间。夏至和冬至两个至点是一种标志，他们会用天文仪器进行监测。另一种标志是昴宿星团（Pleiades constellation）每年的消失和再现。

昴宿星

掠夺者于1999年发现了星象盘，并卖掉了它

太阳圆盘
一般认为，金色圆盘代表太阳，也可能代表满月。

昴宿星
人们认为，这组七颗星代表昴宿星团。

月牙
月牙代表新月（也可能是日食或月食）。

至日标记
对角线上的金色弧线显示了夏至和冬至时日落位置的角度。左侧弧线的镀金材料已缺失。

运送太阳
底部的弧线刻有几条平行线，可能描绘了运送太阳穿过天空的“太阳驳船”，或彩虹。

大小

◁内布拉星象盘
星象盘是一块厚实的青铜板，可能故意让表面形成深蓝绿色的铜锈，刻上图案，镀上金箔。
直径：约30厘米。
年代：约公元前1600年。

大小

二里头牌饰

令人惊叹的青铜与绿松石牌饰，拥有动物形象的图案，可以追溯至中国遥远的史前时期

中国从公元前3000年前后就开始铸造青铜器，可能是用高温窑炉生产陶器后，作为副产物而发展起来的。最早的青铜器是功能性物品，如小刀。但到了公元前2000年前后，这种镶有绿松石的小型牌饰优雅而美丽，成为上层阶级坟墓中的陪葬品。

这块牌饰来自二里头文化（Erlitou culture）。那是青铜时代早期，一个位于中国黄河流域的重要城市，存在于公元前1900年至公元前1500年前后。该遗址中，发现了青铜铸造和绿松石工场的遗迹，还有钟、坩埚、祭祀器皿等其他装饰品。此处展示的牌饰上，镶嵌着整齐的绿松石方块，构成了一个风格化的动物面具。它的确切用途尚未清楚，但有些铜钟与类似的牌饰埋在一起，说明它是为萨满等人物举行仪式而制的。4个角上的孔洞和略微弯曲的形状意味着，祭祀时候，钟声响起，它可能会绑在萨满的手臂上或胸前。

▷ 镶嵌绿松石

青铜器上镶嵌着长方形的绿松石块。

▽ 二里头牌饰

牌饰设计成风格化的动物面具样式，可能是为了驱除邪灵。它也许是萨满的随身用具之一。

高度：17厘米。

年代：约公元前1900—前1500年。

轮廓

牌饰有所缩腰，似乎是在模仿人体的形状。

眼睛

突出的绿松石球代表这只生物的眼睛。

孔洞

有四个孔洞，可能是在向神灵供奉食物饮品的仪式期间，可以将牌饰绑在手臂上。

饕餮（TAOTIE）

二里头牌饰上的兽首造型，代表饕餮的早期形象。饕餮是一种中国古代的神话生物，也是中国古代艺术的重要表现形式之一。古典文献将饕餮描述成“四大凶兽之一”，视其为一种野蛮野兽，它的形象可以用来吓跑潜在敌人。

二里头坟墓中发现了3块这样的牌饰，其中2块置于死者胸前

大小

米诺斯章鱼陶瓶

一只大眼章鱼将触手伸向四面八方，捕捉到了青铜时代米诺斯艺术的吸引力和直观性

在艺术方面，很少有早期文化能与克里特岛米诺斯文化相提并论。该文化兴盛于公元前2000年，比古希腊城邦的崛起还要早1000多年。岛上的发掘工作，让具有惊人独创性的壁画、魅力非凡且生机勃勃的陶器重见天日。

这个陶瓶是公元前1500年前后的作品，代表了米诺斯陶工艺术的巅峰。制作陶瓶的时候，烧制温度比青铜时代早期更高，从而能生产出质量更好的器皿。陶瓶设计成用来盛放油或酒等液体的模样，由两个独立的半圆拼接在一起，然后再安装把手与底座。图案以手工绘制，使用的是用页岩制成的深色泥浆（液化黏土）。章鱼的曲线造型和扭动触须横跨整个表面，与瓶身的圆腹形状相呼应，产生一种活泼和运动的感觉。艺术家几乎没有写实的意图，但对细节十分关注，体现在吸盘等的渲染上。

它和其他类似陶瓶上描绘的章鱼，是公元前15世纪海洋风格（Marine Style）的典型特征，当时米诺斯文明正处于鼎盛时期。作为地中海地区航海文化的代表，米诺斯重视海洋，也从海洋生物那里汲取灵感。

深色上的浅色，浅色上的深色

米诺斯的陶工在色彩使用和形式方面，都有很强的创造性。中米诺斯时期（Middle Minoan period，约公元前2100—前1600年）的卡玛瑞斯（Kamares）器皿中，深色背景涂上白色和红色，组成生动、密集的螺旋形和几何图案。在后来的新宫殿时期（New Palace period，约公元前1600—前1425年），他们又颠倒了色彩效果，在浅底色上使用较深的色调，描绘出丰富的植物和海洋生物。

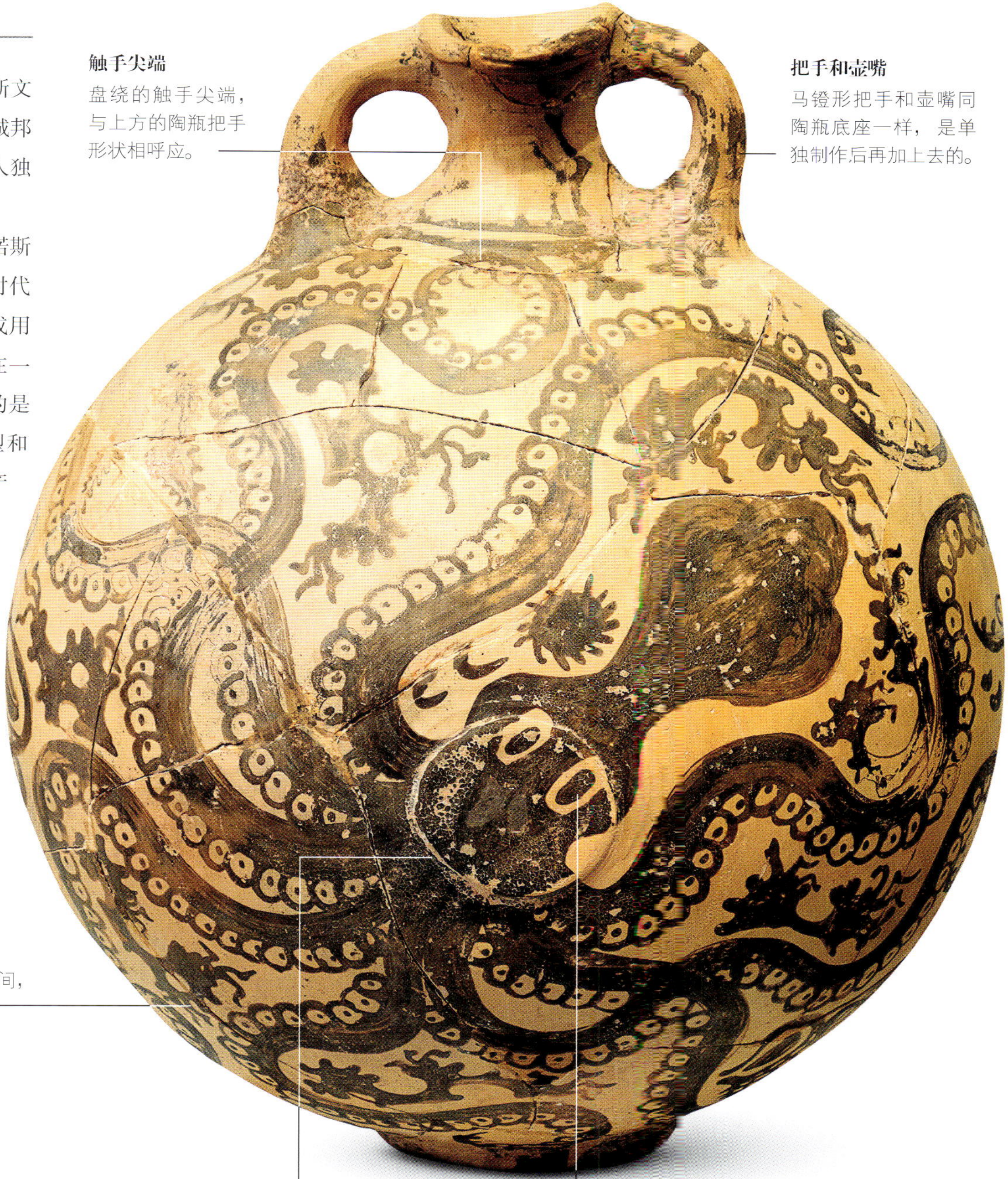

触手尖端
盘绕的触手尖端，与上方的陶瓶把手形状相呼应。

把手和壶嘴
马镫形把手和壶嘴同陶瓶底座一样，是单独制作后再加上去的。

海洋生物
以海洋为主题的装饰图案散落在触手间，包括海胆、贝壳、珊瑚和海草。

两个半球
凸起的圆盘出现在两侧，那是瓶子两半的底座。两个半球在黏土未干的时候连接在一起。

极具感染力的眼睛
章鱼卡通般的宽大眼睛是一种非自然主义特征，令画面十分具有吸引力。

△ 米诺斯章鱼陶瓶
圆形陶瓶上花了一只有趣的章鱼，是典型的米诺斯海洋风格。
高度：27厘米。
年代：约公元前1500年。

该瓶可能是一位有“海洋风格大师”(Marine Style Master)称号的艺术家之作

割开的耳朵
耳朵从金片上切割出来，突出了面具的三维效果。

眼睑
眼睑的设计看起来可以根据视线打开或者关闭。

眉毛
眉毛就像两个风格化的独立拱形，令它成为迈锡尼面具中最独特的特征。

损坏情况
窄窄的鼻子因长期掩埋而凹陷，甚至被压碎。

面部毛发
面具描绘的这位贵族满脸胡须，留着翘八字胡。

◁侧视图
这个视角显示，面具敲打得很薄。估计部分原因是为了不浪费珍贵的黄金。

工具
用锋利的凿子状工具刻画更精细的细节，如胡须和小胡子。

小孔
人们认为面具可以用麻绳穿过耳朵旁的小孔，绑在尸体的脸上。

大小

◁阿伽门农黄金面具

阿伽门农面具以一片纯金打造，巧妙地敲打成浮雕，用来装饰一位迈锡尼贵族的落葬尸体。

高度：25厘米。

年代：约公元前1550—前1500年。

阿伽门农黄金面具

公元前16世纪的黄金葬礼面具，人们认为它是古希腊迈锡尼（Mycenae）城邦统治者的肖像

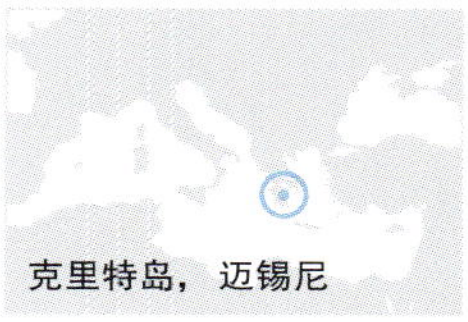

1876年，德国业余考古学家海因里希·施里曼（Heinrich Schliemann）在迈锡尼城外，发现了一座竖井坟墓，墓中有贵族男女和儿童的尸体，还有武器、珠宝、死者面具等黄金陪葬品。其中有件物品特别突出，公认为质量最佳，施里曼认为这就是特洛伊战争（Trojan War）中希腊领袖阿伽门农的肖像。

精致的工艺

事实上后来人们证明，这个面具，连同"环形墓圈A"（Grave Circle A）中发现的其他墓葬品，都可追溯至公元前16世纪，而阿伽门农的统治时间和特洛伊战争的推定日期是公元前12世纪，但"阿伽门农面具"这个名称一直沿用至今。

△涅斯托尔之杯（NESTOR'S CUP）

施里曼在迈锡尼发现的宝藏之一，有一个黄金高脚杯，据说属于神话中的英雄涅斯托尔。两只鸟栖息在手柄的顶端。

面具是迈锡尼文明盛极一时的证明

▷迈锡尼环形墓圈A

史前城市迈锡尼坐落在伯罗奔尼撒半岛（Peloponnese）上，是希腊重要的考古遗址之一。阿伽门农的陪葬面具就出土自该遗址的环形墓圈A（如图中央所示），同时出土的还有其他精美物品。

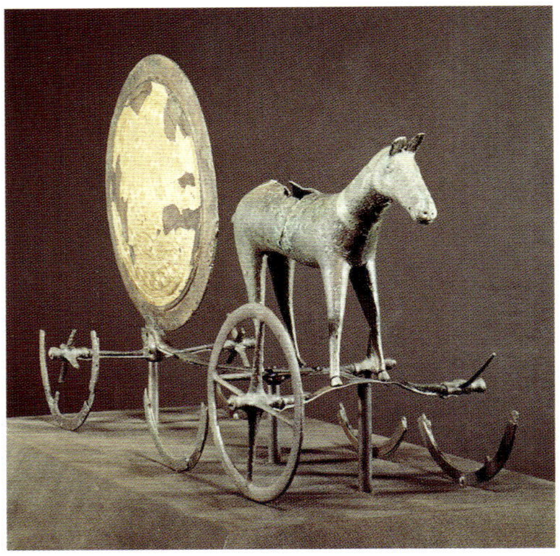

△战车和神马

考古学家认为，青铜时代的祭司会在仪式上使用太阳战车，拉着它来展示太阳在空中的移动。

太阳战车已成为丹麦的国家象征，出现在1,000克朗纸币上

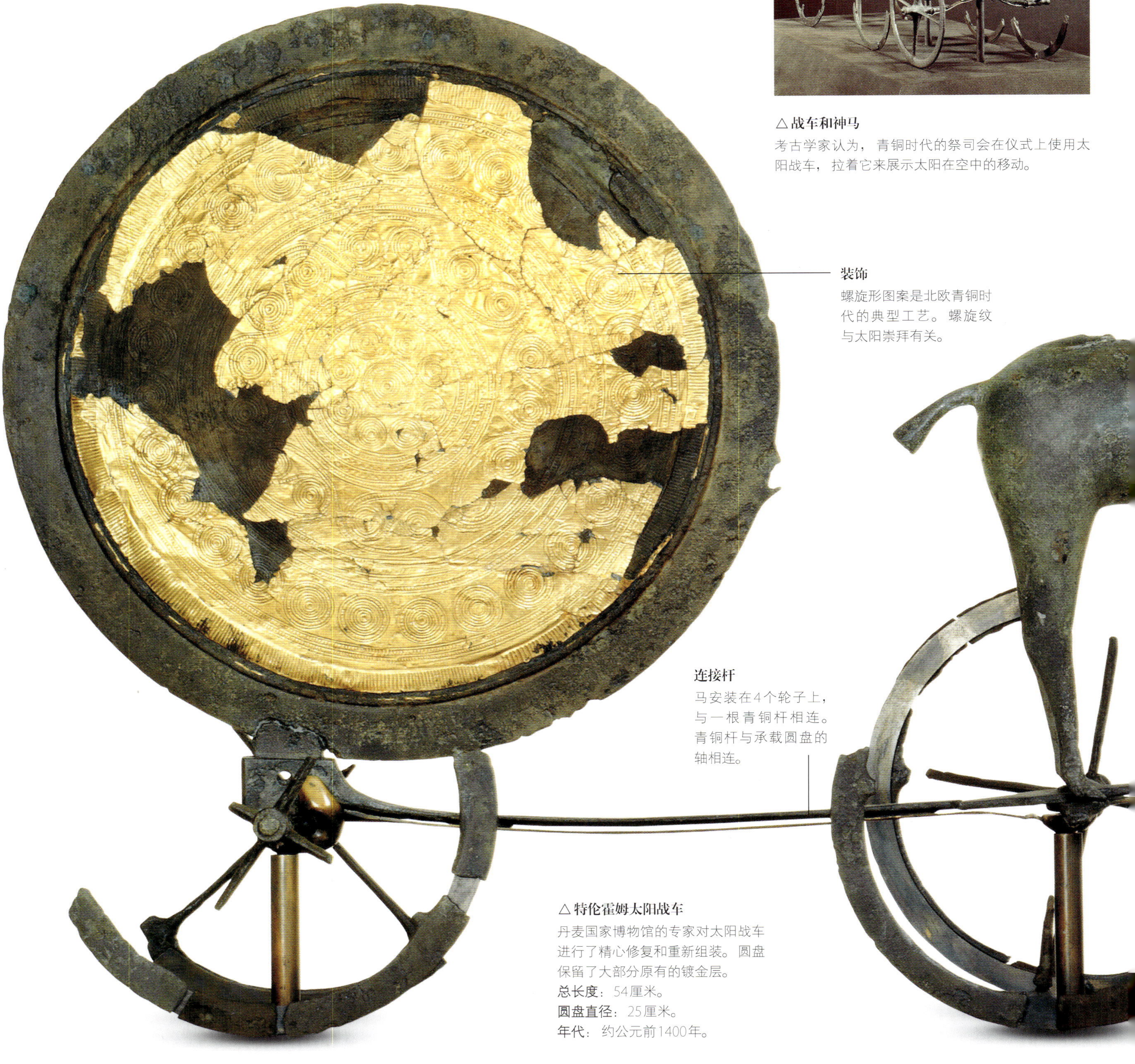

装饰

螺旋形图案是北欧青铜时代的典型工艺。螺旋纹与太阳崇拜有关。

连接杆

马安装在4个轮子上，与一根青铜杆相连。青铜杆与承载圆盘的轴相连。

△特伦霍姆太阳战车

丹麦国家博物馆的专家对太阳战车进行了精心修复和重新组装。圆盘保留了大部分原有的镀金层。

总长度：54厘米。

圆盘直径：25厘米。

年代：约公元前1400年。

露出损伤
马背上的损伤露出了中心的黏土。

◁左侧
圆盘的左侧没有发现镀金的痕迹，对应的是与夜空的联系。

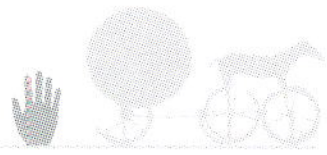

雕刻细节
马头部和颈部的细节特征是在铸造前雕刻在蜡上的。

车轮
6个轮子都各有4条轮辐，且都是一体铸造。

特伦霍姆太阳战车

北欧神话中太阳战车的独特表现，可追溯至青铜时代

1902年，一个农民在丹麦西兰岛（Zealand）的特伦霍姆荒原（Trundholm moor）上耕作时，发现了一个物品，他以为是金属玩具。他将这个物品稍作清洗之后，意识到它可能具有历史意义。丹麦国家博物馆（the National Museum of Denmark）确认了它的重要性，那是北欧青铜时代文化的一个范例。96年后，考古学家在同一地点，又发现了战车的其余21个部件，主要是轮环、车轴和辐条的碎片，让这个模型基本拼凑完整。

这架马拉战车是用青铜铸造的，可追溯至约公元前1400年，接近北欧青铜时代的开端。在发现它之前，人们一直以为，这片地区把马用作役畜的时间要晚得多，大概在青铜时代末期。

拉着光穿过天空

这匹造型优雅的马立在双轮战车上，拉着一个圆盘。人们认为这是北欧神话中太阳战车的早期版本。圆盘的一面镀金，另一面未镀，代表白天和黑夜。当战车自东向西穿越天空时，它向地球展示明亮的一面，即太阳或白昼。当战车自西向东返程，人们看到的是黑暗的一面，即夜晚的阴翳世界。

迄今为止，它是在斯堪的纳维亚半岛上发现的唯一一个马拉太阳车模型，尽管在同一地区的斯克斯堡鹿之园（Jægersborg Hegn）也发现了类似的圆盘部件。战车躺在泥炭沼泽中，是在那里发现的唯一物品，表明它可能是被故意放在沼泽中的。

甲骨

公元前2000年的占卜材料，让我们瞥见古代中国人的生活和信仰

△ **甲骨坑**
从1928年到1937年，在今河南安阳附近殷墟的坑里，发现了约20,000块甲骨碎片。

甲骨是中国古代用于占卜仪式的动物骨骼。这种占卜方式在商朝（约公元前1600—前1046年）晚期达到顶峰。古代中国人认为，神灵和具有神力的祖先可以通过骨骼进行交流。官方占卜师代表上层社会，向神灵和祖先寻求指引。涉及主体多种多样，包括军事战略、作物收成、统治家族、生育、大事吉时和疾病原因。

阅读裂纹

占卜仪式使用龟腹甲和牛肩胛骨。占卜者剥去龟壳和骨头上的肉，再把它们切成想要的形状，并抛光。接着在表面凿出孔洞或凹坑，以便更容易裂开。最后置于血中清洗，赋予精神力量。问题提出以后，占卜者会把甲壳骨头加热，通常是将烧烫的金属钳插入孔洞中，导致裂缝形成。占卜者通过裂纹解释模板，来获取答案。

卜辞是用刀刻在骨头上的，但到了周朝（公元前1046—前256年），就改为用笔和墨画了。它通常包括一个“前言”，记录地点、日期、占卜者的名字、“任务”或问题、解释，以及（极少数出现的）结果。作为已知最古老的中国文字形式，铭文展示了一个复杂的书写系统，为了解商朝上层阶级的生活提供了重要线索。

已确认5,000个商朝文字，现已破译约2,000个

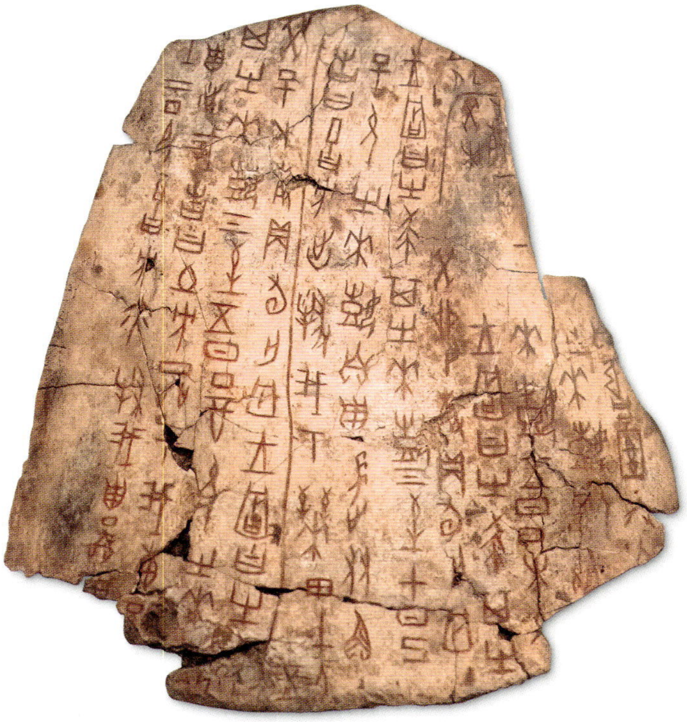

▷ **刻字牛骨**
这块牛肩胛骨上所刻卜辞，与天文、狩猎和北方入侵者威胁有关。

甲骨文

甲骨文是已知最古老的中国文字，甚至可能早于商朝。它与后来商朝和周朝的金文有相似之处。后者演变为楷书，至今仍在使用。

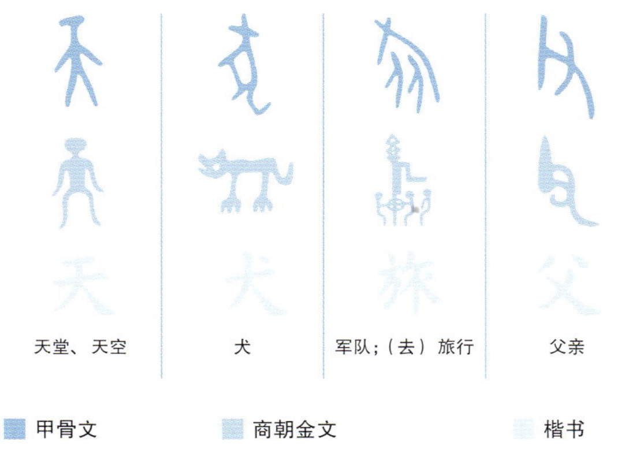

▷甲骨

这块出土于中国古都殷墟（位于今河南省内）的龟甲，记录了祖先的一些建议，主要关于对邻国进行军事远征的结果。

高度：18.4厘米。

年代：约公元前1300—前1046年。

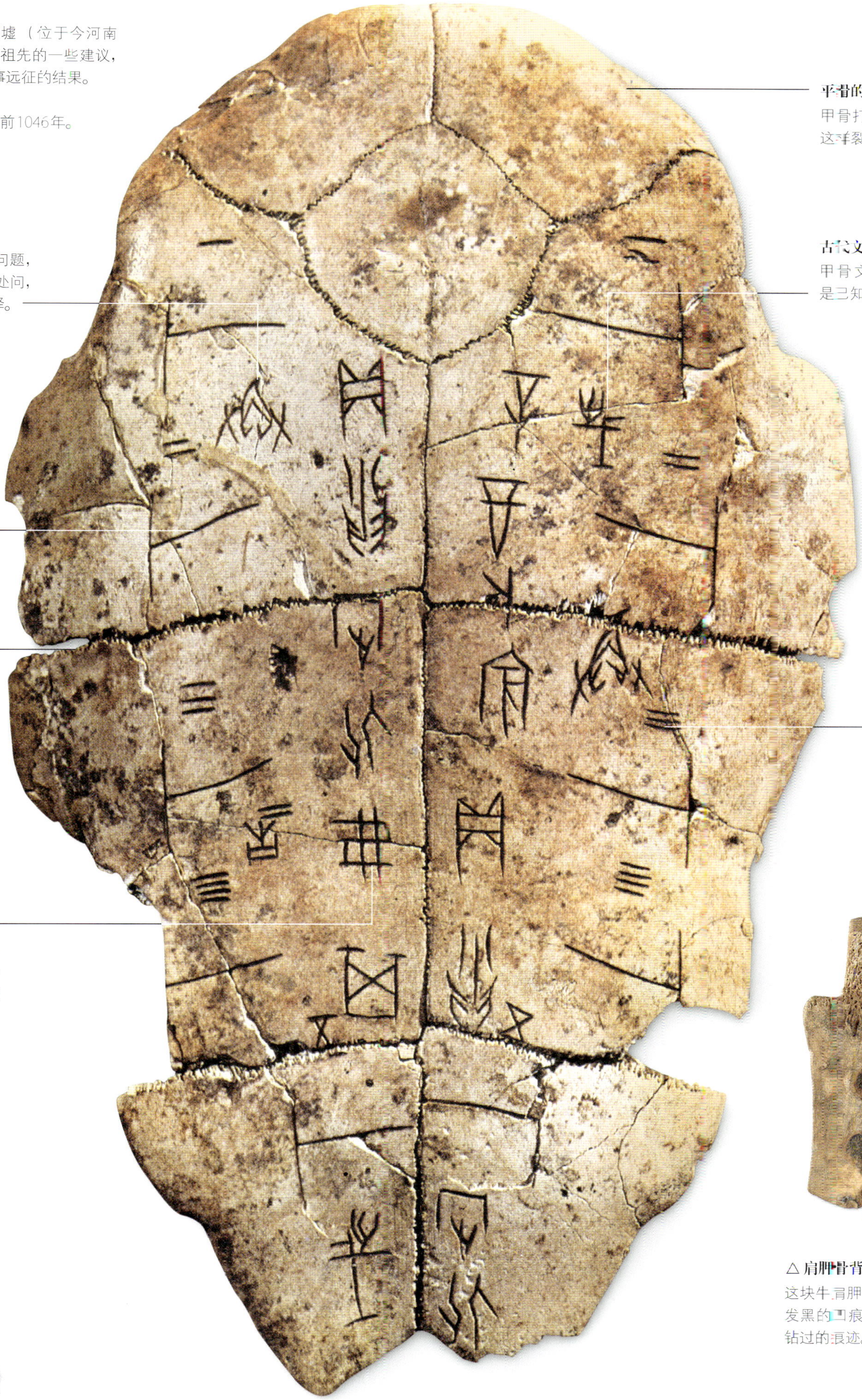

甲骨的表面

甲骨打磨得很光滑，这样裂缝会更明显。

占卜记录

这些符号记录了所问的问题，由谁问，何时问，在何处问，以及占卜者对裂纹的解释。

古代文字

甲骨文可以追溯至商朝，是已知最古老的中国文字。

热裂纹

裂缝是在甲壳受热时产生的。

自然材料

锯齿状的线条说明，这里是龟壳骨架的边缘。

填充墨水

通常会使用墨水，来让刻下的文字更加清晰。

不同的字符

这些文字是一种混合体，既有具备象形意义的形状，也有表达更抽象概念的非象形笔画。

△肩胛骨背面

这块牛肩胛骨的背面刻有月食记录。发黑的凹痕显示了骨头在加热前被钻过的痕迹。

大小

王冠
纳芙蒂蒂戴着一项高大、直角、蓝色、独特的“帽子”王冠。所谓的“帽子”是指环绕着额头的汗巾。

皮肤颜色
皮肤的颜色来自用红色粉笔调出来的石灰粉。

乌拉乌斯（URAEUS）
王冠上的装饰是一个风格化的乌拉乌斯，即眼镜蛇图案，是代表王室的符号。

眼睛
留存的眼睛里，镶嵌的是石英，用黑色的蜡固定。

化妆品
古埃及男女都大量使用化妆品，例如这种眼线，用眼影粉化成。

CT扫描
2006年的扫描显示，最初的雕塑是用石灰石制作的，后来以石膏基灰泥涂层完善。例如，核心层中嘴巴和脸颊周围的皱褶，用外层灰泥抹平了。

△《纳芙蒂蒂像》（原物）
彩绘的半身像包含多个颜色层次：红赭石、雄黄（一种砷的硫化物）、名为“埃及蓝”（Egyptian blue）的合成颜料（用硅酸铜钙制成），以及其他传统颜料。

古埃及语中“纳芙蒂蒂”的含义是“迎面而来的美人”

◁《纳芙蒂蒂像》（仿制品）
纳芙蒂蒂戴着独特的王室头饰，表现出威严的气势。整体形象完整，只缺失了一个眼球：用来当左眼瞳孔的石英嵌入物在雕像发现时就已丢失。
高度：50厘米。
年代：约公元前1340年。

《纳芙蒂蒂像》

公元前14世纪的埃及女王半身像，十分令人惊叹，至今仍是精致之美的典范

几何与测量

从前方和上方观察分析这座半身像，可以发现，从平坦的冠顶到下巴，图特摩斯把头部设计成了一个截锥体。进一步的研究显示，他在绘制模型时，可能采用了一种古埃及的测量单位，即“修齐夫”（shesep），意为“手掌”或“手”，相当于大约7.5厘米。

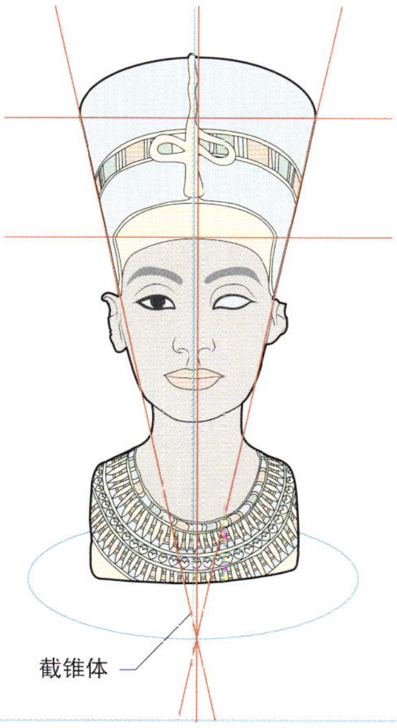

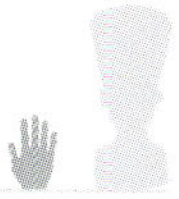

1912年12月，由路德维希·博尔夏特（Ludwig Borchardt）率领的德国考古探险队正在调查沙漠中的废弃城市，阿马尔奈（el-Amarna）遗址。这座城市位于古埃及首都底比斯以北320千米。在那里，他们发现了一位著名雕塑家的房屋遗迹。雕塑家名叫图特摩斯（Thutmose）。遗迹内有许多文物，但有一件特别引人注目：一座女性的半身像，而且显然是一位女王。博尔夏特每晚都会记录所发现之物的细节，但此时，语言令他失望。他写道：“描述是徒劳的，必须亲眼见到。”

摒弃传统

这座半身像确认为纳芙蒂蒂的肖像。她是古埃及史上重要的女性之一，是法老阿肯那顿（Akhenaten，约公元前1353—前1336年在位）的妻子，比其他埃及王后享有更高的地位和影响力，甚至可能是共同统治者。她在位期间有许多不同寻常之处，尤其是自然主义艺术风格的发展，与早期法老形象的僵硬形式大相径庭。雕塑作品首次在家庭环境中刻画王室成员，展示了他们之间毋庸置疑的亲情。纳芙蒂蒂的半身像反映了这种新现实主义，同时也创造了一个永恒的优雅形象。

除了脸部的非凡美感、精确性和对称性，这件作品还因干燥的沙漠环境，让色彩保存完好。半身像的整体外观看起来非常现代，一些作家甚至质疑它的真实性，但这一点如今已通过化学分析和CT扫描，作了证实。

△**阿马尔奈，艺术家的住处**

这张图片是在1912年考古挖掘中拍摄的，展示了雕塑家图特摩斯的房屋。在他工作室的一个角落里发现了这座半身像。

◁**后视图**

彩绘头饰装饰在蓝色王冠背面，系在以宝石固定的缎带中。缎带的表现形式十分风格化。

大小

王室头巾
图坦卡蒙华丽的黄金尼姆头巾上，镶嵌着模仿青金石的蓝色玻璃条纹。

黄金耳朵
耳垂上有穿孔，可以戴上耳环。

隼头
项圈末端是一个金色的隼头，象征荷鲁斯神。上面镶嵌着黑曜石（obsidian）和彩色玻璃。

瓦吉特（WADJET）
一条镶嵌着光玉髓（carnelian）和青金石的纯金眼镜蛇（瓦吉特）从顶部升起，象征对下埃及的统治。

金色的奈库贝特（NEKHBET）
兀鹫（奈库贝特）象征对上埃及的统治。它有一个彩色玻璃制成的喙。

眉毛和眼睛边框
这些地方镶嵌了青金石，模仿化妆。

眼睛
面具眼睛的材质是白石英和黑曜石。

弧形的胡须
辫子状的黄金胡须是可拆卸的，上面镶嵌着蓝色玻璃。

内部情形
内部刻有咒语，祈求众神保护图坦卡蒙的灵魂。

宽项圈
项圈上有青金石、绿长石和石英，还有彩色玻璃景泰蓝（cloisonné）的莲花图案边框。

◁**图坦卡蒙面具**

这个壮观的死亡面具重达11千克，主要由抛光黄金制成，细节处有青金石、光玉髓和彩色玻璃。

高度：54厘米。

年代：约公元前1323年。

△**后视图**

面具的背面显示，尼姆头巾编成了一个辫子。辫子两边的铭文是摘自《亡灵书》(*Book of the Dead*）的咒语，为来世的法老提供帮助。

图坦卡蒙面具

纯金的葬礼面具，是古埃及现存文物中，最著名、最惊人的物品之一

图坦卡蒙（公元前1333—前1323年在位）登上埃及王位时，只有8或9岁。他在位9年，可能因腿部骨折而过早死亡。即便如此，这位年轻的法老在底比斯帝王谷（Valley of the Kings）的坟墓里，还是堆满了陪伴他来世的珍宝，包括一个令人难以置信的纯金死亡面具。

少年国王的宝藏

1923年，英国考古学家霍华德·卡特（Howard Carter）打开这座坟墓，里面藏有5000多件物品。最壮观的发现是4个嵌套的系列神龛、1个石棺和3个人形棺材，里面放着数百件珠宝、圣甲虫和护身符，以保护统治者来世的灵魂。棺材上绘有保护神和咒语，死去的法老以冥界之王奥西里斯（Osiris）的形象出现，手持交叉的矛和权杖。位于最里面的第三个棺材里，放着统治者的木乃伊，及覆盖在脸上的奢华葬礼面具。

面具由两片抛光黄金制成，经过打磨成型，且嵌有半宝石和宝石。面部的高颧骨和丰唇具有图坦卡蒙特征。但面具更强调他的国王角色：他戴着黄金和玻璃版本的蓝金条纹尼姆头巾，象征王权，还戴着法老的假胡子。项圈饰有长石等半宝石材质的条纹镶嵌物，以一个隼头末端结束。面具和墓中其他象征性之物，都是为了保护法老通过冥界，再复活为神。

▽**霍华德·卡特**

1923年的埃及，英国考古学家霍华德·卡特（左）与一位同事在检查最里面的图坦卡蒙金棺材。这座墓的发现引发了世界性的轰动。

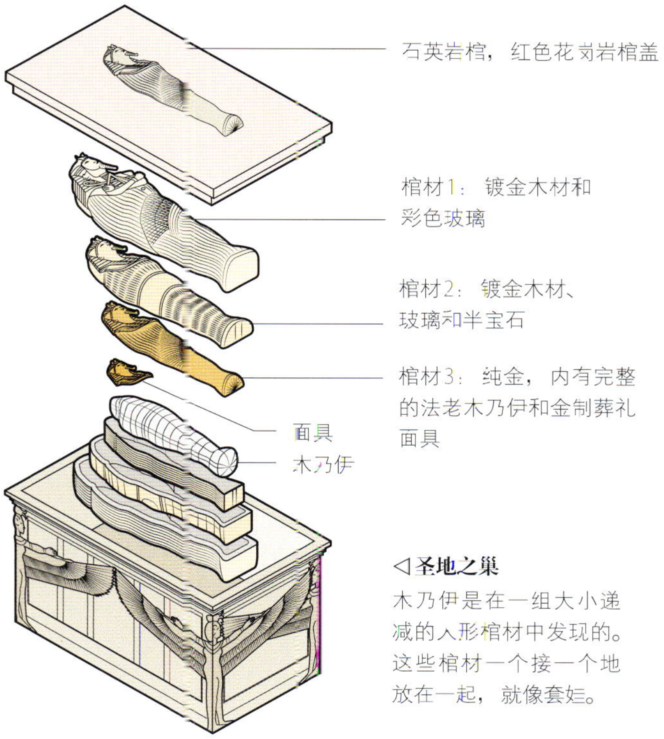

◁**圣地之巢**

木乃伊是在一组大小递减的人形棺材中发现的。这些棺材一个接一个地放在一起，就像套娃。

凯特贝特木乃伊

一具耐人寻味、令人惊异的上层阶级女性木乃伊，来自古埃及死亡仪式的世界，拥有3000年的历史

凯特贝特木乃伊戴着一个令人印象深刻的死亡面具。该面具是一个纯金箔覆盖的木乃伊盒（cartonnage，即表面覆着一层层亚麻布的石膏）。她戴着精致假发、宽大项圈、耳环、手镯和戒指，这些装饰都符合阿蒙神（the god Amun）的女歌手（chantress）身份——一位参与公共国家仪式的高级女性官员。

这具木乃伊因其反常而更有趣、更神秘。它的木制手臂交叉于胸前，这是男性专用姿势，加上棺材的长度，说明最初是为一位男性制作的，可能是她丈夫，后来再为凯特贝特作了修改。木乃伊盒装饰品和棺材上的铭文制作精心，也是为男人准备的。大脑的存在——通常应从木乃伊身上取出来——以及大量的泥浆堆积，表明凯特贝特可能是匆忙下葬的。

木乃伊制作过程

木乃伊制作过程历时70天，涉及许多阶段，由祭司-入殓师执行。1 移除内部器官，包括大脑，但不包括心脏。2 盖住尸体，并装入纳特隆盐（natron salt）约40天，令其变干燥。3 洗掉盐，尸体用亚麻布或沙子盖起来。4 尸体用亚麻布条与树脂交替包裹起来；护身符和祈祷文放进包裹物中。5 最后用亚麻布带固定住裹尸布，脸部通常会戴上面具，然后将木乃伊转移至棺材中。

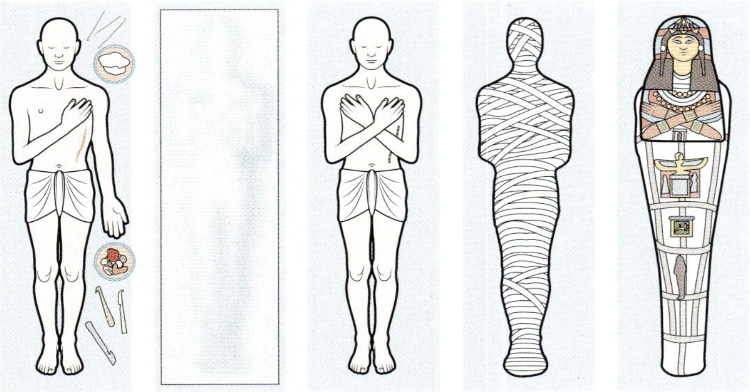

1 2 3 4 5

转变的头饰
凿掉了原来的男性头饰，取而代之的是女性头饰和彩绘头发。

耳饰
假发上有两个白色方解石（calcite）耳钉。

金色的面孔
葬礼面具由镀金的木乃伊盒制成。

戒指
真正的戒指戴在木雕的手指上。

△保护人物
一个天空女神努特（Nut）的形象和一只石雕金甲虫，将在来世保护凯特贝特。灰白色的金属是锡。

△阿努比斯（ANUBIS）
镀金护身符的形象是豺狼头的死神阿努比斯，提供了进一步的保护。

夏勃提
一个泥塑的夏勃提（死者的仆人），将在来世侍奉凯特贝特。

◁凯特贝特木乃伊
凯特贝特木乃伊发现于底比斯的一座坟墓中。它包裹在亚麻绷带中，脸上戴着面具。
高度：165厘米。
年代：公元前1330—前1250年。

大小

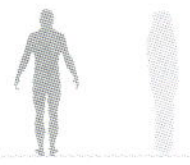

赫梯鹿身酒器

一件精心雕琢的圣酒器，可追溯至公元前2000年，昭显了古代赫梯社会中艺术与仪式的结合

从公元前1700年起，赫梯人统治今土耳其东部与叙利亚西部地区达1000年之久。他们的艺术受到宗教仪式的影响。其中一种独特的表现形式是动物形象的饮酒器皿（bibru），用于“神饮”（god-drinking）仪式。在这种仪式中，赫梯国王饮入圣酒，与神灵融为一体。公牛和雄鹿是强大神灵的象征，经常出现在赫梯艺术中。

这尊精致的酒器末端是一头雄鹿的前半身。打制鹿的精美银箔，捕捉到了动物紧绷的肌肉和警觉感，且进一步表现了当时人们认为住在其中的神灵。容器的圆柱形部分饰有仪式场景，包括神灵、祈求者，还有一头倒挂在树上的雄鹿，也许是为了献给鹿神而猎杀的。

△使用时

当酒杯倾斜使用时，酒会填满中空的杯身，抵达雄鹿的鼻尖。

◁赫梯鹿身酒器

饮酒杯分为两部分，头部和身体。边缘下方刻有仪式场景。

高度：18厘米。

年代：约公元前1350—约前1200年。

该酒器可能是为鹿神使用而设计的

棋盘格纹
颈环上刻有优雅的棋盘格纹，连接着头部和身体。

主体
酒器的主体用一片银箔锤打而成。

仪式画面
器身上装饰了一条描绘宗教仪式的饰带。

容器边缘
杯子的外缘有珠子状的装饰。

大小

女神
一位女神坐在凳子上，一手抓着猎物，一手拿着杯子。

鹿神
一位手持猎鹰和弯杖的神，站在一头雄鹿的背上。

△宗教饰带

饰带上的人物呈现的是侧面，拥有赫梯艺术中常见的大耳朵。3个人给神灵带去供品。

簋，原先是权力的宣言，如今是历史的记录

康侯簋

中国武将在祭祀祖先的宴席上所使用的西周青铜器，气势恢宏

公元前11世纪的中国，西方的新来者周朝取代了已统治500多年的商朝。在第二任周王统治时期，周王弟弟康侯镇压了商朝残余势力的叛乱。这座宏伟的簋，即碗状礼器，以内部的长篇铭文，发挥了纪念康的作用。

祭祀祖先的宴会中，簋是核心物品：定期向死者提供食物和饮料，是礼敬祖先和安抚神灵的一种方式，而且青铜器十分昂贵，是上层统治阶级的地位象征。此处展示的这座簋非常奢华，垂直棱纹上方的镶边上，饰有花朵般的装饰。华丽巨大的把手特别引人注目，呈带角兽头的模样，还冒出鸟喙。喇叭形底座令坚实的外形更显威严。

青铜铸造技术

商朝青铜器的铸造采用了一种复杂的工艺，即块范法(piece moulding)。把黏土压在成品的陶制模型上，形成形状和装饰印记，然后分块取出进行烧制。烧制成的模具替换模型，去除表面的一些多余细部，然后将熔化的青铜倒入模具内的空间。冷却后，将外壳打碎，就能取出成品。这座簋应该使用了数个模具，分块进行铸造。

青铜器皿

青铜礼器的复杂程度令人震惊，这源于中国悠久的青铜工艺传统，在商朝和周朝早期达到了一个高峰。这些装饰丰富的器皿内壁上，往往铸有复杂的铭文，记录了各种各样的内容，从军事行动或历史性胜利，到君主命令或政治关系，是一种与祖先直接沟通的方式。

约公元前1000年，周朝酒器

辉铜矿（CHALCOCITE）和锡石（CASSITERITE）

中国的青铜是一种昂贵的材料，用铜和锡的混合物合金化后制成。这一点令它只适用于制作礼仪用品或奢侈品。

兽类和鸟类

两个把手刻画了长着獠牙的野兽，头上有角，正在吞食鸟类。

把手底部

把手的底部是一个垂饰，装饰着鸟的身体、翅膀和尾巴。

△康侯簋

这座宏伟的簋具有极高的历史价值，很大程度上归功于刻在内部的铭文，让历史学家能够准确界定该容器的年代。

高度：22厘米。

年代：公元前1100—前1000年。

大小

兽首
中央有一个风格化的兽首图案，打断了连贯的花卉纹饰。

△ **内侧铭文**
器皿内部的铭文记述的是，康侯如何因参与平定商朝残余势力叛乱，而获得中国中北部的土地奖励。

▷ **侧视图**
这座簋属于一组大小不同的器皿。它们会在祭祀宴会上一起派上用场。

下饰带
下饰带重复了上饰带的雕刻图案，但没有兽首。

上饰带
边缘下方的饰带上，刻有圆形图案。

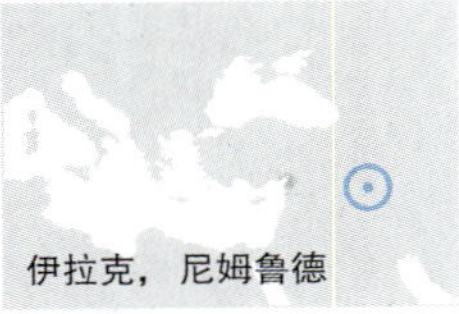

大小
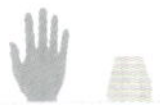

腓尼基象牙饰板

古代世界精美的象牙雕刻品之一，展现了腓尼基工匠的雅致与驾驭力

公元前1100年至公元前200年，腓尼基文明在地中海东部地区蓬勃发展。公元前9世纪至公元前6世纪，亚述人（Assyrians）曾统治腓尼基的国土。腓尼基人是象牙制品大师，他们用锯、钻和凿，创造生动的场景，常常展现出亚述人或埃及人的影响。这块雕刻精致的象牙饰板，描绘了一头母狮吞噬一个非洲男人或男孩的情景，背景是纸莎草和百合花。这个戏剧性的场景是对一个埃及主题的重塑，母狮代表法老的胜利。艺术家赋予这些形象以可塑性和力量性，创造出令人惊异的动感。通过添上半宝石和金箔，来突出细节，进一步加强效果。

亚述王阿舒尔纳西尔帕二世（Ashurnasirpal II，公元前883年—前859年在位）的宫殿，位于古代亚述城市尼姆鲁德（Nimrud），即今伊拉克摩苏尔（Mosul）附近。在宫殿附近的井底淤泥中，发现了两块配对的饰板，其中之一可能是在腓尼基海岸制造的，作为战利品或贡品被带往亚述。在许多已发现的此类饰板中，它是最突出的例子。

蓝莲花
莲花镶嵌着青金石，铺在碳酸钙和蓝色玻璃料（frit）粉末制成的砂浆上。

红花
纸莎草花镶嵌着红色红玉髓。

母狮头
母狮的额头上镶嵌着一颗青金石宝石。

▽腓尼基象牙饰板
这块饰板最初用榫接合固定了顶部和底部，可能嵌在一件家具上。
高度：10厘米。
年代：公元前900—前700年。

边框
格子图案的边框最初镶嵌着青金石。

金色短褶裙
男人或男孩穿着短裙，上面装饰着一层金箔。

头发
头发是用带有金箔尖的象牙钉制作的。

尼姆鲁德的象牙制品

考古学家在亚述城市尼姆鲁德，发掘了大约1000块象牙饰板、嵌板和雕塑，许多用来装饰家具或箱子。公元前7世纪，亚述帝国崩溃时，人们把象牙制品扔进了水井，或堆放在宫殿的储藏室里。其中大多数不是本地制造，而产于美索不达米亚各地，作为奢侈品进口，或者是公元前9世纪和公元前8世纪时亚述军队掠夺的物品。它们做工精细，原本会饰有金、银和宝石，但入侵者剥下装饰。它们是古代象牙雕刻的绝佳例子。

埃及风格的腓尼基刻品，斯芬克斯

与这块饰板成对的另一块，现已丢失

大小

奥尔梅克面具

公元前1000年的中美洲玉石面具，永远定格了一个古代奥尔梅克人的凝望

奥尔梅克人是墨西哥东部墨西哥湾岸区的一个民族，创造了美洲的首个先进文明。公元前1500年至公元前500年，奥尔梅克文明蓬勃发展。他们在拉文塔（La Venta）和圣罗伦索（San Lorenzo）等遗址处，用陶瓷、玉石和岩石制作了各种雕塑，从纪念性头像、神秘的“婴儿”雕像、修长人形，到象征意义不甚明了的豹人（were-jaguars）。

但它们几乎都无法匹敌这个小面具的力量。它轮廓雕琢精致，完美抓住了所描绘之唇的丰满精髓。制作材料是致密、坚硬的翡翠（jadeite），奥尔梅克人称之为“绿石”（greenstone）。他们用燧石锯和刮刀镗孔，再用磨料擦拭，抛光出有光泽的绿色表面。虽然大致上是现实主义风格，但脸部依然融合了奥尔梅克人所创超自然生物的典型特征，如宽大的鼻子、杏仁形的眼睛和无牙之嘴的细微皱纹。

绿石
翡翠呈绿色，所以奥尔梅克人把它与生育和丰收的概念联系在一起。

头部裂纹
额头上明显的裂纹是玉米神（Maize God）的标志。玉米神是奥尔梅克的一位重要神灵。

杏仁形的眼睛
雕刻者的凿痕在深凹的杏仁形眼睛上清晰可见。

穿孔
耳朵上的洞可能是用来戴耳环的，也许是金耳环。

钻孔
嘴巴和眼睛两侧的凹痕可能是雕刻者用来引导的钻痕，也可能是用来镶嵌贝壳的。

婴孩的外表
略微下翻的肥厚嘴唇令人联想到早期的奥尔梅克“娃娃脸”风格。

△奥尔梅克面具
该面具可能是作为腰带饰物、项链或头饰，佩戴在人身上的，也可能是某种建筑上的装饰品。
高度 14.5厘米。
年代 公元前900—公元前400年。

娃娃脸的小雕像

这个奥尔梅克陶瓷雕像腿部、前臂、腹部略胖，姿势奇特，属于“娃娃脸”雕像一类。这个例子特别精美，细致雕刻的头饰用朱砂粉和红赭石着色，背上有代表文身的十字纹。这类雕像的制作目的不详，但在奥尔梅克图像系统中，杏仁形眼睛、下翻的嘴和方形耳朵与神灵有关。

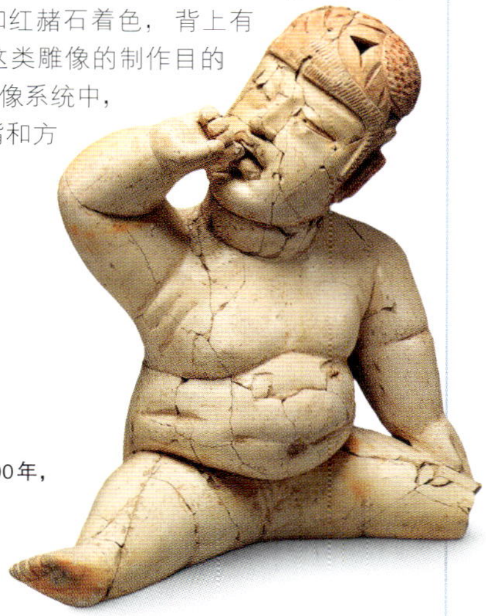

公元前1200—前800年，坐着的雕像

面具太小，不可能戴在脸上，可能用于仪式目的

雷戈里尼–加拉西胸针

一枚奢华的黄金胸针，发现于一座被尊为“伊特鲁里亚艺术杰作之一”的古墓之中

46米高的冢，遮盖了发现这枚胸针的坟墓

雷戈里尼–加拉西胸针以1836年发现它的牧师和将军的名字命名。在古代伊特鲁里亚城镇卡瑞（Caere），即今切尔韦泰里（Cerveteri）的附近，有座坟墓内设有两间墓室，胸针就在其中一间内。坟墓隐藏在一座巨大土丘下，（不同寻常的是）未遭挖掘，里面藏有丰富的墓葬物品。可以确定坟墓建于公元前675年前后，是伊特鲁里亚文化的东方化阶段，正受到埃及和腓尼基–叙利亚装饰图案的影响。

上层之墓

墓中其他物品上的铭文显示，死者是一位名叫拉西亚·维瑟鲁斯（Larthia Velthurus）的女性。她显然身居高位：与她一起埋葬的有300多件物品，包括一枚巨大的胸饰、珠宝、一口精致的青铜坩埚、一张陪葬床和大量陶器，以及这枚胸针。胸针的设计仿照用来固定斗篷的别针，可能是为了固定裹尸布。它分为3部分：顶部饰有5头醒目的狮子，以锤压凸纹技术（repoussé technique）制作；中央的腰带状部分装饰着之字形几何图案，与胸针的其他东方特征相比，更接近当地维拉诺瓦（Villanovan）风格；下部以制粒法（granulation）——应用和熔接金属球——来制作围绕着狮鹫的小鸭子。下部的最末端处，有埃及女神哈托尔的形象，她会帮助灵魂进入冥界，这表明胸针是葬礼所用的珠宝，或坟墓里的祭品，而非生活用品。

切尔韦泰里及周边地区发现了好几枚这种风格的伊特鲁里亚胸针，但都较小些。雷戈里尼–加拉西胸针是迄今为止最大、装饰最豪华的。

雷戈里尼–加拉西墓

墓穴从凝灰岩（火山灰形成的岩石）上凿出，上方是土冢。一条较短的入口通道内，存放着几口青铜坩埚；通道通往一条37米长的廊道，那是墓穴的主要部分。廊道外有两间椭圆形内室，其中一间里发现了银器和铜器，另一间里发现了一位男性的火化遗体。一道带有小视窗的墙封住了主墓室，墓室内装有大部分金银器，包括这枚胸针。

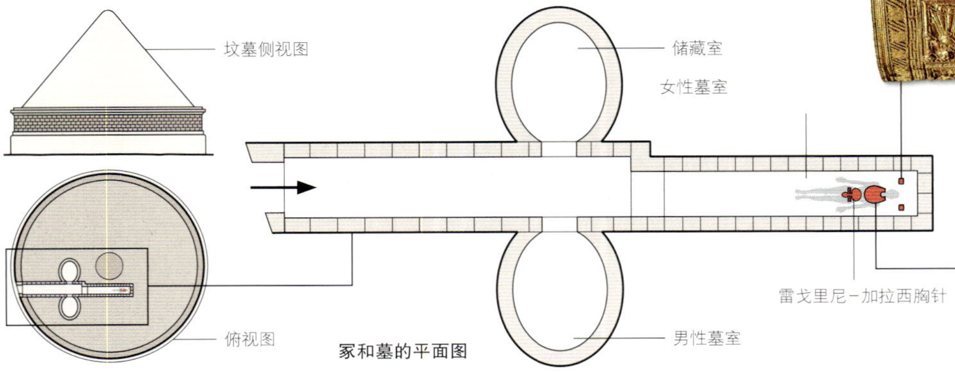

手镯

黄金胸盾

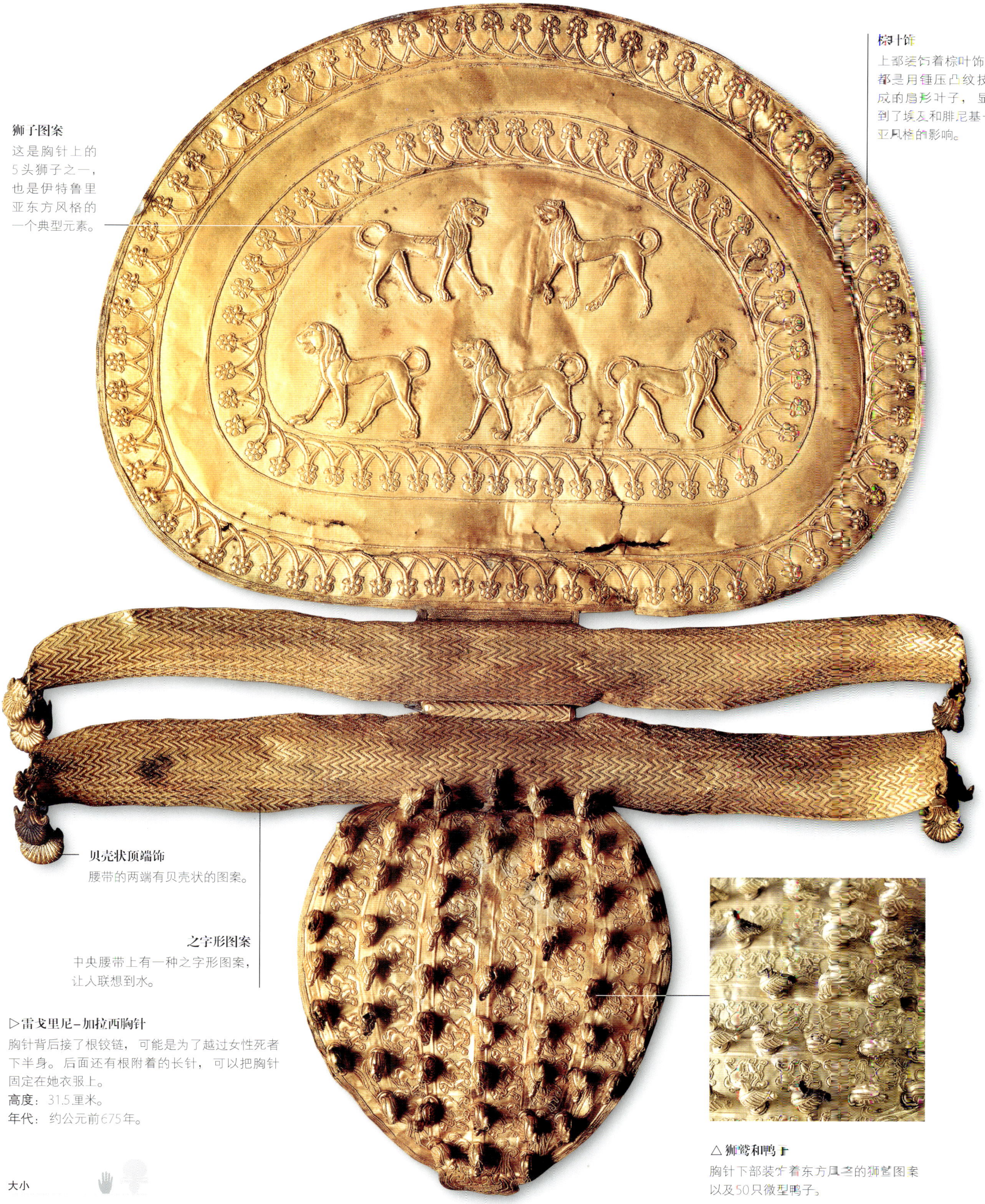

狮子图案
这是胸针上的5头狮子之一，也是伊特鲁里亚东方风格的一个典型元素。

棕叶饰
上部装饰着棕叶饰图案，都是用锤压凸纹技术制成的扇形叶子，显然受到了埃及和腓尼基-叙利亚风格的影响。

贝壳状顶端饰
腰带的两端有贝壳状的图案。

之字形图案
中央腰带上有一种之字形图案，让人联想到水。

▷雷戈里尼-加拉西胸针
胸针背后接了根铰链，可能是为了越过女性死者下半身。后面还有根附着的长针，可以把胸针固定在她衣服上。
高度：31.5厘米。
年代：约公元前675年。

△狮鹫和鸭子
胸针下部装饰着东方风格的狮鹫图案以及50只微型鸭子。

大小

斯特雷特威格仪式马车

一辆制作精美、极为罕见的仪式马车，制作于铁器时代，装饰丰富，保存状况几乎完美

1851年，在奥地利尤登堡（Judenberg）附近的斯特雷特威格（Strettweg），有人在一座上层阶级的墓中，发现了斯特雷特威格仪式马车，旁边还有武器、青铜器和珠宝。尽管之前已经出土了其他仪式马车，但斯特雷特威格马车与哈尔施塔特文化（Hallstatt culture）有关，该文化以复杂精妙的金属制品而闻名。斯特雷特威格仪式马车的突出之处在于，它拥有非同凡响、技术娴熟的青铜形象装饰，以及，它几乎完好无损。一个高大的女性形象站在底板上，头顶一个碗，底板四角上都装了大轮子。前后各站两组人。两个无性别的人物牵着一头雄鹿的鹿角，一个男性抓着斧头和一个女性。两名骑手站在两组人的两端。这个场景展示的是一场仪式性游行，雄鹿可能是祭品。这件物品用于安放一个碗，可能会出现在奠酒仪式、血祭或供奉熏香等场合，且应该留给一位地位较高的人来使用。

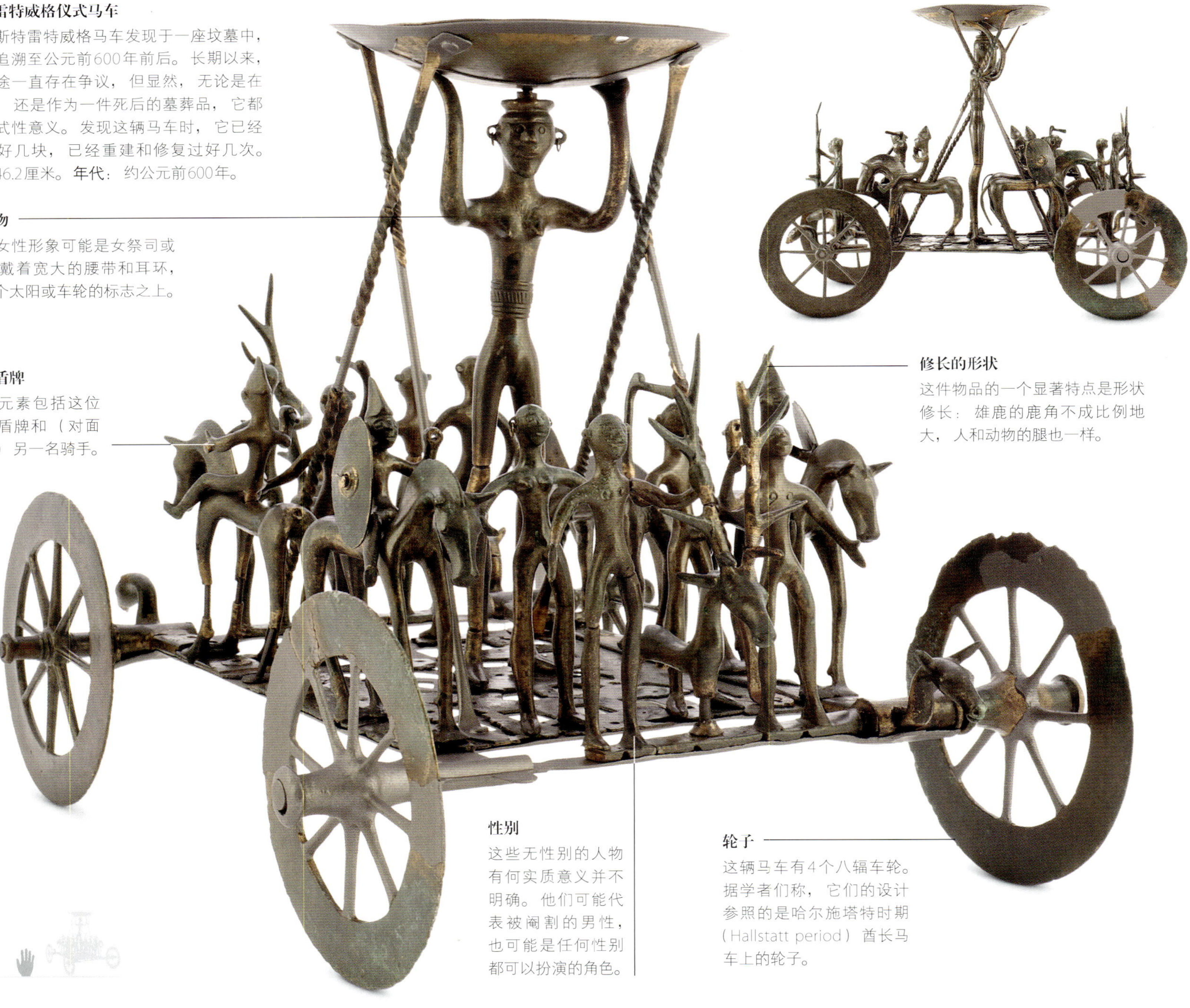

▽ 侧视图

人物和动物都对称地排列在方形底板上。中心人物所托举的大碗，由4根长长的剪刀状杆子支撑着。

▷ 斯特雷特威格仪式马车

神秘的斯特雷特威格马车发现于一座坟墓中，据说可追溯至公元前600年前后。长期以来，它的用途一直存在争议，但显然，无论是在生活中，还是作为一件死后的墓葬品，它都具有仪式性意义。发现这辆马车时，它已经分成了好几块，已经重建和修复过好几次。**高度**：46.2厘米。**年代**：约公元前600年。

中央人物

中央的女性形象可能是女祭司或女神，戴着宽大的腰带和耳环，站在一个太阳或车轮的标志之上。

缺少的盾牌

缺少的元素包括这位骑手的盾牌和（对面角落的）另一名骑手。

修长的形状

这件物品的一个显著特点是形状修长：雄鹿的鹿角不成比例地大，人和动物的腿也一样。

性别

这些无性别的人物有何实质意义并不明确。他们可能代表被阉割的男性，也可能是任何性别都可以扮演的角色。

轮子

这辆马车有4个八辐车轮。据学者们称，它们的设计参照的是哈尔施塔特时期（Hallstatt period）酋长马车上的轮子。

大小

居鲁士圆柱

中东历史上的一个重要记录，颂扬了古代世界一位伟大而宽容的皇帝

居鲁士圆柱是一根用陶土制成的圆柱，柱上刻有四十五行古巴比伦楔形文字。这份记录颂扬波斯阿契美尼德王朝（Persian Achaemenid）统治者居鲁士二世（Cyrus II）。他于公元前539年征服巴比伦（今伊拉克巴格达附近）后，采取了值得称扬的行动。他指责这座城市的前统治者那波尼德斯（Nabonidus）禁止人民崇拜巴比伦之神马尔杜克（Marduk），以此来为居鲁士的征服行动作辩护。推翻那波尼德斯后，居鲁士对城市居民采取了更为宽容的政策。

居鲁士圆柱的实心部分由混杂了小卵石的黏土构成，以防开裂，且确保烧制均匀。实心通过滚轮或手工滚动制作，而后涂上更细致的黏土表层。用带有楔形笔尖的笔，把文字刻在表层上，生成了优雅的楔形文字。圆柱经烤炉烘烤，质地变硬，可以长期保存。美索不达米亚人有着将此类记录埋藏于神圣建筑内的习俗，因此圆柱藏在巴比伦埃萨吉拉神庙（Babylon's temple of Esagil）的墙壁中。1879年它得以重现人世，但不久后就脱落了几块碎片。

部分文字提到了将神的形象归还圣所，允许崇拜自由，允许流亡者回归故乡——人们将后者解读为，居鲁士决定允许犹太人从巴比伦返回耶路撒冷。因此，圆柱为人类公义的早期发展，以及对拥抱不同民族、不同信仰体系之多样性的尝试，提供了有力而独特的见解。1971年，伊朗向联合国提交了它的复制品。

居鲁士大帝

居鲁士二世，即居鲁士大帝（公元前559—前530年在位），建立了庞大的阿契美尼德波斯帝国。帝国从小亚细亚一直延伸至印度西部，是至当时为止最大的国家。居鲁士的统治管理特别尊重征服的民族。在犹太教的传说中，居鲁士允许犹太人从巴比伦流放地返回并重建耶路撒冷，受到了广泛尊敬。而在伊朗，人们铭记他为“国父”（father of the nation）。

帕萨尔加德（PASARGADAE）的居鲁士墓

译文
此段文字译为：“我是居鲁士，世界的王，伟大的王，合法的王，巴比伦的王，苏美尔和阿卡德的王，四方的王。”

楔形文字
字符从左至右成行阅读；行与行之间以刻在黏土上的线条隔开。

▽居鲁士圆柱
这是一份独特的记录，直接讲述了一位统治者以宽容，而不是强制同化，来治理一个多种族的帝国。
长度： 22.5厘米。
年代： 约公元前539—前530年。

颜色变化
从浅棕色到米黄色的颜色变化，表明几个圆柱在窑中相互堆叠，所以有些部分没有得到直接加热。

断裂
这个部分显示，圆柱有断裂，邻近区域也有碎片脱落。

实心黏土
一块缺失的碎片显露出黏土实心。圆柱表层的黏土更精细。

大小

赫柏（HEBE）
衣着非常华丽的女孩是赫柏，青春女神。

忒弥斯（THEMIS）
提坦女神忒弥斯和其他女性形象一样，皮肤颜色较浅。

签名
索非罗斯把签名放在珀琉斯家的柱子之间。

狄俄尼索斯（DIONYSUS）
第二位到场的神是酒神狄俄尼索斯，他手持一根挂着葡萄的葡萄枝。

△喀戎
半人马喀戎是打猎归来的模样，用杆子挑着猎物。

△珀琉斯和伊利斯（IRIS）
新郎珀琉斯手中端着酒杯，迎接客人。伊利斯是首个到场的人。她是诸神的信使，手持传令棒。

△另一侧视图
支架与碗一样，也装饰着真实和神话中的动物图案，以及受波斯艺术影响的几何图案。

△阿瑞斯（ARES）和阿佛洛狄忒（APHRODITE）
酒器上层，阿瑞斯和阿佛洛狄忒坐在战车上，身后是五位缪斯女神，其中一位正在吹奏乐器。

△塞壬（SIREN）
塞壬是以迷人歌声引诱水手沉船而死的神话生物。

大小

◁**阿提卡酒器**

它和典型的希腊酒器一样，有个圆形底部，安在一个支架上。后人仔细地将碎片修复成酒器，丢失的部分非常少。碎片用熟石膏填充并上色。

高度（包括支架）：71厘米。

年代：约公元前580—约前570年。

阿提卡酒器

阿提卡早期的独特瓶子，质量上乘，标志着黑绘（black-figure painting）方向的重大改变

△**索非罗斯涡旋形双耳酒器（SOPHILOS VOLUTE KRATER）**

双耳酒器是另一种用于调酒的容器。这种风格的赤陶瓶因其卷轴状的把手，获得了“涡旋”（一种螺旋形式）的别名。人们认为，这个来自公元前6世纪早期的华丽例子也是索非罗斯的作品。

这种酒器是用来盛酒的混装碗。希腊人以用水稀释酒为荣，与所谓的野蛮种族有所区别。这个美丽的例子创作于希腊艺术的古风时期（Archaic period，约公元前800—前480年）。索非罗斯（Sophilos）在雅典周围的阿提卡地区制作了它。他是希腊史上首个留下名字的瓶饰画家：签名出现在4个现存的瓶子上，三次是绘画者，一次是制陶者；他在这个瓶子上签下“索非罗斯画了我”（Sophilos painted me），以强调技艺水平以他为主。

众神队列

如今有37件器皿确认为索非罗斯的作品。他是一位黑绘风格的瓶饰画大师，在提升希腊瓶饰画中人物场景的重要性方面，作了显要贡献。这件黑绘酒器是索非罗斯现存作品中最壮观的。早期的希腊装饰瓶主要以植物图案为装饰，通常是莲花或棕叶，并以动物或怪兽为饰带图案。索非罗斯在这件酒器及其支架上，使用了这些图案，但把显眼的上部区域留了出来，描绘国王珀琉斯（Peleus）和海神忒提斯（Thetis）的婚礼场景。他们的婚姻是凡人与神的结合，在特洛伊诗系传说（Trojan cycle of legends）中发挥着关键作用，是瓶饰画家的热门主题。他们的儿子阿喀琉斯（Achilles）是特洛伊战争中最伟大的英雄，而他那智慧的半人马导师喀戎（Chiron）被描绘成婚礼上的客人。客人还包括希腊诸神，有的坐着战车，有的步行而来，其中有命运女神（Fates）、美惠女神（Graces）和缪斯女神（Muses）。忒提斯没露面，人们推测她在珀琉斯身后的建筑里。

每位神灵的名字，都用古希腊语工整地写在他们旁边

黑绘陶器

黑绘陶器上，人物和装饰以剪影风格绘制，并作了细节雕刻。经过3个不同阶段的烧制，容器产生不同色彩。

1 用泥浆（黏土浆）把图案和装饰画在干燥的陶土瓶上；在泥浆上刻出轮廓和细节，而背景则保持陶土的颜色。用红色和白色的土基颜料来增添更多细节。2 烧制的第一阶段，即氧化阶段，让空气进入窑内，装饰瓶的颜色会变为橙红色。3 温度升高，氧气供应减少，把绿色木料送入窑内，使容器变成黑色。4 重新打开通风口，让氧气进入窑内，温度降低；花瓶恢复了红色，但泥浆部分仍然是黑色的。

2

公元前500—公元499年

亚洲、欧洲与北非的这1000年间，最显著的标志是大型帝国的出现和崩溃。古希腊和罗马的优雅雕塑与青铜器，波斯的大型浮雕，与中国始皇帝一起埋葬的兵马俑等物品，让我们一窥帝国建设的机制，权力如何在大地上广泛传递，以及佛教等新兴宗教如何随着土地间联系的增长而传播。还有些文物则追溯了生机勃勃但遭伟大文明吞噬的文化。帝国也是美洲的特点之一，因为秘鲁的纳斯卡（Nazca）、中美洲的玛雅（Maya）和萨波特克（Zapotecs）等复杂文化，正要开始繁荣起来。

▽波斯波利斯浮雕，北楼梯

人们认为波斯波利斯觐见大厅的中央浮雕描绘的是大流士大帝，但也可能是他的儿子薛西斯，侧面是薛西斯的儿子阿尔塔薛西斯（Artaxerxes）。

尺寸：约为真人大小。

年代：约公元前520—约前465年。

儿子与继承人

继任者、王储薛西斯站在身后，让大流士的身份更显尊贵。

莲花

两位王室成员各持一朵莲花。这是永恒的象征。

两倍尺寸

国王是唯一一个坐着的人物，但为了彰显他的高贵身份，把他刻画成大约其他人的两倍大小。

抬起的脚

脚凳可防止国王的脚触地，很有仪式感。

有香味的大厅

香炉用来为接待来访贵宾的大厅提供香味。

大小

高级官员
王室的维齐尔（vizier）帕尔那凯斯（Pharnaces）在介绍进贡人之前，以礼仪性的亲吻手势向国王致敬。

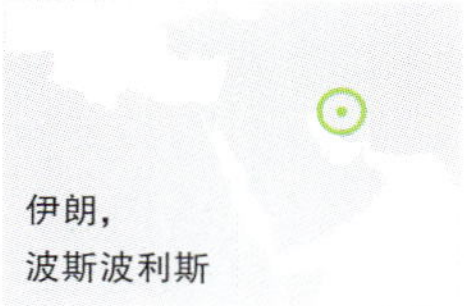

波斯波利斯浮雕

阿契美尼德帝国（Achaemenid Empire）礼仪中心的觐见大厅周围有许多浮雕，它是其中的焦点所在

公元前522年，大流士一世（Darius I）成为强大的阿契美尼德帝国国王以后，下令建造一座新礼仪之都——波斯波利斯。但与其说它是一座城市，不如说是宏伟的宫殿群，这些建筑的设计主旨就是强调这个庞大帝国的权力和领土范围。他们用雕塑，特别是石灰岩墙上的浮雕，对建筑作了奢华装饰。

描绘帝国

早期建造的建筑之一是巨大的阿波陀那（Apadana），即觐见大厅，国王在此接待来自其隶属国的客人。它建在一个平台之上，可从两个巨大楼梯进入。楼梯上装饰着连绵的浅浮雕带，描绘的是23支代表团队伍，带着来自帝国各地的贡品。每个楼梯都有一块较大的中心镶板，描绘的（可能）是大流士大帝坐在王座上，所有人物都朝向他。

此处展示的是北侧楼梯的中央镶板。它是阿契美尼德王朝浮雕的一个重要例子。东侧楼梯上也有一块类似的镜像镶板。在某个时候，由于未知的原因，这两块板都移到了宝藏大楼（Treasury building）。20世纪30年代，考古学家在楼里发现了它们。最显眼的人物是国王，他是唯一坐着的人物，因而地位不言而喻。虽然除了王室服装没有任何特征可以辨认他是谁，但几乎可以肯定他就是大流士，因为他的儿子、继承人薛西斯（Xerxes）站在他身后。王室成员的两张脸几乎长得一模一样，意味着浮雕上的人物不是写实肖像，而是君主制的理想化、具象化。登基的国王在朝臣和卫兵的陪同下接受礼物，这种形象能够美化统治者，强调他对臣民的统治。

公元前330年，亚历山大大帝（Alexander the Great）的军队引发一场大火，摧毁了波斯波利斯的宫殿

△ **觐见大厅门廊和纪念楼梯**
图中显示了波斯波利斯全盛时期觐见大厅的模样。该建筑从大流士开始建造，薛西斯时期完成，规模巨大，用作国王的大礼堂。

△ **如今的觐见大厅，北侧楼梯**
支撑觐见大厅屋顶的72根柱子，如今只剩下13根。此处可以看到北侧楼梯。

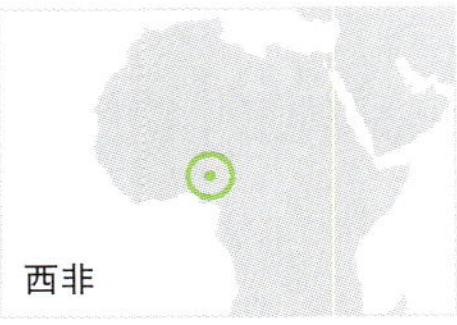

大小 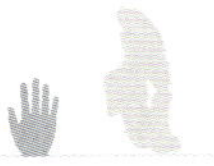

诺克陶土雕塑

简洁的赤陶头像和人物，但极富创造力和表现力，代表了一种独特文化

诺克文化在西非繁荣了约2000年，是早期开发炼铁技术的文明之一，也许早在公元前1000年前后就开始了。他们的用火技巧也应用于生产陶器雕塑，特别是接近真人大小的陶俑，通常认为由女性艺术家创作。它们为这个复杂精密、技术先进的文化提供了重要证据。这些人物也是“非洲比例”（African Proportion）最古老的例子。“非洲比例”即头部的不自然放大。

值得关注的是，此处展示的壮丽雕塑是保存基本完整的诺克雕像，为数并不多。通常发现的诺克雕像只有头部。它是雕像群中的典型，这些人物要么坐着，要么站着，要么跪着。这些作品的一个关键特征就是过大的头部，为了解诺克雕塑的独特元素，提供了宝贵的启示：虽然它们十分风格化、抽象化，但呈现的是真实而非理想化的肖像。他们用黏土塑成基本的形状和特征，如嘴巴和鼻子；在表面添加细节，包括简单的眉毛和珠宝饰品；再在湿黏土上雕或刻上其他元素，如三角形的眼睛，还有嘴洞、鼻孔和瞳孔。

▷诺克陶土雕塑
诺克雕塑风格中误导性的幼稚感，在这个罕见的小雕像中显露无遗。风格化的简洁特征赋予这个雕塑以直白与美感。
高度：38厘米。
年代：约公元前500—前200年。

▷诺克雕塑的头部
诺克陶器头部引人注目的特征之一是修长的脸，如此图所示，通常呈倒梨形。

诺克雕像可能用树叶和树枝覆盖着，烧制数小时

查文石雕头像

动物和神话生物的巨大头像，用岩石雕刻而成，装饰着查文新神庙的墙壁

查文文化（Chavín culture）是秘鲁前印加时代的文明，而查文德万塔尔（Chavín de Huántar）则是查文文化的中心。查文德万塔尔的新神庙建筑群有个独特之处，那就是从外墙凸出的一列列石雕头像。石雕通常是华丽而凶猛的神兽形象，如美洲豹、蛇、鸟类，以及拟人化的神话生物。它们间隔一段固定距离，通过头像背后细长的方形尾巴，即凸榫，嵌在建筑的石造部分之上，因而也得名“头像榫”（tenon head）。

每个凸榫石雕都由一块巨大的火山凝灰岩或砂岩雕刻而成，刻画出一个个具有不同特征的个体生物。但也有一些共同特征，特别是猫科动物和蛇类。它们看上去凶猛有力，尖牙十分显眼，如此处所示的类美洲豹形象。它们也许是圣地的守护者，也许是来自精神世界的超自然生物代表。许多形象的瞳孔放大，可能代表萨满教仪式中由药物诱发的恍惚状态。猫科动物头像可能象征世俗力量，鸟类象征天空领域，而拟人化生物则象征着地下世界。

头部形状
头部的整体形状，加上缩短的鼻子和扁平的头冠，表明它是一头美洲豹。

扩张的瞳孔
圆形凹痕周围的螺旋形，刻画出睁大的眼睛和放大的瞳孔，与鼻孔的形状相呼应。

明显的鼻孔
螺旋形和S形构成了张开的鼻孔和皱起的眉头，使脸部呈现出凶猛的表情。

尖牙
嘴中的獠牙展示出掠食性猫科动物的天性。

△ 查文石雕头像
大约有一半的查文石雕头像榫同它一样，展现的是神话中的猫科动物或蛇类。它们拥有高度风格化的特征，如瞪大的眼睛，表明这些神奇生物可能是幻觉性药物的产物。使用药物也许是萨满教仪式的一部分。
直径： 约50厘米。
年代： 公元前500—前200年。

头像榫的固定

与其说石头雕像是固定在墙上，它们更像是融入了石砌建筑中。头像背后有一个凸榫，嵌在石墙砌块之间，犹如榫卯。头像和凸榫以同一块岩石雕刻而成。

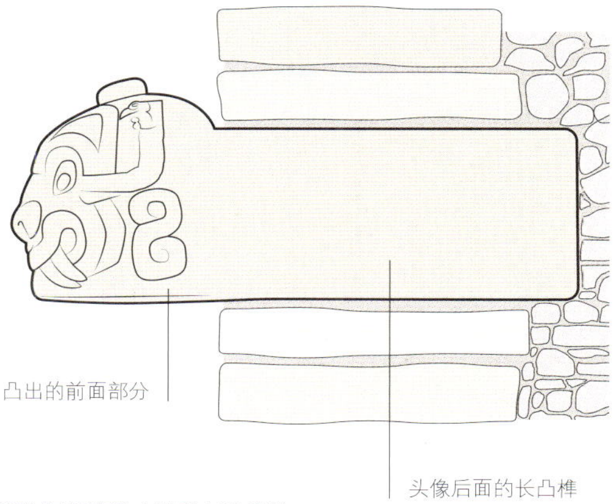

新神庙建筑群中的雕刻头像榫

100多个头像榫中，只有一个留存于新神庙的墙壁上

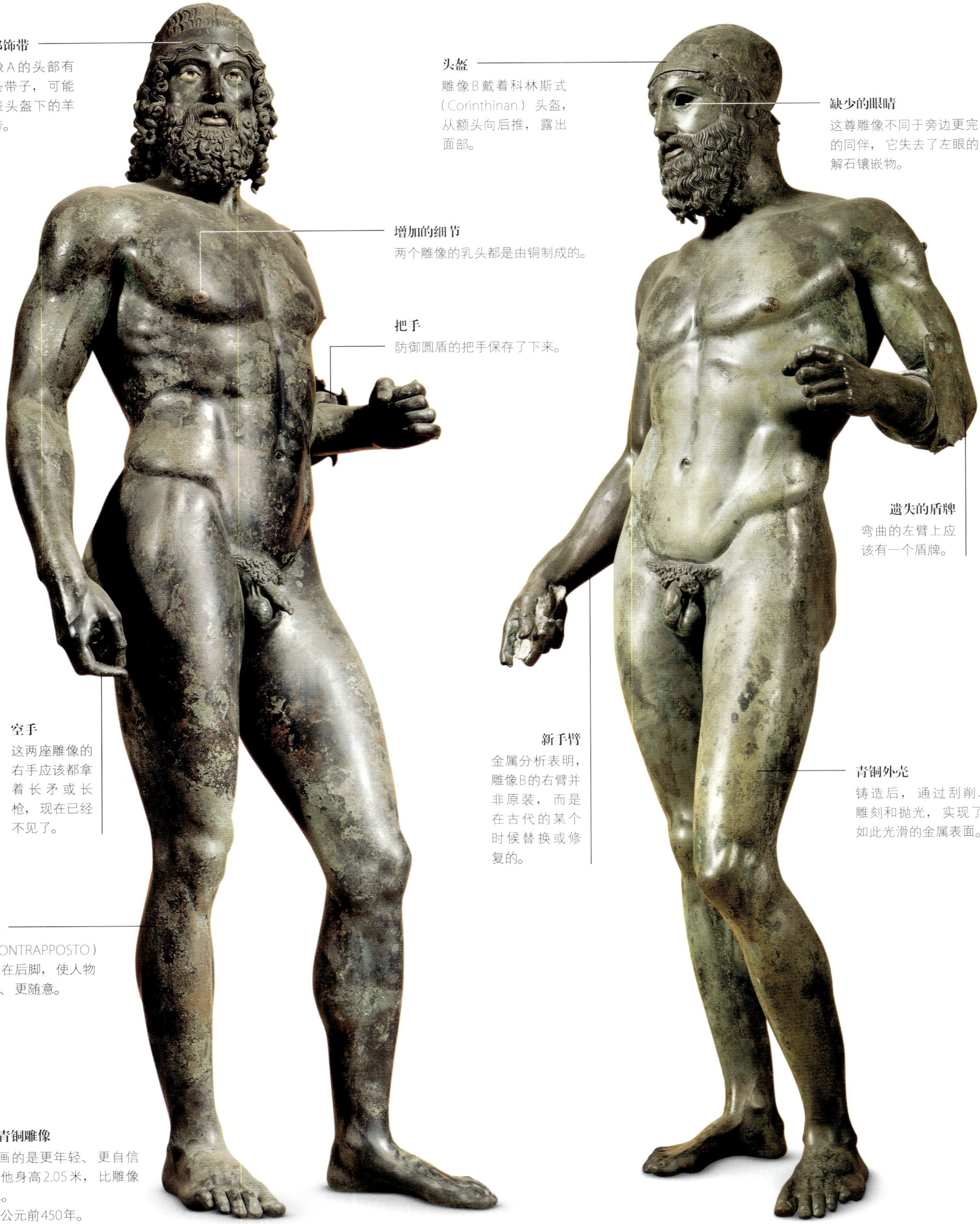

▷里亚切青铜雕像
雕像A刻画的是更年轻、更自信的那位。他身高2.05米，比雕像B高7厘米。
年代：约公元前450年。

大小

里亚切青铜雕像

两尊比真人还大的裸体武士雕像，例示了古典希腊的理想化男性形象

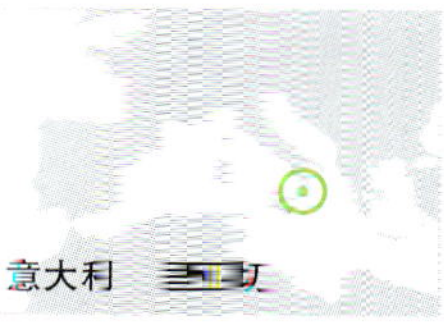

△ **材料细节**

两座雕像都使用了额外的材料来凸显细节，包括用铜制作睫毛和嘴唇，用方解石和玻璃浆制作眼睛。此处展示的雕像A还使用银来制作牙齿。

一位业余的水肺潜水员在意大利的“脚趾”部位——卡拉布里亚（Calabria），发现了这两座雕像。它们可追溯至公元前5世纪中期。这一时期在古希腊历史上具有重要意义：希腊城邦刚刚摆脱波斯人的统治；公元前490年的马拉松（Marathon）战役和公元前480年的塞莫皮莱（Thermopylae）战役，已成为不朽传奇。

神秘与精湛

雕像是偶然发现的，毫无解释性的背景，因此它们的出处必然存在一定程度的不确定性。但很明显，它们反映了当时的雅典（Athens）与其竞争对手斯巴达（Sparta）共同的英雄理想；甚至它们的裸体也是古典雕塑家特地保留的，因为那是神或最接近于神的人类所呈现的状态。它们获名雕像A和雕像B，在风格和表现形式上非常相似，应该是同一位大师的作品，但也无法得以证实。两座雕像的材料都是几毫米厚的空心青铜，采用失蜡法制作，即把熔化的金属浇注在模具的芯上。

雕像尺寸相似，高约2米，姿势也相像，表明它们可能曾经属于某组群体，比如可能是攻打底比斯（Thebes）的七勇士，这些神话中的勇士功绩可以追溯至特洛伊战争之前。虽然这一猜测，以及许多关于这对雕像的其他猜测则都没有定论，但可以肯定的是，它们表达的力量感非同凡响。很少有艺术作品能像它们一样，既具美感，又具庄严感。

理想化而又现实化的雕像，

可能刻画的是英雄、神灵、伟大领袖或战士

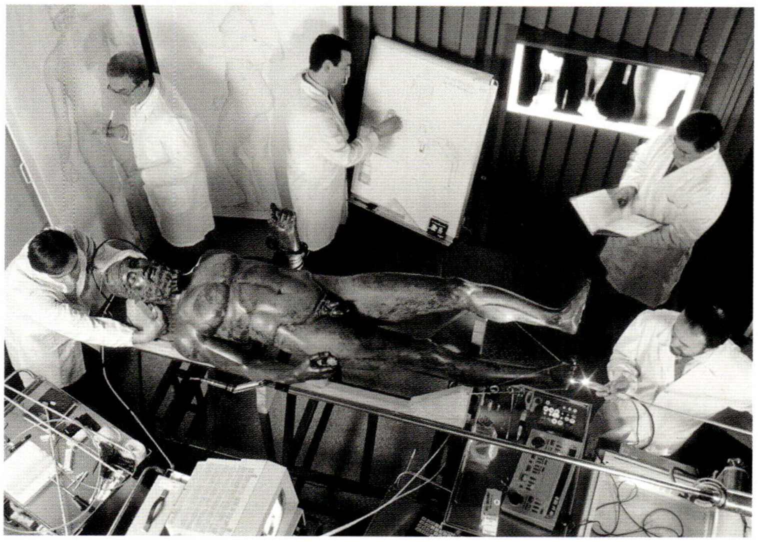

△ **青铜雕像的修复**

两位武士已经历数轮修复。此图是1993年专家们在意大利雷焦卡拉布里亚（Reggio Calabria）开展的第二次修复，清除了烧制过程中所填充的泥土。

武士们的原始面貌

两位武士最初都把长矛几乎垂直地握在右手中。古希腊重装步兵（hoplites）通常会携带2米长的长枪。他们左臂弯曲，以支撑盾牌，但只有年轻武士的圆盾把手幸存了下来。他们也可能佩着短剑，剑鞘内斜，挎在肩上。这些武器可能都已移除、运走，一个也没有发现。

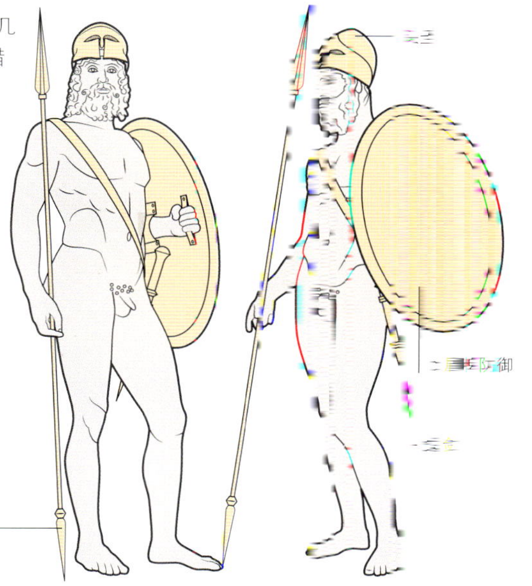

这架黄金战车非常小，
可以放在手掌上

希腊的影响

在政治方面，阿契美尼德王朝与希腊的关系是对立的，他们在公元前480年征服了希腊北部的大部分地区。但在文化方面，他们的艺术家从近邻那里学到了很多。奥克瑟斯宝藏中，希腊的影响在雕塑方面展现得最为明显。这是一尊精致的青年铸银雕像，除了金箔头饰，全身一丝不挂。裸体是希腊艺术的主要内容，但在波斯艺术中却几乎没有。这尊阿契美尼德雕像高29.2厘米。

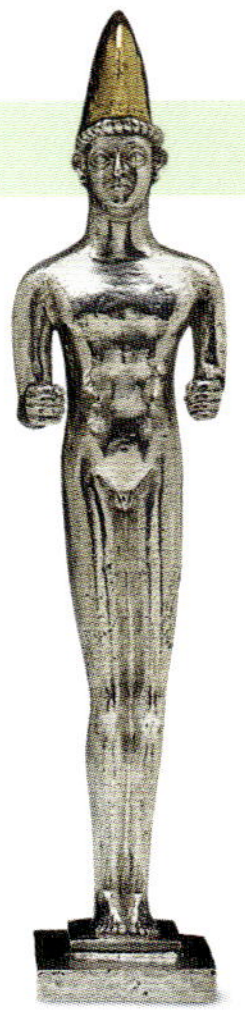

奥克瑟斯宝藏，裸身青年雕像

奥克瑟斯宝藏

一批来自古代波斯的秘藏，大多是精雕细琢的金银制品

19世纪70年代末，在今塔吉克斯坦的奥克苏斯河（Oxus River）北岸，当地人偶然撞上了一个伟大发现：一座由精加工的金银制品组成的宝库，其中很多物品都尺寸迷你，另外还有数百枚古钱币。这批壮观的藏品如今名为“奥克瑟斯宝藏”，有动物雕像、壶、碗、祈祷牌饰、小塑像，还有珠宝，如吊坠，以及两个美丽的狮鹫头臂环。另有两架引人注目的战车模型，以金、银与铜的合金制成，每架车各载两名乘客，由4匹马牵引着。为了制作这些技艺精湛的物品，需要对薄金属片进行加工，将其切割成不同的部分，然后通过焊接或锤打，连接在一起，或用金属丝连接。战车有大大的轮子，原本可以自由转动。还有一个车厢或驾驶室，后面打开着，车厢内部制作了一把类似长凳的座椅。

奥克瑟斯宝藏内的物品可追溯至公元前5世纪至公元前4世纪，即波斯的阿契美尼德时期（约公元前550—前330年），当时的帝国领土从奥克苏斯河向西，一直延伸至希腊边界。虽然宝藏的整体质量参差不齐，但最优良的一些物品——如此图所示——展示了当时世界上最大帝国的精湛工艺。

外来品种
这四匹马刻画的是伊朗北部的尼萨种马（Nisaeans），一种敏捷灵活的马，现已灭绝。

留存的腿
这匹马原来的几条腿如今不见了。

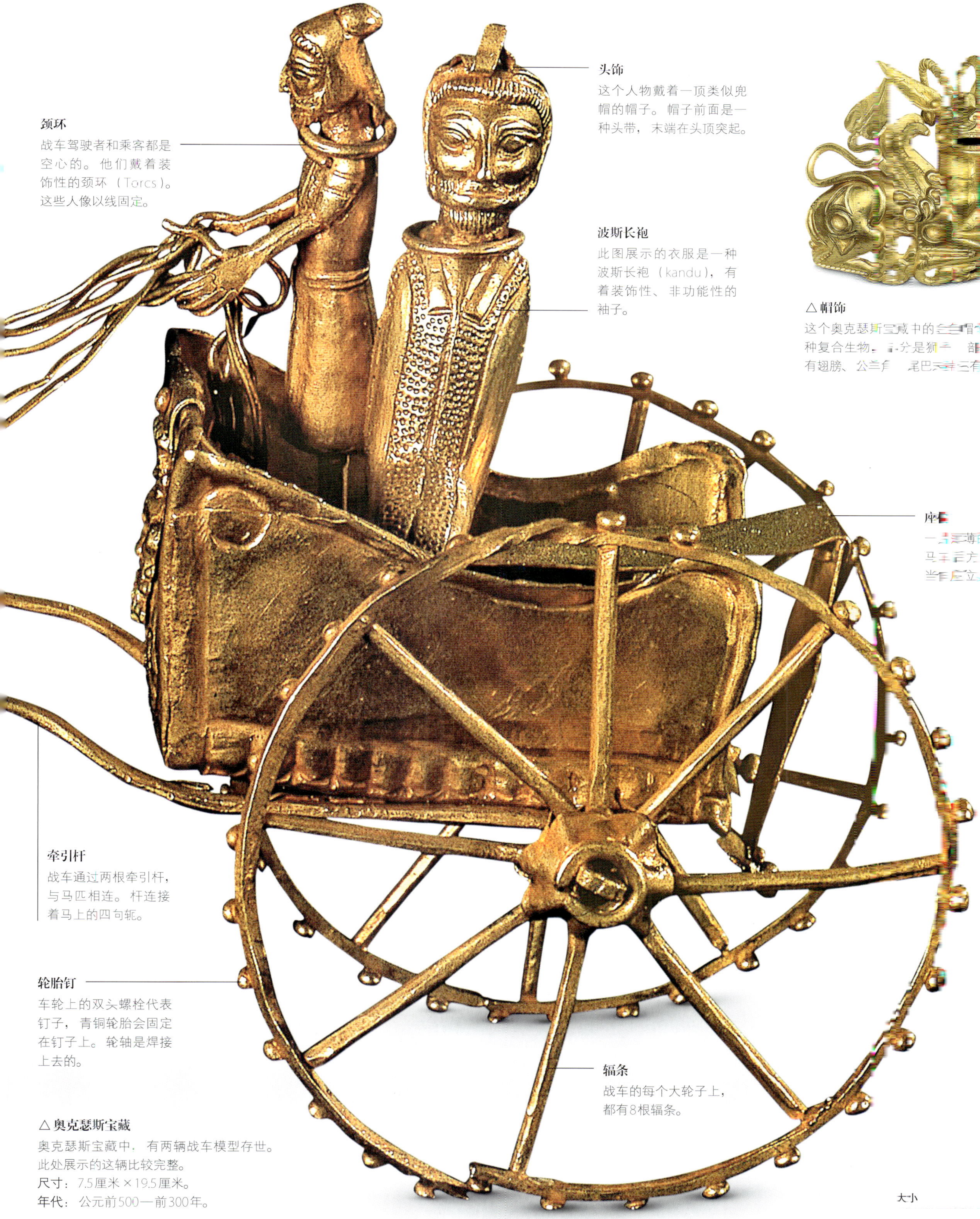

头饰

这个人物戴着一顶类似兜帽的帽子。帽子前面是一种头带，末端在头顶突起。

颈环

战车驾驶者和乘客都是空心的。他们戴着装饰性的颈环（Torcs）。这些人像以线固定。

波斯长袍

此图展示的衣服是一种波斯长袍（kandu），有着装饰性、非功能性的袖子。

座椅

一片很薄的金片从敞篷马车后方延伸至前面，当作座位。

牵引杆

战车通过两根牵引杆，与马匹相连。杆连接着马上的四句轭。

轮胎钉

车轮上的双头螺栓代表钉子，青铜轮胎会固定在钉子上。轮轴是焊接上去的。

辐条

战车的每个大轮子上，都有8根辐条。

△ 奥克瑟斯宝藏

奥克瑟斯宝藏中，有两辆战车模型存世。此处展示的这辆比较完整。

尺寸：7.5厘米×19.5厘米。

年代：公元前500—前300年。

△ 帽饰

这个奥克瑟斯宝藏中的金色帽饰呈现了一种复合生物。一部分是狮子，一部分是狮鹫，有翅膀、公羊角[illegible]尾巴末端有一片叶子。

大小

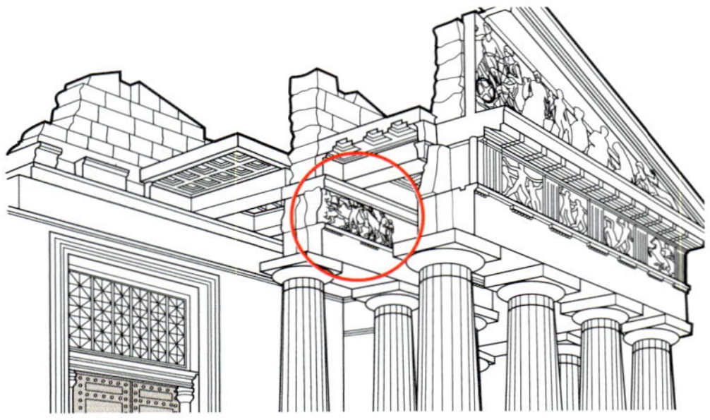

△ **雕带的位置**
这幅插图展示了帕特农神庙的外观，且凸显了内部柱廊，即雕带所在的位置。

帕特农神庙雕带

非凡的大理石浮雕，创作于公元前445年至公元前438年

帕特农神庙是一座供奉雅典娜女神的神庙。公元前480年，在希腊与波斯的战争中，部分神庙损毁。政治家伯里克利（Pericles）制订了一个建筑计划，目的是美化雅典，替换掉毁坏的神庙。帕特农神庙就囊括于此计划中。它由46根高耸的多立克柱围成，饰有壮丽的雕塑；柱子上方有92块排档间饰（metopes），即方形镶板，描绘了特洛伊战争，以及神、巨人和半人马之间的战斗场景。柱廊内的主神庙周围，有精心设计、相当壮观的浅浮雕带，展示着一场宗教游行。后人认为，古希腊雕塑家菲狄亚斯（Phidias）监督了神庙的艺术构建。

菲狄亚斯

菲狄亚斯（约公元前490—前430年），一位受人尊敬的雕塑家、建筑师，可能指导了帕特农神庙的雕塑装饰。他最为著名的作品是帕特农神庙的雅典娜女神（goddess Athena）金色雕像，以及奥林匹亚（Olympia）神庙中宙斯（Zeus）王座上的巨大雕像。

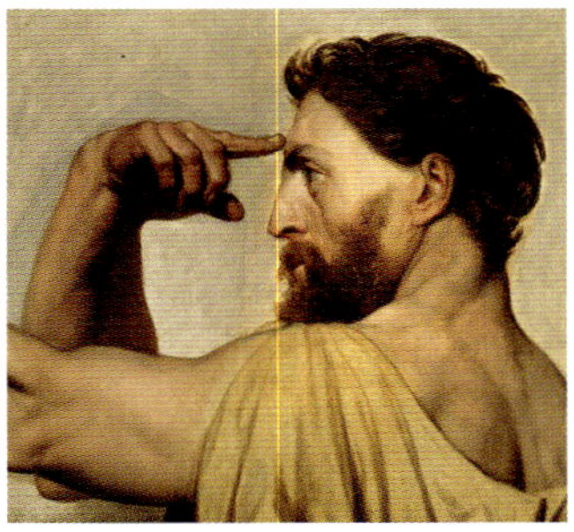

▽ **帕特农神庙雕带**
雕带装饰在柱廊内神庙建筑的4个侧面，描绘了“泛雅典娜节游行”（Panathenaic procession）。那是每年献给雅典娜的节目中一个环节。
尺寸：1米×160米。
年代：公元前445—前438年。

游行开始
北侧雕带共由47块石板组成。此图是其中一块，描绘了游行开始前的准备工作。

凿痕
大理石最初加工时留下的凿痕。

裸体骑手
一位骑手稳住他的马，拿着花环，等待出发。

缰绳配件
这些纹栓孔用来安装马匹的青铜辔头配件。

彭特利克（PENTELIC）大理石
大理石采自彭特利库斯山（Mount Pentelicus），以浅浮雕的方式进行雕刻。

富有表现力的描绘
这些人物因流畅的形式和富有表现力的姿势而备受瞩目。

大小

原始颜色
白色大理石上，原本有彩色的油漆和金属细节。

比例
马与人相比，显得格外渺小。

骑兵队
马匹和骑手，构成了泛雅典娜节游行的骑兵队伍。

准备工作
一个年少的马夫专注于为前方骑手系上皮带。

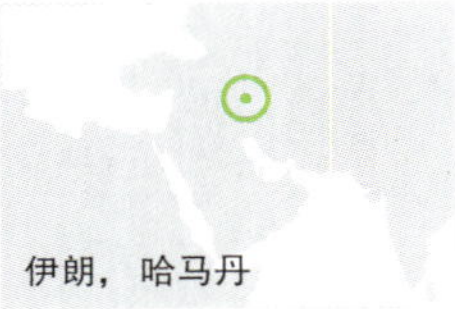

大小

金狮来通杯

一件出色的金属制品，展现了古代波斯帝国在巅峰时期所拥有的活力和复杂艺术

来通杯是一种独特容器。在古代世界中，它们用作饮酒器皿，让酒接触空气，或在仪式中倾倒液体。通常它的上半部分像碗，下半部分像动物。部分来通杯就和普通杯子一样使用，将碗状部分举至嘴唇，如此处展示的华丽例子。但还有一些来通杯的下端会有一个出水口，通常位于动物部分的腿间。

近东和地中海的广袤地区都有生产来通杯，使用的材料多种多样。最辉煌的例子是阿契美尼德王朝时期，用黄金制作的来通杯。这个王朝从公元前550年至公元前330年，统治着庞大的波斯帝国。图中这个光辉灿烂的杰作来自波斯古老的城市之一，哈马丹（Hamadan）。它的造型是一头凶猛的有翼狮子，与阿契美尼德王朝权力有关。杯子周围的条纹和动物身上的装饰元素，展示了精湛的工艺和技术。

植物装饰图案
边缘下方有一个风格化的植物图案不断重复。这是阿契美尼德艺术中常见的装饰处理。

▽金狮来通杯
虽然这个华丽的杯子非常精致，但来通杯很可能只是简单角制酒杯的进化形式。
高度：22厘米。
年代：约公元前400年。

金丝线
杯子周围均匀分布的装饰带是用金丝制作的。

翅膀
翅膀由独立的金片制成，巧妙地焊接在杯身上，看不出任何连接点。

鸵鸟羽毛
狮子的侧腹处，饰有风格化的鸵鸟羽毛。

△庞贝（POMPEII）的湿壁画
这幅来自意大利庞贝古城的湿壁画可追溯至1世纪，其细节表现了葡萄酒从敞口来通杯，倒入桶状容器（situla）。

阿契美尼德艺术中，
有翼狮是最受欢迎的主题

◁正面图
这头咆哮的狮子令人印象深刻，它大张着嘴，龇着牙。鼻子上饰有隆起的线。

阿雷佐的奇美拉

可能是伊特鲁里亚艺术中最著名的作品，因其表现力和对青铜铸造的精湛技艺而著称

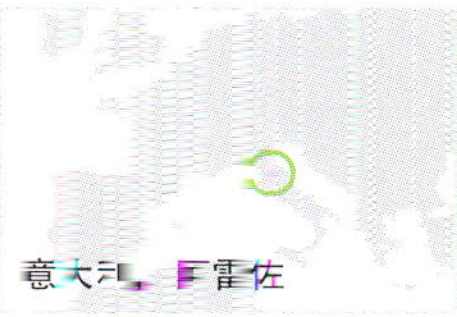

在伊特鲁里亚民族被罗马人征服，并纳入罗马共和国之前，他们一直是古代意大利的主要民族。伊特鲁里亚艺术受到希腊艺术的强烈影响，但往往也有自己的朴实活力。雕塑方面，最受他们欢迎的材料是赤陶土，不过在青铜方面也很出色，1553年，在阿雷佐的建筑工程中出土的这头猛兽，就是用青铜制作的杰作。

希腊神话中，奇美拉是一头会喷火的怪兽，有狮子的头、要山羊的身体，以及长着蛇头的尾巴。英雄柏勒洛丰（Bellerophon）杀死了奇美拉，这件青铜器最初可能属于一组表现他们之间战斗的作品。但就作为一件独立作品来看，它是青铜铸造的绝佳例子，也是所有动物雕塑中伟大的作品之一——凭借那瘦削却矫健的身体，毛发竖起、张嘴咆哮的能量。

背部尖刺
一排尖刺沿着奇美拉的背脊突起，与其鬃毛的装饰性处理相得益彰。

蛇头尾巴
原有的尾巴在发现雕塑时已经丢失，这是1785年添加的替代物。

颈部伤痕
山羊的头部有一个流血的伤口，毫无疑问是由英雄柏勒洛丰造成的。

▽阿雷佐的奇美拉
这头怪物紧张地伏在地上，仿佛要向敌人发起进攻。它皮肤下的肌肉和肋骨被巧妙地表现了出来。
尺寸：80厘米×130厘米。
年代：约公元前400年。

狮子的头
鬃毛包围的野兽在愤怒且迷茫地咆哮。原本它有嵌入的眼睛，可能是用玻璃制成的，但现已丢失。

铭文
右前腿上刻有铭文，意为该雕塑献给伊特鲁里亚的最高神提尼亚（Tinia）。

缺失的元素
尖顶上的顶饰部分缺失。

上部带子
上部带子有较小的棕叶饰，每个棕叶各有5瓣。

浅浮雕
覆盖铁制内盖的3条青铜带子上，有浅浮雕装饰。

珊瑚
装饰性的珊瑚镶嵌物最初粘在这里。

▷后视图
护颈由一片单独的青铜和黄金覆盖的铁片制成，铆接在头盔主体上。

旋涡形状
一种旋转的S形包围着中央带子上的棕叶饰。这种S形属于公元前4世纪的瓦尔达尔格斯海姆风格（Waldalgesheim style），以一个重要的德国考古遗址命名。

护颈
护颈上的装饰结合了凯尔特和伊特鲁里亚或希腊的图案。

△抽象的图案
重叠带之间的连接处，饰有更抽象的几何图案。

△阿格里斯头盔
根据当时的罗马记载，凯尔特战士通常不戴头盔，所以这个装饰豪华的例子很可能用于仪式。它似乎是当作宗教仪式的一部分一起埋葬的。
高度：21.4厘米。
日期：约公元前350年。

护颊
头盔现只存有一个护颊，是单一的大棕叶形图案。

大小

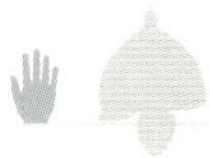

阿格里斯头盔

一个仪式用的头盔，是凯尔特（Celtic）艺术的杰作，饰有公元前4世纪拉泰纳（La Tène）文化的典型图案

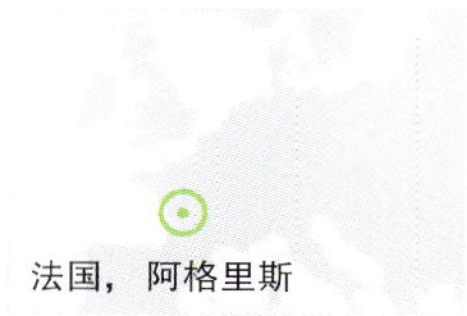

阿格里斯位于法国西部的夏朗德省（Charente）。1981年，阿格里斯附近的一个山洞里，出土了镀金铁器的碎片。随后的挖掘工作为铁器的重塑，提供了足够的出土碎片。该铁器后来获名阿格里斯头盔，可追溯至公元前350年，即凯尔特人历史上称为拉泰纳文化的时期。头盔上饰有典型的凯尔特人装饰图案，包括抽象的和以植物为灵感的设计。

独特的装饰

这个精美绝伦的艺术品，因精湛的工艺得以实现。横带以青铜锤制而成，粘到铁制的底盖上。每条带子都有独特的浮雕图案装饰，构成了环绕着头盔的3条饰带，而后镀上大量金箔。类似的工艺制品又组成了一个护颈、两个护颊和一个带刺的锥形顶盖，形成整个结构。装饰华丽而精细，描绘了棕叶图案（扇形的叶子或花瓣装饰图案），体现出希腊或伊特鲁里亚艺术的影响，但同时又保持了独特的凯尔特风格；还有旋涡曲线，则更具凯尔特圆形和螺旋形设计的特点。

学者们对阿格里斯头盔的具体制作地点并不确定。铁帽造型似“骑师帽”，带有护颈，与同一时期的意大利头盔风格相似，装饰也显示出伊特鲁里亚的影响，表明其产地可能是意大利。也有些学者认为，用青铜饰带覆盖铁制头盔的方法，更像是典型的阿尔卑斯山地区工匠所为。然而，这个例子可能与少量其他装饰头盔一样，来自它的出土地，即大西洋沿岸地区。

一只獾在挖洞时掘出一堆残骸，人们发现阿格里斯头盔就在其中

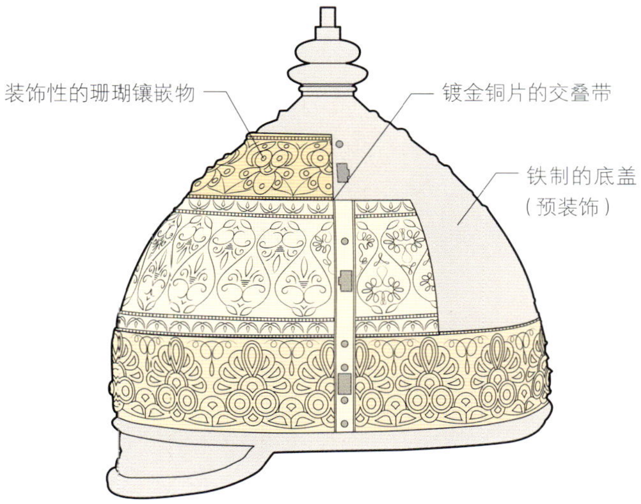

△铸造技术

把青铜片敲打成想要的形状，压出装饰图案，然后安装在铁制底座上，最后镶嵌珊瑚作装饰。

巴特西盾（BATTERSEA SHIELD）

这面盾牌与阿格里斯头盔一样，是凯尔特铁器时代的产物。人们在伦敦巴特西的泰晤士河（the River Thames）中发现了它，是英国拉泰纳文化的一个全新例子。实际上，它不是完整的盾牌，而是一面木制盾牌的覆盖物，由青铜片捶打而成。巴特西盾上有3块圆形的青铜装饰镶板，采用锤压凸纹技术，镶嵌着红色景泰蓝，是该时期（公元前350年至公元前50年）典型的凯尔特金属制品。值得一提的是，它那旋转的S形和螺旋形与阿格里斯头盔上的相似，连接着珐琅饰钉，在每个突起的圆形镶板内，形成了一个十字图案。

公元前350—前50年，巴特西盾

大小

兵马俑

一支强大的兵马俑军队，守卫着一位皇帝的陵墓，是世界上令人震惊的考古发现之一

△ **制作阶段**

这是张电脑生成的图片，显示了俑创作中的4个关键阶段。从下到上：用陶土制成人形；在窑中烧成红色；涂上黑漆，作为上色的基底；最后，涂上鲜艳的色彩。

秦始皇（公元前221—前210年在位）是首次统一中国的皇帝。他在去世前36年，就下令在西安（Xi'an）东部建造他的大型陵墓群。考古学家于20世纪60年代开始调查该地区。1974年，一位农民在挖井时，发现了一个藏有黏土碎片的坑。

令人震惊的发现

农民发现的是3个坑中的第一个，内有大约8000个真人大小的陶土士兵，十分惊人，还有马、战车、青铜动物和其他宝物——一支来世为皇帝服务的军队。士兵种类包含骑兵、步兵、排成战斗队形的弓箭手。第三个坑中，还有一个指挥部，以及将军等官员。

每个士兵都由独立部件组成，包括底座、脚、腿、手、躯干、手臂和头。制作都是标准化的，有3种类型的底座、8种形式的躯干和8种变化的头部。然而，头部经手工雕刻后，赋予了不同的面部表情、发型和帽子，因此8000个士兵看起来各不相同。马匹也由不同部件组成，组装后，和军队的其他组成部分一样，在高达1050°C的温度下烧成红色，上漆，然后着色，但曾经鲜艳的颜色早已剥落。

此后，考古学家在西安有了更多惊人发现，包括2001年发现了20只真实大小的青铜天鹅，但这座墓大部分仍未挖掘出来。一些消息来源警告说，墓内有纯水银的河流，还有用上膛的弩制成的诱杀装置。

宝物中，有一套巨大的石制盔甲，以铜线把612块石块连在一起

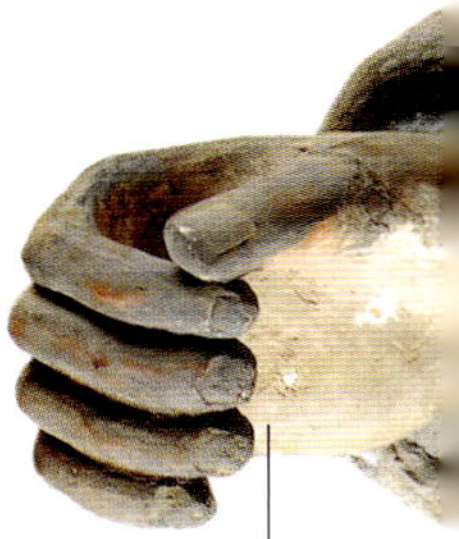

丢失的武器

这个士兵原先持有一把剑。

一号坑的军阵

军队中的士兵排成战斗队形。一号坑是最大的，坑内6000名士兵中，有一个三排纵深的非装甲士兵先锋队，而后是另一个由非装甲士兵和弓箭手、装甲士兵和马拉战车组成的纵队。阵型间以土墙隔开。

兵和马

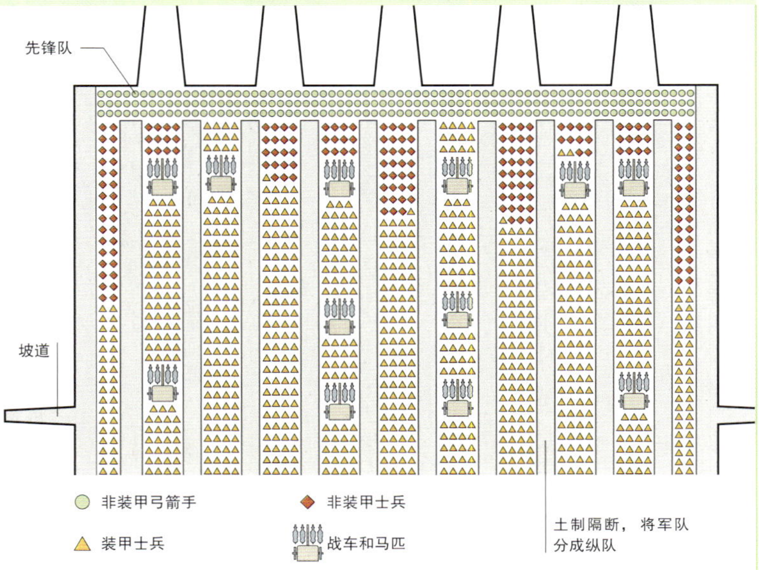

▷ **兵马俑**

这两个引人注目的陶俑刻画的是一位将军（右）和一位中级军官——秦军指挥结构中的一部分。

人物高度： 1.9米。

年代： 公元前250—前220年。

中级军官
扁平的长方形帽子代表中级军官。
头部
士兵的头部是标准化的，但头发、胡子和帽子作了单独建模。
耳朵
耳朵、眉毛、鼻子和嘴唇，都分别制成，用陶土和水粘上。
铆钉
仿制的铆钉在方形盔甲片上显得格外突出。
颈部围巾
脖子上系了条围巾，似乎是为了缓解盔甲的摩擦。
鳞片
将军的盔甲上，有部分地方装饰着鳞片。
将军帽
军队里的将军会戴着孔雀羽毛的帽子，如此图所示。
颜色
盔甲上残留着原来的彩色油漆。

△托勒密五世的长方形图框
椭圆形的框中刻有托勒密五世的名字，是破译石碑文字的关键部分。

大小

破损的石碑
石碑的顶部显示了岩石的断裂（见右侧修复图）。

象形文字
顶部的记录展示了留存下来的十四行古埃及象形文字铭文。

王室命令
象形文字的最后一行规定，要在埃及各地的神庙中，设立本诏书的复制品。

草书文字
中间部分显示了32行古埃及草书文字。

花岗闪长岩
石碑表面是光滑的灰色花岗闪长岩，有些地方呈现粉红色的纹理。

古希腊文字
底部记录着53行古希腊文的诏书。

△罗塞塔石碑
罗塞塔石碑是从右往左书写的。它包含了托勒密五世的一份诏书。当时他只有13岁，为加强王室崇拜，而颁布此诏书。
高度：112.3厘米。
年代：颁布于公元前196年。

△ **重建**

随着时间的推移，罗塞塔石碑顶部有长达49厘米的部分断裂并丢失。学者们以其他类似的石碑为模型，重建了罗塞塔石碑，如此图中浅色部分所示，包括图像和缺失的象形文字铭文。

罗塞塔石碑

一块不规则的花岗岩石碑，来自公元前2世纪，上面有3段文字，是解开象形文字和古埃及历史之谜的关键

1799年，法国军队在埃及亚历山大（Alexandria）附近拉希德（el-Rashid，即罗塞塔）的朱利安堡（Fort Julien）内，发现了罗塞塔石碑。迄今为止发现的古代世界文物中，它是重要的人工制品之一。这块断裂的石碑由灰色和粉色花岗闪长岩（granodiorite，一种花岗岩）制成，重约760千克。碑上刻有3段相同的内容，即托勒密五世（Ptolemy V，公元前204—前180年在位）的诏书，但用了2种语言、3种文字：埃及象形文字、埃及草书（Demotic Egyptian，一种主要书写于纸莎草文书的形式），以及古希腊文。这些符号由石匠，而非文士，在岩石上轻轻刻出来。他们使用金属锤和凿子，在每次敲击间扭动凿子，来创作出这些字符和字母。

石碑运往法国，供学者研究。最初的翻译工作大多归功于英国人托马斯·杨（Thomas Young），但一般认为法国学者让-弗朗索瓦·商博良（Jean-François Champollion）得出了最重要的发现。虽然象形文字和草书文字无法破译，但希腊文字可以阅读——这让古埃及文字与已知语言相互对照成为可能。这项工作十分艰巨，直到了1822年，商博良成功破解了密码，人们可以阅读成千上万的象形文字和草书文字，从大量古埃及文字和历史中获取人们未能得知的信息。

这块岩石曾在1999年被清洗过。清洗之初，它呈黑色，显然是因为发现者用棕榈蜡来保护岩石，所以颜色已然变深。它原本应该是灰色的。文字原来是粉红色的，但因为用了粉笔，所以呈现出发白的色调。

对石碑的分析表明，
象形文字主要是注音符号，而非象征符号

解读象形文字

商博良之前的学者都认为，这些象形文字是象征性的，如狮子的符号意为“狮子”。商博良知道，埃及统治者的名字都用长方形框（cartouche）围了起来，因而很容易就在他看得懂的希腊文中找到了“托勒密”一词。他在象形文字中找到了相应的长方形图框，围起来的字符数量相似，便把希腊字母的发音与象形文字匹配起来。他将“托勒密”一词与其他铭文中长方形框内的统治者之名作对照测试，如克列奥帕特拉（Kleopatra）和贝雷尼克（Berenike），发现它们是一致的，证实了这一猜测。

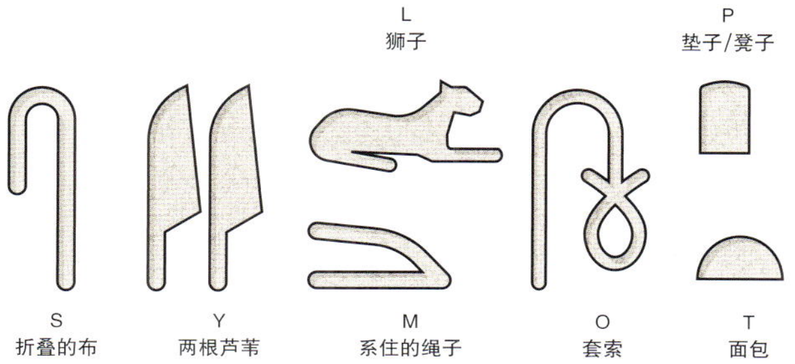

托勒密的涡卷饰

此长方形框中的字符是从右往左阅读的。每个字都代表托勒密名字中的一个音，但在古埃及文字中，经常省略元音。

= ptolmys（托勒密）

△ **朱利安堡**

法国士兵在拉希德的朱利安堡的扩建工程挖土基时，发现了罗塞塔石碑。

◁勇士的复活

在这块板中，巨大的神像将一排倒下的战士浸泡在一个仪式坩埚里，让他们复活。

▷长角的生育之神

凯尔特神科尔努诺斯（Cernunnos）长着鹿角，与森林和野生动物有关。他两侧伴着动物，一手拿着金属饰环（Torc），另一手抓着长公羊角的蛇。

人形

人形是从金属板的背面敲打成型的，更精致的细节则在正面进行镂雕。

接合处

坩埚内部和外部金属板的接缝位置交错排列。

底座

圆形底座由一片银片敲打而成。

△古德斯特拉普坩埚

这口异常巨大却精致的凯尔特坩埚，以隆浮雕作装饰，作为铁器时代欧洲各种文化交叉融合的成果，反映了其拥有者在接见客人时的威望。

尺寸：42厘米×69厘米。

年代：约公元前100—前1年。

铁器时代的焊接

锡焊最初用来连接金属板和底座。

眼睛

原来有玻璃镶嵌物当作眼睛，现已丢失。

头饰

图案中的头部通常都戴着金属饰环。

大小

现代分析表明，坩埚成分为97%的纯银和3%的纯金

古德斯特拉普坩埚

欧洲铁器时代的精巧银器，饰有凯尔特神话场景，也许可追溯至公元前1世纪

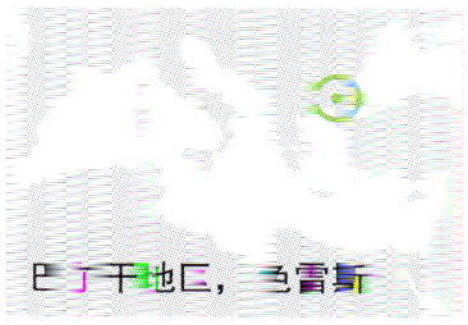

△ 近东地区的影响

坩埚上的小人正在梳理凯尔特女神的头发，穿着近东风格的长袍，身边有一只张开翅膀的鸟——这是亚述和波斯艺术中常见的装饰图案。

1891年，有人在丹麦古德斯特拉普附近的一片沼泽地里，发现了古德斯特拉普坩埚，当时它已支离破碎。但从风格和做工来看，它的生产地显然是其他地方。容器内外装饰着凯尔特神话情景，令学者们最初以为它来自凯尔特高卢（Gaul）。但在一番仔细检查后，他们发现装饰图案明显带有近东影响。更重要的是，它和其他凯尔特坩埚不同，是由纯银制成的，在风格与质量方面，与巴尔干地区（Balkans）色雷斯（Thrace）的银匠风格相似。

令人惊叹的工艺

这个惊人的容器以一个浅浅的碗形为底座，上面焊接了13块弧形板，组成侧面；留存下来的有5块内板和7块外板。底座上的装饰十分简单，中央有一个徽章图案。但侧板上用锤压凸纹技术作了丰富装饰，上有镂雕（chased）的浮雕人物，重要细节饰有镀金，还镶上着玻璃。制成管状的银片附在碗口，钝化边缘，方便饮用。银器锤击有着细微差别，表明它可能是数个银匠的共同作品。

容器上所描绘场景的象征手法表明，它不是纯粹的凯尔特产物，而是不同文化形象和风格的结合。虽然这些神、英雄和动物等形象可以认出来自凯尔特传说，但与凯尔特人的描绘方式不同，而且在一些细节的表现上，也与传统的凯尔特神话不同。

△ 底板的徽章

内侧底板的中心刻画了一位举着剑的女战士，在猎犬的包围下，正在杀死一头公牛。原来装牛角的地方留着孔洞，牛角可能以黄金制成。

锤压凸纹和镂雕技术

锤压凸纹是一种在金属板上创作浮雕图案的技术，使用类似凿子的工具，从背面或内表面锤击金属板，令表面形成浮凸的形状。圆面冲头制作光滑表面，而更精致的细节则是用尖头工具来增添的，通常就在金属表面工作。这种技术称为“镂雕”。

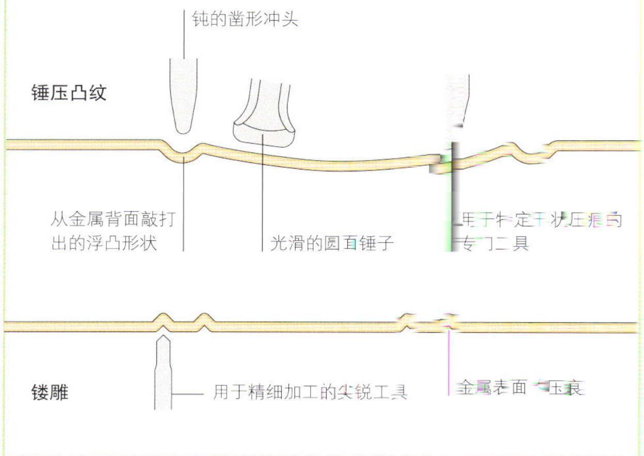

《拉奥孔》▷

这座雕塑也叫《拉奥孔和他的儿子们》，由数块大理石组成，不过连接处处理得非常巧妙，一般人根本看不出来。

高度：2.08米。

年代：约公元前50—公元50年。

《拉奥孔》

一尊壮观的古代雕塑，发现于文艺复兴时期，对西方艺术家产生了深刻影响

1506年1月14日，工人们在一座罗马的葡萄园里挖掘时，发现了一间地下密室，内有一尊非凡的大理石雕塑。米开朗基罗（Michelangelo）等艺术大师赶来观看，立即意识到，这是一件著名的古代失落杰作，曾被罗马作家老普林尼（Pliny the Elder）颂扬为“好过所有绘画和雕塑作品”。当时在位的教皇尤利乌斯二世（Julius II）买下了这座雕塑，并在梵蒂冈展出。它的解剖学造诣、能量和情感强度，给当时和后来的艺术家留下了深刻印象。

神话和历史

这座雕塑描绘的是特洛伊战争传说中的一个事件。拉奥孔是一位特洛伊祭司。在这个故事最为著名的版本中，他警告人们不要相信希腊敌人留下的木马，那是进入城市的一个诡计。一位支持希腊的神灵报复他，派来两条巨大的海蛇，杀死了拉奥孔及其儿子们。普林尼记录了该作品的雕塑家名字，他们是来自希腊罗得岛（island of Rhodes）的阿格桑德罗斯（Agesander）、波利多罗斯（Polydorus）和阿典诺多罗斯（Athenodorus），但他没说是何时及为谁而作的。1957年，人们发现了另一件伟大的古代宝藏，上面刻有相同的雕塑家名字。那个复杂的雕塑组合发现于那不勒斯（Naples）附近斯佩尔隆加（Sperlonga）的海底石窟中，包含一些荷马史诗场景里的人物。这个石窟曾属于提比略（Tiberius）皇帝的某栋别墅，《拉奥孔》可能就诞生于那个年代。

拿破仑偷走

拿破仑于1796年首次入侵意大利后，直到1815年他在滑铁卢战役中最终失败，意大利大部分地区都在法国控制之下。拿破仑同在他之前和之后的多数征服者并无二致，一样大规模地掠夺艺术品，将数百件著名绘画和雕塑带往巴黎。当时有首流行歌曲唱道，“罗马已不在罗马，都在巴黎”。1800年至1815年，《拉奥孔》在巴黎卢浮宫展出，而后送回梵蒂冈。

遭掠夺的《拉奥孔》，正从巴黎运来

这座比真人还大的雕塑，表现了恐惧和痛苦的极致

△ 多种解读

对大多数观察者而言，拉奥孔似乎在痛苦和恐惧中嚎叫。但部分18世纪的评论家认为，他在坚忍地承受痛苦，因为这种解读与他们对希腊艺术的理想化看法相一致。

△ 奥德修斯（ODYSSEUS）

在斯佩尔隆加发现的许多雕像原已严重损坏，如今都作了重建。这是奥德修斯的头像，来自一组描绘他刺瞎独眼巨人波吕斐摩斯（cyclops Polyphemus）的雕像，与拉奥孔的头像明显相似。

原手臂

拉奥孔原来弯曲的右臂于1906年偶然发现，1960年时恢复安装到雕像上。

钻头的使用

用钻头在拉奥孔的头发和胡须上钻出深度，产生凿子难以达到的效果。

蛇头

蛇通过撕咬和挤压，来完成致死任务。其中一条正准备将尖牙刺入拉奥孔的身体。

逃跑？

这个故事的一个古老版本中，其中一个儿子逃跑了。这个形象可以视作即将挣脱大蛇的缠绕。

死亡的愤怒

左侧的儿子似乎已经放弃了希望，抬头痛苦地看着父亲。

大小

毕马兰舍利金函

在阿富汗发现的黄金舍利函，十分精致，上有早期的佛像之一

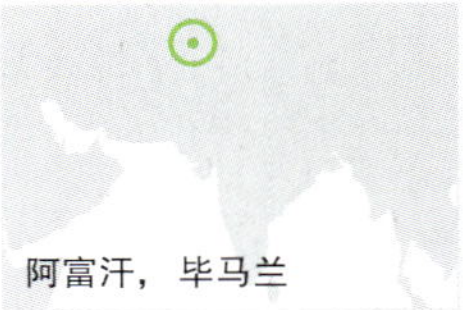

△ 硬币

函内发现了一些珠子，还有4枚阿泽斯二世（Azes II）名义的硬币。阿泽斯二世是印度-斯基泰（Indo-Scythian）国王，事实上可能并不存在。这些硬币可能产于阿泽斯一世或其后国王的统治时期，可追溯至1世纪。

19世纪30年代中期，英国考古学家查尔斯·马森（Charles Masson）在阿富汗犍陀罗（Gandhara）地区的毕马兰，发现了一座佛教窣堵波（stupa，圆顶神殿），这个小小的舍利函最初放置在一个滑石（皂石）盒子内。函外刻有铭文，包括一个名为喜娃拉兹达（Sivaraksita）之人的献词。但如献词所说，函内并没有任何佛祖舍利。和它一起出土的硬币制作于1世纪初，艺术风格融合了当地手工艺技术和希腊化的影响，是一种名为“犍陀罗”的混合风格，更像是一个世纪后的典型作品。

一尊人形佛像

函由金片捶打制成，这种技术在印度很罕见，说明它可能来自中亚。函上还饰有锤压凸纹。共有8个人物，4人一组，两组之间几乎相同，以希腊-罗马风格的拱形壁龛分隔。它比其他犍陀罗黄金舍利函大。除了尺寸和复杂工艺，还有个特别重要之处，那就是它描绘的人形佛像，是迄今为止发现的第一个人形佛像艺术表现形式。在它之前，佛陀以象征性的方式出现，如脚印或空王座。此图中，通过祈祷的手势和凸起的颅顶，可以确定这个形象就是佛陀。他的两侧是印度教神灵梵天（Brahma）和因陀罗（Indra）。一个信徒的人物形象隔开他们，他佩戴的都是菩提萨埵（bodhisattva，即开悟的信徒）的头饰和耳饰。

函上镶嵌着一排排奢华的石榴石，穿插着四瓣花朵，把中央人物带围起来。底座上精美的莲花装饰，以及高超的工艺水平，令这个舍利函成为早期佛教艺术的杰作之一。

穆德拉（MUDRAS，神圣手势）

穆德拉，即以手和手指做出的手势，在传统佛教雕塑中，得以广泛展示，为神灵、追随者或佛陀本人的形象，提供了额外层次的深奥意义。一种解读认为，5个手指各对应天、风、火、水和土5种元素，手指接触的方式创造出这些元素的象征性结合。随着时间推移，原本大量的手势逐渐减少，有些变成与特定的佛陀有关，包括那位历史性的佛陀，悉达多·乔达摩（Siddhartha Gautama）。某一特定雕像上的穆德拉，可以让信徒辨别，这是哪位佛陀的表现形式。

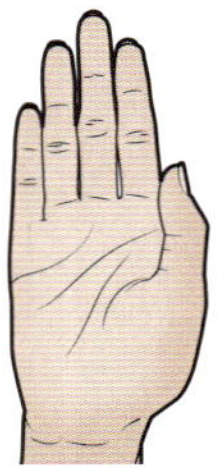

无畏（ABHAYA）

勇气的手势，象征着无畏、保护、和平和安心。

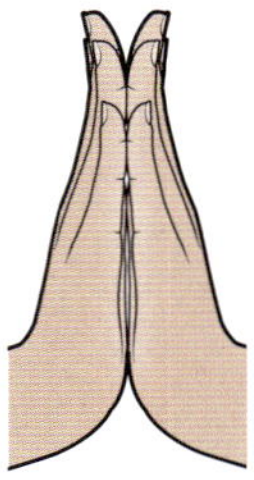

祈祷（NAMASKARA）

问候和尊重的手势，象征着祈祷、供奉和奉献。

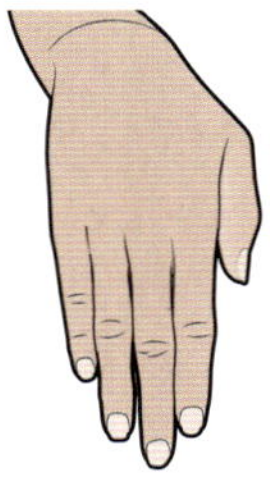

呼地作证（BHUMISPARSA）

与悉达多·乔达摩有关，“触地”或见证的手势。

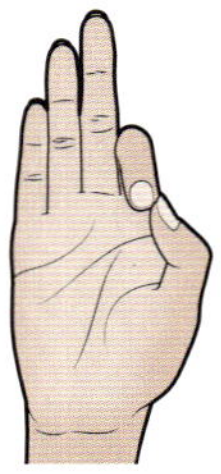

教导（VITARKA）

象征知识的传播和辩论，是教师的特征。

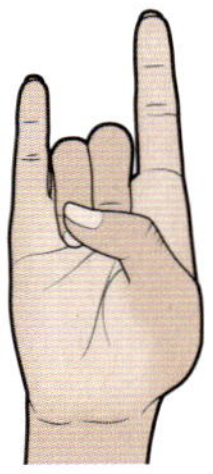

驱邪（KARANA）

抵挡邪恶的手势，用于驱除障碍、恐惧和消极影响。

◁**另一侧视图**
因陀罗神的形象是一位王子，戴着头巾和手镯，向佛陀祈祷。

描绘了因陀罗身穿帕里达那（paridhana）的模样。帕里达那是多蒂腰布（dhoti）的早期形式。

希腊-罗马风格的尖顶支提窟（Chaitya）拱门。

另一侧视图▷
一尊带着光环的菩提萨埵，双手合十祈祷的穆德拉，因而与因陀罗和梵天有所区别。

一排镶嵌的石榴石

▷**毕马兰舍利金函**
金函拥有大量复杂的形象细节，从底部往上方边缘缓缓变窄。最初还有个盖子，后来丢失。
高度：6.5厘米。
年代：约1—100年。

鹰
鹰在中心人物上方盘旋，张开翅膀，羽毛以浅浅的凹槽呈现。

梵天
梵天的左手拿着水壶。

佛陀
佛陀用右手作无畏的穆德拉，象征无惧和保护。

▽**底座设计**
函的底座描绘了一朵盛开的莲花，是佛教中开悟和净化的象征。

演说般的姿态

奥古斯都以“训示”（adlocutio）的姿态举起右手，仿佛即将向军队发表讲话。

理想化的肖像

脸部是皇帝的理想化写照，年轻、英俊，但又忧郁、严肃。

分离的头部

头部和颈部是用帕罗斯岛的优质大理石单独雕刻的，然后与身体相结合。

与埃及的联系

每个肩章上的狮身人面像，代表了奥古斯都与克里奥佩特拉之战的胜利。

▷太阳和天神

图案中出现了太阳与天空之神，左为索尔（Sol），右为凯路斯（Caelus），还有大地、月亮与黎明女神（此处未见），象征奥古斯都的统治得到了众神认可。

▷外交胜利

胸甲中央的浮雕描绘的是，敌方帕提亚国王（右）在归还罗马军旗。这面军旗曾在战斗中丢失，最终由奥古斯都收回。

对偶倒列姿势

对偶倒列的站姿，一条腿伸直，另一条腿弯曲，仿佛在运动，暗示着自信与决心。

神圣的家庭

丘比特的加入是指，奥古斯都所属的朱利安家族（Julian family）是维纳斯（Venus）女神——即丘比特母亲——的后代。

赤足英雄

通常只有神才会描绘成赤脚的模样，这也是对奥古斯都神性地位的一种暗喻。

▷普里马·波尔塔的奥古斯都像

按照古典雕塑的寻常做法，普里马·波尔塔雕像会上色。但如今展示的雕像是发现它时候的模样，表面就是干净的大理石。

高度：2米。

年代：约1—100年。

大小

普里马·波尔塔的《奥古斯都像》

罗马帝国首任皇帝奥古斯都·恺撒（Augustus Caesar）的大理石雕像，气势恢宏，来自1世纪

意大利，罗马

1863年，考古学家在罗马郊区普里马·波尔塔的莉薇娅别墅（Villa of Livia），挖掘到了一座白色大理石雕像，是奥古斯都皇帝的肖像。这座雕像可能是皇帝之妻莉薇娅为纪念他而委托制作的，也可能是她的儿子、奥古斯都的继承人提比略，而且制作时间很可能是在莉薇娅退位来到普里马·波尔塔，至她去世前。

帝国之父

这座奥古斯都肖像是著名的古代世界雕塑之一，也是罗马人利用艺术进行宣传的绝佳范例。它以古希腊雕塑家波利克里托斯（Polykleitos）的希腊化风格为基础，很可能是以这位雕塑家所欣赏的“持矛者像”（Doryphoros）为原型，从而将奥古斯都与年轻的美感和运动能力结合起来。他的特征很理想化，与罗马现实主义不同，呈现出轻松、自信、自然的姿态。这座雕像比真人还大，与罗马帝国首位皇帝的地位相称。雕像摆出一位伟大政治家、演说家的姿势，右手举起，左手握着执政官的节杖（今已丢失）。右腿边的海豚是阿克提乌姆海战（the Battle of Actium）的象征——那是他伟大的胜利海战之一。

胸甲上的场景构成了雕像讯息的关键部分。这个浮雕场景描绘的是被征服的民众向他致以敬意，加上一些军事胜利的暗示，突出了奥古斯都是一位强大但仁慈的帝国之父，是建立罗马和平（Pax Romana）的元老。那是一个长达200年的相对和平时期，可称黄金时代。对诸神和传说的寓言式引用，也让奥古斯都的形象得以巩固，表明他是一位值得称神的皇帝。

△ 帝国天鹰（IMPERIAL AQUILA）

天鹰是一只展开翅膀的金鹰，也是最著名的罗马军旗，战斗中失去它是一种极大的耻辱。奥古斯都在自我宣传中使用它，是曾被帕提亚人（Parthians）缴获，后又亲自收回的天鹰军旗。

奥古斯都的形象有着独特的发型和刘海，即所谓的普里马·波尔塔风格

奥古斯都·恺撒

后人将奥古斯都（公元前27—公元14年）尊为罗马帝国首位皇帝，帝国各地都为了纪念他而竖立了众多逼真彩绘雕像。他的原名是屋大维（Octavian），是尤利乌斯·恺撒（Julius Caesar）的养子。在其养父遭刺杀后，他与马尔库斯·安东尼（Marcus Antony）、雷比达（Lepidus）共同统治共和国。但三足鼎立的局面终究无法令人满意，权力斗争最终导致内战。屋大维取得胜利，由元老院宣布成为皇帝，获名奥古斯都。在他的统治下，帝国扩张，罗马繁荣。

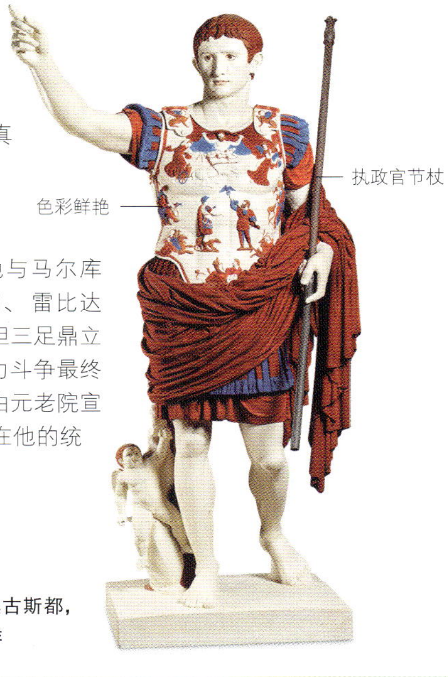

普里马·波尔塔风格的奥古斯都，可能刚制成时是这般模样

蒂拉丘地宝藏

1世纪前后游牧贵族精选的奢华装备，得名“巴克特里亚的黄金”（Bactrian gold）

△发掘

蒂拉丘地遗址由苏联和阿富汗考古学家组成的团队共同发掘。1979年，挖掘工作停止了。

公元前140年前后，希腊巴克特里亚王国（kingdom of Bactria）灭亡后，阿富汗北部平原成为游牧民族的领地。他们的生活方式导致几乎没有为后人留下任何文物。但在1978年，一队考古学家在蒂拉丘地（Tillya Tepe，意为“黄金之丘”）发现了一个特殊遗址，由六座墓冢组成，里面壮观的藏品让人们对他们的文化有了不一样的认识。

跨文化风格

蒂拉丘地位于整个亚洲贸易路线网络的十字路口。来自中国的丝绸之路、来自印度的小径，与通往中东和罗马帝国的商队路线相连。这片地区的世界性反映在蒂拉丘地的墓葬物品上，包括20000多件珠宝、钱币、饰品等。从这些物品的奢华程度，可以看出这些尸体的身份是高级贵族，也许是酋长与他的5个妻子。男性落葬时，头靠在垫着金盘子的丝绸垫上，附近摆有武器、镶绿松石的匕首和编织金腰带。女性身着丰富的纺织服装，佩戴极具魅力的黄金首饰，上面还点缀着宝石。阶层最高的女性戴着一顶华丽的金冠，由薄薄的切割金片制成，上有复杂的花朵和树木图案，可以折叠或拆卸，便于旅行携带。有位女性拥有一面刻有中国图案的镜子，另一位则戴着一枚描绘希腊雅典娜女神的戒指。这个游牧民族显然拥有丰富的艺术传统，艺术灵感来自世界各地的文化元素。

与尸体一起埋葬的钱币来自遥远的罗马、印度和中国。它们有助于确定遗址的年代，且进一步证实了当时文化所受影响的范围之广。这些文物中，有的描绘了希腊和印度诸神，有的描绘了波斯、中国甚至西伯利亚的神话，并融合了巴克特里亚的独特风格。

这些文物展示了惊人的技术水平和广泛的美学影响

▷颈部饰品

这串长袍的颈部饰品以黄金、绿松石、石榴石和黄铁矿制成。蒂拉丘地游牧民族似乎特别珍视绿松石。

△“驭龙者”垂饰

这个华丽的垂饰是在一位三四十岁女性的墓中发现的。两条龙状的野兽表现出受到中国艺术的影响。

可拆卸的树
王冠上的5个尖头代表生命之树，可以从底座上拆卸下来。

正面
4棵树相同，第5棵较宽，可能是王冠的正面。

▽蒂拉丘地宝藏
宝藏中，最耀眼的物品是金冠。它有一个圆形王冠和5个尖头等元素，可以拆下运输，这是游牧民族考虑的一个重要方面。
高度：13厘米。
年代：约1—100年。

亮晶晶的装饰
切割金片制成的反光圆盘，用金属丝悬挂在底座和树上。

绿松石花朵
装饰王冠的花朵，最初镶有绿松石的花心。

结构
头饰主体是一条装饰性的金带，上有5个管子，树可插入其中。

大小

报纸岩▷
由于没有任何背景记录，报纸岩的岩画含义基本都无法解读。
尺寸：18.5平方米。
年代：约1—2000年。

报纸岩

美国，犹他州

犹他（Utah）州岩壁上的神秘符号，证明了2000年前人类的存在

犹他州东南部的峡谷区国家公园（Canyonlands National Park）附近，一块位于低矮悬崖底部的倾斜岩石上，刻有一组特殊的图案。大约有650个独立图像，大多是动物，包括鹿、水牛、长角羚、大角羊、蜥蜴和蛇，还有一些人形，如骑马者。另外还有一些抽象图形，可能具有象征意义，如螺旋形、圆形、圆点和波浪线。这些岩画可能由普韦布洛人（Puebloans）、尤特人（Ute）和纳瓦霍人（Navajo）创造，随着时间推移，它们的含义已然消逝，但也许是为了表述狩猎魔法、氏族符号、故事讲述、日历事件，或只是简单涂鸦。

岩画用削尖的工具制作。艺术家们用这些工具，在“沙漠漆”（desert varnish）上凿出形状。“沙漠漆”是指在降雨和细菌的影响下，砂岩上形成的深色锰铁沉积物。通过刮削，下方的浅色岩石露出。最古老的切口暴露在大自然中，逐渐变黑，让一些图像的相对年龄得以可知。

穿越时空的图画

虽然部分岩画近代才添上，但专家认为，最早的例子可以追溯至2000年前。许多来自不同美洲原住民文化的个人，在这几个世纪中做出了自己的贡献。他们留下了大量标记，形成一幅幅拼贴图画，令人感到前所未有的印象深刻，又十分费解。

在纳瓦霍语中，该遗址名为Tse’Hone，即“讲述故事的岩石”

一块古老的故事石板

最早使用这块岩石的人来自古普韦布洛文化，对他们来说，报纸岩上方的这种悬崖常常可当作庇护所。普韦布洛人以图画艺术作品而闻名，纳瓦霍人是他们的后代，称他们为“阿纳萨齐”（Anasazi）人。报纸岩上还有些符号，也许是弗里蒙特（Fremont）人留下的。他们得名于犹他州的弗里蒙特河。部分考古学家认为，他们本身就是一个脱离普韦布洛祖先的群体。后来，尤特人（犹他州名称的来源）和纳瓦霍人也有所贡献，一般认为他们于15世纪进入这片地区。之后有了更多现代之作，可以看到的铭文中，最近的制作于1954年。

犹他州，古普韦布洛人，狼人石板

大小

骑马者▷

一些骑在马背上的人形，手拿弓箭，可能描绘的是尤特人，他们于17世纪获得了马。

鹿类动物▷

动物是一个常见的主题，反映出它们在大多数印第安原住民或美洲本土文化中的重要性。

◁长角的人物

这幅象形图可能描绘的是水牛精灵。水牛对许多平原印第安人（Plains Indians）来说十分神圣。

阿马拉瓦蒂柱

一根雕花的石灰石栏杆柱子，让人想起佛塔那失落已久的辉煌，它曾是印度伟大的佛教纪念物之一

印度，阿马拉瓦蒂

2世纪时，萨达瓦哈那王朝（Satavahanas）统治着印度的德干（Deccan）中部地区。它是一个印度教王朝，但也会资助佛教圣殿，其中最宏伟的一座，建于东部城市阿马拉瓦蒂（Amaravati），成为印度东南部重要的佛教中心之一。这座建筑直至14世纪后才遭废弃。

这块垂直的厚石板是一根柱子的内侧。柱子则是围绕着中央窣堵波的栏杆组成部分。信徒在神殿周围举行仪式绕行时，会看到内侧栏杆上的图像——这种绕行仪式又称“右旋礼”（pradaksina）。因此，这些图像会展示佛陀的生活和《本生经》（*Jatakas*，即佛教道德寓言）中的场景，以助精神冥想。此图中，上部的圆盘内有一幅宗教画面，描绘了仙人阿私陀（Asita）轻轻抱着婴儿悉达多·乔达摩（佛陀出生时的模样）。悉达多的父亲是王室成员，阿私陀是他父亲的顾问，曾预言悉达多将成为一位伟大的宗教领袖，因为自己已在幻象中得知了他的诞生。

这根柱子展示了传统佛教雕塑的所有繁复之处，以及对细节的关注程度。即使是围绕着下部半朵莲花的装饰，也雕刻得精致而准确。

阿马拉瓦蒂窣堵波

到了2世纪，阿马拉瓦蒂窣堵波已有一个圆形鼓座，上盖半球形穹顶，周围是一圈石栏杆，划定了仪式中的环形路径。4个凸出的入口，位于4个基本方位点，各以5根柱子为标记，并由坐狮守护。整个建筑群装饰着丰富的雕刻。

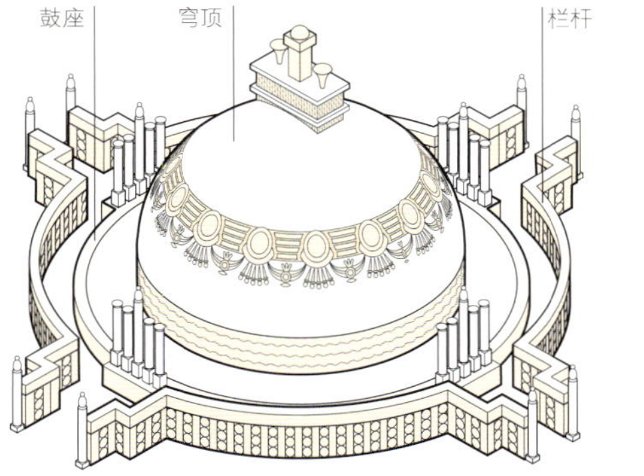

外表面 柱子的外表面（现已佚失）应该饰有世俗图像，如荷花，或者跳舞、演奏乐器的人物。

象征性的脚印 仙人阿私陀将襁褓放在膝盖上。为表敬意，婴儿悉达多只是象征性的形象，由布上的脚印代替。

中央场景 中央场景十分拥挤，一般认为描绘的是阿私陀前往悉达多出生地的旅程。

半莲花 柱子底部是半朵莲花，边缘的叶片雕刻质量极佳，是阿马拉瓦蒂文物中最好的。

▷**阿马拉瓦蒂柱**
栏杆柱子以当地石灰石雕刻。这种石灰石名为“帕尔纳德大理石”（Palnad marble）。栏杆由这样的雕花立柱组成。
高度：2米。
年代：100—200年。

大小

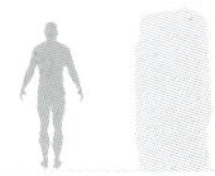

以弗所的《阿尔忒弥斯》

一尊引人注目的白色大理石雕像，建于2世纪，展现了安纳托利亚（Anatolian）的保护女神，雕刻精美，装饰神秘

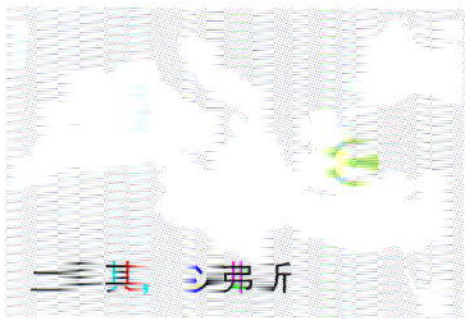

▷以弗所的《阿尔忒弥斯》
发现于1956年，保存得非常好。
高度：174厘米。
年代：100—200年。

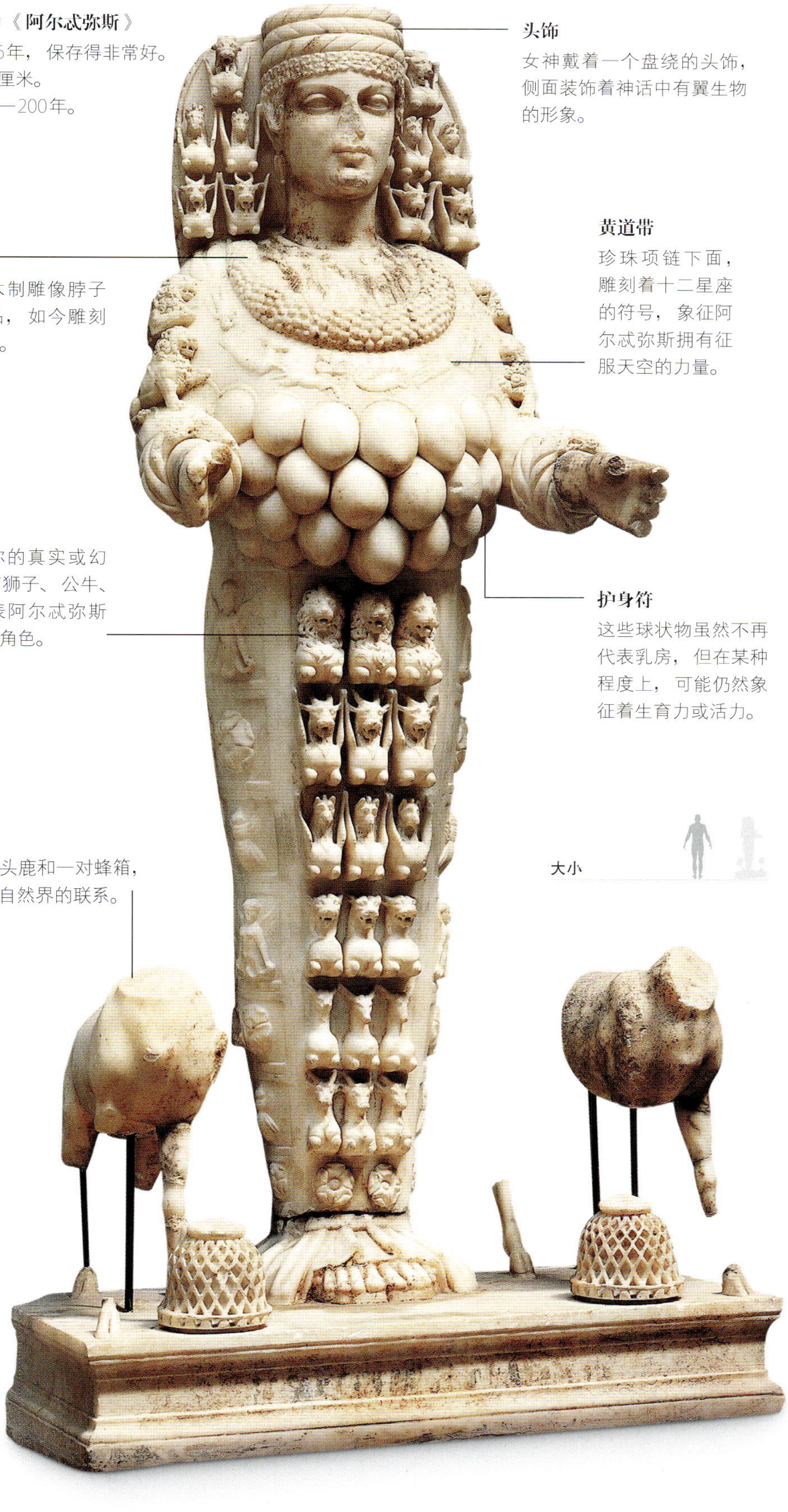

大小

安纳托利亚包含今土耳其的大部分地区。以弗所城（the city of Ephesus）位于安纳托利亚的西海岸，公元前10世纪时，作为希腊殖民地建城。从早期开始，它的庇护女神就是阿耳忒弥斯（Artemis）。这位女神在古典希腊被誉为狩猎女神，以弗所的阿尔忒弥斯则呈现完全不同的形象：虽然与希腊的一样与动物有关，但以弗所的人们主要将她看作一位母神和保护神。

此处展示的这座大理石雕像名为“美丽的阿尔忒弥斯”，发现于以弗所的阿尔忒弥斯神庙遗址，那是古代世界的七大奇迹之一。它的年代可追溯至二世纪，当时这座城市已落入罗马人之手，因而它可能是复制品，复刻了神庙遭毁之前原有的木制崇拜像。雕像僵硬、静止的姿势、弯曲的手臂，从腰至脚逐渐变窄的长袍，是安纳托利亚神灵的特征。她身上的穿着和装饰强调了她拥有野兽主人与宇宙女王的权力。也许最引人注目之处是她身体中央的一堆椭圆形物体。长期以来，人们都认为它们是乳房，但如今认为更可能是祭祀公牛的睾丸（强大生殖力的象征）、葫芦或蜜蜂卵。

> 这座雕像散发出一种不可思议的感觉，融合了力量、宁静和权力

阿尔忒弥斯/戴安娜（DIANA）

希腊中心地带的阿尔忒弥斯，与以弗所所尊崇的母神并不相同。在希腊，她与罗马的戴安娜一样，主要是狩猎女神。虽然她是贞洁处女，但也与分娩相关，会帮助临产的母亲。这一特性也许能够解释，为什么安纳托利亚人把她与当地神灵西贝勒（Cybele）混在一起，形成了以弗所人所崇拜的混合神灵。

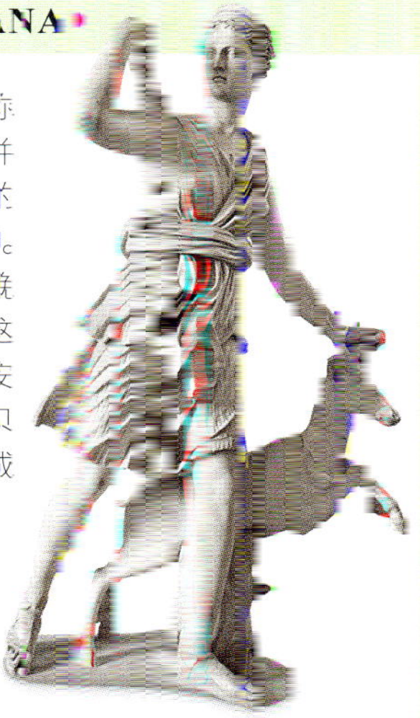

凡尔赛宫（VERSAILLES）的戴安娜

战斗的高潮
在这个画面中，罗马近战骑兵向达契亚人发起冲锋。

倒下的战士
罗马士兵帮助受伤的战友离开战场。

凸起的边框
雕塑家增添了凸起的边框，以分隔雕带上的不同螺旋。

海上运输
此处，罗马的军事运输船正在穿越多瑙河。

窗口
一个“箭孔”窗，让光线进入柱子的内部楼梯间。

▽图拉真皇帝
此处刻画了手持长矛的图拉真，正在讲坛上向部队讲话。

护卫
此处描绘的是罗马辅助部队守卫着皇帝。

大小

◁图拉真柱

柱子上的白色大理石雕带十分壮观，曾经可能涂有鲜艳的色彩。雕带依照传统，分为大约140个场景。

高度：38米。

年代：113年。

图拉真柱

一根来自2世纪的高耸圆柱，柱上刻有螺旋的雕带，讲述罗马皇帝征服四方的故事

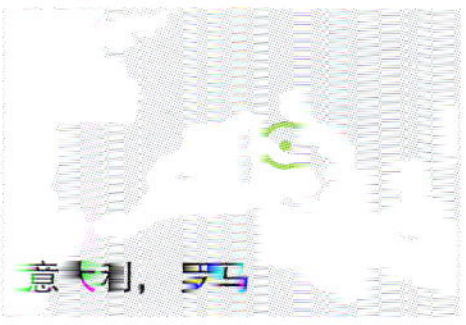

罗马的图拉真柱根据图拉真皇帝（Emperor Trajan）的命令所建，柱上饰有一条螺旋形的叙事雕带，纪念统治者在101年至102年、105年至106年，与达契亚（Dacia，今罗马尼亚）的对战中取得的胜利。白色的卡拉拉（Carrara）大理石柱非常壮观，因为细节装饰华丽，且尺寸巨大——高约38米，底部直径3.7米。17个巨大的大理石鼓座构成了柱子的竖井，雕刻着长达190米的浅浮雕带。这条雕带从柱底一直盘旋至柱顶，环绕这根纪念柱23圈。人们认为，大马士革（Damascus）的叙利亚建筑师、工程师阿波罗多洛斯（Apollodorus）监督了该建筑的设计和建造。

大理石奇迹

柱子于113年竣工，据说当时附近的建筑都加装了观景阳台，让观者能够更近距离地欣赏到雕带上的图案。柱内有一个螺旋形楼梯，共185级台阶，人们可以走到纪念柱的顶部，那里有一尊皇帝的镀金铜像。

这根柱子是罗马（及其对手达契亚）军队的宝贵信息来源，展示了罗马军团、近战骑兵、弓箭手、投石机、攻城装备、船只，以及壕沟和防御工事的建设。柱子的基座上有一间内室，可能是图拉真之墓，但不清楚它是否曾派上这用途。中世纪时，人们认为柱顶的雕像代表圣彼得（St Peter），有助于保护纪念碑不受破坏。1553年，一尊真正的圣徒雕像取代了它。

雕刻已遭侵蚀，但建筑的图纸和石膏模型，包括1864年在伦敦维多利亚与艾尔伯特博物馆（Victoria and Albert Museum）内建立的石膏复制品，都保留了原貌。

雕带上描绘了2,662个人物形象，包括图拉真皇帝的58个形象

△图拉真广场

宏伟的柱子（中间）曾耸立于罗马广场（Roman Forum）之上，成为一个有力的皇帝成就视觉声明。

柱子的建造

组建柱子的大理石通过雪橇与河上驳船，从卡拉拉运来，距离超过350千米。每个鼓座都在地面上挖空，用凿子雕刻内部的楼梯和窗缝。然后用滑轮把鼓座吊起来。滑轮由人或马拉动，把每个鼓座抬升至一座脚手架塔，再转移到一个平台之上，降低至合适的位置。表面打磨后，七八个工匠开始凿刻雕带，但不清楚他们的工作地点是地面还是脚手架。

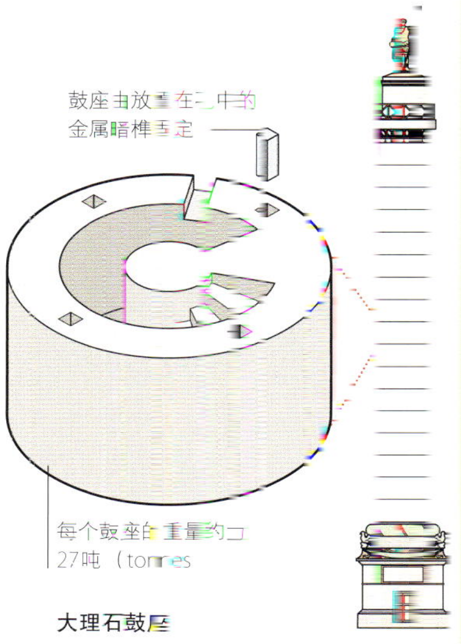

大理石鼓座

法尤姆木乃伊肖像

自然主义的木板肖像十分引人注目，罗马时代埃及富人的面孔栩栩如生

△**带面板的木乃伊**
这具木乃伊制作于80年至100年，保留了插在脸上部的面板，显示了肖像画在原地时候的模样。画中所描绘的青年可能20岁出头。这幅肖像画以蜡画法，画在椴木板上。

法尤姆木乃伊肖像以其发掘的埃及地区命名。它们逼真描绘的死者裹在木乃伊亚麻绷带中，这一传统从公元前1世纪末持续至3世纪中期。肖像画现存九百多幅，得益于埃及的干燥环境，鲜艳色彩留存了下来。画像创作于埃及繁荣时期，当时它是罗马的一个省，可以进入整个帝国的贸易网络。17世纪时，欧洲旅行者首次注意到这些肖像。19世纪80年代，英国考古学家弗林德斯·皮特里（Flinders Petrie）对许多肖像进行了编目。

画像主体从年轻到年长，有男有女，不一而足，都是埃及社会的上层人士。目前还不知道是在主体生前还是死后创作的。这些肖像画与传统埃及绘画不同，主体的姿势是正向的，表明受到了希腊-罗马艺术的影响，而传统埃及绘画描绘脸部侧面。画中的面孔几乎真人大小，展现出惊人的自然感和神采奕奕，尺寸略显夸张的黑眼睛凝视着观者。

艺术家的模板

面部比例的分析表明，木乃伊艺术家可能使用了某种模板，因为所有的肖像画都有类似的间距特征。他们可能有些基本形式，然后再以细节来进行个性化处理，如发型、胡须、鼻子形状和嘴唇大小。

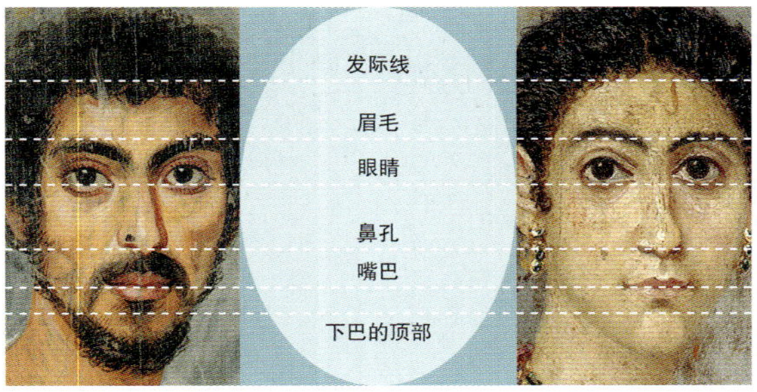

△**法尤姆肖像**
时尚与发型对约会大有裨益。此图中，左侧的女性戴着2世纪时流行的耳环；中间肖像梳着哈德良时代（Hadrian's era，117—138年）的典型发型；右侧女性生活在尼禄（Nero）统治时期。

绘画技巧

画家们使用了两种主要技术：蜡画法（encaustic），产生油画般丰富、生动的色彩；或水溶性蛋彩画法（water-soluble tempera）。蜡画法的作品一般质量更高。这种方法把融化的蜡与研磨的颜料混合在一起，大面积地画在用水浆涂料（distemper）涂过的薄木板上，再在上面增添更精细的地方。艺术家用马鬃刷涂抹颜料，再用工具进行混合与塑形。服装和珠宝主要有4种颜色，白色、黄色、红色和黑色，另外还有些蓝色、绿色和紫色。

部分画上的题字，书写了肖像主体的名字

神圣的黄金
月桂花冠以金箔制作，象征神圣的恩宠。

底层
铺了一层预备性的水浆涂料。

赤铁矿
嘴唇上的土红色颜料以赤铁矿研磨而成。

颜色层次
为体现皮肤色调，赭石色的底层有着更精致的颜色细节。

发型
这种精心设计的卷发是公元前 00年前后的典型发型。

木制面板
颜料层下，面板的木质表面清晰可见。

闪亮的背景
用蛋清糊剂把金箔黏附在颜料上。

笔触
蜡画法技术形成了宽大的笔触，给人以印象派的感觉。

△法尤姆木乃伊肖像
这两幅肖像画都是用蜡画法技术绘制的，令人联想到油画的色彩深度。
男子：高39.5厘米；年代：100—150年。
女人：高38厘米；年代：90—120年。

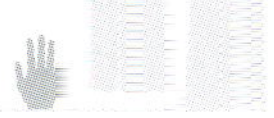

甘肃铜奔马

有1800年历史的青铜雕塑，已成为中国艺术遗产的一个象征

中国，甘肃

在中国早期的战争中，马至关重要。尤其是一种来自费尔干纳地区（Ferghana region，今乌兹别克斯坦东部）的马，几乎获得了传奇般的地位。费尔干纳马被誉为“天马”，速度非凡、四肢强壮、体格强健，而且毛色具有金属光泽，广受人们重视。很多艺术作品都描绘过这种马，但没有一件作品的声誉能与这尊东汉时期制作的青铜雕像相匹敌。它小巧而充满活力，1969年出土于甘肃省。

甘肃铜奔马又名《马踏飞燕》（*Horse Stepping on a Swallow*），因为它踩在一只鸟的背上。原来人们认为那是一只燕子，如今认为是隼，既是速度的象征，也有飞翔的隐喻。这座雕像拥有完美的平衡，触地的马蹄构成了它的重心。从伸展的腿到仰起的头，每一个细节都强调着马的力量性和敏捷性。青铜雕像如今呈绿色，过去应该泛有金属光泽，呼应费尔干纳马的独特外表。

▷ **正面图**
生动地表现了马的头部和脸部，略微转向一侧，张嘴发出嘶鸣。

△ **甘肃铜奔马**
这座雕像在中国备受推崇，属于不得送往国外展览的顶级文物之一。
高度：34.5厘米。
年代：25—220年。

大小

帕拉卡斯纺织品

一件色彩鲜艳的斗篷，用于包裹下葬的尸体，展示了2000年前秘鲁编织工的艺术才能

秘鲁，帕拉卡斯

这件惊人的斗篷是世界上著名的前哥伦布时代（pre-Columbian）纺织艺术品之一，也是秘鲁帕拉卡斯半岛（Paracas Peninsula）古代墓葬中发现的漂亮纺织品之一。帕拉卡斯有400多具木乃伊尸体，包裹在由多层织物和衣服组成的“木乃伊包”里。虽然它名为“帕拉卡斯纺织品”，但如今人们认为它属于晚一些的纳斯卡文化（Nazca culture）。因干燥沙漠和缺乏阳光的环境情况，明亮鲜艳的色彩得以保存至今。

创作这种纺织品需要极高的技术和对细节的关注。中央部分有一个图案由32个几何面组成。几何面以羊驼、美洲驼和骆马等骆驼科动物的毛织成，再用彩线连缀成整个中央部分。与之相连的鲜艳边框采用的是“交错针织线圈”（cross-knit looping）技术，织成90个形象，包括人类、动物和神灵。赋予这些线鲜艳色彩的染料，大多来自植物，但丰富的红色可能源于胭脂虫。

▽人类和超自然

人类与超自然生物混杂在一起，区别在于他们的脚部——非人类的脚类似于爪子。头部和身体始终从正面描绘，而脚则是侧面。

重复的中心形象可能描绘的是奥克雷特神(Oculate Being)，一位农业或生育之神

▷帕拉卡斯纺织品

斗篷上展示了许多不同的动物，以及怪异的复合形象，包括蛇、猴和猫；大约有三分之一的形象包含一种猫的装饰图案。尺寸：149厘米×62.5厘米。年代：100—300年。

中心图案

中央的人脸图案采用“经线缠绕”（warp-wrapping）技术，结合了米色的棉花和彩色的羊毛。

植物生命

所有精雕细琢的形象各不相同。许多都携带着该地区的原生植物，既有野生的，也有栽培的，有助于后人深入了解纳斯卡的农业实践。

大小

特奥蒂瓦坎雕像

精心雕刻的拟人雕像，中美洲神秘文明之一的证明

墨西哥，特奥蒂瓦坎

特奥蒂瓦坎意为“众神诞生之地”，位于墨西哥盆地东北部的高原。阿兹特克人（Aztecs）等后来的中美洲人，视其为文化先驱。公元前300年前后，特奥蒂瓦坎处于巅峰时期，是一座聚集商人和工匠的繁荣大都市。而当时，这些引人注目的绿岩雕像，就放置在城内的羽蛇神金字塔（Pyramid of the Feathered Serpent）下方。

埋藏着雕像的金字塔靠近埋着战士等数百人的大型坟墓群。如图中所示，这些雕像可能代表了这座城市的萨满建立者，凝视着宇宙的仪式中心。雕像可能在人口密集的中心城区工厂里制作，使用的绿岩是从遥远的采石场进口的矩形或菱形块，但采石场也在这座城市的广袤文化范围内。工匠用燧石、玄武岩和火山石（tezontle）等切割工具加工，制成这些雕像，再用沾满石英石或黑曜石粉末的绳索来摩擦石头，从而形成细节。它们代表了这座城市鼎盛时期最优秀的艺术作品。大约300年后，不明身份的袭击者烧毁了城市中心，文化也神秘地崩溃了。

其中，只有十几座雕像原本是有腿的

耳饰孔
耳垂上的穿孔应该曾放置着装饰性的耳饰或耳塞。

嘴
梯形的嘴，与大型特奥蒂瓦坎面具上的嘴相类似。

断裂的腿
这座雕像的腿应该是在古代故意折断的，也许是为了在象征性的祭祀活动中“杀死”它。

◁特奥蒂瓦坎雕像
这个裸体人物以绿色片岩雕刻而成，可能是一个战俘，作为牺牲替代品，置于金字塔的地基上。
高度：41厘米。
年代：200—250年。

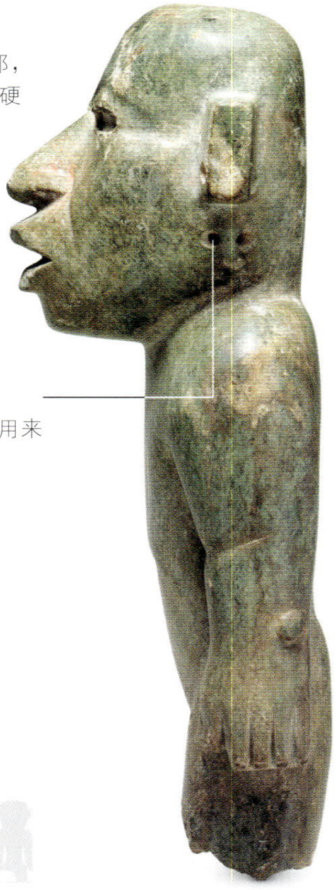

▷侧面图
这座雕像有个巨大的头部，站立着直视外面，双手僵硬地握在身体两侧。

钻孔
耳朵下方的钻孔，可能用来连接其他材料。

大小

莫切肖像陶器

栩栩如生的肖像作品，以彩绘陶瓶的形式出现，是晚期莫切文化（Moche culture）陶瓷艺术的典范

100年至750年，今秘鲁北部沿海地区居住着一些自治社区。他们拥有同一种文化，即莫切文化，因其极为独特的彩绘陶器而赫赫有名。整个莫切地区逐渐形成了华丽陶器的传统，通常会制成动物、植物或人类的模样，再用土红色或奶油色的液化黏土浆进行着色。

500年之后，这种工艺达到了最精巧的表现形式，生产出有壶嘴的瓶子或小酒瓶。尤其在莫切地区南部，瓶子的形状呈人头模样，如此图中所示的惊人例子。这些头像通常描绘的是特定人物，估计是社区中的重要成员。他们用一个模具或基体，来制作多个肖像陶瓶，再分别画上代表个人的具体特征、脸部彩绘和头饰。后人认为，莫切肖像陶器具有仪式意义，有些发现于墓内或墓地附近。

部分头像展现了同一个人生命的不同阶段

◁**莫切肖像陶器**

这个令人印象深刻的莫切肖像陶瓶来自3世纪或5世纪，虽然只使用了红色和奶油色的泥浆，但对比色增添了彩绘装饰的精美度，而带有光泽的大地色调则让现实主义的形象更栩栩如生。

高度：32.4厘米。

年代：约200—500年。

主要色彩

用有限的红色和奶油色泥浆进行装饰，是莫切肖像陶器的典型做法。

几何图案

头巾的边缘饰有反复出现的几何图案

蛇

独特的头巾上有4条画工精致的蛇。它们的嘴张开，露出分叉的舌头和尖牙。

面部特征

眼睛、鼻子和嘴的刻画逼真，易于识别。

大小

独特的细节

脸部涂抹了红色陶土浆，中间有一条独特的白色条纹；鼻子和下巴上的细节也用红色作了突出。

头巾

布头巾一直延伸至脖子后方。

金属制品和微镶马赛克（MICRO-MOSAICS）

莫切文化创立后，逐渐培育了繁荣的工匠传统。莫切文化晚期的艺术家不仅制作与文化密切相关的彩绘陶器，还发展了高度复杂的金属和石器加工技术。尤其引人注目的是微镶马赛克，即用贝壳、绿松石等宝石的微小碎片，制成微型马赛克图案。它们精心镶嵌在精致的金银饰品和珠宝上，如此处展示的耳饰。

400—700年，耳饰，长翅膀的奔跑者

纳斯卡陶器

以各种大地色调作大胆装饰的陶土器皿，展现了纳斯卡文化对彩绘施釉陶器（slipware）艺术的精湛技艺

大小

公元前100年起至公元750年前后，纳斯卡文化在今秘鲁南部蓬勃发展，在沙漠土壤上创造了名为“纳斯卡线条”（Nazca lines）的巨大图案。纳斯卡文化还因工艺技术而备受推崇，如创造性的纺织品，以及如此处所示，极为独特的陶器。

圆润的形状和大胆的色彩

古纳斯卡文化的手工艺人在烧制陶器前，采用了一种以泥浆（液化黏土）着色的方法。他们把泥浆与各种矿物颜料混合，获得一系列不同颜色，从而让与众不同、一眼就能识别特征的多色陶器成为可能。他们产出的典型物品是薄壁陶土器皿，如有手柄带的球状单口或双口瓶，还有敞口瓶和碗。这些陶器常常塑造成风格化的人类或动物形象，在普通的白色或土红色背景上，饰有大胆生动的图案。常用黑色勾勒特征，再填充各种颜色，包括红、橙、黄、浅黄、蓝灰、栗黄和紫色。随着文化的发展，设计变得越来越抽象，逐渐显示出他们对几何符号和图案的喜爱之情，这一点在纳斯卡纺织品中也有体现。

在纳斯卡陶器的装饰中，可以发现超过15种不同颜色

几何
纳斯卡后期的陶器以几何图案为特色，如该女性人物的衣服上所示。

背景
通常情况下，背景的颜色都是红褐色或白色。

黑色轮廓
用黑色勾勒突出特征形状。

光亮的表面
陶器烧制后，再打磨得锃亮。

圆胖形状
纳斯卡陶器的常见造型就是这种球状，没有平底。

△纳斯卡陶器
这3个器皿的形象是矮胖的人物，也是典型的纳斯卡陶器形象。坐着的统治者（左侧）采用早期写实风格；中间坐着的人更风格化；女性人物（右侧）代表了装饰向抽象几何的发展。
左侧陶器高度：16.5厘米；年代：公元前200—公元600年。
中间陶器高度：23厘米；年代：1—200年。
右侧陶器高度：14厘米；年代：300—600年。

莱克格斯杯

一个出众的罗马透空杯（diatretum），又名笼形杯（cage-cup），由玻璃制成，会因光线的照射而改变颜色

意大利，罗马

大小 

这个罗马酒杯来自4世纪，最引人注目的特点是外部雕刻的精美浮雕，描绘了神话中的莱克格斯国王，在酒神狄俄尼索斯（Dionysus）的命令下，遭藤蔓缠绕而死。厚厚的玻璃杯经吹制或铸造而成，通过精心雕刻和研磨，人物和藤蔓之网以隆浮雕的形式得以突出，在杯子周围形成了一个装饰性的“笼子”，有些地方完全镂空，悬浮于背景之上。

同样令人印象深刻的是玻璃本身，有着极不寻常的光学特性。罗马的玻璃制造商发现，通过往玻璃中加入银粉和金粉，玻璃会具有二向色性（dichroic），也就是说，它似乎会根据光从它表面反射出去，还是透射进来，而改变颜色。莱克格斯杯因惊人的变色特质和华丽工艺而受到广泛赞誉，大家认为，它是古代玻璃制品中杰出的成就之一。

绿色玻璃
从前面照亮酒杯时，玻璃是绿色和浑浊的。

凸起的人物
通过在厚厚的玻璃坯上进行雕刻和研磨，形成隆浮雕人物。

藤叶图案
饰有藤叶图案的镀金青铜边缘和杯脚，添加于19世纪。

莱克格斯国王
玻璃上雕刻了浮雕，描绘了狄俄尼索斯及其追随者折磨莱克格斯国王，以藤蔓困住他的场景。

红宝石色的玻璃
当光线从内部反射出来时，玻璃是红色的，且呈半透明状。

◁莱克格斯杯
莱克格斯杯与其他罗马笼形杯不同，它的设计是具象，而非抽象的。它的外部表面周围有一系列神话叙事的雕刻图案。从内部照亮酒杯时，这些图案会得到极强的突出。
高度： 16.5厘米。
年代： 300—400年。

二向色玻璃

用少量金粉和银粉制成的二向色玻璃，或称“双色”玻璃，并非完全透明，根据不同的照明方式，会显现出不同程度的浑浊和不同的颜色。如果光照在上面，从表面反射的光看起来是绿色的，而且玻璃浑浊；但当光透过它时，玻璃呈现半透明的状态，并将光染成红宝石色。

细节
艺术家们对发型、珠宝，甚至条纹的绀织（ikat）衣物，都进行了详细描绘。

重新命名▷
摩诃旃纳卡与妻子西瓦里（Sivali）在谈论他放弃王位的决定。

透视
后期的阿旃陀画作显示出对透视的卓越掌握，尤其是在建筑背景方面。

△阿旃陀石窟壁画
这幅画是第1窟内部的一个亮点，表现了《本生经》摩诃旃纳卡故事中的画面。王后和随从用音乐和舞蹈来诱惑国王。
高度： 约2米。
年代： 约475—500年。

绘画准备
石墙会涂上一层由黏土、牛粪、动物毛发和植物纤维制成的厚厚糊状物，以及一层精细的白石灰。

手势
精心描绘的手势，加强了中心人物的教诲特性。

打磨
干燥后，用光滑的石头将画作打磨成有光泽的模样。

◁绿色
从深绿色到浅蓝绿色的颜料，都以海绿石研磨而成。

阿旃陀石窟壁画

印度阿旃陀石窟是从岩石上凿刻而出的寺院，墙壁上绘有色彩鲜艳的佛教传说

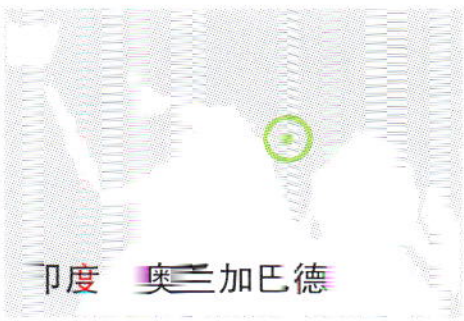

印度马哈拉施特拉邦（Maharashtra）的瓦格河（Waghur River）上，有一片马蹄形的悬崖，阿旃陀石窟就位于此处。这个由30个岩洞组成的建筑群，包含现存最好的古印度绘画作品。它们分两个阶段建造，最早的可以追溯至公元前100年至公元100年，后来的大部分洞穴是在5世纪开凿的。有些石窟用作法堂，但多数是佛教寺院的模样。它们通常呈方形，有一圈环绕院子的回廊、僧侣的小房间，以及一尊佛像。它们都雕刻着丰富的佛教图案和神灵，但形象生动且保存完好的壁画，是阿旃陀石窟最闻名遐迩的特点。

栩栩如生的佛教故事

洞窟的墙壁和天花板上，可以看到大量古代印度艺术。这些壁画使用的是“干壁画”（dry fresco）技术中的蛋彩画法，即等灰泥干燥后再涂上颜料，而非直接涂在新抹的灰泥上。壁画的色彩非常丰富，使用的颜料以高岭土白垩岩、灯灰、海绿石、黄赭石和磨碎的青金石制成，十分引人注目。

壁画具有无与伦比的热情与活力，巧妙地利用色彩和阴影来表现主旨，主要描绘了《本生经故事选》（*Jataka tales*）中的场景，叙述佛祖以往生活的道德寓言。例如，第1窟讲述了国王摩诃旃纳卡（Mahajanaka）的故事，他放弃了自己的王国，以一名苦行僧的身份生活。这个洞窟还有一幅令人惊叹的“持莲花菩萨”（bodhisattva Padmapani）图，图中的身体细节和升华的祥和，将物质世界与神性融合在一起。

第1窟

1号洞是后来发掘的洞窟之一，位于马蹄形悬崖的一端。它有一个游廊和入口庭院，庭院内有精心雕刻的支柱。洞窟内部有一个柱厅、14间僧人的小房间。还有一个内部神殿，放置着一尊巨大的佛像。雕刻和壁画的质量都非常高。

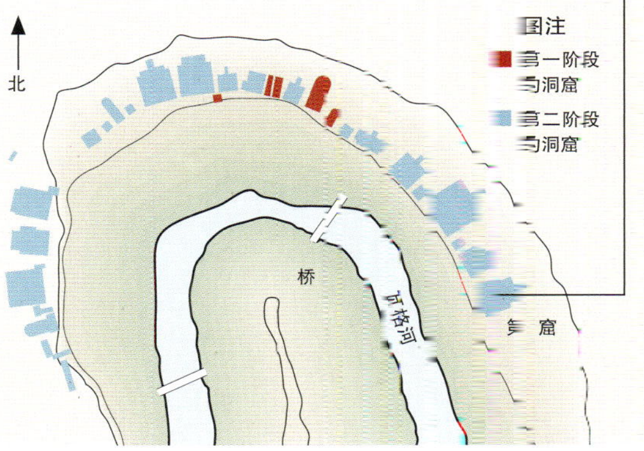

早期的西方观察者震惊于，
一个宗教场所中的绘画，竟如此感性

大小

画卷包含3种艺术形式：
绘画、诗歌和书法

《女史箴图》

一幅精美的绢本手卷，是中国早期绘画中最声名远扬的例子

《女史箴图》是一幅绢本叙事手卷，描绘了朝臣张华作于292年的一首箴文。当时中国正处于严重的政治分裂时期，这首诗意在讽刺贾皇后（256—300年）不得体的行为，以及对其丈夫惠帝（290—306年在位）的不良影响。

早期中国绘画

长期以来，人们认为这幅美妙的画卷是艺术家顾恺之（348—409年）的作品。他轻盈的笔触和精致的刻画，让他保有中国早期最受尊崇艺术家的地位。然而，画卷中的书法水平和人物造型，比顾恺之的简略风格有所提升，这一点让大部分学者得出结论：这幅十分珍贵的作品并非顾恺之原作，而更可能是后人基于他的原作，在某个时候临摹的。

《女史箴图》备受推崇的原因，不仅是精美的线条风格和精致优雅的人物，还在于它是中国手卷绘画的早期例子之一。这幅画以水墨绘于装裱好的丝绸之上，末端锦缎上有皇室玺印，最初画了诗中的12个场景，但前3个已经佚失。这些场景描绘了不同的宫女、宫廷生活，以及反映哲学家孔子相关品德的模范行为，如智慧、尊重、谦逊和忠诚。在最末场景中，画名中的女史官在画卷上写下了她的箴言。

◁《松竹石泉图》
邹一桂（1686—1772年）的这幅作品装饰在《女史箴图》的卷尾落款处，目的是为皇帝玺印画一个边框。这些树代表品德和人性。

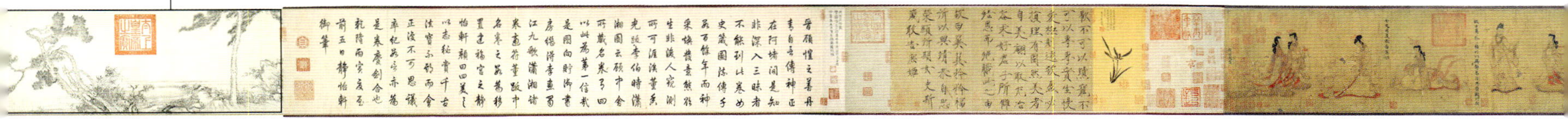

▽全卷
这幅画卷描绘了张华诗中12个场景中的9个，每个都配有对应诗句。随着时间推移，不同的主人添上不同的铭文与印章，包括乾隆皇帝。他于1746年获得该画卷，并在画上画了一朵兰花。

▽《女史箴图》

该画卷用于教育宫廷女官正确的道德行为。它是从右到左，一幕一幕展开的。

尺寸（不包括后添部分）：25厘米×349厘米。

年代：400—600年。

大小

装饰艺术
女仆帮宫女梳理头发。画家在细致的深色笔触上使用了红色颜料。

内在真实
一面象征真理的镜子，暗示了一条道德教训：内在与外在一样重要。

化妆品
黑色漆面的化妆盒占据了前景的主要画面。

宋玺
宋朝（960—1279年）以玉玺印的形式，留下了它的痕迹。

反射
观者看到的宫女脸庞，是她手中镜子中的反射图像。

诗歌
这是一段张华之诗的摘录，开头为“人咸知修其容”。

3

500—1199年

这一时期，世界上的主要宗教已经牢固确立，对人类的创造力产生了巨大影响。来自印度教、佛教、基督教和伊斯兰教传统的宗教艺术大量涌现，通过书面作品和多种媒介——从洞穴壁画到大型陶器雕像和石雕——来呈现。而在世俗领域，《清明上河图》与贝叶挂毯等杰出作品记录了历史。欧洲、非洲和南美洲的文化尚未受到主要宗教的影响，诞生了非凡的雕塑、金属制品和绘画，让我们对他们独特的社会和信仰，有了更深刻的了解。

圣维塔莱的马赛克画▷
查士丁尼一世皇帝（527—565年）在位期间，拜占庭艺术的发展可称黄金时代。圣维塔莱大教堂的圣殿和后殿中，那从底至顶满墙复杂而耀眼的马赛克，即可反映这一论断。
年代：约526—547年。

圣维塔莱的马赛克画

6世纪拜占庭马赛克艺术的代表作，以基督教图像和王室形象而著称

526年，意大利拉文纳（Ravenna）的圣维塔莱大教堂开始动工，当时的统治者是东哥特（Ostrogothic）国王狄奥多里克（Theoderic）。教堂于547年完工，献给拉文纳的守护神维塔利斯（Vitalis）。但那时，拉文纳已处于拜占庭皇帝查士丁尼一世（Justinian I）的控制之下。他于540年征服了这座城市。政治变化反映在教堂墙壁和天花板的马赛克上。这些马赛克绘画非同凡响、闪闪发光，将基督教符号、《圣经》中的图像与王室的描绘结合在一起。圣殿的马赛克画于535年前完成，满是《圣经》中的场景和人物，包括亚伯拉罕、摩西、该隐与亚伯、福音书作者和基督。但半圆形后殿底部有两幅著名的马赛克画，完成于540年之后，描绘了查士丁尼皇帝、妻子狄奥多拉（Theodora）和王室成员。画中的查士丁尼受到拉文纳大主教马克西米安（Bishop Maximian of Ravenna）、帝国政府成员和士兵的簇拥，在这个教会、国家紧密相连的基督教帝国中，他是首脑人物。

拜占庭式的创新

这些马赛克也阐释了在风格方面，希腊罗马的古典马赛克与拜占庭帝国马赛克有何差异。圣维塔莱的马赛克画反映的是拜占庭早期形式，以丰富色彩，生动描绘自然。拜占庭的一项创新是在镶嵌片（tesserae，即马赛克画中使用的砖片）中，广泛使用金箔和宝石。此外，古典马赛克画注重现实主义，而拜占庭基督教马赛克画则充满象征主义。它们使用耀眼的色彩和黄金，其规模之大，旨在将游客带往精神境界。

马赛克画是查士丁尼时代艺术重要的证据之一

△查士丁尼一世皇帝
查士丁尼站在一群神职人员和士兵中间。他头上的光环与基督的形象相呼应，提醒人们皇权的神圣起源。

马赛克画的位置

一些重要马赛克画的位置，显示在这幅教堂平面图上。

图注
穹顶画有上帝的羔羊

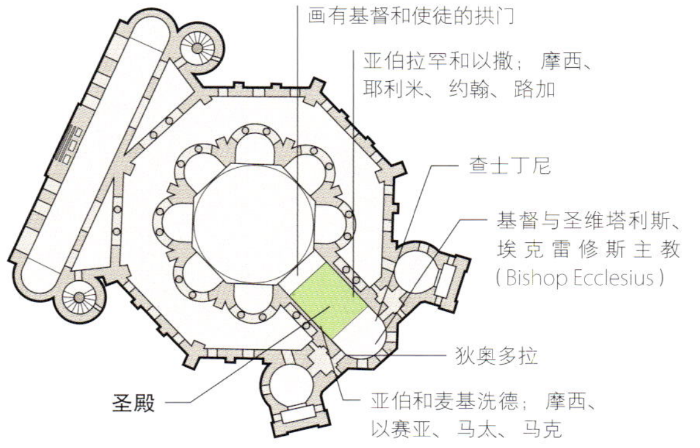

大小

古代技术

马赛克是希腊－罗马的传统，充满色彩和细节。对自然作了生动的描绘，包括星星、花卉、动物、鸟类，甚至鱼类。

▽圣路加和牛

圣殿里有4位福音书作者（马太、马可、路加和约翰），他们的形象位于各自的象征图像（天使、狮子、牛和鹰）之下。

圣城

耶路撒冷和伯利恒分别象征着犹太人和外邦人，以及整个人类。

金色镶嵌片

拜占庭的马赛克艺术家使用镀金的玻璃镶嵌片，以增加宗教空间的敬畏感和精神性。

坐着的基督

后殿里，基督坐在地球上。天堂有4条河流从球上流下。他献给右侧的圣维塔利斯一顶殉道者冠冕，而埃克雷修斯主教则向基督献上教堂模型。

△ **黄金腰带搭扣**
这个华丽的铰链搭扣也是在萨顿胡发现的。它使用了一种锁定装置，有一个复杂的滑块和内杆系统，与开槽的固定装置相配合。

▽ **萨顿胡头盔（仿制品）**
这个复制品制作于利兹（Leeds）的皇家军械库，显示了头盔可能的原有模样。
高度：31.8厘米。
年代：600—700年。

凸起的形象
这种装饰通过“冲压板”（pressblech）工艺制作，即将金属箔敲击在刻有所需图像的模具上。

野猪头
眉毛的末端是镀金的野猪头，象征着勇气和力量。

嘴饰
鼻子、嘴巴和胡须是用铜合金一体铸造的。鼻孔状的孔让佩戴者可以呼吸。

护面
银色的护面上，覆盖着明亮的镀锡铜合金板。

大小

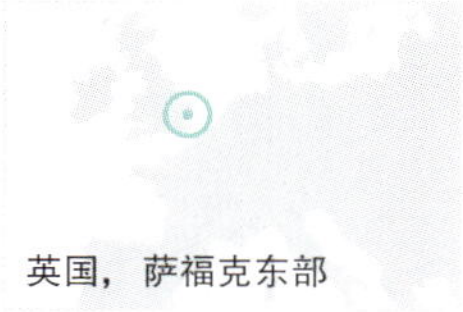

萨顿胡头盔

一顶来自7世纪的仪式性头盔，展示了一位早期盎格鲁-撒克逊领导者的财富、关系与信仰

△ **重塑的头盔**

在伦敦的大英博物馆（the British Museum）内，萨顿胡头盔原件的碎片被得以精心拼凑了起来。

1939年，在英格兰东海岸萨顿胡田野里的发掘工作中，发现此处是一位富有战士的安息之地，埋了一艘盎格鲁-撒克逊船，世界上，有些航海文化也有这种类型的船葬做法，但在盎格鲁-撒克逊英格兰却并不常见。船墓室里有数百件珍品，其中有一顶精美的头盔，表明这是一位重要统治者的坟墓，也许就是当地国王雷德沃尔德（Rædwald）。

头盔已遭腐蚀，它的出土墓室曾坍塌，把它砸成了数百块碎片。重塑头盔是一个艰苦的过程，需要根据碎片的厚度、弧度和纹理进行匹配。经过重塑，头盔的结构浮现于人们眼前。它由数片铁片组成：一片做成帽子，一片护颈，还有的做成护颊和面罩。每一片都由皮革铰链固定，确保它们之间贴合严实，但可以活动。铁片上覆有印着图形和图案的铜合金片，如凶猛的动物，或跳舞的战士。它

> 这顶头盔被砸成了500多块碎片

与在斯堪的纳维亚发现的7世纪头盔类似，后者与日耳曼独眼战神沃坦（Wodan）——或名奥丁（Odin）——的信仰崇拜有关。

头盔顶部饰有两条镀金的龙，嵌着石榴石眼睛，往面罩上伸展而去。龙张开的翅膀上也镶有石榴石，嵌着银丝图案，构成面具的眉毛。龙的身体是鼻子，尾巴是胡子。左侧眉毛上的石榴石后面，有黄金反光面，可以让这些石头闪光；而另一侧眉毛维持黯淡，也许是指奥丁只有单眼。

船和墓冢

这条于1939年在萨顿胡发掘的船长27米，为船中的统治者而作，而这位统治者的尸体已然腐烂。此处的横截面展示的是两个轮廓的对比，一个是墓冢的原轮廓，另一个是1939年挖掘时的轮廓。它还显示了船和墓室的位置，以及一个盗贼坑，表明16世纪时，曾有寻宝者差一点发掘出藏有宝藏的墓室。墓室内发现了许多物品，昭显了同它们一起埋葬之人的特征。一把镶嵌着石榴石的镀金剑，说明他是成功的战士；而镀银的角制酒杯则证明，他是一位慷慨大方的主人。

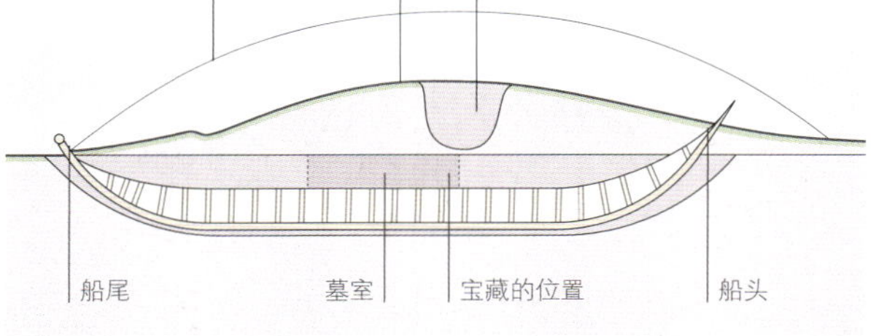

△ **宝藏**

萨顿胡的埋藏文物中，有来自斯里兰卡的石榴石、拜占庭的银器，以及法国的37枚钱币，可追溯至约610年至635年。这些珍贵的物品展现了一个与国际接轨的复杂社会，为西欧罗马帝国崩溃后的所谓“黑暗时代”带来新的启示。

△105号墓，原始壁画

艺术家用鲜艳的色调来装饰墙壁，但从原墓的这个细节就可以看出，多年来，壁画已经大为褪色、变暗。

萨波特克壁画

壮观的萨波特克坟墓壁画，来自墨西哥的阿尔班山（Monte Albán）

萨波特克人是墨西哥南部瓦哈卡（Oaxaca）地区的原住民，公元前500年前后开始创立文明，建立了一个帝国，一直延续至16世纪西班牙人入侵。它的中心是阿尔班山，也是中美洲第一座大城市，城内有复杂的宗教建筑和宏伟住所。

这些房屋下方是埋葬贵族家庭遗骸的墓室。迄今为止已发现近250座坟墓，两侧都有壁画，描绘了来世、祖先和萨波特克神灵。105号墓可能是萨波特克墓葬壁画中的最佳范例，但是自20世纪30年代墓穴开放以来，原本光辉鲜艳的红色和绿松石色已经黯淡。此处展示的是仿制品。墓穴的年代在600年至750年，从岩石上开凿而出，不同于早期用石块垒砌的做法。这种新方法为绘制壁画前的抹灰，提供了平稳的表面。105号墓的侧壁和后壁上，精妙地描绘了一支队伍，由18位身着祭祀服装的年长者组成，还绘有精致头饰。他们在一个有边界的神圣空间内，面朝前方，据说是代表死者的祖先，正在举行葬礼仪式。

大小

▽萨波特克壁画（重建版）

20世纪30年代，墨西哥考古学家阿方索·卡索（Alfonso Caso）发现了位于阿尔班山的105号墓。此处展示的是墓中北墙壁画的仿制品。

高度：约1.5米。**年代**：600—750年。

女性形象

图中赤脚的女性形象身着裙子，戴着披肩和醒目的头饰。

几何图案

这种典型的墨西哥图案类似于希腊钥匙图案（一种重复的几何装饰图案）。

赞颂
仪式性的服装、头饰和法器，可能是为了把祖先展现成神化的样子，或者正在举办葬礼仪式。

蓝绿色
蓝绿色凸显了坟墓的富丽堂皇——绿松石在中美洲非常珍贵。

祖先游行
以侧面描绘了祖先形象，他们列队行进。

萨波特克人用红色来描绘冥界的光

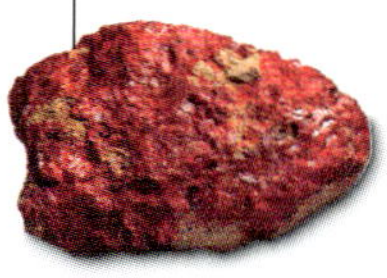

◁萨波特克红
萨波特克人创造了一种充满活力、闪闪发光的红色，以辰砂、胭脂虫和赤铁矿组合而成。

马可

书法非常复杂，以至于添加了马可的名字，作为这一页的快速标识。

狮子

马可的象征是一头狮子。福音作者的符号在手稿的装饰中起了重要作用。

△装饰野兽

这些凯尔特风格野兽的轮廓，由一排排细小的红铅滴珠形成。这种类型的装饰在早期手稿中相当罕见，但《林迪斯法恩福音书》中却大量使用。《圣路加福音书》的第一页就有惊人的10,600个小点。

译文

小小的黑色字体是文本的盎格鲁-撒克逊语译文。

终端

最精致的装饰保留给终端。装饰包括喇叭形螺旋（trumpet spirals）和轻盾（peltas，即月牙形的盾牌）图案，都是从凯尔特珠宝中借鉴而来。

大小

<《林迪斯法恩福音书》

这幅来自《林迪斯法恩福音书》的宏伟书法作品，展示了《圣马克福音书》的卷首。手稿中主要有3种类型的全页插图：“初始”页；福音书作者的肖像；以及“地毯”页，即非形象页。

尺寸：34厘米×24厘米。

年代：约698年。

《林迪斯法恩福音书》

来自盎格鲁-撒克逊英格兰的壮观手稿，其装饰性书法的灵感来自古代凯尔特人的金属制品

△圣马太

本书的一个特点就是受到多种跨文化影响。书法和“地毯”（装饰）页通常呈凯尔特风格，但福音书作者的画像，如此图，呈现地中海风情。这幅画与拉丁文圣经《阿米提奴抄本》（*Codex Amiatinus*）有关，但部分铭文是希腊文，如“O Agios”（圣人）。

《林迪斯法恩福音书》（*Lindisfarne Gospels*）制作于698年前后，是世界上美丽的彩绘手稿之一。书中题词记录，它“为上帝和圣卡斯伯特（St Cuthbert）”而著。卡斯伯特是英格兰皈依基督教的关键人物。他死后，这本书陈列在他的圣地之中，就在英格兰东北部海岸外的林迪斯法恩岛上。

人们认为，这本书是一位名叫埃德弗里斯（Eadfrith）的修士撰写的，但它的点缀，以及宝石、黄金和镀金银的装饰，应该出自他人之手。它的材质是羊皮纸，即用动物皮制成的纸张。书写者使用的可能是芦苇或翎毛制成的笔，这本书用的很可能是当地的鹅毛，还有各种各样的颜料供他使用，包括黄赭石、铜绿、红白铅和靛蓝。

以鲜艳色彩手工装饰的福音书有助于传教士的工作。它们通常都装饰得十分华丽，整页都是福音作者的肖像和福音书的卷首文字。这些起始页上的书法是《林迪斯法恩福音书》的趣味之一。精湛的笔法和装饰的性质，能够帮助牧师从冗长的文本中找到方向。但更重要的是，它们给目不识丁的教堂会众留下一种印象：上帝之道神奇且神秘。

书中最主要的视觉影响，来自铁器时代凯尔特人的金属制品和石器。他们在很早以前就定居于英国和爱尔兰，偏爱涡旋、密实的螺旋形图案、交织组合，以及宛如丝带的古怪生物，为这部永恒杰作的装饰献上了一臂之力。

▷圣路加的地毯页

这页装饰页在圣路加福音书的开头，需要做大量规划，并且书中部分地方有刺痕、罗盘孔、网格线和标尺标记。可能有一张预备性的“草图”，在蜡板上绘制。

圣卡斯伯特

几个世纪以来，卡斯伯特（约634—687年）是英格兰北部和苏格兰边境地区最受尊敬的圣人。他在梅尔罗斯修道院（Melrose monastery）接受培训，并于661年前后成为院长，大约23年后，受命成为林迪斯法恩主教。他开展传教工作，但更喜欢沉静思辨的生活。在他的圣地上，这本为纪念他而作的《林迪斯法恩福音书》成为一个亮点。圣地于698年创建，已是广受欢迎的朝圣之地。卡斯伯特的棺材上，刻有与手稿中的福音作者符号密切相关的图案。

林迪斯法恩修道院遗址

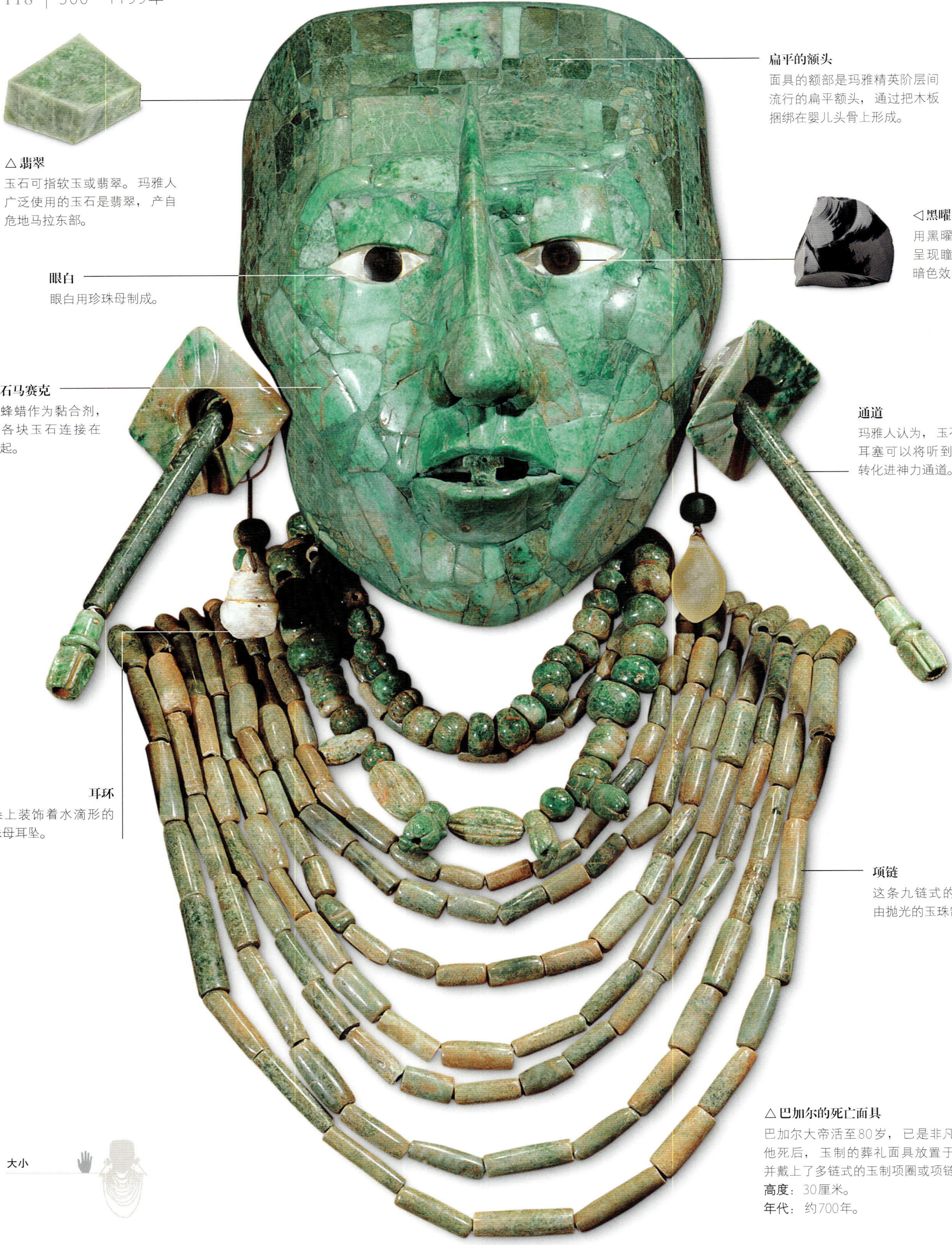

△翡翠

玉石可指软玉或翡翠。玛雅人广泛使用的玉石是翡翠，产自危地马拉东部。

扁平的额头

面具的额部是玛雅精英阶层间流行的扁平额头，通过把木板捆绑在婴儿头骨上形成。

◁黑曜石

用黑曜石来呈现瞳孔的暗色效果。

眼白

眼白用珍珠母制成。

玉石马赛克

用蜂蜡作为黏合剂，将各块玉石连接在一起。

通道

玛雅人认为，玉石耳罩和耳塞可以将听到的声音，转化进神力通道。

耳环

耳朵上装饰着水滴形的珍珠母耳坠。

项链

这条九链式的项链由抛光的玉珠制成。

△巴加尔的死亡面具

巴加尔大帝活至80岁，已是非凡的高龄。他死后，玉制的葬礼面具放置于他脸上，并戴上了多链式的玉制项圈或项链。

高度：30厘米。

年代：约700年。

大小

面具向冥界诸神，昭示巴加尔的力量

巴加尔的死亡面具

覆盖在一位玛雅国王脸上的玉石面具，令人惊叹，已埋藏了1000多年

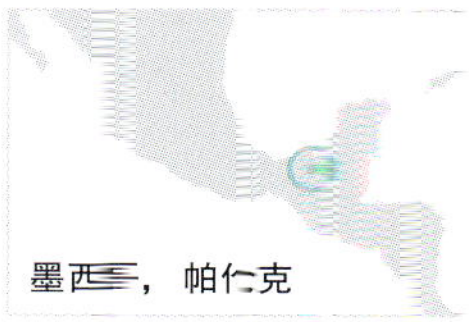

玛雅古城帕伦克（Palenque）位于墨西哥恰帕斯州（Chiapas province）。碑铭神庙（Temple of the Inscriptions）是城中最大的纪念建筑。神庙深处，有一间隐藏了数个世纪的地下室。1952年，墨西哥考古学家阿尔贝托·鲁兹·鲁里耶（Alberto Ruz Lhuillier）在金字塔的幽暗内部，发现了一个25米长的楼梯井，通往一座墓穴，里面藏有一尊石棺，属于帕伦克最伟大的统治者，巴加尔大帝（K’inich Janaab’ Pakal）。他们用灰泥和浮雕进行装饰，这些崭新的建筑技术让建筑物显得更为优雅。

墓中宝藏

石棺内有玛雅玉米神（Maya maize god）的玉石雕像和玉石方块，但最令人震惊的是国王的死亡面具。那是一个由大块玉石组成的马赛克面具。邻国危地马拉的莫塔瓜河谷（Motagua River Valley）有个矿源，是这种珍贵绿色翡翠的唯一获得途径。玉石留给玛雅上层阶级使用，硬度令它们成为不朽的象征。为了制作面具，玛雅工匠用钻头和锯子慢慢研磨和切割玉石，直至形成所需形状，而后抛光，使玉石呈现最深的绿色调。玉石充满活力、变化多端的色调是如此神秘，以至于玛雅人认为它是一种活物。国王的身体上还装饰着玉石项链、耳饰、手镯与戒指，凸显其威严。

巴加尔面具是为了在巴加尔大帝进入“西瓦尔巴”（Xibalba）的时候保护他。“西瓦尔巴”意为“恐怖之地”，指玛雅文化中的冥界。墓穴入口上发现的献祭者，也是为了陪伴他走上死后的旅程。

石棺盖

巴加尔石棺盖上的雕刻图像中，可以看到国王悬浮在天堂和冥界之间，宇宙之树从他头上升起，身下是一条丧葬之蛇的下颚。他胸前佩戴着乌龟装饰品，象征玉米神。

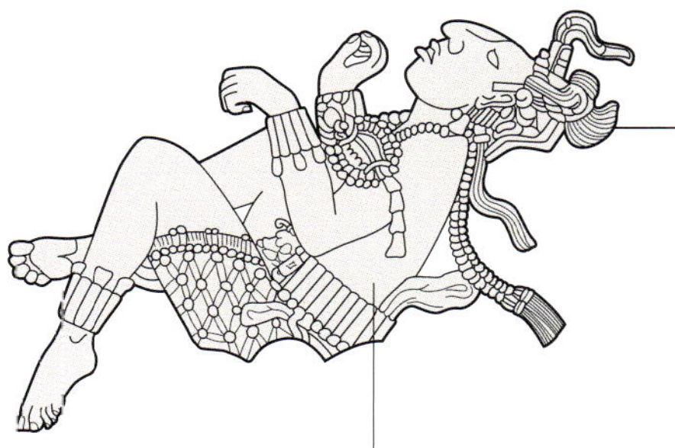

身体绘成一种可能象征重生的姿势

△ **碑铭神庙**

内藏巴加尔之墓的神庙，名称源自外侧墙墩上和内部石板上发现的玛雅象形文字。

▷博南帕克壁画

在1号室的东墙上，下层描绘的是乐手，上层是一群领主，所有人物都呈$\frac{2}{3}$真人大小。他们之间有一条带子，上有铭文。

内室高度：约7米。

年代：约790年。

名字标签

这些浅蓝色的小长方形用来当作人物名字标签。但并非所有标签都填有内容。

玛雅蓝

玛雅艺术广泛使用了一种明亮的蓝色颜料，得名“玛雅蓝”。它由靛蓝染料和黏土类矿物融合而成。

▽葫芦拨浪鼓

一些乐手摇动的拨浪鼓，以挖空并晒干的葫芦果皮制成，内装适宜的材料，如种子或贝壳。

鼓手

左侧有3位乐手在打鼓，鼓的高度位于胸部。通常情况下，这种鼓由龟甲制成，用手或用棍敲击。

精致服装

乐手们戴有高高的白色头饰，身穿彩色裙子。

大小

博南帕克壁画

8世纪末的壮丽绘画，颠覆了长期以来对玛雅文明的臆说

博南帕克是位于墨西哥热带雨林深处的一座小型玛雅城市遗址，一直不为外界所知。1946年，美国考古学家吉尔斯·希利（Giles Healey）发现了它。1949年，他发表了壁画的图示，令其闻名于世。这些壁画之所以能保存下来，是因为水渗入建筑物的石灰岩天花板后，在上方形成了碳酸钙保护层。

玛雅艺术

玛雅文明的许多方面都高度成熟，常以宁静、平和为特征，尤与嗜血的阿兹特克文明形成对比。但博南帕克壁画为我们了解玛雅社会，提供了无与伦比的视角。它揭示了残酷的战争场面，包括酷刑和献祭，给这种爱好和平的文明形象，带来致命一击。

壁画覆盖了一座小型建筑的墙壁和拱形天花板。该建筑坐落于一条通往阶梯式神庙土丘的路上。铭文显示，该建筑于791年建成，壁画庆祝的事件与博南帕克统治者亚卓·昌·穆万（Yajaw Chan Muwaan）的执政有关。艺术家们使用了蓝、绿、红、橙和棕等鲜艳色调，现已褪色。

建筑中，3间内室的壁画主要涉及舞蹈、庆典、战争和暴力，包括献祭和肢解。例如，在一个画面中，摘除了一位献祭者的心脏。壁画中有100多个人物，展示了玛雅文明相关的迷人信息。精致的纺织品和华丽的头饰十分引人注目，乐器包含鼓、拨浪鼓和喇叭，一位侍从随意地抽着雪茄——这是玛雅人的发明。

这些壁画是古代美洲现存的最重要绘画

壁画神庙

存放壁画的建筑得名“壁画神庙”，有3间内室，每间都有自己的入口，内室之间并不相通。最初，建筑外部涂上了鲜艳颜色，但如今已无迹可寻。

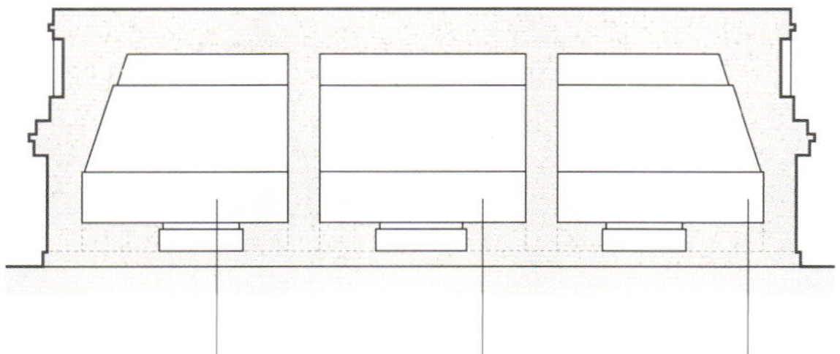

△阶梯式神庙土丘

图中所示的无窗三室小型建筑位于阶梯式神庙土丘右侧，内有壁画。该建筑的确切用途不详。

▷《金刚经》
佛经是佛教的经典，而《金刚经》是其中一部重要文本。此处展示的这幅精美卷首插图（含文字），有丰富的象征意义，甚至都能向不识字的信徒传达信息。
长度：5米。
年代：868年。

《金刚经》

9世纪的木版画工艺成就，复杂且精细

中国甘肃省的敦煌石窟（Dunhuang caves）中，发现了《金刚经》与另外40000份手稿。世界上已知的印刷书籍中，《金刚经》是第一部带有印刻年代的。它采用卷轴的形式，结尾处有个注释，写着“（868年5月11日）王玠为二亲敬造普施”。文字应该是先写于薄纸上，而后正面朝下贴向木块。雕刻师削出反向的文字，制成雕刻木块，每天可用它印刷1000张纸。

完整书名
该文本的完整书名可译为“破除幻象的金刚石”，强调生命的虚幻性。

独立印刷
书籍由7幅独立的长方形纸质木版画构成，粘贴在一起，形成一册长卷。

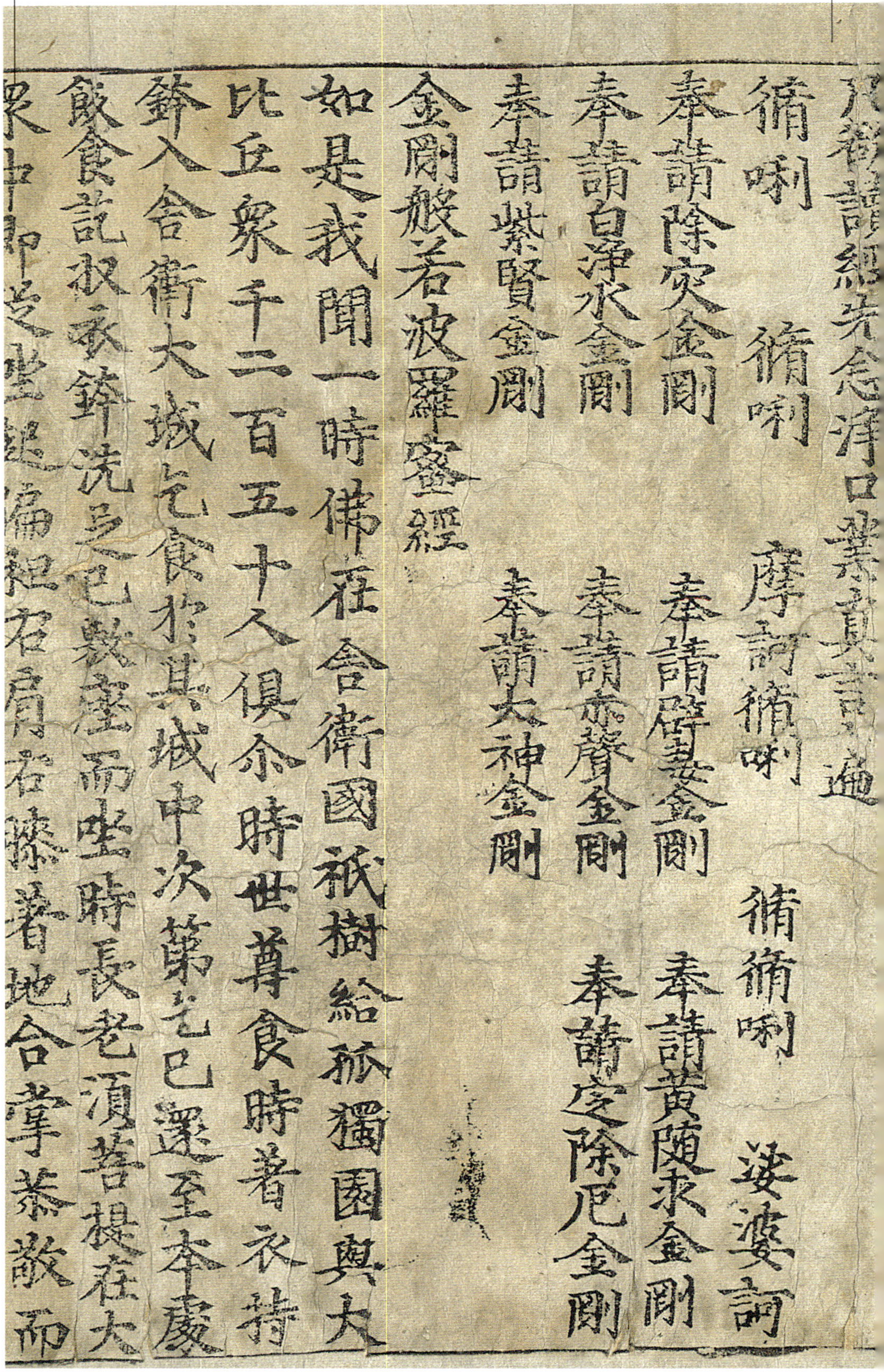

大小

印刷和信仰

唐朝（618—907年）时，印刷术在中国得以发展完善，与佛教的传播有关。诵读佛经公认为可获精神功德的方式，而印刷佛经则令效果倍增。人们相信，神圣的文本和图像能够抵御邪恶。

8世纪，木版画，《千佛捺印图》（*PREACHING BUDDHA*）

保护神

一位狰狞的护法金刚挥舞着金刚杵（vajra），保护佛陀，喻为“雷电”或“金刚石”。

抄写对话

这部经书是佛陀与其弟子须菩提（Subhuti）间的对话，引导弟子与众生走向开悟。

佛陀

佛陀坐在莲花宝座上，身周是散发纯净光芒的光环。

阅读卷轴

卷轴从右至左展开，因此读者首先看到的是佛陀的插图。

须菩提

须菩提是佛陀的早期追随者，因慈心禅而闻名于世。

佛经的纸张通常是用一种

黄柏制成的防虫剂染成黄色的

月亮与太阳
铭文上方，月亮与太阳显得十分哀伤。

△铭文
铭文为拉丁文，意为“这是犹太人的王”（Hic est Rex Iudeorum）。

玛利亚和约翰
十字架横臂下方的人物是圣母玛利亚和福音书作者约翰。

哀悼者
十字架底部的哀悼者身份无法确定，其中一个可能是抹大拉的玛利亚。

宝石
镶嵌的宝石包含珍珠、紫水晶、绿宝石、石榴石和蓝宝石。

锤压凸纹的黄金制品
基督等人物都是用一种称为“锤压凸纹”的技术所制，也就是说，用小锤和冲头从黄金反面塑造图案。

△宝石装帧的《林道福音书》
封面因其丰富而密集的饰物引人注目，木板背衬上装饰了宝石和黄金。
高度：35厘米。**年代**：约880年。

大小

这本福音书的宝石装帧
比其内部更昂贵、更豪华

宝石装帧的《林道福音书》

珠光宝气的华美封面，9世纪末为一本装饰手抄本而作

这个令人惊叹的封面是中世纪重要的“宝石装帧”作品之一。它的名字源于林道岛上的一家修道院。这座岛屿坐落于德国巴伐利亚的康斯坦茨湖（Lake Constance）中。1691年，此书首次出现在修道院的记录中；该年份前后所载的此书历史相当复杂，有些还很模糊难懂。

不同风格

此书有3个部分，汇集了4本福音书的装饰手抄本、华丽封面，及精巧封底。不同寻常的是，它们分别于不同时间、不同地点所作。封面约于880年可能在法国东部制作，也许就在神圣罗马帝国皇帝、查理曼（Charlemagne）之孙秃头查理（Charles the Bald）的工厂中制成。它是加洛林王朝（Carolingian）晚期的作品，典型特征是“基督得胜”（triumphant Christ），以及对古典作品的模仿，如基督的衣着处理方面。封底早于封面制作约一个世纪，复杂而密集的装饰所呈现的视觉效果，是不列颠群岛的海岛艺术（Insular art）风格，那是600年前后兴起的一种后罗马风格，但此封底可能制作于奥地利。封底边缘作了延长，以配合封面尺寸。890年前后，这份手抄本在瑞士的圣加仑修道院（Abbey of St Gallen）抄写而成，并配上了插图。而封面可能是一份送给修道院的礼物，用来点缀此书。后来它是如何来到林道修道院的，我们不得而知。

▽ 私人收藏

林道修道院于1803年解散。此书在各私人收藏间辗转，直至1901年，由美国实业家约翰·皮尔庞特·摩根（J.Pierpont Morgan）买下。

书脊

皮质书脊是后来所添，上面印有“1594年”。

浮凸饰

4个较大的浮凸饰既实用，又具装饰性。当人们打开此书阅读时，它们可以保护黄金人像不会接触到书下的桌面。

△ 封底

封底约制作于760年至790年，可能在奥地利的萨尔茨堡（Salzburg）完成。封底装饰华丽，包括中央的珐琅十字架，上面用景泰蓝绘制的基督，镀银背景上刻有复杂交错的动物图案。

罗摩衍那碗 ▽
碗面场景的阅读顺序是从右至左，相当于顺时针环游一圈神庙。
高度：9.3厘米。
年代：约890—920年。

罗摩衍那碗

9世纪末一只光彩夺目的金碗，藏于印度尼西亚有史以来最丰盛的金银器库中

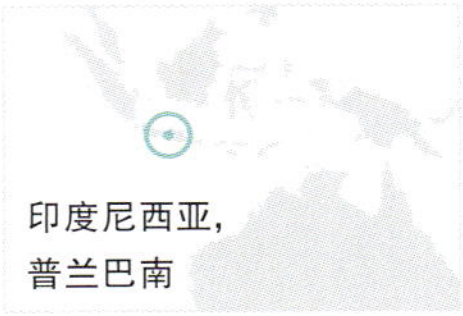

内部
碗内部可以看到反面的锤击痕迹。

古马塔兰王国（Mataram），又名梅当王国（Medang），位于爪哇中部与东部，在8世纪至9世纪间累积了权力与财富，催生出高耸入云的寺庙，如佛教圣地婆罗浮屠（Borobodur）和印度教神庙群普兰巴南（Prambanan）。1990年，农民在普兰巴南附近的沃诺博约（Wonoboyo）村挖掘稻田时，发现了数个陶罐，内藏壮观的金银器物，包括珠宝、器皿和6000枚金银币。

罗摩衍那场景

藏品中有20多个金碗，其中罗摩衍那碗十分小巧，呈四叶草形，但偏椭圆，质量最佳。它使用锤压凸纹技术，从黄金内部敲打而成，4个碗面再现了《罗摩衍那》（*Ramayana*）中的主要场景。《罗摩衍那》是一部伟大的印度神话史诗，讲述了阿逾陀国（Ayodhya）王子罗摩（Rama，毗湿奴的化身）的事迹，以及他对妻子悉多（Sita，拉克什米的化身）的深情。碗上的场景描绘了罗摩流亡和悉多遭绑架的故事。精心制作的人物形象，镶嵌在大量抽象的花卉图案与装饰元素中。

在沃诺博约发现的其他物品中，还有舀水勺、珠宝和一个金手袋。这批秘藏的奢华程度意味着，它们即使不是国王的所有物，也肯定属于宫中某个高官，也许可追溯至巴利通国王（King Bailitung，899—911年在位）时代。他执政时，默拉皮火山（Mount Merapi）喷发，王国中心随后向东转移。1000年后，人们在火山岩下发现了这批秘藏。

这只金碗可能用来盛放神圣仪式中的圣水

△ **普兰巴南神庙群**
罗摩衍那碗是在建于9世纪中期的普兰巴南神庙群附近发现的。这些壮观神庙的浮雕饰带上，也绘有《罗摩衍那》的画面。

罗摩衍那

长达24,000行的《罗摩衍那》创作于公元前500年前后，是印度教重要且受欢迎的史诗之一。它讲述了10首魔王罗波那（Ravana）绑架罗摩妻子悉多后，罗摩与忠诚的兄弟罗什曼那（Lakshmana）努力解救的故事。最后，在猴神哈奴曼（Hanuman）的帮助下，他们救出悉多，凯旋返回阿逾陀国。数以千计的手抄本和雕刻品讲述了印度教世界中的罗摩衍那故事。

普兰巴南神庙，罗摩

沃诺博约藏品
包含近17千克的金银制品，其中有97个手镯

▷故事画面
每侧叶形碗面都展示了《罗摩衍那》故事中悉多遭绑架的不同画面。

恶魔
这个场景描绘了受伤的雄鹿变成了罗刹摩里遮（Maricha）。

装饰边框
边框饰有优雅的锤压凸纹图案。

凸起
碗底周围的圆形突起可能代表女性乳房的造型，反映了当时当地的印度教母系文化。

3位女性
这一场景紧随右侧场景之后，躺在长椅上的女子可能是悉多。描绘的场面也许是罗波那的两个女手下在嘲弄悉多，也可能是在监视着哀恸的悉多。

悉多和罗波那
这个场景有几种解释，很可能描绘的是罗摩他们开始战斗时，悉多在恳求魔王罗波那。

大小

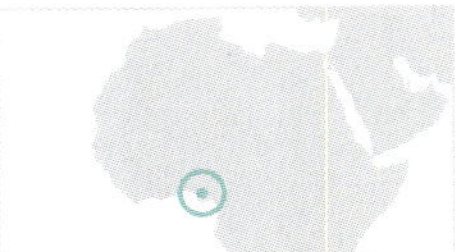

伊格博-乌库青铜器

惊人之作，出自西非最早的铜器制造工匠和青铜失蜡铸造师之手，可追溯至9世纪前后

1938年，尼日利亚伊格博-乌库镇的一位农民在挖掘蓄水池时，发现了一些古代青铜器。该地区确定了3个考古遗址，分别命名为伊格博-以赛亚（Igbo Isaiah）、伊格博-理查德（Igbo Richard）和伊格博-约拿（Igbo Jonah）。在1959年至1964年的发掘中，从遗址里发掘出数百件青铜铸造的尊贵物品，包括礼器、吊坠、王冠、胸甲、剑和拂尘手柄，表明曾存在过一个高度复杂的金属加工社会。事实上，伊格博-乌库的居民可能是西非最早加工铜与铜合金的人，也是第一批使用失蜡法制作青铜雕塑的人。他们通过锤击、弯曲、扭曲和切割金属来制作，但似乎并不熟悉铆接、焊接等常用技术。尽管如此，他们的技术还是堪称出色，能够制作多个部件构成的物品，甚至可以将昆虫和螺旋等小型装饰性铸造品，放入碗等物品的蜡铸模具中。

象征性装饰

伊格博-乌库青铜器的表面拥有大量装饰。装饰图案分为四类：几何图案，如三角形、同心圆、凸起圆点；曲线图案，如双边螺旋、网状曲线、交错环形；拟物图案（skeuomorphic），用某种材料仿制成另一种材料，如仿制成编织物和绳子；以及动物和人类图案，如蛇、蜗牛、猴头、人头、鸟、鱼。苍蝇、甲虫和蚱蜢等威胁农业的昆虫也经常出现。这些图案具有复杂且多层次的含义，为这些非同寻常的物品增添了神秘感。

▷伊格博-乌库青铜器

这件令人惊叹的双蛋吊坠带有鸟或龟和苍蝇图案装饰，以含铅青铜铸造。人们发现它还有铜线和玻璃珠元素，通过铸在吊坠侧面的环状物连接。这些珠子证明了伊格博-乌库的财富，以及与贸易网络的联系。

高度： 21.6厘米。

年代： 约800—1000年。

▽青铜绳壶

这个细长的梨形青铜壶有着模仿陶瓷和绳索的技艺体现。它以“熔焊”（burning-in）技术制成，多达8个独立的部件经熔焊，最后组合在一起。

高度： 32.3厘米。

年代： 约800—1000年。

在伊格博-乌库青铜器上发现了21种动物图案、35种几何图案、4种曲线图案和7种拟物图案

伊格博-乌库的考古学证据

伊格博-乌库的3个遗址揭示了制造这些物品的文化中一些诱人的线索。伊格博-以赛亚内有青铜礼器、锅架、珠宝和各种装饰品；伊格博-理查德展示了一个高层阶级墓葬的证据，包括人类遗骸、10万颗玻璃珠（可能来自埃及或印度）以及装饰品；伊格博-约拿可能是一个垃圾坑，埋有陶瓷碎片、玻璃珠和青铜器等。这些物品共同彰显了财富、繁荣的地方工业和重要贸易。虽然部分物品上有名为“艾奇”（ichi）的划痕，表明古代伊格博-乌库人与现代伊格博人间的文化联系，但这些发现之物的意义仍存在争议。

伊格博-乌库的人头吊坠，上有“艾奇”划痕。

大小

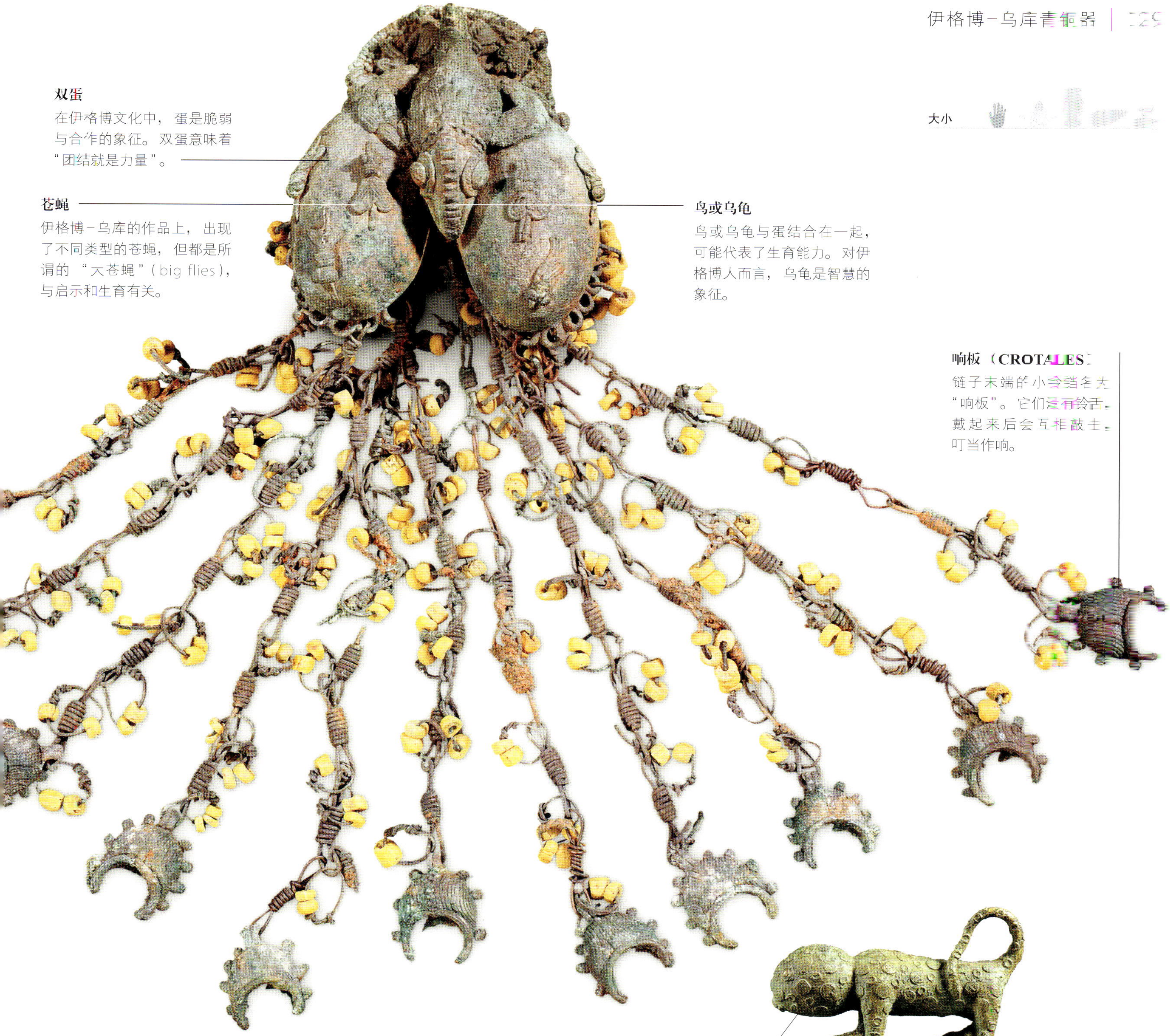

△ 贝壳容器

这个3层贝壳形状的礼器上，镶嵌着丰富的装饰物，包括昆虫和颗粒状的图案。

长度：30.5厘米。年代：800—1000年。

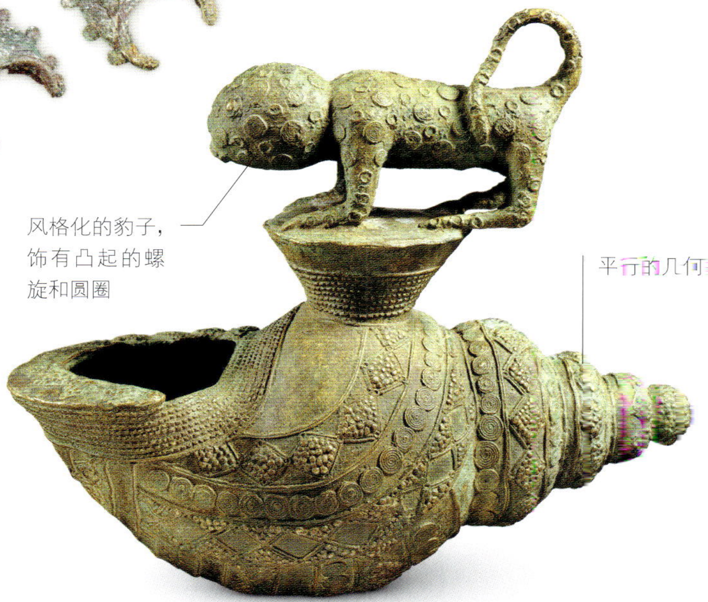

△ 饰有豹子的贝壳容器

风格化的豹子站在这个造型装饰精美的贝壳基座上。豹子可能具有祭祀意义，但目前尚不清楚。

长度：20.6厘米。年代：800—1000年。

科尔多瓦清真寺的米哈拉布▷

清真寺的米哈拉布位于麦格苏赖的尽头，是为伊玛目和统治者保留的空间。马蹄形拱门及其上方的盲拱和穹顶，都创造了一种高耸的空间感，使人们的视线仍然集中于外部的米哈拉布房间。

门口高度：约2米。

年代：965年。

科尔多瓦清真寺的米哈拉布

伊斯兰建筑的美妙绝伦之作，提供了一个了解西班牙伊斯兰辉煌艺术的窗口

西班牙，科尔多瓦

西班牙科尔多瓦大清真寺现已成为大教堂，它的米哈拉布（mihrab，即祈祷龛）代表着伊斯兰和拜占庭艺术传统的融合，创造了独特的建筑杰作。清真寺由倭马亚（Umayyad）王朝的埃米尔（emir）阿卜杜-拉赫曼一世（Abd al-Rahman I）建造，大约在711年伊斯兰教征服西班牙70周年前后。他的继任者对清真寺进行了扩建，扩大了祈祷大厅，增添了一座宣礼塔。

更多修饰

961年，哈里发哈卡姆二世（al-Hakam II）开启了一项重要的建筑计划。他拓宽祈祷大厅，形成了一片红砖和白色大理石拱门之林。在南端，即米哈拉布所在之处，他创造了一个全新结构。米哈拉布指示祈祷的方向，通常为一个凹槽或壁龛；在这座大清真寺中，凹槽成了一个房间，令人眼花缭乱的入口宛如通往天堂之门。它是清真寺的视觉巅峰，可以通过一间壮观穹顶下的麦格苏赖（maqsura，为统治者保留的封闭空间）进入，还会穿过一个大理石和彩色岩石建成的马蹄形拱门。拱门上装饰着《古兰经》经文，以及复杂的花卉和植物马赛克图案，都由拜占庭皇帝派来的熟练工匠所制作。内部是一个八角形房间，顶部是贝壳形的白色大理石穹顶，墙壁上镶嵌着浅裂状盲拱，并饰有大量的植物雕刻图案。这座清真寺一直是科尔多瓦穆斯林的祈祷中心，直至1236年，卡斯蒂利亚（Castile）的斐迪南三世（Ferdinand III）占领该城，将清真寺改为教堂。

> 米哈拉布是哈里发权力与信仰的一种奢华体现

△穹顶

哈卡姆二世于960年增建的建筑部分中，麦格苏赖的交错拱门与高耸的贝壳形穹顶，构成了一个框架。

△内室的天花板

米哈拉布穹顶的扇贝形状旨在呈现圣光，与大马士革（Damascus）的倭马亚清真寺（Umayyad mosque）有关。大马士革是科尔多瓦哈里发王国的祖居地。

米哈拉布

米哈拉布或称祈祷龛，指示信徒祈祷时面朝的麦加方向，是清真寺重要的特征之一。它通常用密集的几何、植物图案及精美的《古兰经》经文书法进行装饰，是礼拜仪式的中心焦点。米哈拉布的旁侧通常有一个敏拜尔（minbar），即讲坛，是伊玛目（imam，领拜人）讲话的地方。米哈拉布常常非常华丽，如这个伊朗伊斯法罕（Isfahan）的例子，饰有质量极佳的釉面砖。

14世纪，伊斯法罕伊玛米伊斯兰学校（MADRASA IMAMI）的米哈拉布

大小

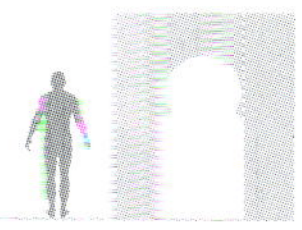

书法

蓝色和金色的框架饰带上，写有库法（Kufic）字体的《古兰经》诗句。

框

灰色大理石圆环，框住了米哈拉布的入口拱门。

丰富的马赛克图案

金色背景的马赛克有着藤蔓等植物的图案。

内室

一个八角形的房间饰有壳拱。

△ **拱石**

精心装饰的楔形拱石（voussoirs）以黑色、红色和灰色交替出现。

▽女王宫（山形墙）

北侧图书馆上方的山形墙讲述了因陀罗（Indra）神正试图扑灭森林火灾，而克里希纳（Krishna，毗湿奴的人类化身）试图阻止他。

高度（山形墙）：约108厘米。

年代：约968年。

浅浮雕

该情景采用浅浮雕方式雕刻而成。这种技术雕出的图形略凸于平面。

天神争斗

因陀罗神降下雨水，扑灭为杀死娜迦王德叉伽（Takshaka，见下文）而产生的火焰。

◁因陀罗的坐骑

因陀罗骑着三头象艾拉瓦塔（Airavata）。它能从冥界吸水。

森林之火

火焰围绕着山形墙中央画面的边缘升起。

煽风点火

克里希纳带着弓，站在战车上，试图射下因陀罗降的雨。

逃出森林

动物惊恐地逃离坎达瓦森林（Khandava Forest）大火。

蛇形生物

娜迦是森林中的半蛇生物。

箭

克里希纳的箭分成两层来阻挡雨水。箭上方的水波纹代表雨水。

花形框饰
复杂的花卉图案饰带，围绕着山形墙上的主要叙事雕刻。

女王宫

一座虽小但装饰华丽的高棉（Khmer）寺庙，因印度教史诗题材的精美雕刻而闻名于世

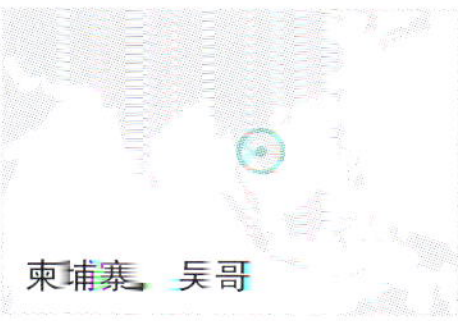

女王宫（Banteay Srei）位于暹粒（Siem Reap）东北部，是柬埔寨高棉帝国一个极富创造力的高光亮点。9世纪至15世纪，高棉帝国一直统治着该地区。女王宫寺庙表面的雕刻十分精美，特别是山形墙上的辉煌浮雕，名扬四海，被誉为高棉艺术的瑰宝。高棉帝国建都于吴哥（Angkor）。这座寺庙就是吴哥建筑群的一部分，于968年阇耶跋摩五世（Jayavarman V）统治初期落成。

微型寺庙

女王宫不是由国王而是由祭司兼国师耶若婆罗诃（Yajnavaraha）下令建造的。建造小规模的神庙可能是一种表示顺从的行为——高棉统治者被视为神王，威严不容挑战。女王宫的3堵围墙中，最外侧的只有110米长、95米宽。寺庙及其旁侧图书馆的门仅108厘米高，为诸多阿普沙拉（apsara，飞天仙女）和狮头、猴头守护神所造的壁龛仅70厘米高。该寺庙的现代名称意为“女性之宫”，反映出它的浮雕是如此精致，只可能出自女性之手。高棉人称它为“三重世界的主宰”（Tribhuvanamehsvara），供奉湿婆神（Shiva）。他们用坚硬的红砂岩建造了女王宫，与早期寺庙所用的砖块形成鲜明对比，因此雕刻家几乎可以在每一个表面，尤其是门上方的山形墙等处，刻上精彩纷呈的印度教史诗《罗摩衍那》主题画面。

印度教信徒一直使用着该寺庙直至14世纪

15世纪，女王宫遭废弃，一直不为外界所知，直到1914年，法国殖民官发现了它，并开启了漫长而缓慢的清理与修复过程。

寺庙内院

寺庙是一个复杂的建筑群。从一对瞿布罗（gopura，即门楼）进入中央庭院，两侧是守护神雕像。主体建筑中，有3座供奉湿婆和毗湿奴（Vishnu）的圣塔（prasat），两侧是一对冥想室（copuram）和两间用于文本研究的图书馆。

圣所和塔楼

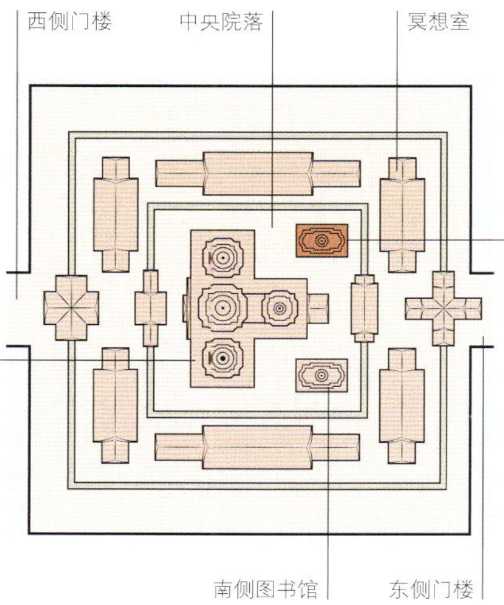

北侧图书馆

大小

西班牙，加泰罗尼亚

加洛林星盘

欧洲现存最古老的星盘，也是10世纪伊斯兰世界天文知识技能的证明

星盘是一种早期的天文仪器，具有多种用途，包括计算时间、纬度，定位夜空中的天体。它在古希腊和古罗马都很有名，在伊斯兰黄金时代（8—14世纪）也得到广泛使用。

加洛林星盘由精准切割雕刻的黄铜片制成，上面刻有拉丁字符，表明它制造于欧洲。然而，建造这样一个星盘，需要详尽的数学和天文学知识，10世纪的欧洲基督徒并不具备，而伊斯兰世界则正处于这些知识的最前沿。人们认为，这个星盘是在安达卢西亚（Andalusia）制作的，并完成于西班牙北部的一个基督教修道院，因为它刻有41°30'的投影，即加泰罗尼亚（Catalonia）的巴塞罗那（Barcelona）所在纬度。它还刻有“罗马与法国”（ROMA ET FRANCIA）字样，指加洛林王朝的法国，而加泰罗尼亚是其一部分。

星盘的工作原理

星盘是天体的二维展示。它由一个名为“主体”（the mater）的深盘组成，上面刻有天体坐标；里面有一个用作天空图的镂空网盘，以及一个刻有特定纬度坐标线的衬盘。旋转镂空网盘时，它就会在衬盘的坐标上移动。人们可以通过旋标装置（alidade，来自“al-'idāda”，即阿拉伯语中的“手臂”一词），来观察天体。

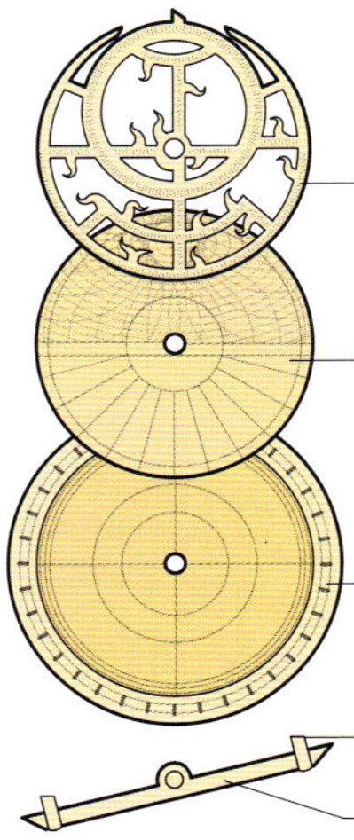

▽ 加洛林星盘

加洛林星盘是一种复杂的工具，但它有些雕刻错误，表明它可能以早期星盘为原型，错误复刻而成。

直径： 15厘米。

年代： 约980年。

星体指针

它们代表明亮星体的位置。此处显示了10颗北半球和8颗南半球的星星。

转动的网盘

网盘可围绕中心旋转。中心代表着天体北极和地轴。

雕刻

衬盘刻有线条投影，以绘制特定纬度的天球图。

“针”和“马”

中心的“针”将星盘的各个部分固定在一起，而一个名为“马”的楔子穿过针，固定住衬盘和网盘。

网盘上的星座名称可能是两三个世纪后加上去的

大小

易县罗汉像

中国辽代一套真人大小的壮观釉面石雕像，这是其中之一，刻画了一位佛祖的弟子

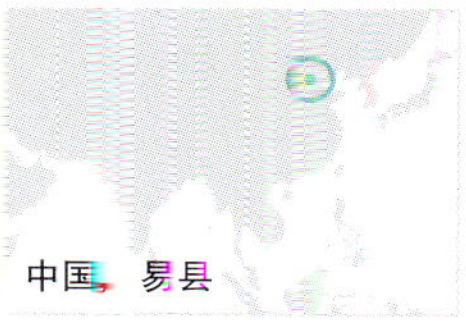

1912年前后，中国河北省易县的一个山洞里，发现了这尊真人大小的壮观罗汉像，刻画的是一位已开悟的佛教僧侣，在中国称为“罗汉”。这尊罗汉像是陶瓷雕塑中的佼佼者，可追溯至辽代（907—1125年），是8～10尊现存的独立造型雕像之一。这套罗汉像可能共有16个或18个，等待着未来佛祖弥勒（Maitreya）的到来。雕像的显著特点是尺寸较大，技术上采用了具有挑战性的“三彩”，完成质量极佳。在自然主义风格的渲染下，罗汉像面部表情严肃而平静，仿佛一个真人。

这尊雕像由几块釉面陶器制成，有的以模具成型，有的则以手工制作，然后在烧制前，用泥浆“封”起来。烧制如此大型的作品，且保持不塌陷、不扭曲，需要很高的技术。铁棒从内部支撑着雕像。

这尊雕塑可能是当时一位杰出僧侣的肖像

△ 易县罗汉像

这尊雕像塑造的是一位年长的罗汉，是历史上佛祖弟子之一，呈盘腿打坐的经典姿势。雕像底座让人联想到僧人的山中隐居之处。

高度：（人物）105厘米；（底座）16.5厘米。

年代：约1000年。

三彩釉陶器

三彩釉陶器字面意思是“3种颜色”，在唐朝（618—907年）得以发展。它是瓷器的一种替代品，更简易、更便宜，特别适合制作大型人物雕像。西方有时称三彩釉陶器为“鸡蛋和菠菜”，因为它所使用的3种主要颜色是奶油色、绿色（通过在铅釉中加入氧化铜而形成）和琥珀色（来自氧化铁），但有时也会使用蓝色、紫色和棕色。在烧制过程中，当釉料融至一起时，三彩釉陶器还会出现条纹和混合色，令它具有生动自然的外观。

唐朝镇墓兽

贝恩沃德铜门▷

这些门是为圣米迦尔教堂制作的，但贝恩沃德死后不久，人们就将它们移至希尔德斯海姆大教堂（Hildesheim Cathedral）。

高度： 4.7米。

年代： 1015年。

贝恩沃德铜门

11世纪的雕塑杰作之一，也是铜器铸造史上的一座里程碑

希尔德斯海姆（Hildesheim）的圣贝恩沃德（St Bernward）是中世纪伟大的艺术赞助者之一。他从993年开始担任德国北部希尔德斯海姆的主教，直至去世，为该城市向重要艺术中心的发展蜕变，作出了巨大贡献。1010年，他建立了圣米迦尔修道院教堂（the abbey church of St Michael），并为其委托制作各种作品，其中最重要的，就是这些质量极佳的铜门。它们不仅是杰出的雕塑作品，也是金属加工技术的奇迹。每扇都使用失蜡法（见第164页），铸造成十分沉重的铜门：工匠把各个画面雕刻在大型蜡片或动物脂油片上，然后组装起来；组装模具的长边立起后，将熔化的铜液倒入其中。这些成果证明了当时铜器铸造的雄心与技巧，达到了自古罗马以来的最高成就。

金属的叙事

16块铜板上的浮雕图像讲述了《圣经》中的救赎故事。左侧门上绘有《旧约》中的8个场景，讲述人失去天恩；而右侧门则描绘了《新约》中的8个场景，展示基督的生活。按时间顺序，故事序列始于左上角，上帝用亚当肋骨创造夏娃，直至该隐杀死亚伯；然后从右下方天使报喜开始，至右上方抹大拉的玛利亚，看见复活的基督。两侧在视觉和主题上有诸多联系。例如，在第三行中，伊甸园中央的树与基督的十字架相呼应。整体主题是通过基督的牺牲，亚当和夏娃的罪得到了救赎。那些不知名的艺术家创造了铜门上生动、直白的场景，剥去浮华，呈现本质，充满了戏剧性与悲怆感。

▽门的位置

罗马式大教堂于2010年至2015年进行了翻修。贝恩沃德门安置在西侧入口处的前庭，可通往中殿。

每扇巨大的实心铜门都重约1.85吨

希尔德斯海姆的贝恩沃德

贝恩沃德（约960—1022年）是那个时代杰出的人物之一。他来自萨克森（Saxon）的一个贵族家庭，游历广泛，多才多艺。除了智力天赋和高效的管理能力，据说他还是一位娴熟的艺术家和工匠。在993年成为希尔德斯海姆的主教之前，他是神圣罗马帝国未来皇帝奥托三世（Otto III）的导师。贝恩沃德于1193年受封为圣徒。

救赎的故事

阅读顺序先向下，再向上。这15块铜板讲述了基督教中人类堕落与救赎的故事。

△生动的叙述

第5块板描绘了“逐出伊甸”（Expulsion from Paradise），因亚当和夏娃的罪孽，天使（上方）将他们赶出伊甸园。

狮头

门把手镶嵌在大狮头上，作为门的一个组成部分进行铸造。狮子在基督教艺术中经常出现，因为它具有多种象征意义。

大小

两个园

第一个场景（对面）发生在伊甸园里；而最后一块板上，复活后的场景也是在一个花园里。这是众多相似处之一。

基督在彼拉多面前

此图中，基督被带到本丢彼拉多（Pontius Pilate）面前。这位罗马总督判处他死刑，钉死在十字架上。

铭文

门的中县有拉丁文铭文，显示日期为1015年。

△凸出的头部

浮雕的深度各不相同，头部凸出程度最高，因此人物有时似乎已倾斜至铜板外面。此处看到的是抱着婴儿耶稣的玛利亚。

大小

贝叶挂毯上有623人，202匹马、55只狗、506只鸟及其他动物

贝叶挂毯

11世纪的瑰丽挂毯，讲述诺曼人征服英格兰的故事

一般认为，贝叶挂毯是贝叶的奥多主教（Bishop Odo of Bayeux）委托制作的，用来庆祝同父异母的兄弟“征服者”威廉（William the Conqueror），在1066年黑斯廷斯战役（Battle of Hastings）中战胜盎格鲁-撒克逊人。这幅作品制作于战后数年，约1070年，实际上是一幅刺绣，长约68米，高70厘米。工匠用靛蓝、茜草和木樨草染料，给羊毛线染色，而后缝制在亚麻布底上；在刺绣前，很可能已先将图案画在了亚麻布上。这幅挂毯的首次记录，出现在贝叶大教堂（Bayeux Cathedral）1476年的一份清单中。

▽ **贝叶挂毯**
这段1米长的挂毯，展示了诺曼骑兵（左）向哈罗德国王（King Harold）率领的盎格鲁-撒克逊人冲锋。
年代：约1070年。

说明性文字
人物、地点和事件都用拉丁文说明（也见下方图片）。

贝叶针法
作品中使用的主要针法是钉线绣针法，或称“贝叶针法”。这种针法可以快速填充大面积图案。

骑兵
诺曼骑兵撑起长矛，准备向盎格鲁-撒克逊人的阵线发起冲击。

挂毯的制作

挂毯由8条布带缝制而成，此图是其中一条布带，缝合图案在它反面清晰可见。绣工使用铜针，把彩线缝在灰白色亚麻布底上。缝合很紧密，每平方厘米约有19根线。图中显示使用了平针（laid stitch）和钉线绣针法（couch stitch），亦称“贝叶针法”（Bayeux stitch），来填充大面积布面；使用链式针（chain stitch）、茎绣（stem stitch）以及轮廓绣针法（outline stitch），来勾勒边框和脸部。

▷**战争准备**
此处显示的拉丁文标题完整文本（挂毯中部分文本受到遮挡）译为：“（威廉公爵指引士兵）以勇气和智慧，准备与英国军队作战。”

保护措施

双方都装备长盾牌，保护性较强。

主要颜色

挂毯使用了8种颜色，包括赤褐色、黄色、浅黄褐色，以及各种蓝色和绿色。

面部保护

锥形铁头盔带有长长的鼻子保护条，保护头部和面部中央。

奇异野兽

狮鹫和龙等神话中的生物，构成了装饰性的边框。

金属盔甲

双方士兵都穿上了锁子甲。这是一种由相互连接的铁环构成的长外套，可以抵挡箭等武器的攻击。

屏障阵型

盎格鲁-撒克逊人的精锐部队，在山脊上形成了一道交错的盾牌墙。

单独的弓箭手

单独一个盎格鲁-撒克逊弓箭手的保护能力，远远低于一支精锐部队。

《清明上河图》

一幅奢华的宋朝手卷，展示了一座城市节日期间生机勃勃的生活

《清明上河图》被公认为中国的艺术杰作之一，是12世纪中国艺术家张择端所作的一幅卷轴画。丝绸卷轴上写有多年来诸多所有者的题词，其中最早的题于1186年。画名可能是指4月的清明节，按照当时的家庭传统，人们会在这个节日里通过扫墓来纪念祖先。

手卷的形式让观者每次只能展开一个部分，从右至左阅读画中场景。画卷以单色墨水绘制，笔触细腻、精确，描绘了节日时光，展示的可能是北宋的首都汴京（今开封）。由于没有明确可识别的建筑物，部分学者认为，所画的是一个理想化地点。

这幅画描绘了各行各业的人，主要是男人。随着画卷的展开，画面沿着河流移动，从田园生活到繁华城市，高潮部分的桥景位于中间位置。商人、学者和农民或摩肩接踵，或讨价还价，或闲庭信步，城门内外商贾云集。

▽《清明上河图》
中央场景显示，当一艘船靠近城外一座桥时，人们发生了骚动。船以一个费力的角度驶来，围观者在鼓舞船夫，试图阻止灾难性的碰撞。
整幅卷轴的尺寸：25.5厘米×5.25米。
年代：1100—1200年。

商店和摊位
桥两侧有成排的商店和摊位。

轿子
一位富人坐轿子过桥。

夜灯
桥边的灯笼挂在柱子上，在夜间起到警示作用。

避开冲撞
桥上的旁观者试图用绳和竿引导船只。

《清明上河图》临摹图

作为中国艺术中令人钦佩的作品和帝王珍宝之一，数个世纪以来，《清明上河图》有过多次复制临摹。现存版本有20多个，最早的是13世纪的临摹作品。明朝艺术家仇英（1494—1552年）临摹的版本，将木桥换成了石桥，更新了服饰和车辆的样式。此处展示的是最重要的临摹版本，由5位清朝宫廷艺术家于1736年为乾隆皇帝所作。它比原作更长，达11.5米，描绘的人数更多，超过4,000人，还展示了皇宫内的场景。卷首插图中包含一首皇帝本人所作的诗，添于1742年。

18世纪的清朝版本

失去控制

一艘失去控制的河道驳船向桥边驶去。

岸边讨论

两个人正在进行热烈讨论，也许是父子。

大小

大小

《跳舞的天神蒂娃妲》

一座近乎真人大小的砂岩雕像，来自印度教寺庙，捕捉了印度传统舞蹈的优美动作

这座壮丽雕像可追溯至11世纪中期，以其美丽与优雅而闻名于世。在印度中部中央邦（Madhya Pradesh）印度教寺庙的装饰性砂岩雕像中，它是质量上佳者之一。尽管雕像的四肢已经断裂，脚和手也不见了，但雕刻精美的姿势，仍然带给人以性感动作和平衡构图的强烈印象。天神蒂娃妲为向寺庙中的神（deva）致敬而舞动，弯曲有致的夸张姿势传达了她欢乐庆祝的感受。

这座雕像与通常覆盖于印度教寺庙墙壁上的情色雕塑相呼应。舞者是对印度女性美的理想化呈现，面部特征高度风格化。一大片光滑的石面代表大量裸露的肉体，强调了女性的轮廓和放大的圆润。相较之下，醒目的珠宝王冠、项链和手镯都雕刻得相当复杂，裙子上精细展现的摇曳穗饰和流苏，则增添了华丽的运动节奏感。

《跳舞的天神蒂娃妲》▽

这座美丽的跳舞天神雕像刻画的是一位半神，以印度中央邦地区的砂岩雕刻而成。当时正值昌德拉时期（Chandela period）印度教寺庙建设的鼎盛年代。

高度：88.3厘米。

年代：约1050年。

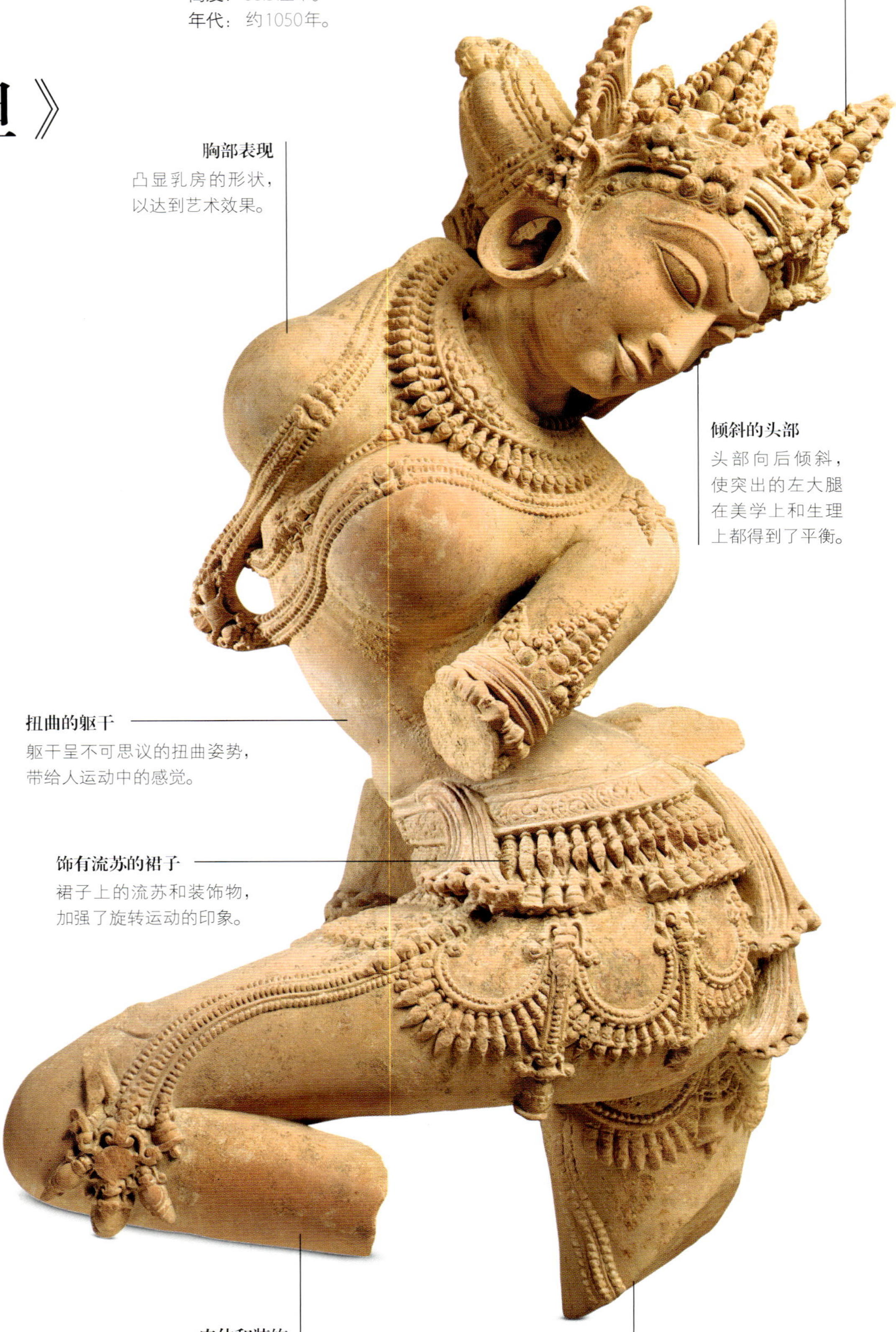

宝石王冠

尖顶王冠上的装饰物雕刻得非常精细。

胸部表现

凸显乳房的形状，以达到艺术效果。

倾斜的头部

头部向后倾斜，使突出的左大腿在美学上和生理上都得到了平衡。

扭曲的躯干

躯干呈不可思议的扭曲姿势，带给人运动中的感觉。

饰有流苏的裙子

裙子上的流苏和装饰物，加强了旋转运动的印象。

肉体和装饰

光滑砂岩的温暖质地给人以柔软肉体的感觉，与饰物的精细雕刻形成对比。

站立的腿

右腿（现已缺失）应该位于人物重心的后方，使雕像有一种向前运动的感觉。

天神姿态

《舞论》（*Natyashastra*）是一部关于表演艺术的古典梵文专著，认为印度舞蹈由108个基本姿势（karana）组成，而这些姿势常常出现在艺术品和雕像中。艺术家在对这个天神雕像整体的塑形过程中，原有四肢所呈现的姿势，增加了人物的运动感。手臂和手富有表现力的姿态，加强了弯曲身体的性感度。

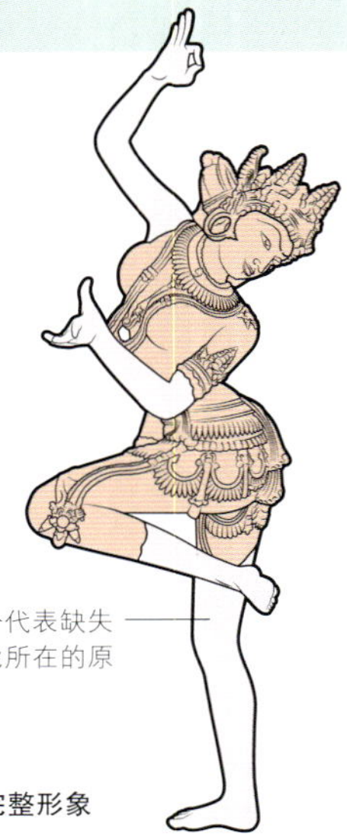

（推断的）完整形象

大小

《托尔特克战士头像》

一座耐人寻味的雕塑，来自神秘的中美洲文明，
展现了一个被郊狼咬住的战士头颅

从900年前后开始，托尔特克人统治了墨西哥中部约两个世纪。他们推崇尚武文化，反映在他们的艺术中。首都图拉（Tula）的浮雕上，描绘了祭祀队伍和掠夺者享用人类心脏的场景。1150年前后，该城市遭洗劫一空，这个精致的战士头像陶器是为数不多的遗存之一。

这个头部雕像呈现了郊狼和战士纠缠在一起，是中美洲文化中优秀的陶制作品之一。它用一种名为铅酸盐（plumbate）的黏土进行铸型。这种黏土呈灰色，且有光泽。雕像表面镶嵌精美的珍珠母片，因此长有獠牙的郊狼和从它下颚冒出来的胡须战士，都带有一种毛发效果。这个头像可能刻画的是某个精英战士群体的头盔。这种盔甲模仿猛兽身体，尤其是鹰、美洲虎和郊狼。这种头盔的下颌间有一个开口，可以让战士面部露出。此头像中，郊狼和战士的下巴似乎融合在了一起，强调了彼此的认同。

▽《托尔特克战士头像》
这个制作精良的陶器可能是托尔特克雕像罐的盖子。那是一种动物或人形的容器。
高度：13.5厘米。
年代：1100—1300年。

骨头牙齿
战士的牙齿由骨头制成。

耳朵
耳朵由一块较大的珍珠母片制成。

獠牙
与战士的牙齿一样，郊狼突出的獠牙也由骨头制成。

◁毛皮
像这样的贝壳提供了用于制作毛皮的珍珠母。

动物形战士头盔

众所周知，阿兹特克（Aztec）战士会穿戴与猛兽有关的盔甲，如鹰、美洲虎和郊狼。他们这一习俗可能传承自备受推崇的先辈，托尔特克人。美洲虎精英战士身披美洲虎皮，鹰战士则身穿羽毛长袍；带有獠牙或喙的头盔保护他们的头部。他们穿着这样的服装，是为了在战斗中，象征性地利用特定动物的力量和威慑力。

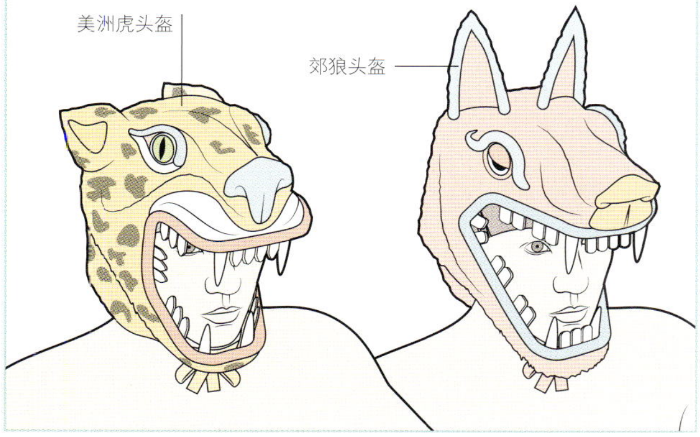

另一种解释是，这个作品可能代表拥有人类特征的羽蛇神（Quetzalcoatl）

△《**不动明王使者像**》
这些雕像代表不动明王的童子使者。不动明王是东亚密宗佛教的五大明王之一。
高度（每尊）：约100厘米。
年代：约1197年。

大小

《不动明王使者像》

12世纪末，日本雕塑的新现实主义戏剧性杰作

日本拥有大量可称为国宝的遗产，从城堡、寺庙，到武士刀、陶器，还有艺术品，其中包括140件雕塑或雕塑组合。就纯粹的生命力和存在感而言，雕塑组合中，很少有能与不动明王使者像相提并论者。不动明王（Fudō Myō'ō）是一位庄严甚至满脸怒容的佛教菩萨。

旺盛的现实主义

对制造这些雕像的运庆（Unkei，约1150—1223年）而言，雕塑是一项家族事业。他的父亲康庆（Kokei）是一位著名艺术家，而运庆的儿子也将继承这一传统。运庆是虔诚的佛教徒，虔信镰仓幕府（Kamakura shogunate）时期盛行的密宗佛教。他最著名作品的主题和背景都带有宗教性质。

运庆所带来的新方向是现实主义和对细节的关注，如延伸至下颌和腹部的线条，甚至是脖子上的血管。他偏爱肌肉发达的立体人物，让部分艺术史学家认为，他以摔跤手为模特。雕像姿势也充满生命力，常出现手叉腰、臂部向一侧倾斜的姿势。

这种身体的随意感在这组作品中体现得淋漓尽致，它们所呈现的戏剧性松弛和旺盛的生命力，与传统上宗教雕像的僵硬姿势相去甚远。

犀利的目光
运庆完善了水晶石制作眼睛的技术，使雕像看起来更具生命力。

愤怒的菩萨
童子代表不动明王的不同特性。此雕像代表菩萨的愤怒。

光秃秃的胸膛
尽管运庆的雕像在各方面都很逼真，但裸胸上没有乳头，可能他认为，对菩萨来说，这些部位都太粗俗了。

这组雕像有8座，但只有出自运庆之手的6座被列为日本国宝

镰仓时期的艺术

日本历史上的镰仓时期从1180年持续至1330年，权力从宫廷贵族转移至武士阶层。为了迎合新赞助人的口味，艺术家们拥抱更具活力的自然主义——这种转变也适合当时急于向文盲皈依者传教的佛教僧侣。变化在雕塑方面尤为明显，在运庆的作品中得到了最大体现。人们认为这尊逼真的重源（Chōgen，1121—1206年）雕像创作者就是运庆。重源上人是一位苦行僧，在奈良的东大寺（Tōdai-ji temple）因火灾烧毁后，他为修复寺庙付出了25年时间。

自然的皱纹道出僧人的年龄

名为马拉（malas）的祷珠

衣服的褶皱——新现实主义的一个明显特征

保存在东大寺内的重源像

△ 灵活的介质
这些人物用桧木雕刻而成。桧木是日本很受推崇的一种优质木材。

4

1200—1499年

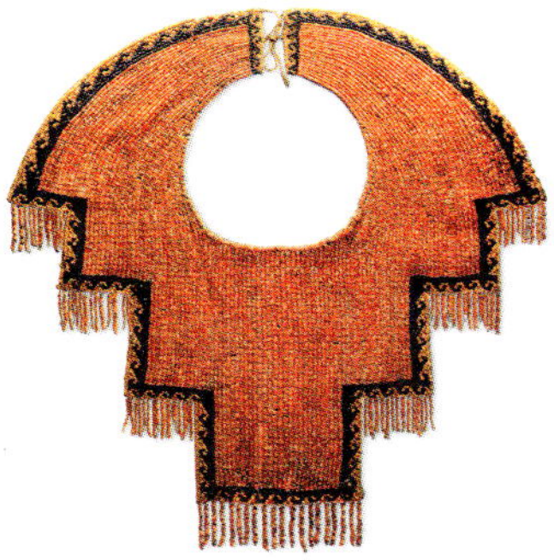

这是一个欧洲和亚洲都发生变革的时期。早期，学校纷纷建立，领土不断扩张，但14世纪时，瘟疫、战争和饥荒的浪潮席卷众人。宗教继续主导着文化生产，在清真寺、寺庙和教堂的织物和工艺品上，留下了马赛克、雕塑、绘画和精致彩色玻璃的痕迹。雕塑仍然是非洲和美洲的重要艺术形式：非洲的伊夫（Ife）人是青铜铸造大师，美洲的托尔特克人则制造了巨大石雕。陶器和卷轴画在中国和日本持续壮大，而书籍的生产则随着活字印刷的引入而飞速发展。

刘易斯棋子

12世纪至13世纪的象牙棋，展现了惊人的技术和具感染力的表情

刘易斯棋子是中世纪奇特的艺术品之一。它们由海象象牙和鲸鱼牙齿雕刻而成，风格自信，展现了高超的工艺水平。1831年，人们在苏格兰刘易斯岛（island of Lewis）乌伊格（Uig）附近的海滩上，发现了这些棋子的埋藏之地，是现存为数不多的中世纪棋具之一。那里还藏有一批宝物，共93件。事实上，共有4套独立棋子，这78颗棋子是其中一部分，但部分棋子已经缺失。

这些棋子可能制作于挪威的特隆赫姆（Trondheim），从主教头盔和武士武器的风格来看，它们可能是在1170年至1230年制作的。只有“兵”雕刻成简单的方尖碑模样，没有人类特征。四个“看守”（城堡或车）的造型是狂战士，即维京人的精英战士，咬着盾牌，期待战斗。在现代人看来，这些作品瞪着圆圆的眼睛，表情呆滞，显示出一种滑稽怪诞的幽默感：狂战士半是滑稽，半是狰狞；骑士看起来比坐骑大得多；女王手托腮，摆出疑惑的姿势，但这种效果无疑更像是为了表现愤怒、凶猛或沉思默想。

大小

▽ **刘易斯棋子**

这些棋子完好无损，有些还残留着红色颜料（表示“黑”棋），表明它们未经使用，可能属于商人的库存。年代：1170—1230年。

马蓬古布韦的金犀牛

南非出土的犀牛微缩木雕模型，镀有抛光金片，威风凛凛

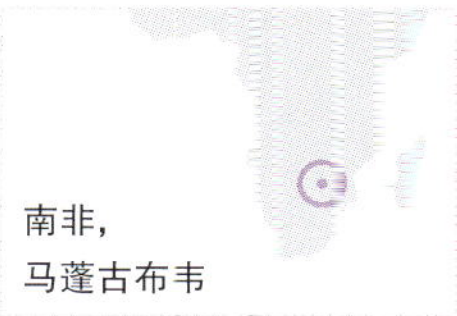

大小 

1933年前后，人们在马蓬古布韦王国（Kingdom of Mapungubwe）墓葬遗址处，发现了数件镀金木制工艺品，金犀牛便是其中之一。11世纪至12世纪，该王国在沙希河（Shashe）和林波波河（Limpopo）边繁荣发展。金犀牛虽然只有手掌大小，却具有纪念物的品质和象征意义，至今仍具标志性地位。它展示了动物主题的普遍性，以及黄金在这个以主要贸易中心而闻名的地区中，所拥有的象征性力量。

在马蓬古布韦发现的其他陪葬品与它一样，制作方法是在木头上雕刻一个形象，然后覆上紧密贴合的薄金片，模仿犀牛皮的铠甲镀层。这些金片用手工制作的小金钉，固定在底座上。凸出的眼睛、单独切割连接的耳朵和尾巴等更精致的特征，凸显而非削弱了野兽的肌肉感。

▽牛类形象
这件金制雕像伴于马蓬古布韦金犀牛左右，大小、结构与其相似，刻画的是一种更加温顺的牛类动物。

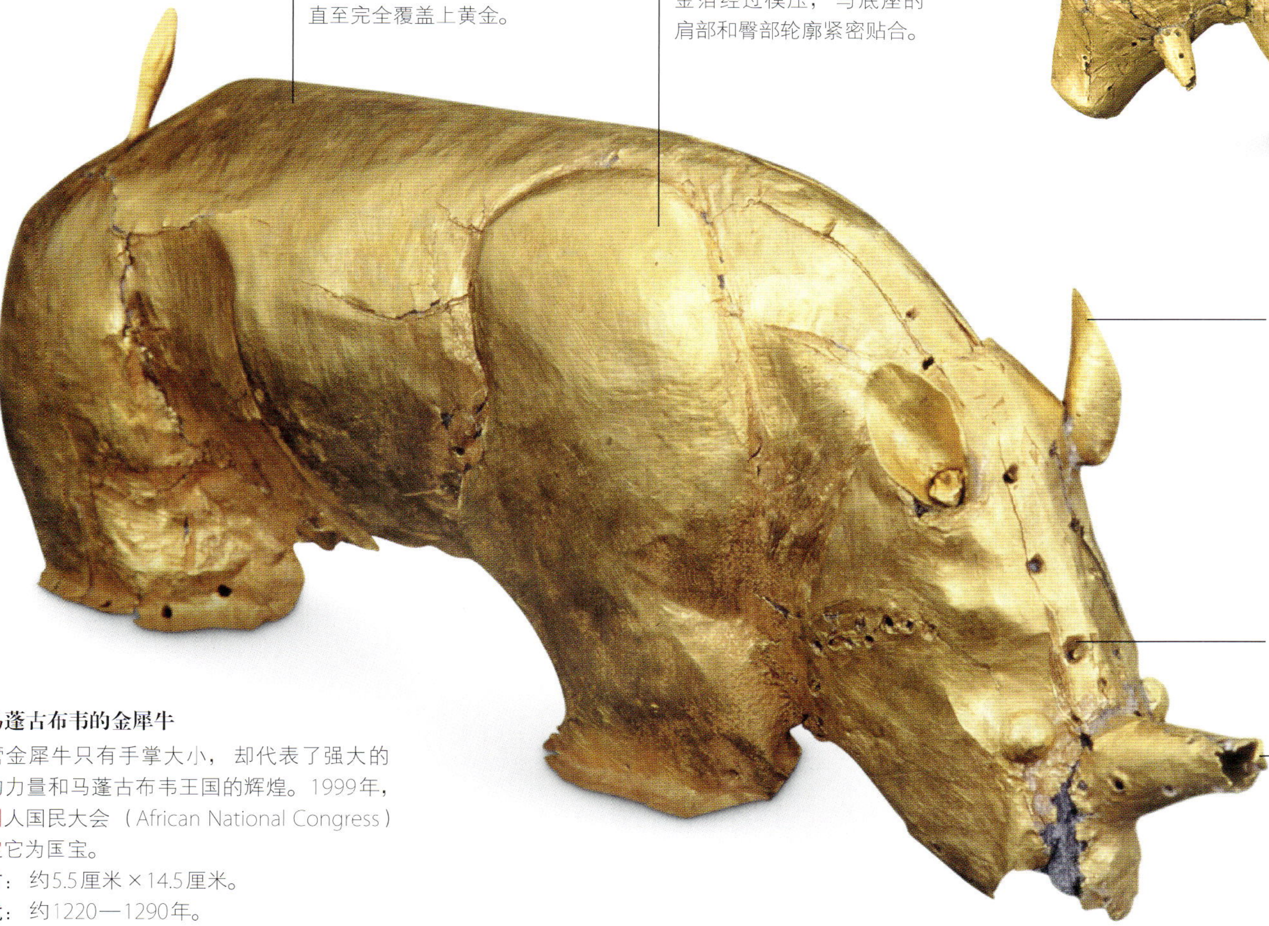

交叠的黄金
在底座上叠上金片，直至完全覆盖上黄金。

装饰
金箔经过模压，与底座的肩部和臀部轮廓紧密贴合。

耳朵和尾巴
耳朵和尾巴都单独切割成形，然后钉在底座上。

细小的钉子
金片用细小的金钉固定在木制底座上。

金角
犀牛角用一整块金片轧成圆锥形，然后钉在接缝处。

▷马蓬古布韦的金犀牛
尽管金犀牛只有手掌大小，却代表了强大的动物力量和马蓬古布韦王国的辉煌。1999年，非洲人国民大会（African National Congress）指定它为国宝。
尺寸：约5.5厘米×14.5厘米。
年代：约1220—1290年。

金犀牛仅重37克

沙特尔大教堂的彩色玻璃▷
这组华丽的玻璃窗位于北侧耳堂，下方是大教堂的主入口之一。
玫瑰窗直径：约10.2米。
年代：约1230年。

沙特尔大教堂的彩色玻璃

中世纪最伟大的彩色玻璃集合，哥特式艺术的巅峰之作

沙特尔哥特式大教堂的彩色玻璃无论在数量上，还是在质量上，都是无与伦比的，是中世纪艺术的辉煌表现之一。如今的大教堂大约始建于1145年，但于1194年遭大火烧毁，在之后的¼世纪中进行了重建。大火之前制作的彩色玻璃窗有少量存世，但大部分彩色玻璃窗制造于1200年至1235年，共150多块。这一时期是彩色玻璃艺术的巅峰时期。

精神之光

这些窗户按照一个复杂的叙事方案布置，可以吸引大部分不识字的观众沉醉其中，即便他们已对《圣经》故事非常熟悉。它们所传达的信息与其说是教导，不如说是为了颂扬上帝。下层窗户讲述的是《圣经》中的故事和圣徒的生平，上层窗户展示的是圣徒和先知的故事，3扇光彩夺目的玫瑰窗展示的是一幅巨大的集锦画。许多窗户都由当地行会出资建造，因此也描绘了工人和商人，这是世俗活动首次出现在教堂圣像艺术中。此处展示的奇妙组合是北侧玫瑰窗上方的5扇尖顶窗，由法国路易九世及其母亲卡斯蒂利亚的布兰奇（Blanche of Castile）捐赠。这就解释了，为何与法国皇室有关的鸢尾花图案如此突出。

除了这些特定的象征和联想，中世纪哲学家还将玻璃的光芒之美，与上帝之光和基督带来的精神觉醒联系在一起。对朝拜者来说，教堂中闪耀的绚丽色彩不仅仅是装饰，更是天堂的象征。

▽唱诗班的窗户与拱顶
通常认为，沙特尔是哥特式大教堂中最“完整”的一座。它丰富的彩色玻璃、雕塑装饰，与杰出的建筑结构相得益彰。

△耶稣与好撒玛利亚人
好撒玛利亚人的寓言出现在一扇较大窗户的9块玻璃上。沙特尔彩色玻璃中闻名遐迩的浓烈蓝色，在此处得到了体现。

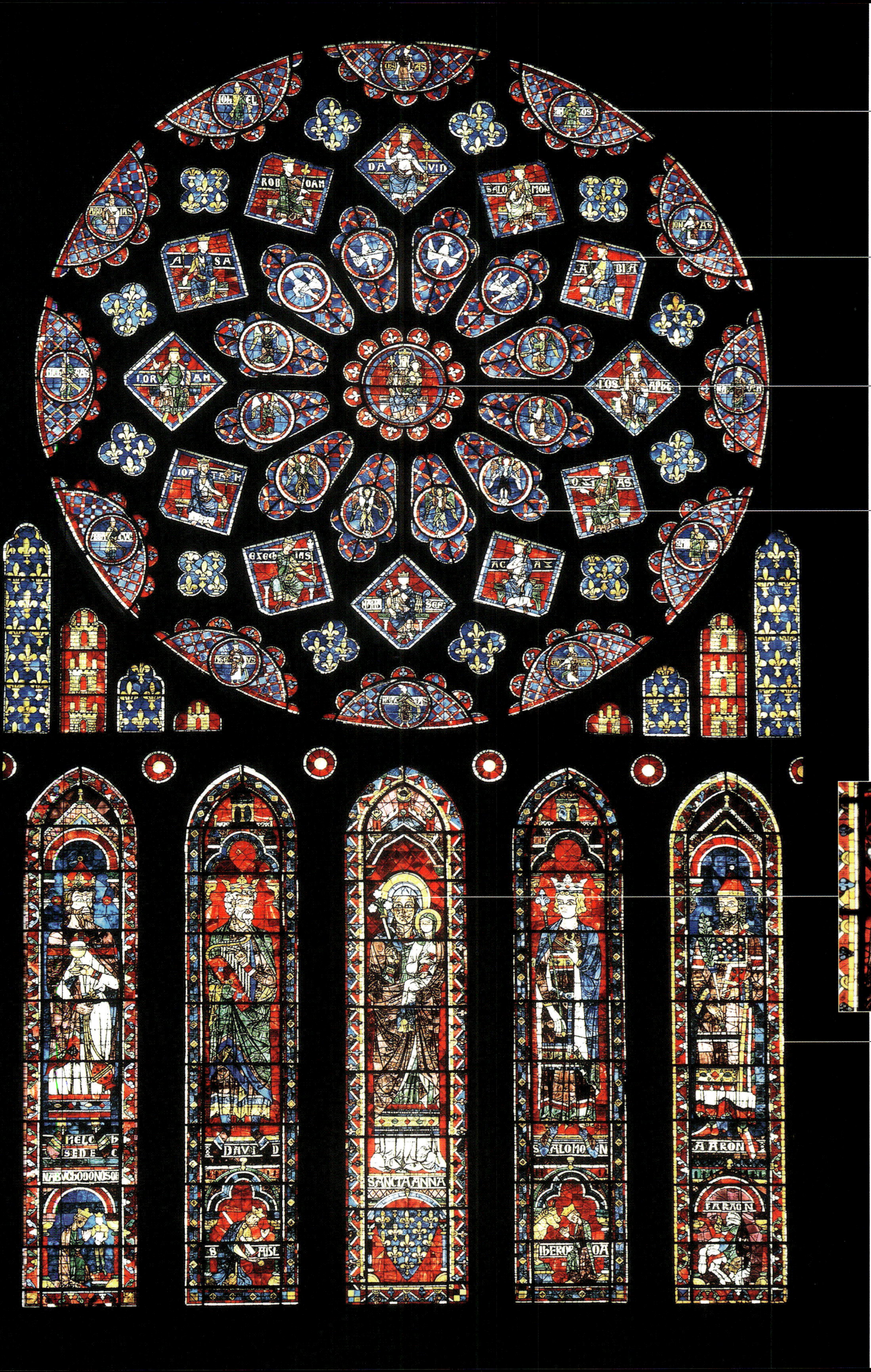

先知圈

在外圈中，大致呈半圆形的玻璃板上，描绘着不同的先知。

方形玻璃

12块方形玻璃描绘了犹大（Judah）的君王。他们被视为基督的祖先。

中央圆形

在玫瑰窗的中央，圣母玛利亚端坐着，怀抱着婴孩基督。

天使与鸽子

围绕着圣母玛利亚的内圈有12块玻璃板，绘有8位天使和4只鸽子。

▽ 圣安妮

尖顶窗的中心人物是圣母玛利亚的母亲圣安妮（St Anne）。沙特尔大教堂崇拜她，声称拥有她的头颅圣髑。

《旧约》人物

圣安妮的侧边是各类《旧约》中的人物，包括手持竖琴的大卫王（King David）。下方的小型人物是扫罗王（King Saul），正在用剑自刎。

大小

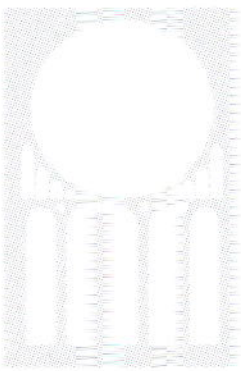

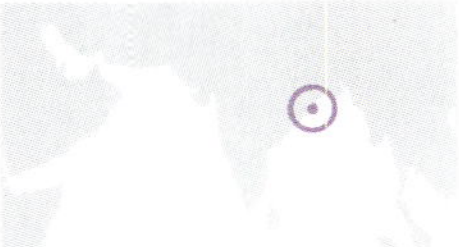
印度，奥里萨

科纳克太阳神庙的雕刻

壮观的石制浮雕和雕塑，装饰着科纳克苏利耶（Surya，印度教太阳神）神庙的每个表面

自13世纪中叶建成以来，位于印度奥里萨邦（Odisha）的科纳克太阳神庙一直是奥里萨风格神庙建筑的最佳典范，主要是因为外观的奢华装饰。

辉煌的点缀

石墙上，从底部到顶部，都雕刻着浮雕石板、柱子和饰带，描绘了印度教神灵、皇室成员、音乐家、舞者、普通人和（现实与神话中的）动物，并以几何和花卉图案加以点缀。这些雕塑的尺寸从巨型至微型，不一而足，制造技巧彰显着东恒伽王朝（Eastern Ganga dynasty，约505—1434年）的艺术巅峰。

神庙由那罗辛哈提婆一世（Narasimhadeva I，1238—1264年在位）委托建造，建成了代表太阳神苏利耶的战场模样，7匹巨马牵引着它。虽然它是供奉苏利耶的神庙，但墙上的雕塑纪念的是整个印度教的诸神。建筑四周的石板展示了印度教文献中的故事，或国王的生活场景，但大多还是对平凡生活的赞颂。它们按不同的主题排列，例如下层饰带上，刻有狩猎场景、士兵、旅行者和动物。最引人注目的是那些柱子和雕刻上的神兽主题画面，但最多的还是平民、贵族等人类过着日常生活，沉浸在音乐和舞蹈中，或享受求爱与亲密的感官乐趣。

神庙中的两个战车轮同时也是日晷，可精确至1分钟内

神庙结构

最初的科纳克神庙建筑群包含一座名为“德乌尔”（deul）的主神庙建筑，上方是名为“锡卡拉”（shikhara）的高塔，前方是大礼堂（jagamohana，或mandapa）。虽然16世纪时，宏伟的高塔倒塌了，但大礼堂这座装饰丰富的苏利耶战车模样纪念建筑仍然留存了下来。

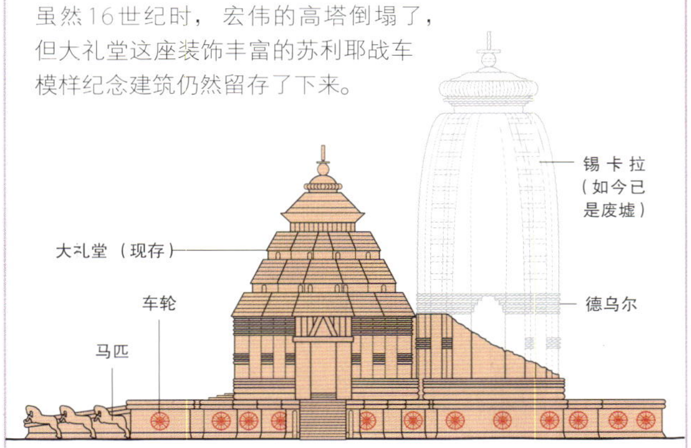

△ **神庙雕塑**
神庙的外墙上装饰着几组柱子，上有精心雕刻的人物，包括神灵、神话中的生物和摆出情色姿势的情侣。

石材类型
墙壁和柱子的主要石材是孔兹岩（khondalite），石块放置好后，工匠再进行雕刻。

大小

徽章
这个轮子辐条上的徽章展示了印度教的各种神灵；其他轮子上的徽章还描绘了舞蹈、音乐和求爱情侣等主题。

辐条
每个轮子都有8条中央刻有徽章的华丽主辐条，以及8条较细、较不精致的辐条。

日常生活
壮观的高浮雕人物造型展现了日常生活场景。

大象
神庙的下部饰带展示了大象游行队伍。它们是印度教文化中的神圣动物。

轮圈
轮缘覆盖着几何图案，里面还刻有微型动物浮雕。

△ 科纳克太阳神庙
为了把神庙建成苏利耶战车的模样，大礼堂两侧的墙壁上雕刻了24个巨大车轮。这12对车轮象征着一年中的12个月份。
尺寸：（每个轮子）直径3米；（现存寺庙）高度约30米。
年代：约1250年。

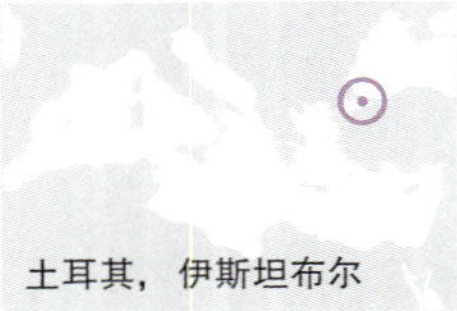

圣索菲亚大教堂的马赛克画

包含13世纪雄伟基督头像的壮丽装饰，被誉为马赛克艺术的巅峰之一

圣索菲亚（Hagia Sophia）在希腊语中意为神圣的智慧。圣索菲亚大教堂位于土耳其伊斯坦布尔（Istanbul，曾名“君士坦丁堡”），是世界上极高建筑成就之一。教堂及其装饰的历史漫长而复杂。它建于532年至537年，在1453年之前是一座基督教教堂；伊斯兰教征服君士坦丁堡之后，它成为清真寺；从1935年起，它成了博物馆；直到2020年，它重新成为一座清真寺。

奢华马赛克

圣索菲亚大教堂建成之初，就有丰富的马赛克装饰。数个世纪以来，人们添加、修改、修复或替换这些装饰。

圣索菲亚大教堂的所有马赛克画中，最受崇敬的莫过于这幅壮观的基督头像。它属于保存最完好的巨幅“祈祷图”（Deesis）组成部分之一。“祈祷图”指拜占庭时期的基督像，两侧是圣母玛利亚和施洗者约翰，他们代表人类向救世主求情。基督左手拿着一本圣书，右手抬起，呈祝福状，因其宁静的威严和精巧的技术而引人注目。镶嵌物（玻璃或石头的单个碎片）特别小，使得形状的处理和色彩的融合显得非常微妙。尤其是基督的脸部、颈部和手部，都巧妙地利用明暗来呈现，具有近乎三维的效果。

镶嵌物以略微不同的角度设置来捕捉光线，创造出闪闪发光的表面

圣索菲亚大教堂的身份变化

1453年，圣索菲亚大教堂从教堂改为清真寺后，有了一系列变化，包括增建了巨大铅笔一般高耸的尖塔。1847年至1849年的重大修缮中，清真寺内还安装了8个木制圆盘，直径约7.5米，用优雅的阿拉伯文书法，写上了“安拉”（Allah，阿拉伯语的真主）、穆罕默德和其他6个伊斯兰历史上重要人物的名字。重新成为清真寺后，信徒们在祈祷时，会用帘子暂时遮住基督教马赛克画，仪式完毕后再揭开。

圣索菲亚的外观

内部，显示了圆盘

△ **圣母子的马赛克画**

圣母子两侧是康奈诺斯皇帝约翰二世（John II Comnenus）及其妻子，匈牙利的圣伊琳娜（St Irene of Hungary）。

大小

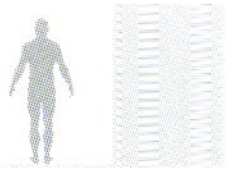

光环

头部四周的光环是十字架的形状，这种光环类型通常只用于描绘基督。

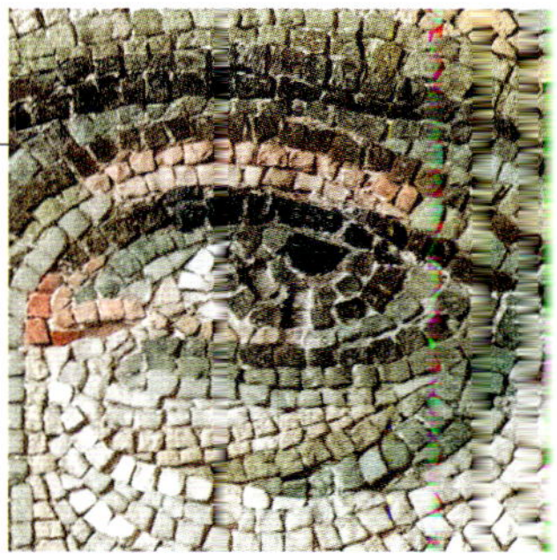

△ 精致的细节

眼部的特写展示了镶嵌物是如何巧妙表现形状和脸部色彩的。

金色背景

在许多拜占庭马赛克画中都发现了金色背景，让人联想到神圣的光芒和上帝的荣耀。

风格化的垂褶

虽然脸部呈自然主义风格，但基督衣着的褶皱以风格化的线条来呈现。

抬起的手

基督的右手抬起，作祝福的手势。

◁ 圣索菲亚大教堂的马赛克画：基督头像

这块马赛克画板只有大约1/3的内容幸存下来，但幸运的是，最重要的部分保存完好。

高度：约2米。

年代：约1200—1300年。

《北野天神缘起绘卷》

13世纪日本叙事画卷艺术的美丽范例

叙事画卷又称"绘卷"（emaki），可从右至左展开，徐徐讲述故事，在12世纪至13世纪的日本相当流行。这幅手卷讲述了导致天神教（Tenjin cult）诞生的事件：9世纪时，朝臣菅原道真（Sugawara no Michizane）遭到不公正的流放，随后死亡；他成为幽灵，回来复仇；人们尊他为天神；为纪念他，还建造了神社。在现存30多个版本中，此绘卷是唯一一个描绘僧人日藏（Nichizō）前往天堂、地狱完整旅程的版本（见方框）。

▽《北野天神缘起绘卷》

绘卷共有5卷，这些插图来自第3卷和第4卷。

高度：29厘米。**最长之卷的长度**：8.95米。

年代：1200—1300年。

墨水与色彩

卷轴采用水墨画法，画中有稀疏的渲染、令人回味的风景。

超自然生物

卷轴中充满了超自然的元素，如这个折磨灵魂的恶魔。

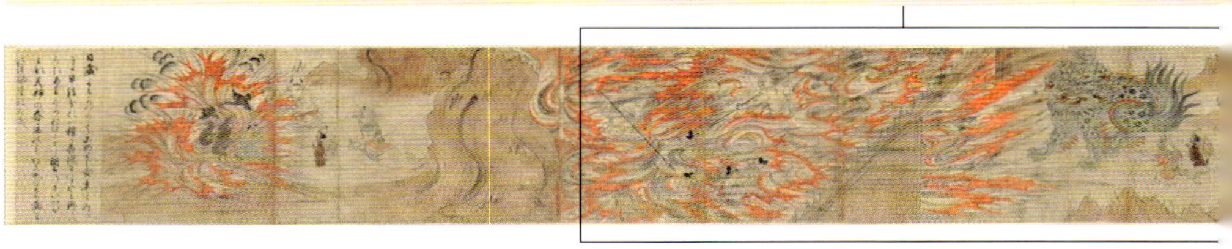

安抚神灵

人们相信，复仇鬼魂（onryō）会造成死亡和自然灾害。日藏前往地狱之后，平息了菅原的复仇之魂。醍醐天皇（Emperor Daigo）指示他，为菅原建立一座神社。

醍醐和日藏在地狱相遇（第4卷）

僧人的前进
流浪僧人日藏在山中旅行。

心存报复的鬼魂
菅原道真的鬼魂变身雷神进行报复，使醍醐天皇的儿子们受到灾难和疾病的困扰。

道路
一条道路引导读者了解整个故事。

大小

高度的戏剧性
场景右侧的朴素画面和左侧的地狱火焰之间形成对比，增加了戏剧性。

地狱之门
日藏走近地狱之门，一只八头野兽在此看守。

大小

加冕椅

一件标志性的中世纪家具，在英国历史上发挥了重要的礼仪作用

13世纪至14世纪时，苏格兰为从英格兰重新独立出去而战。1296年，英格兰国王爱德华一世（Edward I）夺取了苏格兰君主制的古老象征——斯昆石（Stone of Scone），并将其放置于威斯敏斯特教堂（Westminster Abbey），封在这把特别制作的橡木椅子座板下方，以这种方式宣告他对苏格兰的权威。1308年，他儿子爱德华二世的加冕仪式上，以及后来英格兰乃至大不列颠及爱尔兰联合王国每一任君主的加冕仪式上，都使用了这把椅子。皇家画家达勒姆的沃尔特（Walter of Durham）是这把椅子的创作监督，用镀金、绘画和玻璃马赛克，对椅子作了丰富装饰。

数个世纪以来，这把椅子的装饰已经渐渐破损褪色。除了正常的时间侵蚀，它还遭受过更严重的伤害，例如：18世纪和19世纪时，有人用涂鸦玷污它；而在1914年，放置在下方的一枚自杀炸弹令它受到轻微损坏。2010年至2012年，椅子得到意义重大的清洗和修复。

建筑灵感
陡坡般的卷叶饰三角板，让人联想到当代哥特式建筑的形式。

▽加冕椅
这把椅子又名“圣爱德华宝座”（St Edward's Chair），以忏悔者爱德华（Edward the Confessor）的名字命名。它长期保存在大教堂的小礼拜堂中。高度：2米。年代：1297—1300年。

涂鸦
涂鸦毁坏了椅子的靠背，其中大部分是在18世纪至19世纪时画的，出自邻近威斯敏斯特学校（Westminster School）的男孩们之手。

空空的分隔层
斯昆石于1996年归还给苏格兰，但附了要求，但凡英格兰举办加冕仪式时，要送过来。

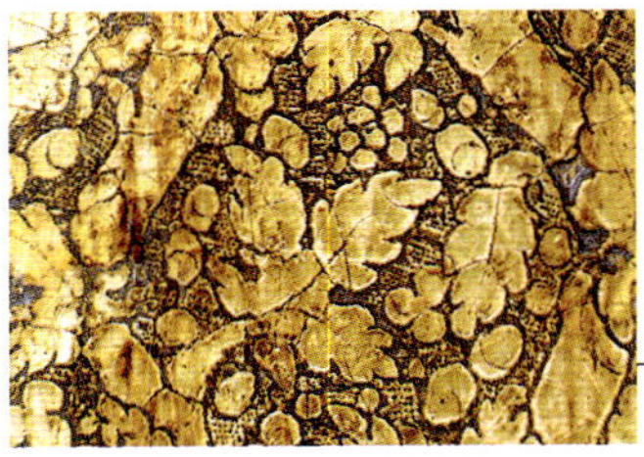

△叶形装饰
原始装饰中保存最完好的部分，是椅子左臂上的自然主义叶子图案。

▷侧视图
镀金的狮子雕像添加于1727年，装饰在椅子底座，取代了16世纪初的雕像。

1689年，在威廉三世（William III）与玛丽二世（Mary II）的加冕仪式上，玛丽坐在一把特制的同款椅子上

奇穆衣领

来自古代南美主要文化之一，华丽的个人装饰品

奇穆族（Chimú）是今秘鲁的一个民族，也是该地区最重要的文明。1000年至1470年，印加人曾征服该文明。他们擅长金属制品、陶器和贝壳制品，尤其对海菊蛤（Spondylus，即一种多刺或带刺的牡蛎）的贝壳有着高度创造性的技术。

奇穆人将海菊蛤与水、生育、神力联系起来。贝壳的价值比黄金还要高，用来制作珠宝和装饰品，如此处展示的衣领，质量上佳，成千上万的小珠子贴在棉布衬底上。这样的衣服需要以高超的技术花费大量时间来制作，一般由高阶层人士佩戴，象征他们与神圣力量的联系。部分奇穆衣领有着抽象或图案设计，但这个衣领的辉煌之处，主要在于其浓郁而美丽的色彩，由黑色边框衬托，阶梯式流苏垂于佩戴者的胸前。

▽ 奇穆衣领

技术高超的潜水员捡拾贝壳，用于制作这壮观的衣领。

高度：44.5厘米。

年代：约1100—1400年。

棉绳

衣领后方用棉绳系住。

竖排

数以千计用海菊蛤贝壳制成的小珠子，以竖排方式串联。

对比鲜明的边框

围绕外缘的是由黑色和橙色珠子组成的边框，形成风格化的波浪纹图案。

△ 中美海菊蛤（SPONDYLUS PRINCEPS）

衣领上的大部分珠子可能是用中美海菊蛤制成的，它的红色比其他种类的贝壳更鲜艳。

穗饰

衣领正面的每条阶梯式边缘都有流苏垂下。

鲜艳色彩

海菊蛤贝壳因其美丽的橙红色而受到珍视。正是它们的颜色创造了衣领的戏剧性效果。

奇穆文明

奇穆人是印加人的主要前身。印加人继承并丰富了奇穆文化的各种特征，特别是修路和灌溉方面的专业知识。鼎盛时期的奇穆帝国占据了沿今秘鲁北部海岸延伸约1,000千米的领土。首都昌昌是前哥伦布时期南美洲最大的城市。它完全由土坯（晒干的黏土砖）建成。如今人们已挖掘出大量遗迹，包括神庙、墓室、水库和巨大的防御墙。

秘鲁特鲁希略（TRUJILLO），昌昌（CHAN CHAN）遗迹

将粉状的海菊蛤贝壳撒在奇穆国王面前，铺成一种红地毯，供他行走

▽**复活节岛石像（汤加里基遗址）**
摩艾通常沿着阿胡，成群放置，都面向内陆，背朝大海。现存的摩艾都是在现代重新竖立的。
高度：2米—10米。
年代：1100—1600年。

▷**白珊瑚**
深深的眼窝里原本装着白珊瑚，瞳孔由红色火山渣制成。

祭祀平台
在汤加里基的阿胡上，15座摩艾排成一列。汤加里基长约100米，是岛上最大的祭祀建筑。

火山岩
摩艾由名为凝灰岩的黄褐色火山岩雕刻而成。

腰布
雕像的底部覆盖着“哈米”（hami），或称“缠腰布”（loincloth）。

仪式性的姿势
雕像的手臂都保持着相同的样子，像某种仪式姿势。

红帽子
许多摩艾最初都戴有一顶普卡奥（pukao），即用红色火山渣制成的红色圆柱形帽子。

巨型尺寸
这些雕像的特点是巨大的头部，以及拉长的耳朵和下巴。

之前的文身
雕像上的传统文身图案已磨损。

大小

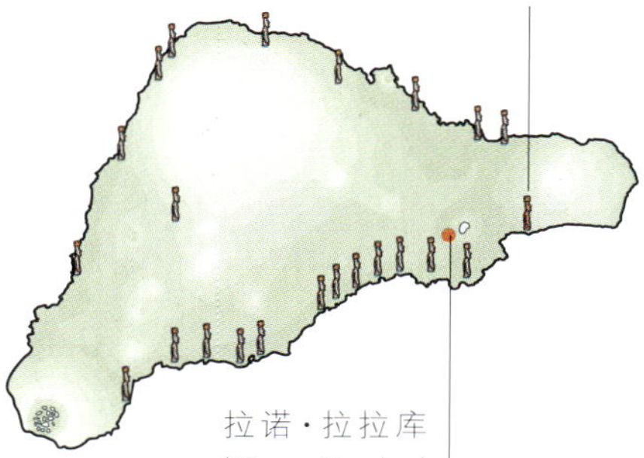

◁摩艾采石场
大多数雕像都是在拉诺·拉拉库采石场，以凝灰岩石料雕刻而成。其中一些——但绝不是全部——而后会移至岛上的不同地方，或用绳索拉动，或用圆木滚轮。

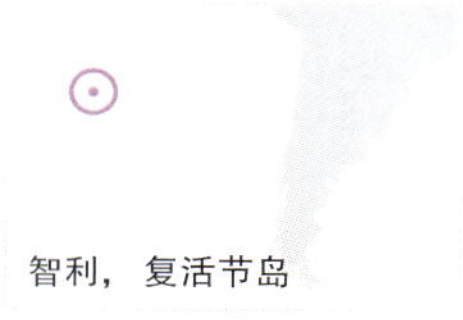

复活节岛石像

巨大的石像反映了世界上久远文化之一的技术

位于智利以西3,500千米的复活节岛上，巨大的摩艾（moai，即雕像）排列在长长的阿胡（ahu，即石台）上，因其创造过程中所展现的独创性、技巧和机智，而备受推崇。岛民们用玄武岩制成锛和镐，从内陆地区采掘火山凝灰岩，而后运输至海边，竖起了800多座摩艾，高度从2米至10米，平均重量为22吨。人们认为，这些雕像代表岛民祖先的形象，竖立时间为1100年至1600年前后。土壤肥力逐渐下降，导致岛民食物短缺，排斥传统宗教信仰，最终令复活节岛民将摩艾从石台上推倒。

◁复活节岛
这张地图显示了整座岛屿的摩艾分布，以及采石场和最大的祭祀场所“汤加里基”（Tongariki）位置。

此瓶展示了5类武器：剑、棍、弓、矛和长枪

大小

▽马穆鲁克釉彩玻璃瓶

该玻璃瓶凭借非凡的连串人物形象，反映了马穆鲁克时期苏丹国和波斯帝国的手稿绘画，完全不是马穆鲁克玻璃制品的典型模样。对如此之大的作品进行人工吹制、镀金和上釉，是一项巨大挑战。

高度：43.5厘米。

年代：约1300年。

▷西摩格

幻想生物西摩格是一种凤凰模样的鸟，反映了波斯艺术对马穆鲁克工匠的影响。

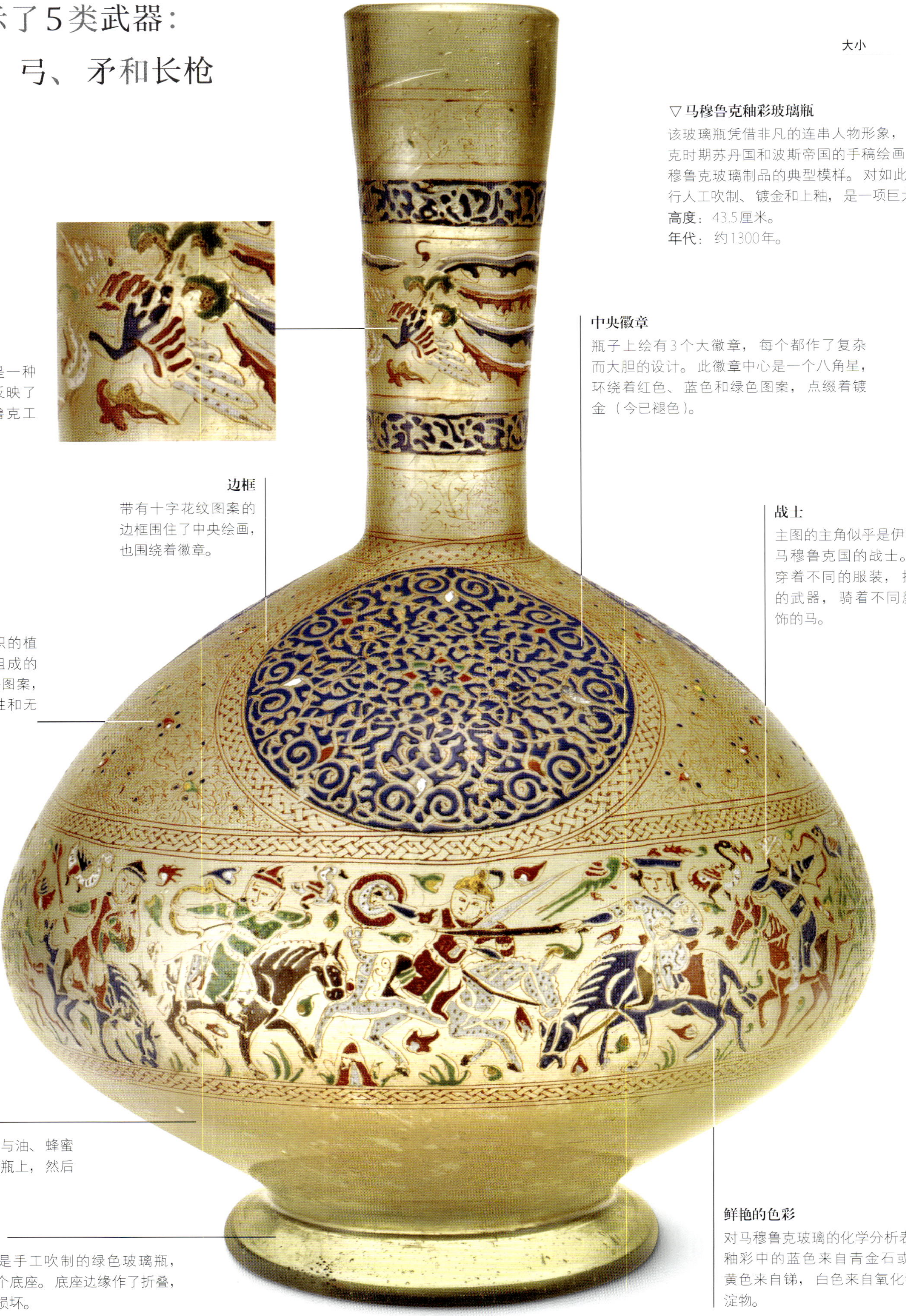

中央徽章

瓶子上绘有3个大徽章，每个都作了复杂而大胆的设计。此徽章中心是一个八角星，环绕着红色、蓝色和绿色图案，点缀着镀金（今已褪色）。

边框

带有十字花纹图案的边框围住了中央绘画，也围绕着徽章。

战士

主图的主角似乎是伊利汗国和马穆鲁克国的战士。每人都穿着不同的服装，携带不同的武器，骑着不同颜色和装饰的马。

宗教图案

人们认为，由交织的植物和抽象的曲线组成的伊斯兰阿拉伯风格图案，反映了神的完美性和无限性。

镀金背景

将研磨好的金箔，与油、蜂蜜或水银混合，涂在瓶上，然后在低温窑中烧制。

基底

基底是手工吹制的绿色玻璃瓶，有一个底座。底座边缘作了折叠，以防损坏。

鲜艳的色彩

对马穆鲁克玻璃的化学分析表明，釉彩中的蓝色来自青金石或钴，黄色来自锑，白色来自氧化锡沉淀物。

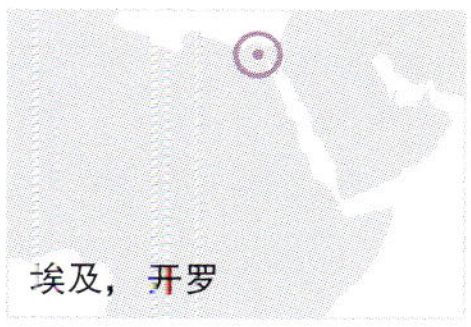

马穆鲁克釉彩玻璃瓶

来自13世纪末的马穆鲁克王朝，十分巨大、装饰精美的镀金釉彩玻璃制品

在13世纪至14世纪的阿尤布王朝（Ayyubid，1171—1250年）和马穆鲁克王朝（Mamluk，1250—1517年）时期，叙利亚与埃及成为著名的玻璃生产中心。马穆鲁克的玻璃制造者是釉彩玻璃复杂工艺的大师，他们将黄金、珐琅（不透明的玻璃粉末）与黏合剂混合，用刷子或芦苇笔涂在玻璃上，再用尖笔拖至预设计的图案上，然后在窑中烧制。

马穆鲁克玻璃工艺的杰作

此处所示的例子因其尺寸和复杂装饰的质量而出类拔萃，可与当时最好的绘画手稿和镶嵌金属制品相媲美，如圣路易斯圣洗盆。它被公认为世界上优秀的玻璃制品之一。瓶子全身镀金，有数条釉彩装饰。在颈部松散的卷轴图案之间，绘有波斯神话中精致的西摩格（simurgh，一种类似凤凰的鸟），反映了马穆鲁克对波斯帝国艺术的迷恋。西摩格下方是3个大徽章，饰有复杂的涡卷图案，从中央八角星向外辐射。徽章周围有精致的植物装饰，以红色线条勾勒，点缀着红色、黄色、蓝色、白色和绿色的釉彩细节。

下方绘有特别情景，14位骑马者在进行一系列决斗，每个人都有不同的服装、武器、手势和姿态。有的骑手绘成伊利汗国人（Ilkhanids，马穆鲁克人最大敌人）模样；有的骑手戴着头巾，估计是马穆鲁克人。但这个场景很可能展现的是马穆鲁克的“芙鲁西雅”（furusiyya），即骑术比赛，而非战争场景。

△**约1329—1335年，清真寺灯**

比起对页展示的瓶子，这盏玻璃灯更具马穆鲁克釉彩玻璃的典型性。它的装饰十分精美，但没有人物形象。

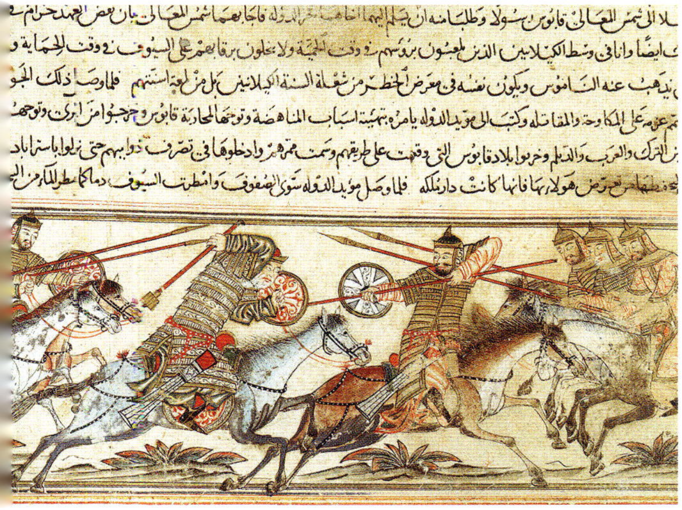

△**手稿插图的影响**

马穆鲁克瓶上的战士绘画，让人想起波斯地区蒙古伊利汗王朝的手稿插图，如历史学家拉施德丁（Rashīd al-Dīn，1247—1318年）所著《史集》（*Jami' al-tavarikh*）中的士兵图像。

制作釉彩玻璃

釉彩玻璃的制作是一个精妙的过程。在这个过程中，玻璃粉熔化，通过在窑中烧制，与基础容器融合。如果烧制的温度太低，颜色无法融合；如果温度太高，那么容器就会变形。

1 将彩色玻璃，或透明玻璃与彩色颜料，放在研杵中，加少量水研碎。

2 添加黏合剂，如阿拉伯胶，至混合物中，形成一种黏稠液体。

3 将混合物涂在基底容器上，然后用尖笔拖动，形成装饰。可以用阿拉伯胶来防止所画区域相互碰触。

4 干燥后，将器皿连接到长铁杆（pontil）上，放入窑中烧制；不断旋转，以防止玻璃变形。

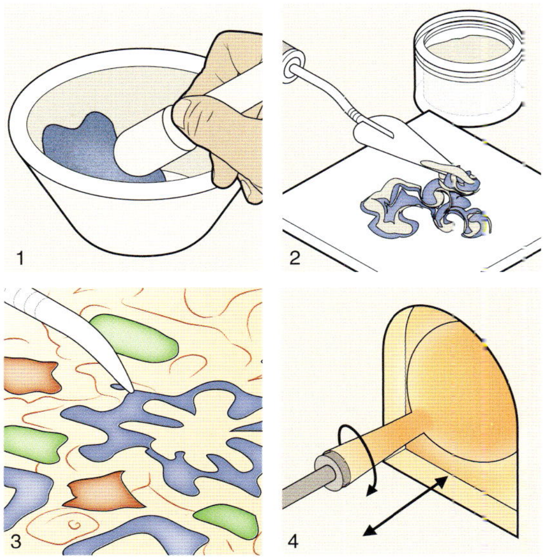

伊夫头像

伊夫王国14世纪至15世纪的黄铜雕塑，展现了惊人的逼真度和精湛的工艺

尼日利亚伊夫的文莫尼杰大院（Wunmonije Compound）是约鲁巴（Yoruba）人的宗教与政治中心。1938年，人们在那里发现了18个黄铜和红铜头像，以及一个黄铜人像的上半身。它们属于9世纪至15世纪，伊夫王国制作的大量石器、陶器、红铜和黄铜制品。

艺术巅峰

栩栩如生的雕塑造型在非洲可称独一无二，证明非洲艺术家对自然美学和半抽象（semi-abstract）形式的掌握精通。半抽象形式又称“非洲比例”，即头部的不自然放大。如今，人们认为伊夫头像是非洲艺术的至高成就之一，糅合了技巧与美感。这些头像制作于约鲁巴繁荣时期，是伊夫艺术和文化生活走向成熟的见证。

此处展示的伊夫头像上精致的头饰表明，它代表的是一位“欧尼”（ooni），即国王。有理论认为，这个头像要么是在国王葬礼后的二次葬礼仪式中使用的，要么在每年的更新和净化仪式中使用。该头像接近真人大小，采用失蜡技术，巧妙地用黄铜制作而成。面部明显的垂直条纹可能代表疤痕，也可能是为了艺术效果，因为据说约鲁巴人不会用这种方式给自己留疤。珠饰进一步证明了头像与王室的关系，因为珠子和金属当时都是权力和财富的象征。

△欧尼形象

对于约鲁巴人，伊夫是人类起源地，而国王，即欧尼，则是第一位神王的后裔。这件14世纪早期的铜合金雕像，表现了其中一位神圣国王。他头戴传统珠冠，手持象征权威的权杖与号角。

失蜡铸造

在失蜡铸造工艺中，工匠会使用原始黏土或蜡制模型，来制作最终的金属（通常是青铜）雕塑。这种技术自古以来就广为人知，世界各地都有发现。此处展示的变体，名为“间接失蜡铸造法”（indirect lost-wax casting），模具可以重复使用，生产多个铸件。相反，在“直接失蜡铸造法”中，必须破坏黏土模具，才能获得最终雕塑。伊夫头像的翎毛等配件通常是单独铸造的。

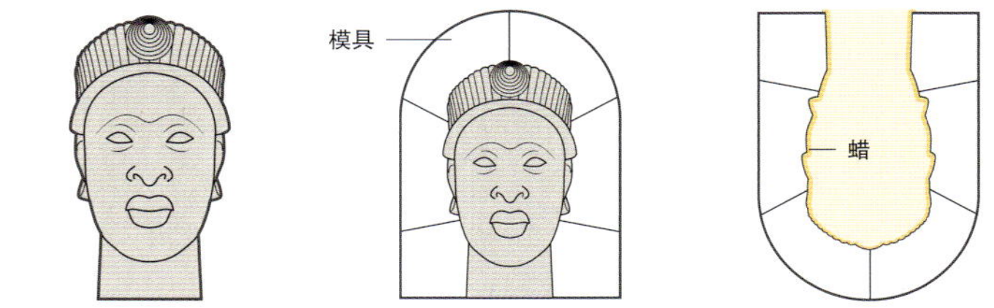

1 制作计划雕塑的原始模型，传统上用黏土或蜡等材料制作。

2 根据模型制作模具，通常是石膏材质。为了便于日后拆卸，模具可能会分成几块。

3 在模具内部均匀地涂上融蜡，直至所需的厚度，然后晾干。

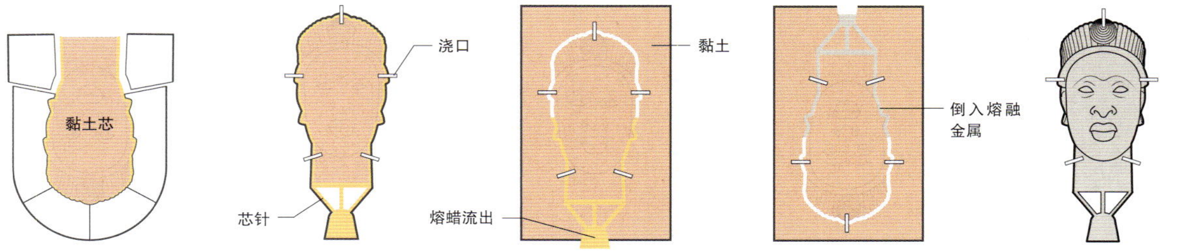

4 用耐热材料填充蜡壳。然后小心地将模具取出，可重复使用。

5 添加蜡管（浇口），形成导管，并用锤子敲入针，以固定芯。

6 用防火材料覆盖蜡壳并加热。熔蜡通过浇口流出。

7 完整模具已经制作完成。熔融金属通过浇口，倒入蜡留下的缝隙中。

8 取下外壳和芯，露出铸件，准备进行精加工。切下浇口。

珠冠和羽毛冠
复杂的头饰上，饰有红点珠子、流苏、玫瑰花饰和羽毛。

令人印象深刻的纹章
七个同心圆，层叠环绕中央的纹章。纹章上有一条辫绳。

颜料痕迹
王冠上有红黑色颜料，但可能是后来添加的。

△后视图
王冠背面有一个颈盖，上面刻有垂直元素，表明是编织物。

比例失调
与面部相比，眼睛略小。

刻线
刻痕可能是为了减少成品表面的反光性，并增添纹理。

打孔痕迹
在部分头像上发现的珠子表明，这些孔上可能曾有珠饰，也许是面纱。

颈环
颈部前方的凹槽代表皮肤皱褶或颈环。

颈部覆盖物
颈部覆盖物上的黑漆痕迹依然清晰可见。

▷伊夫头像
在伊夫发现了数个栩栩如生的约鲁巴三族头像，这个铜铸头像就是其中之一。它们的年代大多相近。
高度：35厘米。
年代：1300—1500年。

大小

《赫里福德世界地图》▷
作为绘画艺术中的大尺寸宝藏，该地图是对人类历史、（现实与想象中的）世界动植物以及当时地理的百科全书式记录。
尺寸：159厘米×134厘米。
年代：约1300年。

《赫里福德世界地图》

世界上最大的中世纪地图，揭示了基督教学者如何诠释世界

英国，赫里福德

世界的三分地图（TRIPARTITE MAP）

中世纪有1000多幅世界地图留存下来，主要分为三种类型。三分地图又称T-O地图，展示的世界呈一个圆形，由地中海、尼罗河和顿河（Don）形成T形，将世界分为三块大陆，即非洲、亚洲和欧洲。T-O地图可构成复杂“大”地图的基础，如《赫里福德世界地图》，其中还包含海岸、河流、城镇和山脉等细节，通常还有神话和自然史的插图。四分地图（Quadripartite maps）会在右侧增加第四块陆地，即澳大利亚和新西兰；而带状地图（zonal map）则根据气候和聚居地划分世界。

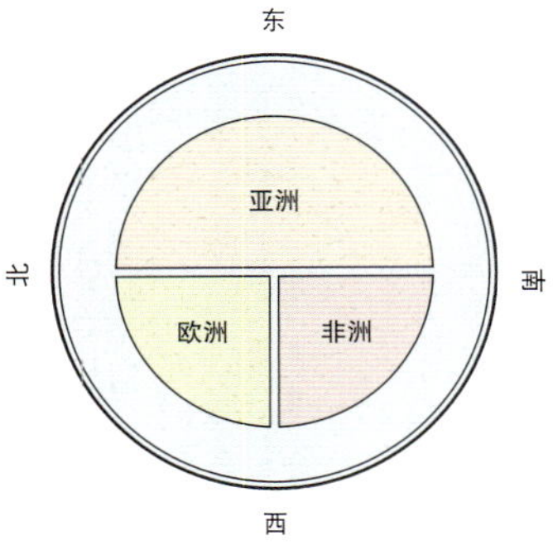

T-O地图（三分）

保存在赫里福德大教堂（Hereford Cathedral）的“古世界地图”（Mappa Mundi）用一张犊皮纸制作，是中世纪遗留下来最大的同类地图。它的创作者是“哈丁汉或拉福德的理查”，两地都位于林肯郡。长期以来，人们认为它是在林肯郡制作的。然而，对木制框架的分析表明，它是在1300年前后在赫里福德郡或附近制作的。

不只是地图

“古世界地图”不仅仅是对现实世界的呈现。它是一种记录知识和讲述故事的工具，揭示了中世纪的基督徒如何理解历史、自然历史和人类命运。基督执掌着世界，囊括在一个132厘米的圆形中。中心是耶路撒冷，根据《旧约》中的一节经文，它是“万国的中心”。它只显示了当时世界上有人居住的地区，欧洲、亚洲和北非。它以东方为顶点，因为那是中世纪的基督徒期待基督再临的方向。

这幅地图规划得非常好，文字围绕着500多幅图画精心编排。地图以羽毛笔与黑、红、蓝、绿色的墨水绘制，保留了一些工具的痕迹。耶路撒冷中心和迷宫上的穿孔显示，作者曾用圆规来画圆，显然也用了尺来画直线。抄写员还巧妙地使用可见的准则，来区分标签、公告或文章。

该地图展示了420个城镇、15个《圣经》事件、33种植物和动物、32个民族和8个古典神话

△最后审判日图像
基督威严而坐。得救者在袖右侧进入天堂，而在袖左侧，恶魔把戴着锁链的受诅咒者拖入地狱。

△地球上的天堂
伊甸园几乎无法进入，但仍在地球上。地图上，它位于东方，即顶部位置，呈现为一个以水、火和墙隔绝的岛屿。

△非洲的怪物
怪物和不同人种环绕着地图，但分布不均：西欧很少出现，而非洲的人口密度则大得多。

大小

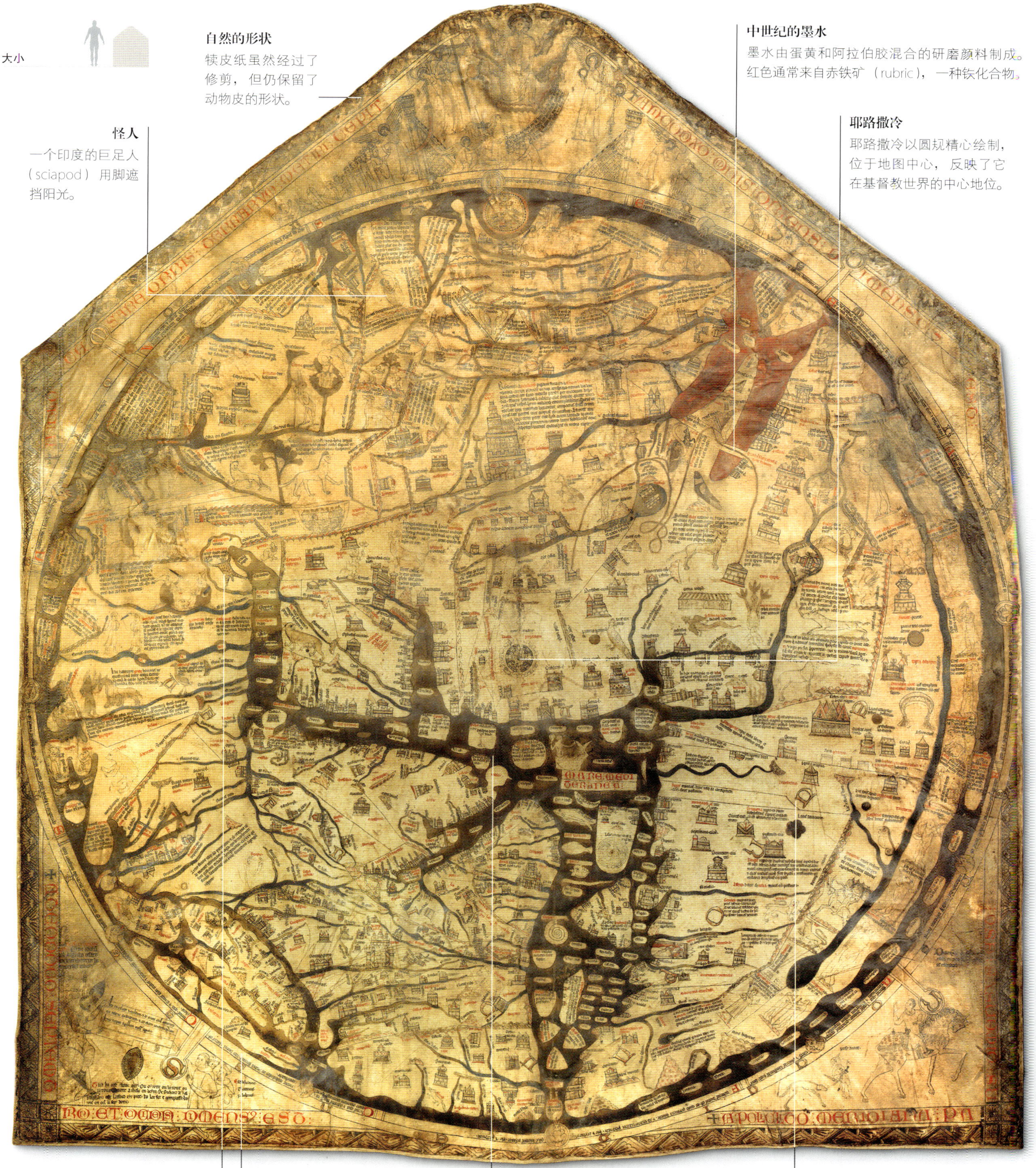

自然的形状

犊皮纸虽然经过了修剪，但仍保留了动物皮的形状。

怪人

一个印度的巨足人（sciapod）用脚遮挡阳光。

中世纪的墨水

墨水由蛋黄和阿拉伯胶混合的研磨颜料制成。红色通常来自赤铁矿（rubric），一种铁化合物。

耶路撒冷

耶路撒冷以圆规精心绘制，位于地图中心，反映了它在基督教世界的中心地位。

希腊神话

地图上装饰了希腊神话，如“金羊毛”（Golden Fleece）。此处显示的是黑海（Black Sea）海岸。

环绕的海洋

布满岛屿的海洋包围着各大洲，其中包括不列颠群岛。

地中海

地中海右侧是尼罗河，左侧是顿河，形成一个T字形，分隔开欧洲、亚洲和非洲。

镀金的大写字母

用钢笔勾勒出这些装饰性字母，填上黏稠的石膏底（gesso），铺上金箔，而后进行烧制。

大小

金色背景

当时，大多数板面画的背景都以金箔覆盖。美丽的光泽暗指天堂之光。

蓝色长袍

传统上，圣母玛利亚穿着深蓝色的长袍。这种颜色象征天堂和灵性。

祝福

在许多圣母子的描绘中，婴孩耶稣都举起手，以示祝福。

△ 卷轴

耶稣左手拿着卷轴，人们将这解释为知识的象征。

皇冠

左侧站立的天使手持王冠。对“天后”（Queen of Heaven）而言，这是一个合适的特征。

象征性的花朵

跪着的天使拿着装有百合花和玫瑰花的花瓶。花朵因美丽和纯洁，而与圣母玛利亚密切相关。

宝座

宝座的底座上有丰富的几何图案装饰，台阶是一块带有华丽图案的大理石板。

◁**诸圣教堂《圣母登基》**
这是乔托现存最大的木版画，也是唯一一幅普遍认为出自他本人之手，而非其工作室的作品。
尺寸：325厘米×204厘米。
年代：约1310年。

诸圣教堂《圣母登基》

一幅雄伟的14世纪祭坛画，立于欧洲绘画的核心传统之首

乔托无疑是那个时代最重要的画家，带来了一场艺术革命。数个世纪以来，绘画的主流是扁平、脱俗的拜占庭风格。乔托突破传统，创造了具有令人信服的体积感和重量感，以及丰富人类情感的全新图像。他现存的大部分作品都是壁画，如帕多瓦（Padua）阿雷那礼拜堂（Arena Chapel）中的著名系列作品，但他也用蛋彩在木板上作画，创作过这种类型的杰作。

迈向新风格

这幅画为装饰佛罗伦萨诸圣教堂（church of Ognissanti）的祭坛而作，但乔托对委托情况一无所知。这幅画绘制于1310年前后，一直到1810年才转移至佛罗伦萨的学院美术馆（Accademia Gallery）。这幅画的主题是圣母玛利亚把孩童基督放在腿上，周围环绕着天使和圣徒。这个传统主题名为“荣登圣座”（Maestà）。乔托保留了拜占庭艺术中典型的扁平金色背景。然而，原先该主题画作呈现的人物排列相当僵硬，而在此图中，他们（以及宏伟宝座）的深度排列十分具有信服力。虽然这些人物具有王室般的尊严和权威感，但他们也是真实可感的人类，身体轮廓在衣服下清晰可见。两侧的天使和圣徒反映了传统的比例层次，他们比圣母小，但同样生动而微妙地表现了人物特点，为这幅画创造了敬畏和怜悯的微妙平衡。

△《圣三一圣母》(*SANTA TRINITA MADONNA*)
这幅祭坛画是1280年前后由契马布埃（Cimabue）绘制的，他可能是乔托的老师。与乔托的杰作相比，这幅作品中的人物更扁平、僵硬，也更无个性。

乔托带来了一个自然主义绘画的新时代

乔托

乔托·迪·邦多纳（Giotto di Bondone，约1270—1337年）的一生中，人们公认他是一位地位崇高的艺术家。1305年前后，他完成了最具影响力的作品，在帕多瓦阿雷那礼拜堂里画了一幅雄心勃勃的壁画。各方对他作品的需求，把他带往意大利各地。在职业生涯的晚期，他转向建筑，设计了佛罗伦萨大教堂（Florence Cathedral）的钟楼。乔托获国葬之礼，埋葬在大教堂内，这对艺术家来说是前所未有的荣誉。

▷**诸圣教堂《耶稣受难像》**
诸圣教堂的艺术珍品包括一个近5米高的彩绘十字架，是乔托的作品，可以追溯至约1310年至1315年。最近的一次修复令其鲜艳的色彩和细节得以重现。

洗礼盆的最后一次使用，是在1856年拿破仑·欧仁亲王（Prince Napoléon Eugène）的洗礼仪式上

圣路易的圣洗盆

14世纪伊斯兰金属制品的惊人例子，曾是法国皇室的洗礼盆

圣路易的圣洗盆是一个锤制的黄铜盆，镶嵌着金、银和黑金（niello），至少在300年间，它都是法国皇室的洗礼盆。然而，它的历史却有些神秘。容器上刻了六次制作者的名字，其中一次刻的是"穆罕默德·伊比恩·阿里·扎伊大师的作品"（Work of the al-mu'allim Muhammad ibn al-Zain），表明它是一件具有一定声望的作品。然而，几乎没有迹象表明它是为谁而作，或为什么而作的，甚至连它的年代和产地都有争议。不过，1320年至1340年前后，在埃及或叙利亚制造的可能性似乎很高。洗礼盆于1440年前抵达法国后，与法国的路易九世（Louis IX，1226—1270年），也就是圣路易（St Louis），产生了某种联系。

卓越的工艺

这个盆是中世纪伊斯兰金属制品中，一个质量极高的例子。中世纪伊斯兰金属制品侧重于制造黄铜、青铜或钢制的实用物品，并以镶嵌物进行精心装饰。不管是里面还是外面，几乎所有可以装饰的地方，都覆盖着装饰品。它们通过在黄铜上锤击小块的金和银制成，然后再雕刻上细节，涂上黑金。两幅饰带展示了马穆鲁克（马穆鲁克的将士所构成的王朝，于1250年至1517年曾统治埃及）宫廷场景、战斗和狩猎探险，穿插着带有人物的徽章和盾形纹章。这些图案的边上是动物图案的装饰带，背景是典型的伊斯兰装饰物，植物叶子。如今，依然有学者在争论该设计的含义，以及它是否描绘了真实的事件或人物；而徽章和服装中的线索，则暗示了与蒙古统治者别儿哥汗（Berke Khan，1257—1267年在位）和埃及苏丹拜巴尔斯一世（Baybars I，1260—1277年在位）的联系。

黑金镶嵌物

黑金是一种黑色的金属合金，用作金属物品（通常是银）雕刻表面的镶嵌物。将银、铜和铅融合在一起，然后与熔化的硫黄混合，由此产生的黑色硫化物粉末化后，便是黑金。将黑金涂抹在雕刻金属表面并加热，使其流入雕刻的线条中。清除多余的涂抹部分后，对整个物体进行抛光，闪亮的金属表面和黑金之间可形成对比。

银和黑金的兔子

△ 缺少的元素

盆的某些部分缺少装饰。此图中，一张脸和部分衣服上都没有银色镶嵌物。这些地方很可能没有好好制作，几个世纪后掉落遗失了。

▽ **圣路易的圣洗盆**

该盆是伊斯兰装饰的一个美丽例子，特点是全覆盖式的表面装饰，包含书法、植物、几何图案，以及人物形象。

高度：22.2厘米。

年代：约1320—1340年。

△ **签名**

制作者的名字出现在盆中多处：一处是边沿下方的银色字母（如此图），还有几处隐藏在3个徽章的王座和高脚杯中。

高对比度

黑金的使用与金银形成了强烈的对比，突出了雕刻细节。

贵重金属

小块金银切割成形，捶打到盆上，以形成图案。

人物徽章

盆的8个人物徽章之一，描绘了一位国王坐在由两头狮子支撑的王座上，两侧有两名男子。

动物嘉年华

盆上绘有许多动物，包括鱼、蟹、蛙、象、豹和鳄鱼。

人物饰带

人物形象是世俗伊斯兰艺术的一个特点。这个马穆鲁克宫廷画面显示，四个站立的人似乎在将第五个人推倒在地。

底部金属

可以清楚看到，这是黄铜盆极少数没有做密集装饰的地方。

大小

大小

基督教标志

皇冠上的十字架，凸显了神圣罗马帝国的皇帝也是天主教会的捍卫者。

◁玉石浮雕

一个3世纪的罗马浮雕，描绘了吹笛子的酒神祭司。这是众多古代浮雕的其中一个，强调了皇帝与古罗马皇帝间的关联。

早期王冠

装饰皇帝头部的王冠制作时间更早，可能制于波希米亚，数位皇帝在加冕仪式上都戴过，包括查理四世及其儿子西吉斯蒙德（Sigismund），即下一任神圣罗马皇帝。

银与金

头部由镂刻的镀金银（以金镀于银上）制成。

理想化的肖像

对查理曼的展现反映的是14世纪皇家肖像的品位，而非9世纪时的真实查理曼。

▽神圣权威

鸢尾花与纯洁、基督教、国王的神授统治权有关。

装饰性镶边

短袍的镶边上有金丝和宝石，包括在古罗马和后来神圣罗马帝国都很流行的凹雕玉石（intaglios）。

镶嵌的鹰

外衣上覆盖着银色的镶嵌金属帝国鹰（Reichsadler），这是神圣罗马帝国的纹章标志。

实用的底座

半身像的八角形基座两侧有开口，可以安装至木制承载架上。

◁《查理曼半身像》
查理曼半身像制作于他去世500年后，这表明中世纪的西欧统治者非常重视与他的关联。
高度：86厘米。
年代：1300—1400年。

《查理曼半身像》

14世纪中期的莫桑（Mosan）金器杰作，查理曼的圣髑盒，皇权的象征

德国，亚琛

△查理曼神龛
查理曼的遗体安放在亚琛大教堂的查理曼神龛（Karlschrein，1215年）中。棺木上覆盖着镀银和镀铜，并饰有金丝、釉彩和宝石。前侧山形墙展示了坐在王座上的查理曼。

查理曼（查理大帝）是768年至814年法兰克王国的统治者。他是一位好战的国王，也是教皇的有力保护者。自西罗马帝国于5世纪崩溃以来，他首次统一了西欧的大部分地区。800年，他加冕为罗马皇帝，成为神圣罗马帝国的首位统治者。查理曼在位期间，西方基督教的知识和文化活动出现了巨大繁荣，获名“加洛林文艺复兴”（Carolingian Renaissance，780—900年）。

哥特式金器

查理曼的几位继承人都热衷于将自己与大帝联系在一起，把埋葬于德国亚琛（Aachen）的大帝遗骨挖了出来——亚琛曾是宫廷所在地——并重新埋入愈发精致的墓穴中。14世纪中叶，波希米亚国王查理四世（Charles IV）再次突然挖出尸骨，并委托制作了一座半身像，作为大帝遗骨的安放处。他当时与巴伐利亚的路易四世（Louis IV）争夺罗马皇帝头衔，陷入苦斗，希望通过此举，来助益自己地位合法化。

这座半身像是晚期哥特式金器的杰作，来自莫桑地区，即今德国、比利时和荷兰境内的默兹（Meuse）河谷，自11世纪以来，那里就是著名的金属制品生产中心。半身像对皇帝的呈现十分理想化，但面部表情丰富且自然，采用了镂刻、镀金和金丝（filigree）等技术，饰有宝石、古代凹雕、浮雕以及帝国标志。鹰和鸢尾花分别是神圣罗马帝国和法国的标志，彰显了皇帝权力的巨大范围——查理四世通过将自己与大帝相关联，从而利用了这一权力。雕像头部有一顶可分离的皇冠，是查理四世1349年在亚琛加冕时戴的。

半身像将查理曼刻画成一个完美无缺的理想统治者形象

▷波希米亚的查理四世
查理四世（1316—1378年）于1355年加冕为神圣罗马帝国皇帝。他将首都设在布拉格（Prague）。作为帝国的政治、经济和文化中心，布拉格逐步繁荣昌盛起来。

圣髑盒

圣髑盒是存放基督教圣徒和殉道者遗骨的容器。它们用无价材料精心制作，将令人不快的圣人头发、骨头和衣服残余物，变成值得敬仰的物品。查理曼的遗体分散至数个圣髑盒，其中包括一个长85厘米的黄金手臂，是法国路易十一（Louis XI）于1481年委托制作的，用于存放大帝右臂的前臂骨。

查理曼手臂圣髑盒

爪哇葬礼面具

14世纪的黄金死亡面具，展示了古代爪哇人的死亡习俗，凸显了贵金属在古代印度尼西亚王国中的重要性

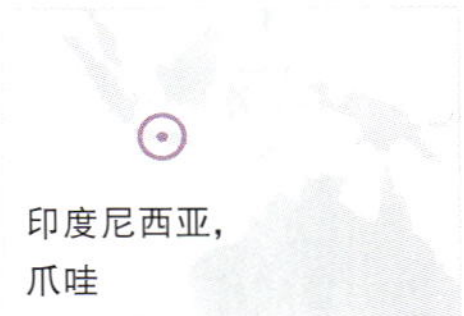

从13世纪末开始，满者伯夷国（Majapahit）从其首都爪哇东部开始，将影响力扩展至今印度尼西亚的大部分地区，在14世纪中期哈炎乌禄（Hayam Wuruk，1350—1389年在位）的统治下迎来了黄金时代。爪哇金矿资源丰富，工匠擅长制作黄金首饰、雕塑、容器和配件。

在爪哇墓葬中，金器等贵重物品往往与尸体一起埋葬，如图所示的黄金面具是印度尼西亚各地遗址中的幸存文物之一。铺在死者脸上的这种面具可能是打制的完整面具，也可能是为遮盖眼睛或勾勒面部特征而切割的简单碎片。它们的确切用途不明，也许是一种保护死者、吓跑恶灵的护身符；也许是某种祖先崇拜，反映祖先在爪哇文化中的重要性；或者也许只是一种来世地位的象征。

据说爪哇黄金资源非常丰富，甚至狗项圈都以黄金制成

▽爪哇葬礼面具
这个来自古代爪哇满者伯夷国的黄金葬礼面具，可能是国王或其他皇室成员陪葬品的其中一件。
直径：19厘米。
年代：1300—1400年。

几何设计
简单的螺旋形图案也许表明这是头饰。

金片
面具由薄薄的金片锤打而成。

嘴
雕塑家仔细勾勒出各个牙齿的轮廓。

▷精细的特征
工匠把黄金加工出明显的特征，如此处所示，不同寻常的睫毛和眉毛。

大小

满者伯夷国

满者伯夷国（1293—1527年）建立于13世纪，是一个印度教的海上帝国，中心地区为爪哇，领土横跨今印度尼西亚和马来西亚。14世纪中期，它在哈炎乌禄及其首相加查·玛达（Gajah Mada）的领导下达到了顶峰。黄金在满者伯夷文化中扮演着重要的角色，传达财富、地位和仪式的力量感。

爪哇特罗武兰（TROWULAN），巴江·拉图神庙（BAJANG RATU TEMPLE）

金佛

13世纪至14世纪的不朽佛像，是世界上最大的纯金雕像

金佛，即“实心金佛像”（Phra Phuttha Maha Suwanna Patimakon），是一尊壮观的纯金坐佛雕像，如今保存于泰国曼谷的金佛寺（the temple of Wat Traimit）。它可能创作于素可泰王国时期（Sukhothai，1238—1438年），目的是记录佛陀的身体特征，并鼓励冥想和崇敬神力。一块1292年的石碑上，有书面证据表明，它可能是在兰甘亨大帝（Ramkhamhaeng the Great）统治时期（1279—1298年）铸造的。如此图所示，这是一尊优雅的素可泰风格佛像，有着光滑修长的四肢、椭圆形的脸，以及头部的火焰状肉髻（ushnisha）等特征。后来某个年代，可能是18世纪，有人在雕像上涂了一层厚厚的石膏，来掩藏、保护它。直至1955年，人们才发现它的真实面目。当时它正转移至一座新寺庙，途中掉了下来，石膏削去，露出了里面的黄金。

肉髻
火焰形的肉髻，即佛陀头上的颅骨凸起，是素可泰的发明。

△素可泰式头像
素可泰风格体现于拉长的椭圆形头部，钩状的鼻子，坚定而弯弯的眼睛、鼻子、眉毛和嘴巴，长长的耳垂，以及卷曲的头发。

▷金佛寺的金佛
金佛重达5.5吨，建造规模巨大。它帮助建立了泰国佛像的风格“模式”。
高度　3.04米。
年代　约1200—1400年。

精神性特征
金色的光滑表面体现了宁静，而解剖学细节的缺乏反映了佛陀对物质世界缺乏兴趣。

肉感的外表
雕像弯曲有致的曲线，创造出一种轻盈的优雅感。

轻薄的袍子
佛陀身穿一件紧贴身体的轻薄僧袍。

传统姿势
佛像摆出“呼地作证”的姿势，右手指向大地（见第84页）。

大小

大小

埋葬灰烬

人们认为，美洲虎形状的标志和身体形状的土堆，表示了十二地震（Twelve-Earthquake）的埋葬地点。

△天然颜料

抄本以岩石和土壤中的矿物颜料，以及松木炭、树液、植物、甲虫中的有机颜料绘制。例如，黄色至红色的颜料是从黄色的波斯菊中提取的。

焚烧武器

在十二地震火葬之后，又仪式性地焚烧了他的武器。

勇士统治者

八鹿身着祭祀服，其他贵族陪同着，包括他下方的十二地震。

献祭杀戮

人们认为这幅图展示了八鹿另一位同父异母兄弟的祭祀活动。他名叫九花（Nine-Flower）。

涂抹死者

祭司拿着碗和丧服，走到十二地震的长袍和戴着面具的骨架前。

争斗的标志

战斗的鹰和豹猫代表冲突，典型的形式是王朝的争斗或叛乱。

△牺牲、冲突和仪式

这幅图显示的是抄本中的一个后期板块。这些图像文字的作用是记录八鹿后代所宣称的王室血统。

◁《苏支-纳托尔抄本》

页面按列阅读，先上后下。因此，这段关于处决的故事从右下角开始，而后由上至下继续。

页面尺寸： 19厘米×23.5厘米。

抄本总长度： 11.35米。

年代： 1350—1450年。

△祭祀火葬

牺牲者在名为"七花山"（Seven-Flower Hill）的地方隆重火化。

除去对手

献祭了统治者的同父异母兄弟十二地震，以加强八鹿的权力控制。

《苏支-纳托尔抄本》

14世纪的米斯特克（Mixtec）手稿，用图像讲述了一部关于血腥和牺牲的斑斓史诗

墨西哥，瓦哈卡

在前哥伦布时期，米斯特克人或"云民"（Cloud People）居住于墨西哥南部的一片小高地，位于后来阿兹特克帝国的边缘。他们的城邦间相互争斗，只在11世纪时，有位名叫"八鹿"（Eight-Deer）的统治者曾联合成一个统一王国。后来这位统治者的名字后，加上了"虎爪"（Jaguar Claw）的尊称。

折叠的书籍

为了记录历史、神话和家谱，米斯特克艺术家使用复杂的象形文字来制作抄本。那是在鹿皮上抄写的手稿，像手风琴一样折叠在一起，形成书籍。里面所描绘的绚丽多彩图像，可以作为口语叙述者的视觉提醒，向听众口头讲述他们的故事。

八鹿的功绩构成了部分现存手稿的主题，其中最引人注目的是《苏支-纳托尔抄本》。该抄本得名于它曾经的拥有者，也是首次意识到它重要性的人类学家。抄本由47个独立板块连接在一起，形成一片连续画面，讲述了一个关于征服和军事扩张的故事，同时也展现了八鹿为巩固权力而开展的血祭。

折叠和装订

中美洲人不像阅读印刷书籍那样翻页，而是展开抄本来探索内容。单独的一张张兽皮刷成白色，两面绘画，然后用胶黏剂装订在一起，形成一张可以连续弯曲折叠的皮。抄本中的叙述顺序为从右至左，在连续的书页间上下阅读。

把独立的页面粘在一起

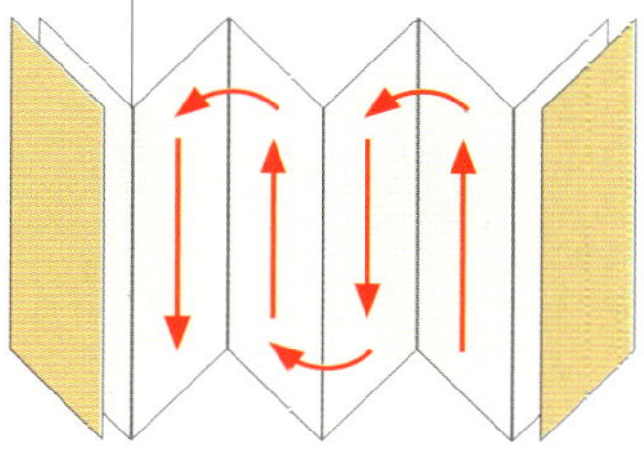

风琴式折叠

牡丹
牡丹在中国特别受欢迎，得名“花中之王”，是财富与荣耀的象征。

手柄
手柄采用大象头的形状。大象代表力量和智慧。

凤凰
这种神话中的鸟与和谐、繁荣有关。

龙
龙是最显眼的图案，在中国文化中龙扮演着非常重要的角色，不像在西方文化中那样具有破坏性，而拥有许多积极品质。

云
龙在风格化的云层中移动。云层与赋予生命的雨水有关。据说龙能用它们的呼吸创造出云彩。

△钴矿
用于制造中国瓷器上蓝色釉料的钴名为“回青”。

大小

◁**大维德花瓶**
在历史上的某个时刻，这对花瓶分开了，但珀西瓦尔·大维德爵士于1927年和1935年从不同来源购买到后，重新将它们组合在了一起。
高度：64厘米。
年代：1351年。

大维德花瓶

14世纪宏伟的中国瓷器，是陶瓷史上的重要里程碑

中国，景德镇

这些富丽堂皇的花瓶以珀西瓦尔·大维德爵士（Sir Percival David，1892—1964年）的名字命名。他积累了世界上大量的中国瓷器收藏，包括近1700件作品。人们称大维德花瓶为世上最著名的瓷器作品，部分是由于尺寸和华丽，但更多出于它们的创作环境。

青花瓷

早期的陶瓷通常只能根据间接证据或风格，粗略确定其年代和产地。但大维德花瓶上有详细铭文，我们可以准确知道它们的制作时间、地点和原因。铭文记载，在1351年5月13日这一天，一个名叫张文进的人将花瓶献给星源的一座道观，以纪念一位最近获封为神的元帅。他还赠送了一尊香炉，但已不复存在。

花瓶制造于中国瓷器工业的主中心——景德镇。它们可以摆在祭坛上盛放鲜花，是青花瓷的最早例子，瓶上的蓝色用钴矿颜料制作。这种类型的瓷器一般制于明朝（1368—1644年），但张文进花瓶上的年代表明，元朝（1206—1368年）已经开始制造高质量的青花瓷。随着中国和中东之间丝绸之路贸易的日趋繁荣，瓷器制造商既为中国也为波斯等地区的市场创造了许多青花瓷，且受到了波斯品位和图案的影响。17世纪，荷兰商人将大量青花瓷运往欧洲，对欧洲陶瓷产生了巨大的影响。

从波斯到中国，再到欧洲，证明青花瓷具有无穷的适应性

欧洲瓷器

大约从7世纪开始，瓷器在中国发展。它是最奢侈的陶器类型，半透明，特别适合绘画装饰。它由细白土与岩石或矿物的粉末混合，在高温下烧制而成。据说，1295年，马可·波罗（Marco Polo）首次将瓷器从中国带到欧洲。当时这种材料非常珍贵，西方人很难知晓到底如何制造。直至1710年，欧洲第一家瓷器工厂才在德国的迈森（Meissen）开业。

迈森花瓶，约1730年

△**后视图：铭文**
每个花瓶的颈部上方都有铭文；这对花瓶的文字十分相似。张文进将它们“视作保护、祝福家庭的祈祷器具”。

▷王冠

原本环绕王子额头的王冠上镶有宝石，但如今已消失。

▽黑王子之墓

这座坟墓颂扬了死去的王子，昭示了他闻名于世的战士身份，而虔诚的墓志铭则展示了他性格中的另一面。

坟墓的长度：2.58米。

年代：约1380年。

雕像

雕像由一种叫作“黄铜薄片”（Latten）的材料制成，主要成分是黄铜，即铜和锌，还有一些锡和铅，并且点缀着一层薄薄的黄金。

铭文

铭文以法语写成，当时仍是英国宫廷的主要语言。

狮子纹章

王子的头部枕在头盔上。头盔以雕塑形式再现，顶部有狮子纹章。

珀贝克（PURBECK）大理石

墓棺由“珀贝克大理石”制成，来自多塞特郡（Dorset）的珀贝克。这是一种坚硬的石灰岩，最接近于在英国开采的真正大理石。

鸵鸟羽毛

王子以三根鸵鸟羽毛作为“和平之盾”（shield for peace）上的设计，该盾可能作比武之用。这些羽毛至今仍出现于威尔士亲王的徽章之上。

皇室武器

当时的皇家纹章包含法国的鸢尾花，表明英国对法国王权的掌控。

大小

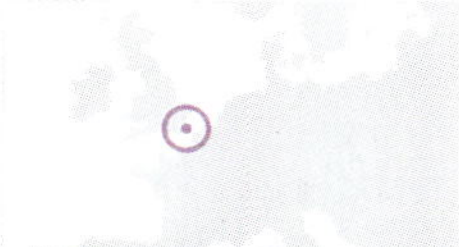

英国，坎特伯雷

脚下的动物

这只长相怪异的动物有多种说法，可能是豹子，或母狮，或狗（忠诚的象征）。

黑王子之墓

14世纪英国壮观的坟墓之一，满足了它所纪念勇士的临终愿望

伟大的中世纪王子战士，伍德斯托克的爱德华（Edward of Woodstock），后来人称“黑王子”（Black Prince），在1376年6月7日，即他去世前一天，签署了遗嘱。他在遗嘱中表示，希望埋葬在坎特伯雷大教堂（Canterbury Cathedral），并详细说明了坟墓的形式。

声望与虔诚

爱德华的纪念墓是英格兰美丽的中世纪坟墓之一，可能由其子理查二世（Richard II）委托建造，严格遵循王子要求的规格。建筑师亨利·耶维尔（Henry Yevele）可能是该墓的设计者，但我们对建造者一无所知。这尊雕像以镀金铜合金制成，细节处理得非常精细。王子躺着，身着全副盔甲，双手作祈祷姿势，眼睛注视着顶棚上的圣三位一体图像。他的脚踩在一只动物上，也许是豹子，而头部则枕于头盔上。石棺顶部环绕着爱德华指定的非凡铭文，以一首法语诗的形式，讲述他曾经拥有巨大的世俗财富和权力，但如今是一具腐烂的尸体，并要求路人为他的灵魂祈祷。

黑王子的墓志铭将自己描述为caitiff，即“可鄙之人”

▷**皇家“成就”**

坟墓上方悬挂着王子的头盔、手套、盾牌、刀鞘和外衣的复制品。原件正受到保护。

黑王子

黑王子爱德华（1330—1376年）是爱德华三世的长子，也是那个时代的伟大军事领袖之一。他的绰号来源无法确定：可能是指他盾牌的黑色基底，也可能是指他激发了敌人的恐惧感。他在克雷西战役（Battle of Crécy，1346年）中脱颖而出，当时年仅16岁，并在普瓦提埃战役（1356年）中，赢得了对战法国的另一场伟大胜利。他可能死于痢疾，比他的父亲早一年，王位由他儿子理查德二世继承。

黑王子及其父亲爱德华三世

威尔顿双联画

中世纪美丽画作之一，由一位不知名的艺术家创作

这幅精美画作的正式名称是《理查二世由守护神施洗者圣约翰、圣爱德华和埃德蒙介绍给圣母子》(*Richard II Presented to the Virgin and Child by his Patron Saint John the Baptist and Saints Edward and Edmund*)。它那更广为人知的名字，一部分来自英格兰威尔特郡（Wiltshire）的威尔顿宫（Wilton House），1929年前，它一直矗立于此；另一部分来自它的绘画形式，双联画是指，像一本打开的书一样分两半排列的画。双联画通常以铰链连接，就像此画一样，所以可以折叠，常用于便携式祭坛。威尔顿双联画最早记载于1639年，由查理一世（Charles I）收藏。人们认为它由理查二世委托制作，供自己使用，但也可能是1400年他去世后，作为纪念品制作的。

适合国王的宝物

无论具体目的为何，这幅双联画无疑是一件为国王量身定做的珍宝。它大量使用黄金和群青色（由半宝石青金石制成），并以精湛的工艺，对脸部、花朵和服装进行令人惊叹的描绘。它是国际哥特风格的一个重要例子。这一时期，这种风格在见多识广的欧洲宫廷中盛行，有着贵族的优雅和精致的细节。由于这种风格广泛传播，我们无法确定创作这幅画的艺术家的国籍。

殉教者埃德蒙

最左侧站立着的是东盎格利亚（East Anglia）国王埃德蒙。869年丹麦人入侵时，杀死了他。画中，他拿着一支象征殉教的箭。

施洗者圣约翰

约翰身着兽皮，暗指他在沙漠中的苦行生活；手托羔羊这个传统符号象征，代表他讲述的“耶稣是神的羔羊”。

忏悔者圣爱德华

忏悔者爱德华是1042年至1066年的英格兰国王，以虔诚而闻名于世。他拿着一枚戒指，暗指他把自己的一枚昂贵戒指送给一位贫穷朝圣者的故事。

理查二世

画作把理查描绘成跪在树林中粗糙的地面上，双手张开，凝视着圣母子。

旗帜

天使手持的权杖上有一面旗帜，有人解释为英格兰守护神圣乔治（St George）的旗帜，也有人解释为耶稣复活时经常举起的旗帜。

蓝色长袍

圣母玛利亚和天使长袍的群青色来自青金石，这是一种比黄金更昂贵的颜料。

大小

◁威尔顿双联画

理查对共同出现的3位圣人特别虔诚。埃德蒙和爱德华是前英国国王，所以画中的理查成了神圣君主系列中的一环。（每块画板）

尺寸：53厘米×37厘米。

年代：约1395—1399年。

△后视图

双联画的背面描绘了与理查二世有关的纹章标志。左侧是理查的盾形纹章；右侧是他个人的纹章，一头戴着金项圈和金链子的白色雄鹿。画内天使所佩戴的徽章也是雄鹿的模样。

敬意之吻

圣母玛利亚让耶稣的脚伸出，供理查亲吻，以示敬意。

祝福的姿态

婴儿耶稣举起右手，为理查或旗帜（或两者）祝福。

鲜花草丛

理查两任妻子分别为波希米亚的安妮（Anne of Bohemia）和法国的伊莎贝尔（Isabelle of France）。花丛中有代表她们二人各自象征的花卉品种。

以黄金作画

如果将金箔涂在白色表面上，看起来会偏绿，显得相当冰冷，所以在这样的绘画背景中，艺术家会把金箔涂在一层“波尔颜料”（bole，即与胶水混合的红玄武土）上，赋予它深沉而丰富的光芒。可以抛光，也可以不抛，可达到不同效果。可以用各种细小的冲头来制造金底的表面纹理，让黄金闪闪发光，产生反射。在画作的其他部分中，艺术家也使用各种技术来涂金，例如，用于精致细节的黄金颜料是由金粉与鸡蛋混合制成的。

索宁克雕塑

15世纪前后一件罕见的非洲木雕作品，具有强大而神秘的仪式感

非洲木材丰富，经常用作雕塑材料，但一件木雕作品能完好无损地保存数个世纪，实非寻常之事。这个跪着的女性形象就保存得非常好。20世纪30年代，人们在马里（Mali）的邦贾加拉悬崖（Bandiagara Escarpment）上，发现了几乎无法进入的洞穴，它是在洞中发现的少量雕像之一，干燥稳定的环境让木材不曾腐烂。

如今，多贡人（Dogon people）居住于该地区，但学者认为，这些雕像由一个更早期的文化，即索宁克人（Soninke）制作。把它们放置在山洞里，也许是为了防止入侵者偷盗，表明它们具有重要的仪式意义，尽管确切功能尚不清楚。这座雕像的权威性和活力感是毋庸置疑的，它的身体很长，脸很瘦，眼睛和嘴突出，鼻子很窄。圆润的腹部可能是生育能力的标志。

索宁克人和邦贾加拉人

索宁克人是古代加纳王国创建者。该王国与现代的加纳没有关系，在4世纪至13世纪蓬勃发展。我们对他们的历史知之甚少，但这个国家在12世纪时已皈依伊斯兰教，后来归入马里帝国。这些艺术作品保存在邦贾加拉悬崖上，应该是罕见的索宁克人作品，比多贡人更早，且影响了他们的艺术创作，是西非文化网络的一部分。

马里的邦贾加拉悬崖

这座雕像可能是一位女神，或重要的女性祖先

眼睛
大眼睛有助于给人物带来一种迷幻的力量感。

疤痕
脸上凸起的疤痕是一种仪式性的身体装饰，称为“疤痕化”（scarification），可能突显精英地位，或表明氏族成员身份。

突出的嘴
突出的嘴是索宁克雕塑的一个特点。

肿胀的腹部
肿胀的腹部也出现在其他索宁克人像中，可能是对生育和母性的暗示。

手镯
无论是男性还是女性，索宁克人形雕像下臂都戴着手镯。

▽侧视图
头部拉长，头顶上有个发髻，更突出了脸部的长度。

△索宁克雕塑
这座雕像没有家庭或日常性的女性象征，因此也许有一些超脱尘世的意义。
高度：35厘米。
年代：约1400—1500年。

大小

《旧约圣三位一体》

15世纪的宗教艺术作品，宏伟且广受崇敬，由一位杰出但鲜为人知的俄罗斯艺术家创作

俄罗斯，莫斯科

这幅画由安德烈·卢布廖夫（Andrei Rublev，约1360—1430年）绘制，是俄罗斯最著名的圣像画，也是该国深受敬仰的艺术杰作之一，因其优美的线条、温柔的呈现和微妙的色彩之美而广受喜爱。尽管它声名显赫，但人们对它的创作情况却一无所知。根据卢布廖夫一生历史的推测，他是为莫斯科附近的圣三一修道院（Trinity-St Sergius Monastery）画的，那是俄罗斯重要的宗教场所之一。

这幅画的主题来自《圣经》中族长亚伯拉罕的《旧约》故事：3位超凡脱俗的陌生人拜访亚拉伯罕，告诉他，尽管他们夫妇已经年迈，但妻子莎拉（Sarah）会为他生下一个儿子。人们通常认为这3位陌生人是天使，艺术作品中也通常描绘成天使的模样，如此画一般；认为他们是三位一体（圣父、圣子和圣灵）的象征，这个关于亚伯拉罕之子的预言，预示着基督诞生的报喜。

▽《旧约圣三位一体》
卢布廖夫的杰作有许多象征性的细节，强调神学意义。
尺寸：142厘米×114厘米。
年代：约1410—约1430年。

象征性建筑
人们认为第一个天使代表天父，他头顶上方的建筑为教堂。

天使身份
光环和金色的翅膀让人不用犹疑，亚伯拉罕的3位访客就是天使。

桌上的坛子
亚伯拉罕为客人带来了食物；摆放食物的桌子铺设得像祭坛。

象征性树木
这棵树暗指伊甸园中的生命树，以及钉着基督的十字架。

权杖
每人都拿着一根细长的杖，通常认为它们是权力的象征。

右侧的人物
人们认为这个天使代表圣灵，衣服的蓝色与绿色分别象征天堂与大地。

黄金容器
金杯或金碗里装着牛肉，那是为向3位客人表达敬意而献祭的小牛。

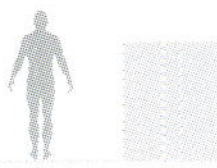

大小

泰兹卡特里波卡面具

一件15世纪至16世纪的马赛克装饰面具，令人惊奇，代表阿兹特克神泰兹卡特里波卡（Tezcatlipoca），以人类头骨制成

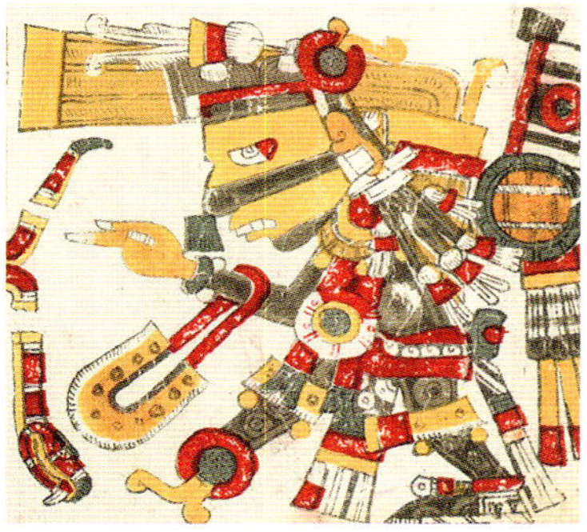

△泰兹卡特里波卡
这幅盛装泰兹卡特里波卡的图画来自《博尔吉亚抄本》（*Codex Borgia*），这是一份来自16世纪墨西哥中部的手稿。

14世纪起，阿兹特克人在墨西哥中部繁荣发展，直至16世纪20年代前后，西班牙征服者到来。阿兹特克文化主要包括多神教相关的仪式。

泰兹卡特里波卡意为烟雾镜，是阿兹特克万神殿的4位主要创世神之一。他通常描绘成战士的装束，戴着由绿松石和黑色带子构成的独特面具。泰兹卡特里波卡引人注目的呈现形式之一是这个面具，以人类头骨制作，上有丰富的马赛克装饰。

头骨的后部已被拆除，里面衬有鹿皮带，表明面具不是简单的装饰品，而是设计来供人佩戴的，而且很可能具有某种仪式或典礼方面的意义。面部几乎完全覆盖着马赛克片，以鲜艳的绿松石和黑色褐煤制成。里面的骨头几乎没有露出，但裸露的牙齿吸引了人们注意。马赛克构成的壮观基底上，以黄铁矿制成的眼睛和衬有鲜艳红贝壳的鼻腔十分醒目。

该面具大量使用绿松石，那是阿兹特克人非常珍视的宝石

◁全貌
这个作了装饰的头骨是现存完好的阿兹特克面具之一，由技术极为熟练的米斯特克（墨西哥土著）工匠制作。

鹿皮带
用于固定面具的长带子，原本为红色，但随着时间的推移已经褪色。

阿兹特克面具仪式

在阿兹特克人的日历中，为期20天的托什卡托（Toxcatl）月是献给泰兹卡特里波卡的。仪式包含献祭，尤其是年轻男子的献祭，通常阿兹特克人将他视为神的化身。年轻男子身着模仿神的服装和面具，前往神庙参加仪式，最后献上自己的祭品：他的心脏会切下来，献给真正的神。

来自16世纪的《马格里亚贝齐亚诺抄本》（*CODEX MAGLIABECHIANO*）

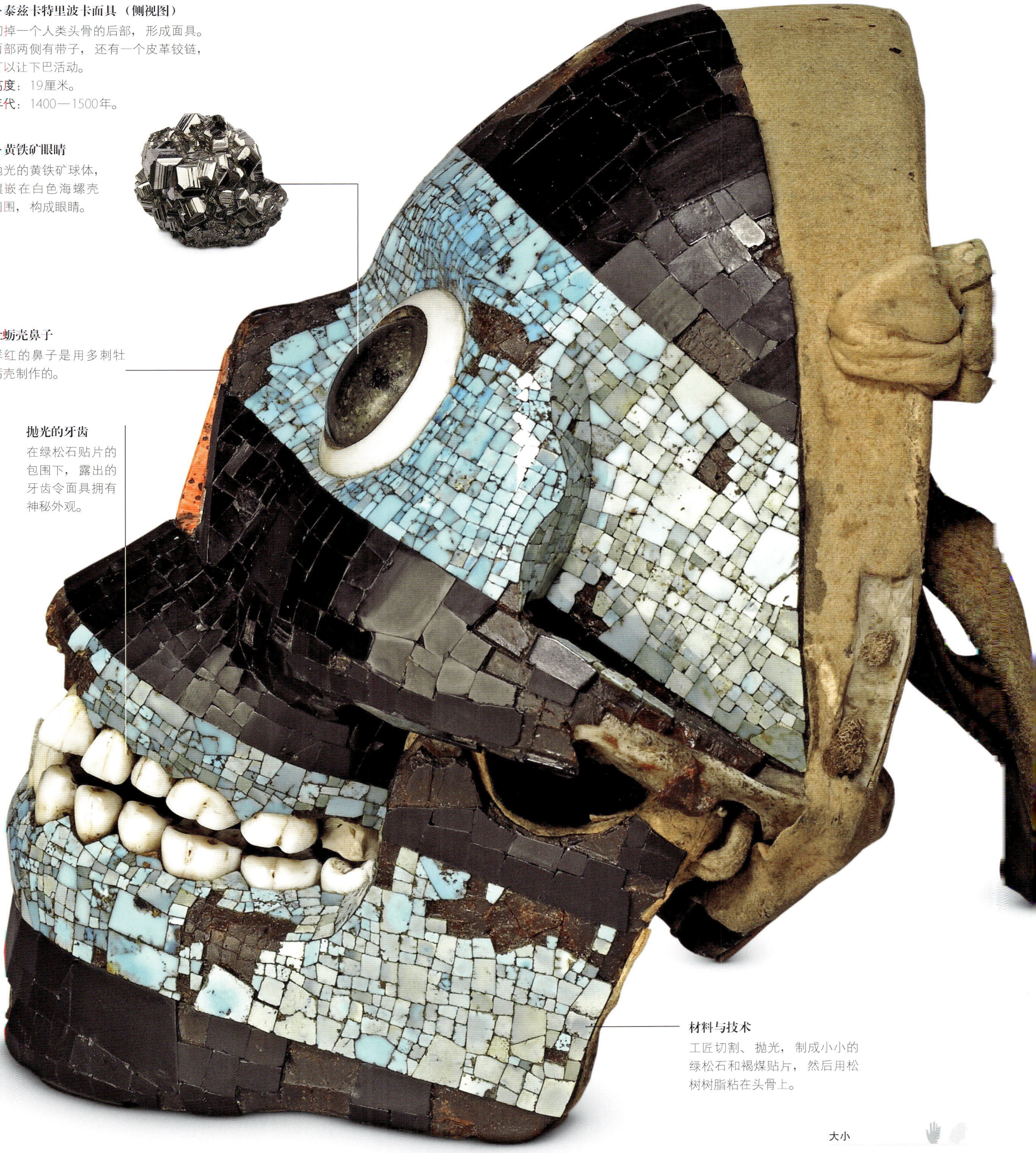

▷**泰兹卡特里波卡面具（侧视图）**
切掉一个人类头骨的后部，形成面具。面部两侧有带子，还有一个皮革铰链，可以让下巴活动。
高度：19厘米。
年代：1400—1500年。

▷**黄铁矿眼睛**
抛光的黄铁矿球体，镶嵌在白色海螺壳周围，构成眼睛。

牡蛎壳鼻子
鲜红的鼻子是用多刺牡蛎壳制作的。

抛光的牙齿
在绿松石贴片的包围下，露出的牙齿令面具拥有神秘外观。

材料与技术
工匠切割、抛光，制成小小的绿松石和褐煤贴片，然后用松树树脂粘在头骨上。

大小

△铭文
边沿处有铭文和年号，可确定为宣德年间的作品。

莲花苞
顶盖，或顶部把手，采用了莲花花蕾的样式，环绕着花瓣。

▽明朝景泰蓝盖罐
到了明朝时期，景泰蓝作品的质量已非常高，包括这个为皇室制作的盖罐。
高度：62厘米。
年代：1426—1435年。

装饰环
罐子的底部装饰着一圈重叠的叶子。

吐纳火焰
在中国神话中，龙是吉祥的野兽，与权力与力量有关。

带有装饰的盖子
罐盖上也有条云中龙，也是蛇形的。

帝王的象征
五爪龙的力量特别强大，在一段时间内，成为中国皇帝的特定标识。

大小 

明朝景泰蓝盖罐

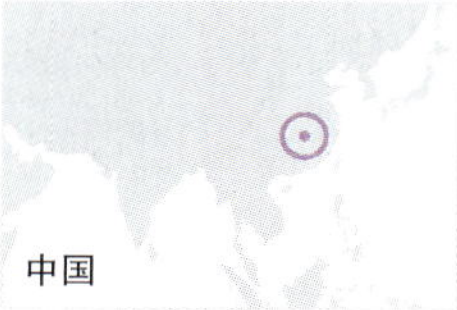

精美的中国明朝搪瓷釉彩罐，拥有鲜艳的景泰蓝装饰

从盖罐的多彩风格和装饰主题来看，毫无疑问是中国作品。但在1430年前后，这种制作技术在中国还相对比较新颖。在一种名为景泰蓝的方法中，器皿上会装饰搪瓷釉（vitreous enamel），即通过将玻璃粉与金属底座相融合，产生略带光泽的效果。这种技术有着悠久的历史，可以追溯到公元前2000年。中国的第一份相关书面资料，可以追溯到这个盖罐生产前不到50年——这让它的娴熟技法愈发令人印象深刻。

适合皇宫的浮华

这个壮观的大罐带有圆顶盖，罐上图案是一条盘旋的龙，在云层中追逐一颗珍珠。颜色从红色、黄色到绿松石色、绿色、茄皮紫色。精心设计的图案与当时典型的青花瓷相似。引进之初，中国人认为景泰蓝色彩明丽，只适合女性使用。然而到了该盖罐的时代，景泰蓝成为皇家艺术，人们赞扬其华丽色彩适用于宫殿和寺庙。事实上，罐颈上的铭文显示，它确为皇室而作。鲜艳色彩在当时看来是如此惊艳，而到了今天，它已被公认为国家艺术传统的一座巅峰。

△缠枝花卉盘

这个15世纪的景泰蓝盘子上，装饰着莲花和莨菪叶。每种单独的釉质颜色都填于单独的分区中。

景泰蓝作品的色彩强烈而绚丽

景泰蓝搪瓷

景泰蓝是一种古老的技术，用金属丝和釉质来装饰金属器皿的图案。通常将金或银的细线扭曲成所需形状，固定于器皿表面。分区（或称“cloisons”，即法语的“分隔区”）内填上搪瓷釉。把该物品置于约800摄氏度的温度下烧制，以熔化釉质。其间会发生一些收缩现象，所以填满所需之处后，需再次烧制，这个过程会重复进行，直至每个分区都填满为止。接着抛光表面，使金属丝边缘清晰可见。

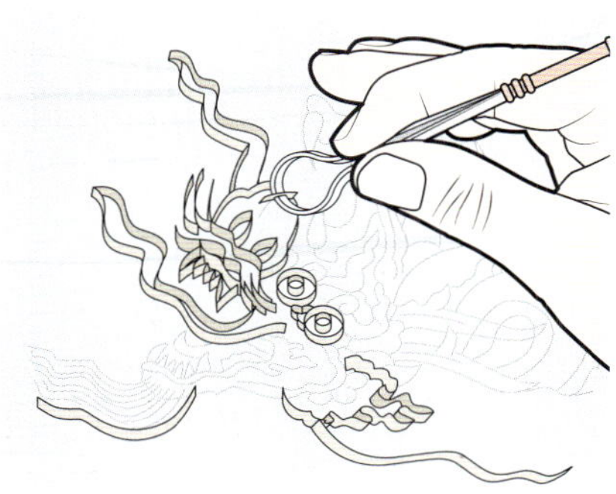

创作金银丝装饰图案

将金属丝按所需图案，黏或焊于金属表面。

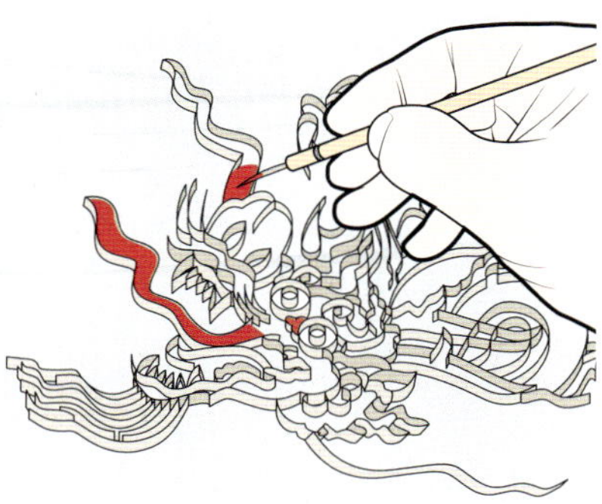

用釉质填充图案

每块分区都单独填上搪瓷釉，并以金属氧化物着色。

亚当
亚当和夏娃代表人类，是基督牺牲的受益者。夏娃在最右侧的画板上。这些接近真人大小的人物描绘得异常逼真。

王座上的人物
画面上方是全能的上帝，两侧是圣母玛利亚和施洗者约翰。

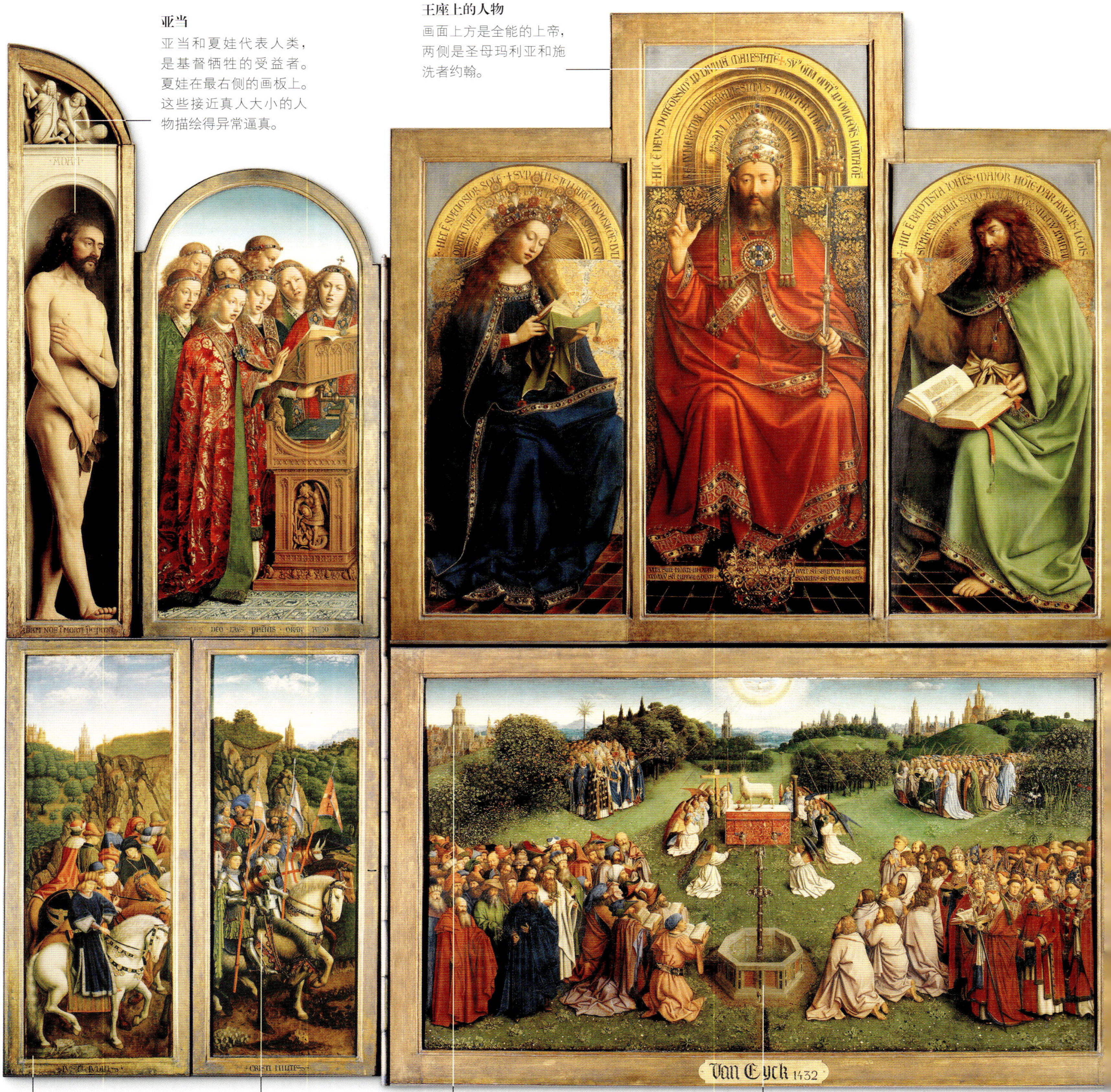

替换画板
1934年，《公正的法官》（*Just Judges*）画板被盗。这是由著名的艺术伪造者杰夫·凡·德·维肯（Jef van der Veken）于1957年复制的。

基督徒士兵
成群结队的骑士和法官向中央场景前进。

天堂建筑
细致入微的城市景观代表了天上的耶路撒冷。该楼参照物为现实建筑，主要位于根特，但也参考了荷兰乌得勒支（Utrecht）的建筑。

生命之泉
献祭羔羊的血引入生命之泉，水从泉眼涌出，仿佛在流向真正的祭坛。

天籁之音

天堂里的天使唱诗班在唱歌、演奏音乐，穿着华丽的锦缎。

走近的朝圣者

在巨大的圣克里斯托弗（St. Christopher）带领下，一群圣洁的隐士和朝圣者见证了这一场景。

◁根特祭坛画

这幅巨大的艺术品由12块橡木板组成，又名“神秘羔羊之爱”（The Adoration of the Mystic Lamb），因为主画板中描绘的是这个场景。

尺寸（打开）：350厘米×470厘米。

年代：1432年。

大小

根特祭坛画

尼德兰艺术的首件伟大杰作，北方文艺复兴（Northern Renaissance）的基石之一

比利时，根特

根特祭坛画是比利时根特市圣巴夫大教堂（St Bavo's Cathedral）的一幅巨大多联画（polyptych），历经各种变故，拥有绝大多数艺术品都无可匹敌的多舛命运。它曾遭掠夺、在一场火灾中受损，也曾藏于盐矿之中。它的起源谜团成堆。画框上的铭文宣称：“最伟大的画家胡伯特·凡·艾克（Hubert van Eyck），起笔绘画。艺术水平排名第二的扬（Jan），完成作品。”胡伯特是一个形象模糊的人物，而他的兄弟扬·凡·艾克，则是伟大的早期尼德兰艺术家之一。历史学家对两人的确切贡献有所争论，难以达成一致。

新现实主义的种子

艺术家用油彩把这幅祭坛画绘于12块铰链画板上，它结合了古老的中世纪元素和北方文艺复兴的一些早期迹象，是一个关键里程碑。它有着哥特式特点，包括人物之间的悬殊比例，部分画板空间狭窄，以及直观的（而非数学式的）透视方法。另一方面，作者对描绘物质世界有了新的兴趣。风景、花卉、珠宝王冠、闪亮盔甲、丝绸和毛皮服装等实物，描绘得一丝不苟。这得益于扬·凡·艾克对油画颜料和釉料的开创性使用，实现了复杂的光线效果和表面纹理。

关上后的祭坛画

祭坛画的外部画板虽然相对低调，但同样展现了对油彩的精湛运用。

约多库斯·费德

（JODOCUS VIJD）

伊丽莎白·博鲁特

（ELIZABETH BORLUUT）

意大利，佛罗伦萨

大小

《天使报喜》

一幅色彩斑斓的祭坛画，来自文艺复兴早期伟大的意大利画家之一

“天使报喜”是基督教艺术中受欢迎的题材之一，纪念大天使加百列告诉圣母玛利亚，她将生下名为耶稣的儿子这一刻。该题材的作品中，弗拉·安吉利科（Fra Angelico）以最欢快、最敏感的手法，处理了这一主题。他不仅绘制了这幅木版画，也创作了相同主题的壁画和手稿插图。

透视与发光之美

弗拉·安吉利科以“天使报喜”为题，画了三幅祭坛画。这幅为菲耶索莱（Fiesole）的圣多米尼克修道院（Convent of San Domenico）所画，艺术家本人就是院中修士。人们认为，这幅画是他早期的杰作之一，而且部分学者认为，文艺复兴时期的佛罗伦萨艺术中，它是第一幅采用透视法来定义空间的祭坛画。这幅画显示了弗拉·安吉利科作品中典型的丰富发明、绚丽色彩和精致技术。这幅画分为3个垂直部分，从亚当和夏娃被逐出伊甸园，到大天使加百列，再到坐着的圣母玛利亚。连接这3部分的，是上帝之手发出的一束光。

在《伊甸园》中，弗拉·安吉利科描绘了一个植物密布的天堂，这些植物似乎要把亚当和夏娃挤出画外。玛利亚与天使向对方摆出双手交叉的姿势，象征尊重和接受，建筑的有序几何形状包围着两人。周围的环境完全没有淹没玛利亚和加百列的形象，甚至与建筑物相比，他们的体型略偏大。作为上帝的使者，艺术家的兴趣在于表现事件的重要性，而非展示如实比例。

△亚当和夏娃

背景中，亚当和夏娃被逐出伊甸园。这个次要场景传达的信息是：基督的诞生，是为了将他们从感染了整个世界的罪恶中拯救出来。

弗拉·安吉利科接受过微型画的训练，他用非常精细的画笔画出了睫毛等细节

弗拉·安吉利科

弗拉·安吉利科（约1395—1455年）于1417年首次作为画家开始工作。1423年，他加入了菲耶索莱的多明我会（Dominican order）。他在菲耶索莱和附近的佛罗伦萨度过了大部分时光。当时人们公认为他是杰出艺术家之一，广泛寻求他的创作。他受托为奥尔维耶托（Orvieto）和佩鲁贾（Perugia）的重要教堂进行创作，在罗马度过了最后10年的大部分时间，为教皇尤金四世（Eugene IV）及其继任者尼古拉五世（Nicholas V）绘制壁画。

▷圣马可（SAN MARCO）的《天使报喜》

大约在1440年，弗拉·安吉利科在佛罗伦萨的圣马可修道院，绘制了这幅《天使报喜》壁画。正如壁画的惯常特点一样，它颜色较淡，细节也不如木版画精致，但有一种奇妙的宁静和庄严。

上帝之光

从左上角始，上帝之手将一只鸽子放置于金色光轴上。鸽子是圣灵的象征。

枝叶、花朵和水果

伊甸园描绘得郁郁葱葱，植物细节非常华丽。

▷象征性的鸟

有些人认为，这只黑白相间的鸟是喜鹊（也许是指多明我会修士，他们习惯在白色服装外穿黑色斗篷），但它更可能是一只燕子，预示着春天和新生命。

建筑

这座建筑显示了画家对新透视科学的兴趣，但他并没有借此创造现实环境：如果玛利亚站起来，她的头会碰到天花板。

△《天使报喜》

16世纪时，弗拉·安吉利科的传记作者乔尔乔·瓦萨里（Giorgio Vasari）写道，这幅画中的加百列和玛利亚的形象"似乎出自天堂，而非人手"。

尺寸：162厘米×191厘米。

年代：约1430年。

加百列

加百列的脸描绘得十分简单，与翅膀和光环的细节形成明显对比。

昂贵的材料

除了在光环等细节上大量使用金箔，这幅画还有大面积的群青色，如玛利亚服装和拱顶。群青色由半宝石青金石制成。

玛利亚

加百列出现时，玛利亚正在看书。她双手交叉，表示接受自己的命运。

书口装饰
书口略有花卉图案点缀。

◁重新装订
1885年，本卷由当时美国著名的装订师威廉·马修斯（William Matthews）重新装订。

◁首字母
首字母B开启了《诗篇1》："这人有福……"（Beatus vir…）。

▽古腾堡《圣经》
古腾堡《圣经》的装饰是手工增添的，所以每本都有所不同。
页面尺寸：44.5厘米×31厘米。
年代：约1455年。

四十二行
有时人们称该书为《四十二行圣经》（*42-line Bible*），因为每页上的文字行数大多是42。

纸张
这本《圣经》是用意大利北部生产的高质量纸张印刷的。

植物装饰
页面边框的植物装饰，采用了装饰手抄本的风格。

红字印刷
古腾堡一开始用红墨水印刷标题（rubrics），即章节的开头，但由于太过耗时而放弃，大多数复制品都手写标题。

大小 

古腾堡《圣经》

印刷术发展史上首个伟大里程碑，开启了一场思想交流的革命

德国，美因茨

印刷术的发明是历史上重要的转折点之一，它像今天的互联网一样，彻底改变了15世纪的信息传播。活字印刷术起源于中国，约翰内斯·古腾堡（Johannes Gutenberg）则是西方活字印刷术的发明者，他印刷的《圣经》快速售罄，表明在商业和技术方面，印刷书籍都是可行的。到了1500年，欧洲各地大约有1000台印刷机在运行。

技术、工艺与美感

古腾堡大约于1448年在德国美因茨（Mainz）建造了一家工厂，印刷了一些非常迷你的作品，然后在1455年前后完成了《圣经》印刷。这样一项雄心勃勃的开创性事业，需要解决许多问题，包括字体的制造、印刷机的操作、油墨的成分等，但古腾堡完全掌握了新技术，让这本书成为印刷艺术的宏伟杰作。《圣经》大约印制了180份，其中约有50份或完整或残缺地保存了下来。大多印刷复制品都装订成两卷，第一卷包含《旧约》大部分内容，第二卷包含《旧约》剩余部分和《新约》。然而，此处展示的特大卷包含了整部《旧约》，没有《新约》。

这本《圣经》与大多数复制品一样，是用纸印刷的；少数以更昂贵的牛皮纸印刷，即由小牛皮制成的纸。哥特式或黑体字的文字设置为两列，呈带有光泽的深黑色，使用的墨水是油性而非水性的，从而可以黏附在金属字体上——这是古腾堡的一项创新。页面边框和大写字母由熟练的工匠手工装饰，让页面类似于装饰抄本。此书是精美印刷、优质材料和精湛工艺的卓越结合。

古腾堡

约翰内斯·古腾堡（约1400—1468年）的生平中，很多地方都模糊不清。他出生于德国美因茨，在投入印刷业之前，曾研究过一种打磨宝石的方法，并参与了金属镜的制造。在古腾堡《圣经》完成后不久，他在与商业伙伴的法律诉讼中败诉，不得不交出印刷设备，身败名裂。后来他可能在其他地方继续做印刷工，但无人确知。

每本牛皮纸版的《圣经》需要约170头小牛的皮

◁3种版本

此处展示的，是古腾堡《圣经》3个版本中的同一页文字，显示各版本的手工装饰有多么不同。装饰字母P是《箴言》的开头，“所罗门的箴言”（Parabole Salomonis）。

时钟塔的天文钟

追踪天体的复杂机制，瑞士伯尔尼的主要地标塔楼具有明星般的吸引力

瑞士首都伯尔尼的中心地带，有一座中世纪的钟楼，名为“时钟塔”（Zytglogge），即伯尔尼德语方言中的“报时钟”。这座重要纪念建筑有3个钟面和一个古老的时钟，自1405年以来，始终为人们报时。

时钟塔最突出的元素就是这个复杂的天文钟，位于塔楼的东面。这座钟以明亮的色彩吸引眼球，采用了星盘的形式，旨在展示黄道十二宫与地球转动之间的关系，呈现一幅平面天体图背景，蓝色代表白天，黑色代表夜晚，中间的灰色区域表示黎明与黄昏。名为“网盘”的旋转装置驱动黄道十二宫环，与另一个代表一年365天的圆盘共同转动。除了时间，天文钟还显示日期、当前的月相、黄道十二宫以及日落日出的时间。时钟的黑色外圈上，环绕着24个涂金的罗马数字（从I到XII各两次）来表示时间。由于发条无法设置闰年，所以每到2月29日，就会有人手动调整这个机制。

一天中的时间
一根长长指针的末端有个风格化的手形，指向写有24个涂金罗马数字的外圈，表示一天中的时间。

一周中的日期
钟面顶部的半圆形面板显示一周中的日期。此处显示“Montag”，即星期一。

时钟塔的天文钟▷
数个世纪以来，伯尔尼的所有时钟都设置为该钟的时间。钟的机芯由卡斯帕·布伦纳（Kaspar Brunner）于1527年至1530年设计并制造，至今未更换。
高度：54.5米。
年代：1467—1483年/1530年。

一年之圈
圆圈与主时钟装置相连，内圈列出12个月，外圈列出每个月中的日期。

天空的变化推移
平面天体图背景标出了每24小时里，白天（深蓝色）、黄昏（灰色）和夜晚（黑色）的变化推移。

星座标志
内侧的指针，此处指向代表天秤座（Libra）的天秤，追踪月相。

时钟塔

时钟塔自建成以来，经历了许多变迁。1220年前后刚建成时，它是伯尔尼西边城墙上一座15米高的防御门与警卫塔；14世纪时成了监狱，主要关押一些被指控与牧师发生性关系的妇女。在之后的一个世纪里，塔楼向上延伸，有人捐赠建造了一个传统钟面，而钟面下方则是保留至今的天文装置。

据报道，这个钟启发了
爱因斯坦对时间和光速的推测

象牙猎号

15世纪塞拉利昂（Sierra Leonean）象牙雕刻品的一个美丽例子，是为皇室制作的礼物

15世纪末至16世纪，由西非手工艺人雕刻的象牙制品，是文艺复兴时期欧洲收藏家们渴望拥有的奢侈品。塞拉利昂人是象牙雕刻专家，他们调整作品风格，以吸引欧洲市场，特别是葡萄牙人。此处展示的这只复杂的象牙猎号，是葡萄牙的曼努埃尔一世（Manuel I，1495—1521年在位）送给西班牙君主斐迪南（Ferdinand）和伊萨贝拉（Isabella）的礼物，由一位艺术大师制作，可能是塞拉利昂的滕内人（Temne）或布隆人（Bullom）。吹口的位置位于末端，而非侧面，加上悬挂吊耳的存在，表明这个号角是为出口而制作的。丰富的高低浮雕囊括非洲风格的人物、几何图案、动物、与拉丁文铭文、希腊字母、纹章盾牌、狩猎场景混杂在一起，是当地和欧洲元素的丰富融合。

雕刻号角

象牙切割成数个部分，用于制作不同物品。内有牙髓腔的部分用来制作号角，因为它有着天然的空心。雕刻者先用锛削去象牙外皮，再用磨板磨平表面，而后用凿子、线锯和量具雕刻出图案。数以百万计的大象因象牙而遭宰杀，1990年出台国际贸易禁令，让象牙雕刻工艺品成为一种消失的艺术。

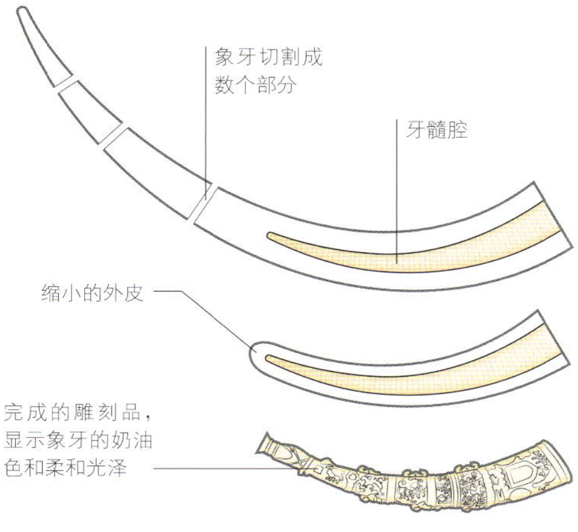

▷象牙猎号

一位不知名的塞拉利昂艺术家雕刻了3个罕见的象牙号角，这是其中之一。这个象牙号角融合了非洲与欧洲的形式、装饰图形、风格和图案模式。

长度：64.2厘米。

年代：1494—1500年。

▽非洲风格

这个人物形象的面部反映了雕刻的是非洲人。他的肩上可能扛着一头豹子。

△欧洲元素

浑天仪是葡萄牙帝国的象征，与葡萄牙的曼努埃尔一世有关。

吊耳和链子

这些雕刻的吊耳上挂着的，有可能是号角的金属吊链残余。

深色的氧化层

随着时间的推移，象牙会出现棕黄色的斑纹，为刚雕刻好时的奶油色增加深厚感。

分层雕刻

角上分层雕刻动物、人、植物和字母，用格纹、串珠或编结图案隔开。

盾形纹章

号角上刻有葡萄牙曼努埃尔一世的纹章。

以象牙制成的猎号得名“象牙号角”（oliphant）

大小

大小

墨丘利
在这组人物的尾端，五月之神墨丘利右手持杖，驱逐冬季的乌云。

橘子
场景设置在一片橘林中，其中一个原因无疑是橘子与美第奇家族的纹章有关。

丘比特
丘比特将箭射向美惠三女神（Three Graces）。他经常描绘成蒙住眼睛的模样，来说明“爱是盲目的”这一观点。

△《春》
这幅美丽的画作可能是波提切利最著名的作品。尽管复杂的意象让历史学家困惑了数个世纪，但它仍然是一幅广受欢迎之作。
尺寸：207厘米×319厘米。**年代：**约1477—1482年。

美惠三女神
美惠三女神在此处描绘为维纳斯的侍女。人们通常将她们视作贞洁、美丽与爱的象征。

维纳斯
爱神维纳斯站在画面中央，橘树的拱形树枝环绕着她，身后有光环。

西风之神
西风之神皮肤呈蓝色，暗示风的寒冷。
此画中描绘的是他在追求克洛丽丝。

克洛丽丝
鲜花从克洛丽丝嘴中飘出。
她变成右手边的芙罗拉后，
脚下有着散落的花朵。

人们确认，这幅画中至少存在138种不同的植物

《春》

文艺复兴时期艺术的杰作，以淡雅、优美的形式与优雅的线条而闻名

桑德罗·波提切利（Sandro Botticelli）的《春》（*Primavera*）创作于1477年至1482年，可能为艺术家的主赞助人洛伦佐·迪·皮耶尔弗朗切斯科·德·美第奇（Lorenzo di Pierfrancesco de' Medici）而作，也许是一份结婚礼物。美第奇在意大利佛罗伦萨附近的卡斯泰洛（Castello）有栋别墅，此画确于这栋别墅中展示过。这幅画用蛋彩画在木板上，最令人钦佩的是艺术家出色的绘画技巧和优雅的人物形象。

复杂的寓言故事

修养甚高的美第奇家族应该参与了此画中复杂寓言细节的策划。历史学家对画作含义的猜测无休无止，却得不出一个明确答案。但有一点似乎很清楚，此画主要是一个关于春天的寓言，呈现为一个梦幻般的非凡场景，设计成从右至左的“阅读”顺序。3月寒风西风之神（Zephyr）从右侧进入画面，追赶仙女克洛丽丝（Chloris）。抓住时，她就变成春天女神芙罗拉（Flora），把鲜花撒在地上。关于她的庆祝一直持续至左侧墨丘利（Mercury）的出现，他驱散了冬天的最后一片云彩。

还有些解释为神话人物赋予了更复杂的含义。这一点在维纳斯（Venus）身上体现得最为明显。马尔西利奥·费奇诺（Marsilio Ficino）曾是美第奇家族的导师，称她为“人文”（Humanitas），比作精神与感官之爱的化身。

波提切利

亚历山德罗·迪马里亚诺·菲利佩皮（Alessandro di Mariano Filipepi，约1445—1510年），人称桑德罗·波提切利，出生于佛罗伦萨。他在画家弗拉·菲利普·利皮（Fra Filippo Lippi）手下学习，成为意大利文艺复兴早期伟大的艺术家之一。他最著名的作品包括《帕拉斯和半人马》和《维纳斯的诞生》。

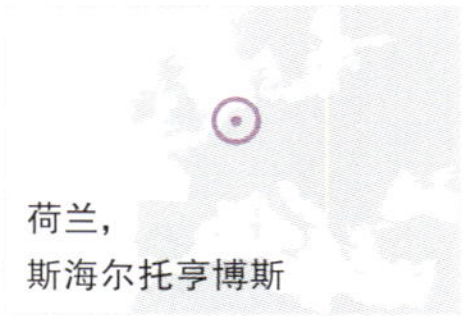

《人间乐园》

尼德兰艺术的梦幻杰作，奇异的幻想激发了许多后代画家的灵感

尼德兰艺术大师耶罗尼米斯·博斯（Hieronymus Bosch，约1450—1516年）是一位特立独行的人，他别具一格的画作并不遵循固定的流派或传统。他不可能对文艺复兴的发展一无所知，但更倾向于遵循晚期哥特风格模式，用复杂的象征和微小的细节来描绘宗教场景。不过，他画作中的虔诚和道德，透过个人幻想和智慧渗透了出来。

从天堂到地狱

《人间乐园》在橡木板上用油彩绘制，是一幅三联画，这种形式通常用于祭坛画。左侧画板背景设置为伊甸园，就在稍年轻的上帝向亚当介绍夏娃的时候。中央画板中的事件发生在看似相同的风景中，却在他们被驱逐出伊甸园之后。裸体男女在巨大的鸟类、动物、水果、有腿的鱼和混种生物之间嬉戏的怪异场景，包含了一种模糊甚至无辜的情色感，似乎令它对情欲之罪的谴责不那么深刻。对如今的我们来说，许多意象都是如此神秘。它们来自歌曲、谚语和手抄本，当时的观者很容易理解。最后一幅画色调黑暗，唤出一种炽热、诅咒的怪诞场景，带来类似超现实的快感。

外部画板

关闭时的三联画

三联画的外侧以灰色单色画（grisaille）展示，地球是个装了一半水的水晶球，包含植物的形态，但没有人类或动物。这代表创世的第三天，即伊甸园形成的时候；也可能是大洪水之后的地球，当时上帝以水清洗世界。可以看到，上帝是左上角的一个微小形象。

▽《人间乐园》

这幅画的首次记载提到，它于1517年出现在布鲁塞尔（Brussels）拿骚（Nassau）伯爵的宫殿中。这是一个显眼的地方，应该有很多人观赏到了，现存的许多临摹品证明了这一点，尤其是对中央画板的临摹。

中央画板的尺寸： 220厘米×195厘米。

年代： 1490—1500年。

生命之泉

这就是生命之泉。大多数尼德兰艺术家以建筑形式将其视觉化，但博斯更喜欢植物般的有机形式。这在下一幅画中得到了呼应。

花园里的蛇

即使在天堂，也有未来麻烦的暗示。此处，蛇绕着知识之树滑行。

大小

▷**复合生物**
博斯喜欢混合不同的生物。美人鱼和人鱼骑士间的争斗，借用自当时的抄本。

草莓树
采摘水果指性行为。在西班牙皇家收藏中，该作品多年来都名为“草莓画”（the strawberry painting）。

▷**自画像？**
“树人”带着诡异的微笑，注视着观者。有人称，他可能是艺术家的自画像。

◁**包入球中**
一对赤身裸体的男女在一个透明泡泡里。泡泡是一种奇怪植物结出的果实。

▷**穴居**
穿着兽皮的亚当和夏娃出现在山洞里。亚当身后半遮半掩的第三个人物可能是诺亚，预示着洪水，即上帝对人类罪恶的惩罚。

恶魔之子
巨大的鸟类怪物坐在厕所椅子上，戴着夜壶状的皇冠，吞噬贪婪之人，并将他们排泄至井内。

5

1500—1699年

这一时期出现了一些世界知名的艺术作品，包括达·芬奇的《蒙娜丽莎》和伦勃朗的《夜巡》，都诞生于欧洲画室。文艺复兴时期，随着人们对古希腊和罗马作品的兴趣重新燃起，西方艺术中的宗教主题发生了转变。而制作精美物品，例如切利尼盐罐，展示了强大赞助人的财富和地位。欧洲以外，波斯手工地毯和插画手稿、西非铜器、土耳其陶瓷，以及日本水墨画，在美感和品质上达到了新高度。墨西哥阿兹特克时期的重要遗迹则提醒人们，勿忘失落的文明。

《蒙娜丽莎》▷
列奥纳多以非凡细腻的笔触，与宁静、放松的庄严姿势相结合，为肖像画带来一种崭新的自然主义。
尺寸：77厘米×53厘米。
年代：约1503—1507年

《蒙娜丽莎》

世界上最著名的画作，因其微妙的笔触、自然的姿势与表情而备受推崇

作为文艺复兴时期肖像画的代表作，列奥纳多·达·芬奇（Leonardo da Vinci，1452—1519年）的《蒙娜丽莎》描绘了佛罗伦萨的上层社会女性，丽莎·吉盖拉迪尼·乔孔多（Lisa Gherardini del Giocondo）。意大利语中的“蒙娜”（mona）是一种礼貌性称呼，即“我的女士”（mia donna）的缩略语。

据载，列奥纳多于1503年就在创作这幅肖像画，但不清楚是何时开始、何时完成的。实际上，人们都不确定他是否完成了此画：显然，他从未将此画交给赞助人，委托方可能是丽莎的丈夫，一位富商；当他于1516年或1517年应弗朗西斯一世（Francis I）之邀，前往法国定居时，仍带着此画。此时，这幅画在艺术界已众所周知。但直到19世纪后期，它才在大众间声名鹊起，成为女性神秘与诱惑的代名词，正如法国作家泰奥菲尔·戈蒂耶（Théophile Gautier）在1859年称它为“美的斯芬克斯”（sphinx of beauty）。

微妙与难以捉摸

肖像的神秘感在很大程度上取决于被画者表情的微妙与难以捉摸：“高深莫测的微笑”。这个形容来自英国作家沃尔特·佩特（Walter Pater）一篇关于列奥纳多的狂热短文，发表于1869年。对佩特而言，此画唤起了“奇怪的想法……奇妙的遐想……精致的激情”。它也同样吸引了无数作家，激发了各种评论和猜测。其中一种古怪理论认为，它描绘的不是女人，而是列奥纳多本人。

▽编结工艺
在列奥纳多的数幅作品中，都出现了类似于礼服顶端的复杂编结工艺，与他的名字形成双关：在意大利语中，“vinci”有“链条”的意思。

拿破仑将《蒙娜丽莎》置于他卧室里达4年之久，然后将其移至卢浮宫

《蒙娜丽莎》的影响

当列奥纳多还在创作《蒙娜丽莎》时，它就开始影响其他看到过原画的艺术家。拉斐尔（Raphael）此时主要在佛罗伦萨工作，画的几幅肖像画明显都受到了它的启发，此处这幅借鉴了很多特征，几乎完全是临摹。弗朗斯·哈尔斯（Frans Hals）的肖像画（中间）是对列奥纳多作品的更宽泛反映，头部的转动、微笑和叠起的双手，都可以追溯至《蒙娜丽莎》。哈尔斯从未见过原作，但可能知道它的众多临摹和改编作品。柯罗（Corot）的画（最右）是一个更刻意的致敬行为，制作于《蒙娜丽莎》已广为人知的时候，而并非仅限于艺术鉴赏家圈里。这幅画的尺寸与《蒙娜丽莎》几乎完全相同。

约1505年，拉斐尔，《阳台上的年轻女子》

约1648—1650年，弗朗斯·哈尔斯，《坐着拿着扇子的女子肖像》

约1868—1870年，卡米耶·柯罗，《珍珠女郎》

面纱

有人认为，精致的黑色面纱可视为哀悼的标志，但这种面纱当时是一种时尚配饰。

△晕涂法（SFUMATO）

列奥纳多是无与伦比的晕涂法表现者。他笔下的色调混合是如此微妙，像烟雾逐渐消失一样，相互融合在一起。

景观

在列奥纳多的数幅画中，都出现了这样一片神秘、荒芜的岩石景观。

柱脚

坐着的人两侧，都可以瞥见柱脚。可能画作被切割过，原来可以看到更多柱身。

手

双手以随意的姿态摆放，有助于营造流畅优美的自然主义感觉。

大小

大小

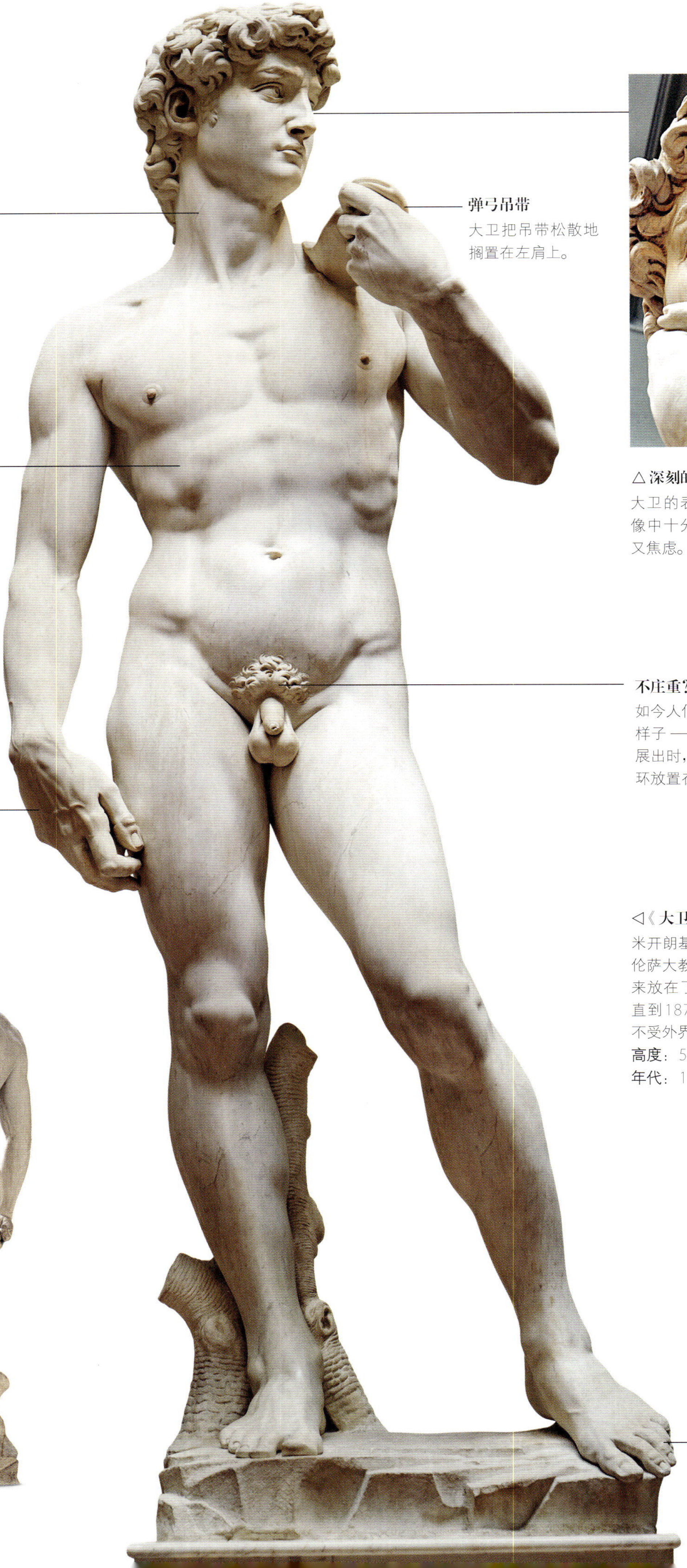

动感

大卫正转过头来面对敌人。米开朗基罗以高超的技艺，成功地在人物身上传达了一种动感。

弹弓吊带

大卫把吊带松散地搁置在左肩上。

△深刻的表情

大卫的表情有一种心理深度，在古典雕像中十分少见。这个青年看起来既挑衅又焦虑。

平坦的躯干

大卫的躯干从前至后都很纤细，可能是因为雕塑家所使用的大理石块非常扁平。

不庄重?

如今人们看到的《大卫》是最初的样子——裸体。当雕像于1504年展出时，一个由28片铜叶组成的花环放置在他腰间，以增庄重。

青筋毕露的手

大卫巨大的手掌上青筋凸起，十分显眼。他拿着要用弹弓发射的石头。

◁《大卫》

米开朗基罗的标志性雕像原本要放在佛罗伦萨大教堂的高处，俯瞰整个城市，但后来放在了维奇奥宫外。它一直站在那里，直到1873年移往学院美术馆内，保护它不受外界侵扰。

高度：5.2米。

年代：1504年。

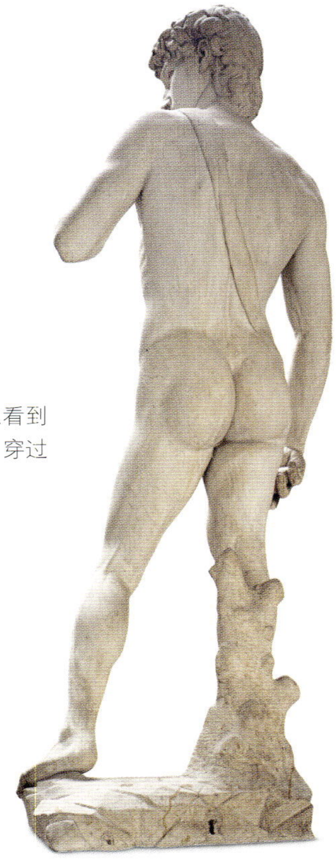

▷后视图

大卫背部可以看到弹弓的带子，穿过右臂。

受损的脚趾

左脚的脚趾在1991年遭损坏，当时画廊里有位参观者用锤子攻击了雕塑。损坏的部分后来得到修复。

《大卫》

世界上著名的雕像之一、意大利文艺复兴盛期的最高成就

与达·芬奇一样，米开朗基罗是文艺复兴时期的典型人物。他是杰出的画家，也是出色的建筑师、诗人，更是一位雕塑家。他26岁时开始创作《大卫》，很可能是他在这一领域的最佳成就。这座雕像已经拥有标志性的地位，得到全世界范围的认可和模仿。

激进的新重点

在《圣经》故事《大卫和歌利亚》(*David and Goliath*)中，年轻的牧羊人击败了身形巨大的敌人。对佛罗伦萨人而言，这个故事有着特殊意义，当权者将大卫视作他们这个小共和国的象征——一个英勇、不屈不挠的弱者，能够战胜更伟岸、更强大的对手。以前也有过制作《大卫》雕像的委托，多纳泰罗和韦罗基奥的雕像都有值得一提的版本，但米开朗基罗的《大卫》是一个全新突破。

传统上，艺术家描绘的都是胜利结果，大卫在歌利亚的头边摆好姿势，但米开朗基罗却专注于紧张的预备动作，青年战战兢兢地注视着他的敌人。

除了主题，米开朗基罗还喜欢模仿古典艺术中的对偶倒列姿势。他非常欣赏这种姿势，视作一种技术挑战。他将人物重量放置于一条腿上，并改变臀部角度。除此之外，他还添加了明显的现代特征，令面部表情既戏剧化又真实。

米开朗基罗的成就更加引人注目，因为他使用的是一块旧大理石，已有两位雕塑家加工过，且拒绝使用。他以为这座雕像会摆在高远处供人观看，便夸大了雕像头部和手部的大小。

△安德烈亚·德尔·韦罗基奥
韦罗基奥的青铜《大卫》像（约1473—1475年），刻画了一位优雅青年，摆出了胜利姿势，但这位英雄自信而外向。

将雕像运至1.6千米外的维奇奥宫（Palazzo Vecchio），花了4天时间

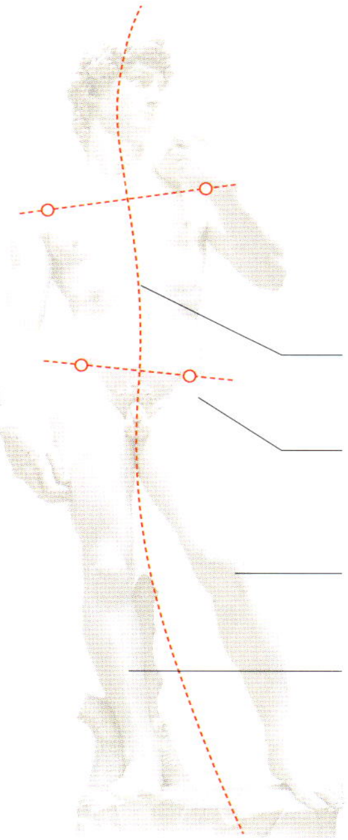

◁对偶倒列
古希腊人发明了对偶倒列姿势，呈现人体扭曲或转动的姿态。

雕塑中的细节

米开朗基罗的高超雕塑技艺基于对解剖学的透彻了解。早期艺术史学家乔尔乔·瓦萨里记载，米开朗基罗在年轻时“不断剖开人类和动物的尸体”，以了解骨骼、肌肉、神经和血管的结构。这些解剖工作在佛罗伦萨的圣灵教堂修道院（the convent of Santa Maria del Santo Spirito）医院进行，那里有个专门的房间供他使用。对皮肤之下身体运作原理的理解，成了他雕塑和绘画的现实主义详细基础。

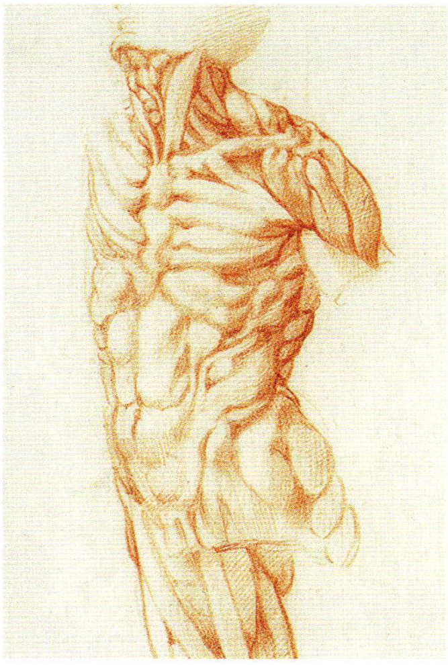

男性躯干的肌肉和骨骼部位图（ECORCHE）

厄立特里亚女先知

这位女先知的名字来自今土耳其的一座古城。她在城中传达了一个神谕，预言了基督的到来。

人类的堕落

米开朗基罗在一个画面中结合了故事的两个阶段：左边是亚当和夏娃受到诱惑偷吃禁果；右边是他们因违背上帝而被逐出伊甸园。

以西结（EZEKIEL）

左手拿着一卷预言书的以西结，是《圣经》中的主要先知之一，也是旧约《以西结书》（*Book of Ezekiel*）的核心人物。

▽裸体青年（IGNUDI）

健壮的裸体（意大利语为"ignudi"）在教堂里似乎很不协调，但它们传达了这样一种理念：每个人的灵魂在上帝面前都是赤裸的。

大小

◁**西斯廷教堂天花板**
米开朗基罗绘制西斯廷天花板时，几乎无人帮助，只让助手分担工作的机械部分，如在表面涂抹灰泥。
尺寸：约40米×13米。
年代：1508—1512年

西斯廷教堂天花板

作为文艺复兴时期的最高杰作，米开朗基罗的天花板结合了势不可挡的宏伟感与耐人寻味的精神性

西斯廷教堂是罗马梵蒂冈的主教堂，1477年在教皇西斯都四世（Sixtus IV）的领导下开始建造，并于1483年举行了落成典礼。教堂的名字即取自教皇之名。此时，墙壁上已经装饰了一系列壁画，由当时一些重要画家创作，如波提切利。尽管这些壁画已令人印象深刻，但米开朗基罗所增添的摄人心魄之作，完全取代了它们。1508年至1512年，他为教皇尤利乌斯二世（Julius II，西斯都四世的侄子）绘制了天花板；教皇保罗三世（Paul III）委托的《最后的审判》（*Last Judgement*），于1536年至1541年绘制于祭坛墙上。

天花板上的壁画

壁画描绘了摩西和基督的生活场景。米开朗基罗的天花板壁画表现了《圣经》历史的早期阶段，从世界的创造，到诺亚的故事。

天花板中央有9幅《创世纪》（*Book of Genesis*）中的大型叙事画，包括令人惊叹的《创造亚当》（*Creation of Adam*）。两侧和两端是巨大的先知和女先知形象，据载，他们预言了基督教故事的内容。窗户上方是较小的基督祖先形象，角落里有4个以救赎为主题的《旧约》画面。除了《圣经》中的人物，中央场景的四角上还有光芒四射的裸体青年形象，人们认为，他们代表神圣完美的形象。1512年天花板揭幕时，被誉为几乎超越常人所及的成就，奠定了37岁的米开朗基罗“最伟大的在世艺术家”地位。他的天才震撼了同时代的人，得名“神圣的米开朗基罗”（the divine Michelangelo）。

米开朗基罗

米开朗基罗·博那罗蒂（Michelangelo Buonarroti，1475—1564年）的雕塑家、画家、建筑师生涯，几乎长达¾个世纪。在那段时间里，他是世界上最著名、最令人钦佩、最具影响力的艺术家。他主要在佛罗伦萨和罗马之间开展创作。在佛罗伦萨，他为强大的美第奇家族工作；在罗马，他连续为多位教皇服务。尽管他取得了巨大成功，但生活节俭，致力于艺术与宗教。

天花板立即被誉为几乎超越常人所及的成就

△**创造亚当**
天花板上的这个细节描绘了亚当，以及上帝在亚当“出生”时伸出的食指。亚当的形象是艺术史上伟大的裸体画之一。

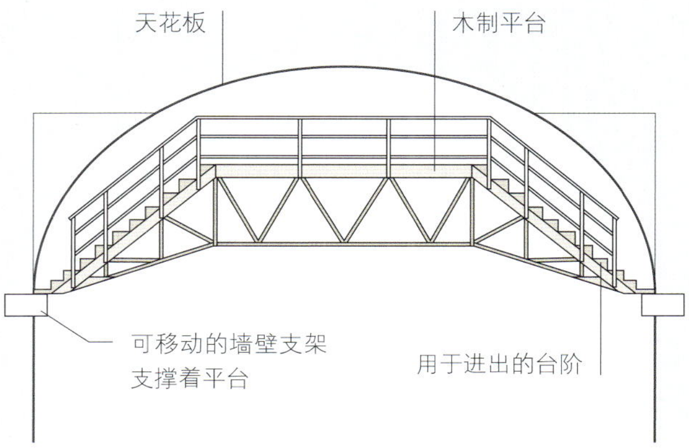

△**巧夺天工的脚手架**
米开朗基罗设计的脚手架支撑在墙壁上，而不是从地板上架起。这样，当他在天花板上工作时，教堂的活动可以继续开展。

染色纸

纸张用鲜花、草药等天然物质染色，经过抛光，且经常洒上金或银，以达到华美效果。

▽最后的润色

绘画的后期阶段之一是“pardakht”，意为完善或修正。艺术家用最精细的毛笔添加细节，令人物、动物和自然界栩栩如生。

勾线

画图之前，用细黑墨水勾出底图；画完之后，再勾勒轮廓。

天然颜料

使用矿物、有机及草药颜料，如青金石、赭石和玫瑰粉，与水或阿拉伯胶混合。

分层的颜色

使用不透明和透明的颜色来创造不同色调，突出明亮部分。

优雅的书法

流畅的悬体字（nasta'liq）发展于14世纪至15世纪的波斯。它是用一种修剪过的芦苇笔（qalam）书写的。

大小

◁塔赫马斯普的《列王纪》

这幅细密画描绘了波斯的第一位国王，伽尤马尔特（Gayumarth），或称凯尤玛尔斯（Kayumars）。他身披豹皮，在群臣中登基。此画是塔赫马斯普的《列王纪》开篇。这部史诗由波斯诗人菲尔多西（Firdausi）在约977年至1010年写成。

高度：48厘米。

年代：约1520—1540年。

塔赫马斯普的《列王纪》

波斯国家史诗中最著名的插画手稿，也是16世纪波斯细密画艺术的伟大成就

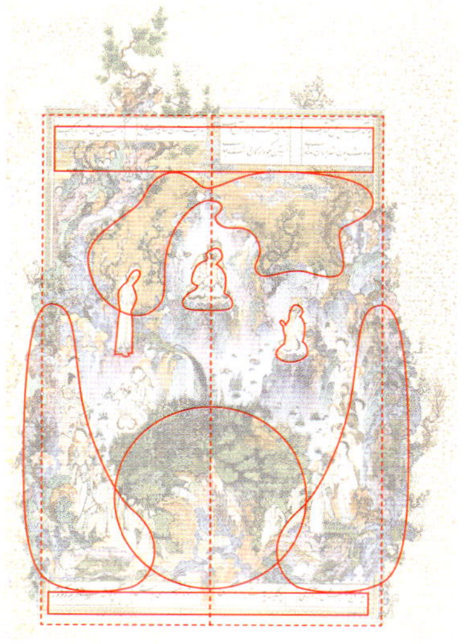

△平衡构图

平衡在萨法维的手稿中非常重要，既影响到细密画的构图，也影响到文字和图像间的关系。

波斯的统治者是艺术的忠实拥趸，从13世纪开始，细密画和手稿彩绘成为波斯艺术的重要特征。在1501年至1722年统治波斯的萨法维（Safavid）王朝时期，出现了一种新的细密画风格。它将早期画派的内敛优雅和平衡构图与大不里士（Tabriz）艺术家所特有的更明亮色调和更富表现力风格作了结合。大不里士正是萨法维王朝的第一个首都。新风格常常表现的内容包括：当时流行的消遣活动，如猎鹰或读诗；风格化的花朵和精致的动物图画；多人物场景；多种色彩和黄金的运用；质量提升的肖像画；以及字体和装饰边框的优雅感。

16世纪20年代初，第一任萨法维统治者伊斯玛仪沙赫（Shah Isma'il，1501—1524年在位）热衷于将自己与波斯古代国王相关联，委托专人编辑波斯11世纪的浩瀚民族史诗《列王纪》(*Shahnameh*)。这项工作在大不里士的皇家工作室进行，由当时最知名的艺术家负责，包括苏丹·穆罕默德（Sultan Muhammad）、米尔·穆萨维尔（Mir Musavvir）和阿迦·米拉克（Aqa Mirak）。该书历时约20年完成，最终献给了伊斯玛仪之子塔赫马斯普（Tahmasp，1524—1576年在位）。

一部精美的史诗

塔赫马斯普的《列王纪》也许是有史以来拥有最豪华插图的史诗复制品，反映了伊斯玛仪宫廷的财富，公认为伊斯兰图书艺术的巅峰之作。它比许多当时的装饰作品都大，洒金页面包含759页文本和258幅质量上乘的细密画。

▷塔赫马斯普一世

这幅塔赫马斯普一世的肖像，由著名的波斯细密画画家法鲁克·贝格（Farrukh Beg，约1545—约1615年）创作。塔赫马斯普本人是一位艺术家，也是一位热情的艺术赞助人。

伊斯兰书籍的艺术

精致的手稿由17世纪至19世纪伊斯兰世界的娴熟艺术家创作。纸张是手工制作的，通常有大理石纹或镀金。抄写员以书法抄写文字，然后将书页交给画家。插画师和镀金师对书页进行点缀。最后，书页收集成书，并作豪华装订。

塔赫马斯普沙赫的《列王纪》其中两页

此画是一幅超过8米长手卷的卷首插图

秋景
藤蔓树叶的红色让画面定格于秋天，也就是文官考试的季节。

树木的寓意
桂花树，传说与考取功名有关，如我们听说过的“折桂”一词。

《 蕖桂斋图 》

一幅16世纪的画作，展示了中国艺术对自然世界的高敏锐度

文徵明（1470—1559年）出生于一个高官家庭，在官场失意后，才开始接触艺术。15世纪至16世纪明朝富足时期，有一批业余文人画家，他是其中一员。他多产且极具影响力，获得“明四家”之一的称号，是“吴派”的领军人物，曾师从“吴派”创始人沈周。《蕖桂斋图》以彩墨画于纸上，延续中国山水艺术的悠久传统，并带来了新鲜感和敏感性。这幅画是文徵明60多岁时创作的，用笔精细，用色微妙，是一幅园中学者的绝佳画像。它也是文徵明及其同龄人崇尚自然的缩影，浸润了儒家自然和谐的理念。

◁ **《夏日雨后》**
文徵明多才多艺，他的诗歌、书法同绘画一样令人钦佩；部分作品甚至结合了这3种技能。此处所示的是文徵明在金箔纸上落笔书法的折扇。

沉思生活

一堵墙略微遮住了郑子充的视线。他向外望去，朝着山顶上的美景沉思。

岩石之美

中国画敏锐勾勒山峰峭壁的传统，比文徵明所处的时代早了1000多年。

▽《藂桂斋图》

文徵明画这幅画卷，是为了庆祝昔日同窗好友郑子充通过文官考试。

尺寸：32厘米×56厘米。

年代：约1532年。

背景人物

人们认为，身着白衣的人物是书童。

◁学者的标志

装在郑氏书斋柜子里的书卷，体现了他对学习的热爱。他也是著名诗人。

《乌尔比诺的维纳斯》▷
提香展示了他无与伦比的技巧，用油画颜料创造出多样而微妙的光线、色彩和纹理效果。
尺寸：119厘米×165厘米。
年代：约1538年。

《乌尔比诺的维纳斯》

一幅具有高度感官性的裸体画，因其华丽艺术与巨大影响而引人注目

提香（Titian）的《乌尔比诺的维纳斯》是文艺复兴时期美丽的裸体画之一，具有强烈的情欲色彩，同时充满了对婚恋的暗示，对其他艺术家产生了巨大影响。人们就她的身份提出了各种猜测——女神、情妇、交际花、新娘。这位躺在床上的裸体少女并不端庄，而用一种大胆、挑衅的目光看向观众。这幅画是乌尔比诺公爵在结婚前后购买的，可能是为了庆贺亲密的夫妻关系。

头发
金褐色的头发披散在丰满的肉体上，几乎成了提香的一个标志。

玫瑰花
女子右手拿着一束玫瑰。这是传统上与爱情有关的花朵。

脸部
在提香的其他几幅画作中，出现了非常相似的面部特征，所以艺术家可能用的是一位最喜欢的模特。

提香

威尼斯艺术家提齐安诺·韦切利奥（Tiziano Vecellio，约1480年/1485—1576年），人称提香，是整个艺术史上杰出的人物之一。他擅长肖像、宗教和神话题材绘画，是第一位充分挖掘油画表现潜力的艺术家，尤其是在他的后期作品中。同时代人认为，他是一位艺术巨匠。

大小

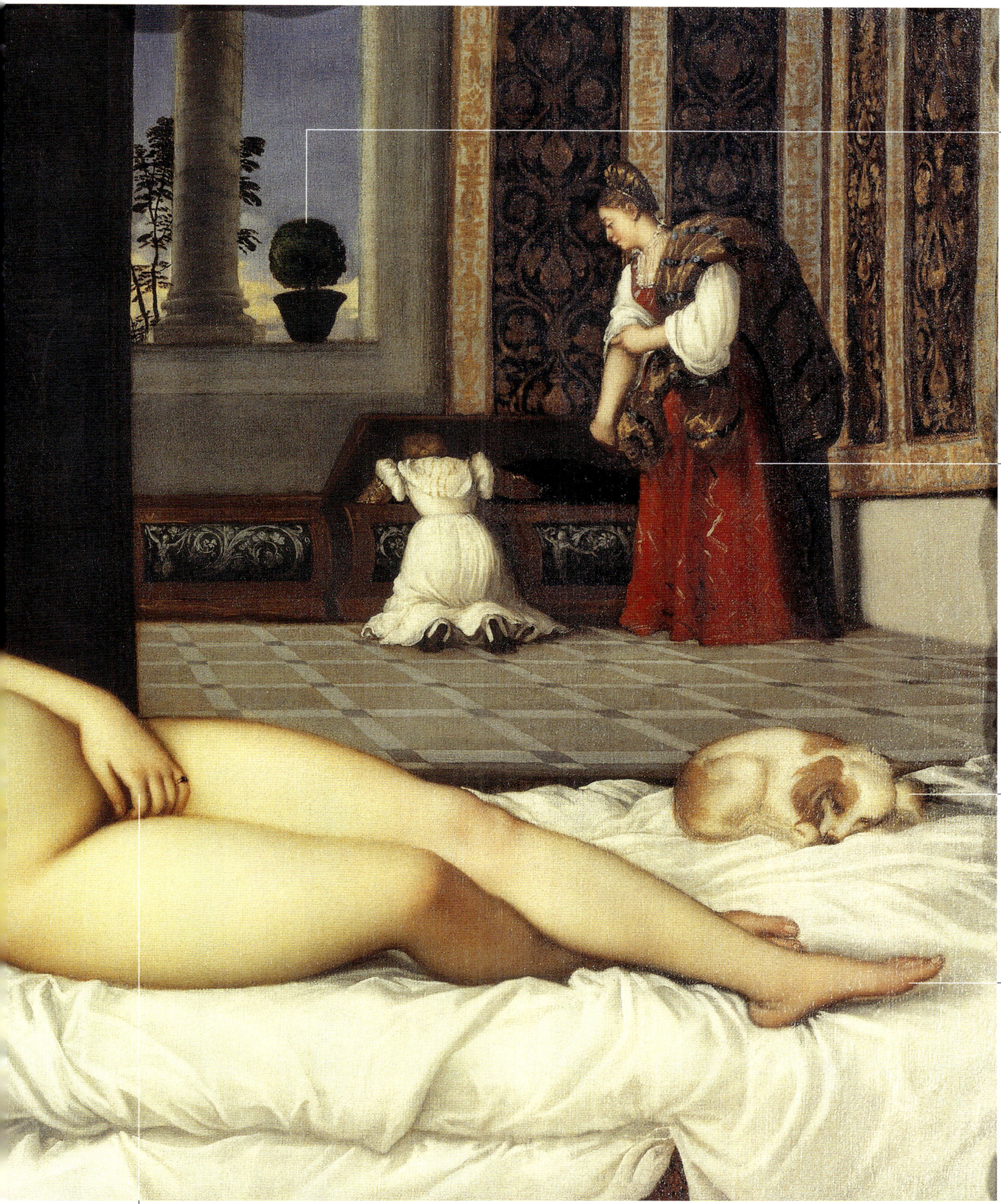

香桃木

窗台上放着一盆香桃木。这是维纳斯的圣物，也是爱情的象征。

背景人物

人们认为两个背景人物分别是宫廷女侍和女佣。女佣正在一个嫁妆箱（cassone）里寻找东西，估计是为女主人找衣服。

狗

蜷缩在床脚的是一只小狗。这种动物在艺术中经常用作忠诚的象征。

脚

脚明显偏小，这是提香将身体形状平滑成优美轮廓的方式之一。

手部

女子左手随意地放在下体，这种姿势源自古代雕塑。此处，它的诱惑力与遮掩作用一样强。

一个理想化的美丽形象，

而非某位具体女子的描绘？

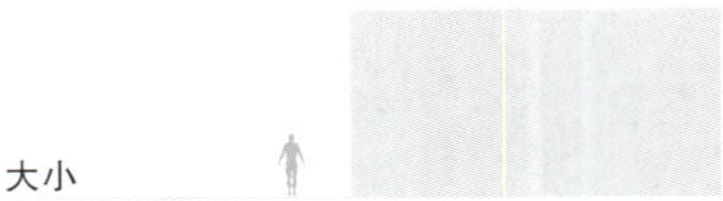

▷**阿尔达比勒地毯**
这是两张（可能曾经是相同的）阿尔达比勒地毯中较大的那张。最初，它甚至可能更大。丰富的色彩和平衡的构图，反映了16世纪萨法维宫廷的艺术风格。
尺寸：10.51米×5.34米。
年代：约1539—1540年。

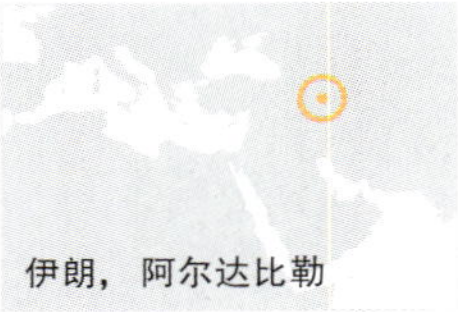

阿尔达比勒地毯

世界上最古老的地毯，是萨法维时期波斯精湛工艺的著名例子之一

1539年至1540年，萨法维的塔赫马斯普一世沙赫（1524—1576年在位）下令，为诗人、神秘主义者、教师萨非丁·阿尔达比利（Safial-Din Ardabili）位于阿尔达比勒（Ardabil）的神龛，制作两张巨大的栽绒（knotted-pile）羊毛地毯。19世纪时，有人用其中一张地毯的碎片来修复另一张，导致如今这两张地毯大小不同。此处展示的是其中较大的那张。

这两张辉煌灿烂的地毯之所以如此与众不同，不仅仅因为它们是世界上最古老的地毯，更因为美丽设计、绝佳工艺以及令人震惊的精确性。无论在什么时期，可能都需要多达十名织工花费数年时间，才能完成这两张地毯。它们密度极高，每100平方厘米约有5,300个绳结。每个结都以手工打成，巧手织工因而能够创造出高度复杂的设计：深蓝色的大块区域中，有一圈杏仁状的中央奖章与两盏灯，装饰着开满鲜花的藤蔓，四周还有装饰边框。

打结技术

波斯地毯通常采用两种打结方式。一种是对称结，又称土耳其结，即纱线绕在两根经线上，留下两根经线之间的簇（tuft）。另一种是不对称结，又称波斯结，即纱线绕在一根经线上，在另一根经线下方保持松散。阿尔达比勒地毯是在白丝纬线（横向）和经线（纵向）的基础上，用不对称结编织的。正是不对称结，让如此高密度、多细节的地毯成为可能。

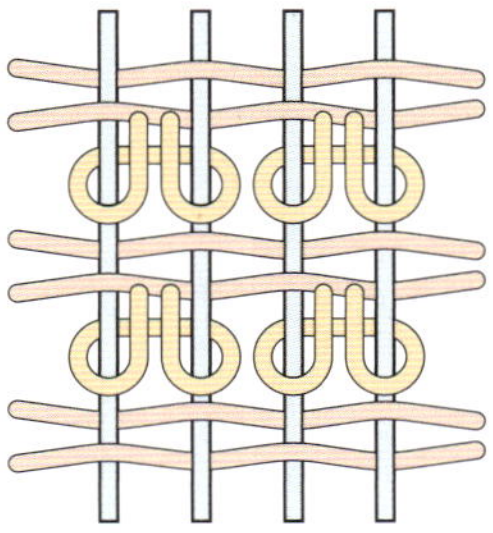
土耳其结的打法

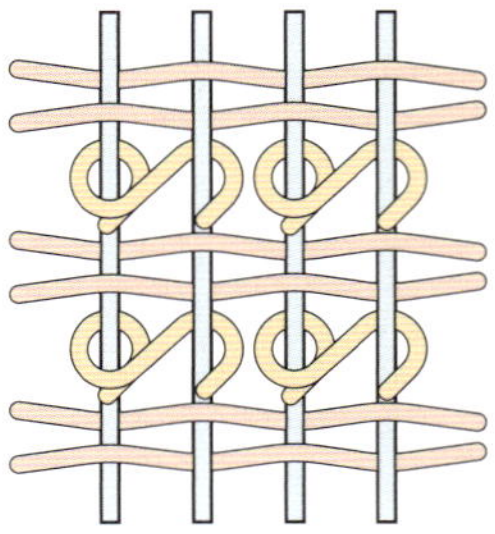
波斯结的打法

这两张地毯拥有超过3500万个羊毛结

多种颜色
这张地毯使用了10种颜色的羊毛，用天然材料染色，如石榴和靛蓝。羊毛色调各异，形成了生动的色斑效果，称为“变色”(abrash)。

不均衡的灯
这两盏灯的尺寸不等。

◁蔓叶花样
地毯上有华丽的弯卷花朵和叶子，是萨法维时期的图案特点。

▷铭文
一块小板上标明了日期，以及监督地毯制作的宫廷官员之名，马克苏德·卡沙尼（Maqsud Kashani）。

▷切利尼盐罐
盐罐呈文艺复兴晚期的复杂、优雅风格。黄金以手工敲打而成，并非铸造。
高度：26厘米。
年代：1540—1543年。

水
男性形象代表水，与象征大地的女性既互补又对立。

三叉戟
三叉戟是尼普顿的传统特征。他是罗马的海神。

海洋生物
鱼、海豚和幻想中的海洋生物，从盛盐船至下方的波浪中浮现出来。

底座
人类活动的标志，让这些寓言人物可加以区分。

切利尼盐罐

文艺复兴时期最伟大的金匠作品，结合了精致的工艺和复杂的寓意

切利尼是那个时代的杰出金匠，但他的大部分贵金属作品都没有流传下来。除了几枚硬币，这个1540年至1543年的盐罐，是现存唯一一件无可争议出自他手的黄金作品。他最初是为罗马赞助人伊波利托·埃斯特（Ippolito d'Este）红衣主教构思的。主教拒绝资助后，切利尼带着蜡像模型前往法国，为弗朗西斯一世工作了五年。弗朗西斯一世是意大利文化的忠实崇拜者，立即垫付了黄金的费用。

工匠精神与象征意义

切利尼在自传中详细描述了这个盐罐。两个主要人物躺在海马和海豚间，代表着海（或海神尼普顿）和陆（或大地女神特勒斯），腿交织在一起，暗示着“大海延伸至山中”。他们构成了一个关于盐之起源的寓言，据说，盐由陆地和海洋中的物质混合而成。在他们两侧，有盛放盐（船只）和胡椒（神庙）的容器。黑檀底座周围是四种风的化身，中间穿插着4个躺下的寓言式人物——晨、日、夜、暮。他们的姿势显示，切利尼心中的英雄，米开朗基罗，带来了一定的影响。

大小

大地女神

特勒斯饰有水果和鲜花，象征大地的丰饶。

孕育生命

大地女神左手捏着乳房，这个手势体现自然界的资源和繁育。

明亮的细节

色彩鲜艳的珐琅用于增添活力与细节。此处是法国鸢尾花。

象

象与南亚有关，也就是花椒的进口之处。

▷火蜥蜴

此处，火蜥蜴抬起了头。它是弗朗西斯一世最喜欢的图案，经常可以在他的建筑物上看到火蜥蜴装饰。

△另一视角

底座上的象牙轴承让盐罐可以转动，以便人们从各个角度观看。

△迷你神庙

这座装饰丰富神庙的设计目的，是为了储存国王餐桌上的胡椒。小巧的女性形象构成了盖子的把手。

本韦努托·切利尼（BENVENUTO CELLINI）

切利尼（1500—1571年）生于佛罗伦萨，死于佛罗伦萨，大部分生涯都在那里度过。但他也曾在其他地方工作过，尤其是罗马和法国。在他职业生涯早期，曾在教皇的造币厂等地，做过大量徽章制造工作。后来他开始从事大型雕塑工作，但他首先是一位金匠。除了艺术作品，他还因自传而闻名。自传生动描述了他动荡不安的生活：骄傲、滥交、极度暴力，逃脱谋杀罪的惩罚，但因其他罪行而多次入狱。

贝宁铜器

精致的浮雕和雕塑，点缀了16世纪至17世纪西非的贝宁王宫

贝宁王国由伊多人（Edo，即今尼日利亚人）于900年左右建立。16世纪时，贝宁王国因征服和贸易而变得十分富有。在贝宁城的王宫里，娴熟的工匠们努力满足“奥巴”（oba，意为“国王”）对物品的要求，以昭示他的权力，点缀宫廷的辉煌。他们主要以青铜或黄铜为材料，创作出统治家族、宫廷官员、士兵和神圣动物的精致雕像，可与文艺复兴时期的欧洲杰作相媲美。

贝宁的手工艺人使用失蜡法进行金属铸造。众所周知，这种技术很难。他们制作了数以百计的薄金属浮雕饰板，钉在整个王宫的柱子上。有些描绘了宫廷的繁荣生活，包括外国商人和士兵，有些则纪念过去的胜利或一些历史事件。因此，这些饰板提供了关于王朝和社会历史的宝贵记录，让我们对宫廷礼仪和传统习俗有了深入了解。伊多人制作了精美的国王和王后头像，有些材质是象牙而非金属，摆放在祭坛上供人敬奉。

△战争之豹
士兵把这种豹头形状的铜制臀部装饰品佩戴在腰间，作为区别的标志，或在战斗中提供保护。

与欧洲的贸易

16世纪埃西吉奥巴（Oba Esigie，约1504—1550年在位）时期生产的铜器质量最佳。当时，葡萄牙贸易商对黄铜、青铜手镯等的需求增加，刺激了铜器产量。这种接触也导致伊多人创作了描绘葡萄牙士兵等欧洲人的作品。

这些铜饰板是贝宁金属工匠技巧和创造力的证明

▷宫殿饰板
这些来自贝宁王国王宫的黄铜饰板在伦敦的大英博物馆展出。贝宁奥巴的宫廷柱子上，曾经装饰着大约850块这样的饰板。

贝宁与欧洲

15世纪末，首批来到贝宁的欧洲人是葡萄牙商人，从海上抵达。在与欧洲人建立广泛贸易的同时，贝宁的统治者一直对境内外国人保持着严格的控制，直至19世纪。在欧洲“瓜分非洲”期间，由于英国试图将影响力扩大至尼日利亚，贝宁王国逐步式微。1897年，一支英国军队袭击了贝宁。王宫被烧毁，青铜器被洗劫一空。如今，它们大多陈列于英国、德国等西方国家的博物馆。

17世纪的葡萄牙士兵铸铜雕像

◁贝宁铜器
这块饰板描绘了一位奥巴手抓两头豹子的尾巴。豹子象征王室，在伊多文化中受到尊敬。
高度：49厘米。
年代：约1500—1600年。

豹子
这两头豹子戴着小铃铛项圈，表明它们是驯养的。奥巴经常在宫殿里饲养驯服的豹子。

珊瑚珠
奥巴戴着一条珊瑚珠串成的多链项圈。这种抛光的红色珠子是伊多统治者权力与地位的标志。

串珠长衫
奥巴的外衣上，挂着带有铃铛的珠饰。

栩栩如生的泥鳅
奥巴的腰带上挂着两条泥鳅。泥鳅是另一种象征性的王家动物，代表奥巴在水域的权力。

叶状图案
点状的背景上，刻有独特的叶子图案，名为“河叶”（ebe-ame）图案。

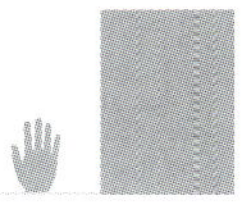
大小

阿兹特克太阳石

来自16世纪的巨大玄武岩块，雕刻复杂，暗藏着阿兹特克人传说中隐蔽的奥秘

太阳石重达25吨，是阿兹特克人雕刻的巨大丰碑，具体目的不详。我们更能确定的是它的创造年代，因为上面刻有蒙特祖马二世（Moctezuma II，1502—1520年在位）的字样。西班牙征服此地之前，他是最后一位阿兹特克皇帝。作为异教纪念物，信仰天主教的西班牙人把它埋在墨西哥城的主广场，经过两个世纪，人们直至1790年才重新发现，认为它是中美洲艺术的一个非凡例子。

长期以来，学者们一直在争论这块石头上复杂符号网的含义。上面有代表日期和月份的雕刻字形，让学者们多年来认为它是一块日历石。然而，如今大多数专家认为，它承载着更邪恶的目的，即作祭坛之用，阿兹特克人称为“鹰之容器”（cuauhxicalli）。这块石头中央刻有太阳神，每隔260天，就会处死一个俘虏，因为这一天是阿兹特克年中的世界末日。向太阳献上人类鲜血，可以将世界末日再推迟一年。

▽第5个太阳

环绕方块的线条，构成了第5个太阳的标志，代表这块岩石雕刻的时代。

▽阿兹特克太阳石

布满各种符号的同心圆围绕着中心图像。虽然这块石头如今以直立的形式展出，但最初它是平放在地上的。

直径：3.58米。

年代：1502—1520年。

历史的四个时期

中心脸部周围的方块，代表以前的4个“太阳”，或指人类历史的各个时代。

日期符号

内圈的符号表示阿兹特克日历中的20天，与13个数字结合在一起，构成了一年260天。

献祭之神

学者们认为，中央图像代表太阳神托纳季乌。图中，他两手各持一颗人心。

火焰之神

两条火蛇的身体围绕着外环，头在底部中央，尾巴在顶部。

苏莱曼大帝的花押

一件复杂而精美的艺术品，也是奥斯曼帝国的皇家签名和权力象征

世界上许多地区的政府中，都常见在国家文件上加盖印章的习惯，用来确认文件的权威性。但在奥斯曼王朝统治的帝国中，称为“图格拉”（tughras，意为花押）的皇家标记本身，也成了美的表现物。此处所示的绝美图格拉属于苏莱曼大帝（Suleiman the Magnificent，1494—1566年），他是奥斯曼帝国巅峰时期的统治者。

图格拉由官方书法家绘制轮廓，再由插画师填入复杂的细节。此图中，钴蓝色的墨水用来绘制铭文的主线条，而流畅的双环内侧等区域，则饰满了粉色、绿色、蓝色水彩和金箔绘成的弯卷花卉精致图案。这种优雅形状的起源不详，灵感可能来自猛禽，或代表一个拇指印和3个手指印。铭文写道：“苏丹苏莱曼，苏丹塞利姆·汗（Sultan Selim Khan）之子，永远的胜者。”这位苏丹是一位诗人，同时也是一位军事统治者，对艺术的关注表现在自己签名的优雅与流畅中。

▽ **苏莱曼大帝的花押**

苏莱曼的花押可能是其中最精致的。它以墨水和水彩绘制于纸上。**尺寸**：63.5厘米×76厘米。**年代**：约1555—1560年。

权威之柱

顶部的3个垂直元素是旗杆（tuğ），象征独立。

▽ **一片花朵绽放的草地**

花押的中心是一片丰富多彩的叶子与花朵，包含玫瑰、康乃馨和芦苇叶。在伊斯兰艺术中，这种复杂的花卉图案起着核心作用。

△ **征服者的自夸**

图案的中心是所有奥斯曼帝国苏丹的座右铭，在他们的花押中都有这句话，宣称统治者是“永远的胜者”。

遵从命令

较小的铭文指示，阅读者要执行花押所在文件下达的命令。

苏丹的名字

统治者的名字出现于下部，名为“手掌”（Sere）。此处是“苏丹苏莱曼·汗”（Sultan Suleiman Khan）。

正义的武器

花押右侧的延伸部分名为“剑”或“匕首”（hançer），象征苏丹的军事力量。

查理九世的头盔▷
这顶头盔呈文艺复兴晚期的法国矫饰主义风格，用钢锤敲打成型，并镀上黄金。
高度：45厘米。
年代：1555—1560年。

查理九世的头盔

16世纪法国矫饰主义风格（Mannerist style）的盔甲实例，罕见而华丽

法国查理九世

查理九世（1560—1574年在位）是亨利二世（Henry II）国王与凯瑟琳·德·美第奇（Catherine de' Medici）的第二个儿子，在接替他哥哥弗朗西斯二世成为法国国王时，只有10岁。新教胡格诺派（Protestant Huguenots）和天主教联盟（Catholic League）爆发宗教战争（1562—1598年）期间，他受母亲影响，于1572年8月下令“圣巴托洛缪大屠杀”（St Bartholomew's Day massacre），谋杀了全法国成千上万的胡格诺派人士。大屠杀后，国王本已虚弱的身心健康状况急剧下降，一直受这起可怕事件困扰。他死时年仅23岁，死因是肺结核。

文艺复兴时期的欧洲统治者对精心装饰的盔甲情有独钟。16世纪的法国统治者也不例外，尽管这一时期仅有少数此类头盔实例存世，其中就有为查理九世（1560—1574年在位）制作的头盔。这一时期的法国武器装备缺乏印记，因此很少有作品可以追溯其创造者。然而，查理九世头盔的工作收据指向巴黎金匠皮埃尔·雷东（Pierre Redon）。他既是国王的贴身侍从，也是法国宫廷青睐的金匠。

矫饰主义杰作

从1520年起，矫饰主义成了意大利艺术的主流。这种风格的特点是矫揉造作、奢侈，技术娴熟，带有奇异的色彩。它传遍了北欧，启发了法国枫丹白露（Fontainebleau）宫廷的艺术家。这顶头盔是一种带有宽边和冠的敞式头盔，名为“高顶盔”（morion），也是法国矫饰主义风格的优秀范例。头盔两侧中央绘有生动的图画，含义并不都很明晰；还描绘了皮带、丝带、花环和怪面饰（mascaron），都是该风格的常见特征。但这顶头盔上精美的锤打凸纹工艺，即从背侧敲击金属来创造图案的技术，是独一无二的。虽然图案形式是浅浮雕，但通过造型的微妙变化，创造了深度的错觉。再加上头盔上使用的上釉和镀金等技术，使其成为金匠艺术的一个精致例子。

△战斗中心画面（细节）
这个中心场景刻画了在岛屿城堡前发生的骑兵战斗。熏黑的钢铁增加了对比度和戏剧性，而银色的元素暗示着水。

△反面视角
背面最突出的是黑脸怪面饰和大型中央绘画。

大小

怪面饰
怪面饰是一个长相怪异的头颅，设计目的是吓走恶灵。

高高的头盔
文艺复兴时期的头盔名为"高顶盔"，特点是有一个高顶或高冠。

锤打凸纹工艺
金属制品经过精细的凿刻，使人产生深度的错觉。

战争场面
在这个画面中，战士们在岛屿城堡前的营地里，试图把马分开，可能是在战斗开始之前。

矫饰主义细节
皮带和丝带的描绘，在法国矫饰主义风格作品中十分常见。

帽檐装饰
多色景泰蓝搪瓷工艺，让装饰元素更为显眼。

下颌带
头盔由一条作了大量装饰的下颌带固定。

▷伊兹尼克陶瓷

像这样的有盖碗是用来盛放食物的，清真寺中也曾发现类似瓷器。它们和盘子一样，最初是伊兹尼克陶器厂内最常见的产品。

高度：37厘米。

年代：15世纪末。

大小

蓝色花朵

花朵以钴蓝色勾勒，中间有凸起的红色花蕊。

纷繁的背景

类似于蜗牛壳的卷曲状图案，为中央的装饰绘画，提供了一个密集的背景。

对比鲜明的图案

该碗的装饰风格是所谓的萨斯风格（saz style），将带有锯齿的长芦苇叶与较小的玫瑰花混合在一起。

坚实的基础

垂饰（lappets）与小花，交替出现在碗的喇叭形底部。

△文字和图像

用奥斯曼土耳其语写的诗歌节选，与周围的装饰形成对比。

碗边四周重复着波浪状的卷曲图案

柏树构成中心元素

△浅口碗

这只浅口碗有着精致的贝壳形边缘，制作于1570年至1575年。它的白色背景上，绘有近乎对称的植物和花草图案。

蓝底上，红白相间的半圆形花边

让人联想到羽毛的装饰图案

△盘子

在天蓝色鳞片的环绕下，盘子中央的花卉图案呈现波尔红色。在釉料下涂上富含铁化氧的粉浆，便可获得这种颜色。

伊兹尼克陶瓷

16世纪，土耳其的伊兹尼克镇成为世界上大型陶瓷艺术中心之一

土耳其，伊兹尼克

△ **覆盖墙壁的艺术**

从16世纪中期开始，瓷砖成为伊兹尼克陶器生产的主要组成部分，常以干净的白色为底，铺设鲜艳的色彩。图案常为几何形和重复的花卉图案。

1453年，征服者奥斯曼人在君士坦丁堡（今伊斯坦布尔）建立了政府。他们所统治的土地成为伊斯兰艺术发展的中心。中国瓷器是其灵感来源之一，特别是传往西方的青花瓷。当地陶工试图生产类似的产品，而位于首都东南100千米处，安纳托利亚（Anatolian）的城镇伊兹尼克，成为其中焦点。

卓越与复杂

伊兹尼克原本已因简单陶器而闻名于世，但从15世纪末开始，工匠们开始生产更复杂的作品。他们使用“砂玻器”（fritware）来代替瓷器。在中东地区，这种技术至少已有两个世纪的历史。步骤包括：将石英砂与黏土、细磨玻璃相混合；加热后，玻璃融化，将产生的糊状物加以塑形、烧制和上色。起初，装饰这种容器的唯一颜色是钴蓝，但在之后的一个世纪间，工匠添加了新颜色，如绿松石、紫色和绿色；1560年前后又引入了“波尔红”（bole red），用一种名为“波尔”的红色黏土制成。装饰内容包括从中国器皿中借鉴的图案、传统奥斯曼阿拉伯式的花纹，以及花卉、植物和几何图案，最常见背景是白色。从16世纪中期开始，瓷变得越来越重要，除了碗、壶和盘，还用于装饰奥斯曼帝国苏丹的清真寺和宫殿。17世纪，伊兹尼克的质量有所下滑，但在它长达两百年的全盛时期，这座城市生产的作品以其绚丽色彩和复杂图案，成为陶瓷艺术的上佳范例之一。

> 皇室建筑使用了数以万计的彩色瓷砖

△ **带底座的盆**

这个带有底座的盆生产于约1545年至1550年，可能为皇室宫廷而作。内部饰有精致的蓝色花朵和绿松石色徽章，周围有云形涡卷装饰。

伊兹尼克作品

这是吕斯泰姆帕夏清真寺（Rüstem Pasha Mosque），由苏莱曼大帝（1520—1566年在位）的主要建筑师米玛·希南（Mimar Sinan）为其建造，以维齐（vizier，即首相）的名字命名，也就是苏丹的女婿。它的内部约有2300块伊兹尼克瓷砖，色彩绚丽夺目，至少有80种不同图案设计。花卉图案尤其丰富，据专家计算，建筑中出现了不少于41种不同的郁金香图案。

伊斯坦布尔，吕斯泰姆帕夏清真寺内部

◁孝端皇后凤冠

中国孝端皇后有两顶华丽凤冠，这顶三龙两凤冠是其中之一。

高度：约31.7厘米。

年代：约1578—1620年。

金丝龙

龙在中国神话中是最有力量的生物，在中国古代是皇权的象征。

云饰

中国神话中，云代表幸运，龙经常作为水和雨的主人，出现在云中玩耍。

翠鸟羽毛

五彩斑斓的翠鸟羽毛是凤冠上华美的特征之一。在中国，它们经常用来装饰精美的物品和珠宝首饰。

玉绿内衬

根据中国哲学家孔子的说法，玉代表多种美德，包括仁、义、道和智。

珍珠花

小小的珍珠花位于宝石之间。

珍珠链

从12世纪起，中国开始养殖珍珠，此后一直是重要财富的象征。

△宝石

未经切割的红宝石和蓝宝石装饰着皇冠。这些红宝石可能来自丝绸之路的商人，源于阿富汗或印度。

大小

孝端皇后凤冠

一顶装饰精美的头冠，属于中国明朝的一位皇后，是中国工艺和象征主义的一个惊艳例子

1957年，在昌平区定陵地宫的发掘中，发现了4个漆器匣子——这座地宫是万历皇帝（1572—1620年在位）和孝端、孝靖皇后的埋葬地。每个匣子里都有一顶精致的凤冠，两顶属于孝端，两顶属于孝靖。虽然现存最早的凤冠可追溯至7世纪初，但这4顶是明朝（1368—1644年）仅存的凤冠。这种类型的凤冠于唐朝（618—907年）时期引入，中国的皇后会在仪式等官方场合中佩戴。

复杂的结构

随着时间推移，头饰的结构变得越来越复杂。它们饰有复杂的龙（代表皇帝）和凤（与皇后等女性有关）等雕塑，非常华丽。如图所示，在孝端这顶光彩夺目的三龙两凤冠上，龙位于结构的顶部，而凤则装饰在前侧。

凤冠围绕漆竹框架制造，内衬绿色丝绸。龙以金丝制成，经过巧妙的编织和焊接成型。凤凰是银制镀金，用金丝镶边，并镶嵌蓝色翠鸟羽毛，采用了一种名为“点翠”的技术。头饰上装饰着未经切割的红宝石、蓝宝石和珍珠。还有壮观的可移动扇形装饰，当皇后行走时，安装好的扇形部分会向外摆动，增添了令人惊叹的色彩、光线和运动展示。

孝端的凤冠饰有大量宝石和约3500颗珍珠

▽**点翠簪**

凤冠是簪子的发展形式。从公元前3世纪起，中国的上层社会女性就已佩戴簪子。

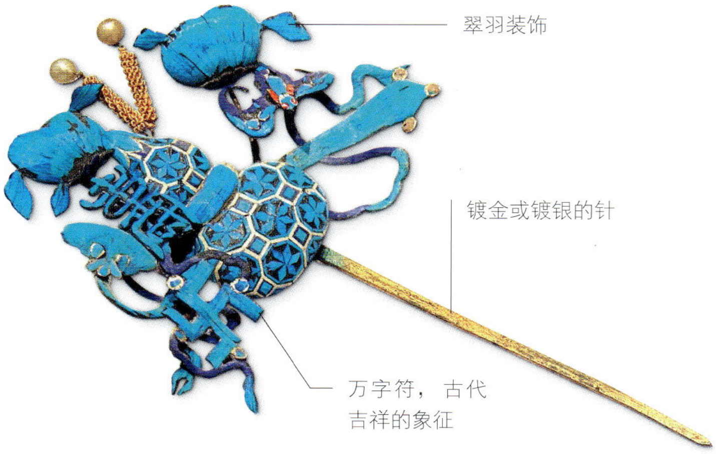

孝端皇后

1577年，孝定太后（1545—1614年）举行了一次活动，为其子、14岁的万历皇帝挑选妻子。她选择了一名12岁的女孩，名叫王喜姐。孩子们于1578年正式结婚，王喜姐成为孝端皇后。她在位42年，成为中国历史上在位时间最长的皇后。1582年，她生下女儿荣昌公主。她与丈夫同于1620年去世。

印章
印章显示长谷川等伯之名，但并非其一贯风格，所以可能由他人添加。

视角
屏风的不同折叠方式，可使树枝迎向或远离观者。

短笔触
大胆、短小、深色的笔触，将部分树木带入前景。

环境
远处有一座白雪皑皑的山峰，显出更宏大的风景。

△《松林图》
虽然这幅画绘于5个世纪前，但长谷川等伯的极简主义艺术杰作以其简约而永恒。（每扇屏风的）
尺寸：156.8厘米×356厘米。
年代：约1595年。

《松林图》

一幅16世纪的开创性作品，其风格预告了约400年后的极简主义艺术

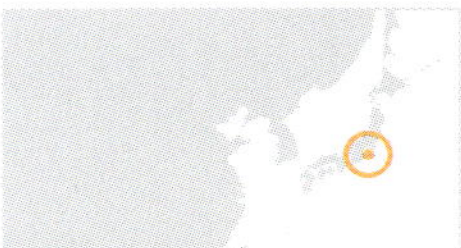

日本，京都

在日本的安土桃山时代（Azuchi-Momoyama Period，1573—1600年），富裕的大名普遍喜欢精致而宏伟的绘画，以昭显富裕与权力。当时，成功艺术家所创造的典型风格，就是大量使用金箔、配以复杂装饰的绘画，以狩猎动物的场景，来象征绘画主人的强大。在这种背景下，长谷川等伯（Hashegawa Tōhaku）的《松林图》以极简主义的形式令人震惊。虽然等伯受到中国水墨画悠久传统的影响，但无论在中国还是日本，如此大规模的单色画都是前所未有的革命性作品。如今，人们仍然认同它是水墨画杰作。

长谷川等伯以屏风（byōbu）而广受赞誉，《松林图》就是其中一个特殊例子。这幅极简主义作品显示，他受到了中国山水画卷与日本画家雪舟等杨（Sesshū Tōyō）的水墨画影响。众所周知，等伯曾学习过这些作品。他也是茶师、禅宗修行者千利休（Sen no Rikyū）的崇拜者，可能这也影响了《松林图》的简约美感。作品中的留白与树木本身一样，都是风景的一部分。松树以四棵为一组，树干树枝的色调从前景中的较深，渐变至背景中的较淡。它们似乎以不同角度在摇摆，暗示着潮湿的大气中有微风穿过树枝。这面屏风可能直接就是预备草图，因为它们比典型的屏风尺寸要小，纸张质量不高，水平接缝不齐，每扇屏风板末端的印章可能是后来加上去的。但它仍不失为一件极为精致的作品，出自一位水墨大师之手。

长笔触
淡色、稀疏的长笔触，暗示树木正逐渐消失于雾中。

涂墨
等伯可能使用绑在一起的毛笔、分叉的竹竿或稻草来涂墨。

留白
留白平添几分观者无法触及的广阔风景之感。

大小

等伯

长谷川等伯（1539—1610年）出生于能登国（Noto），20岁时已成为职业艺术家，最初创作的是佛教题材的绘画。30多岁时，他搬往京都，在极富影响力的狩野（Kanō）画派学习。狩野画派以滑动门和折叠屏风形式的大型绘画而闻名遐迩，大量使用鲜艳色彩和金箔，这种风格获名“金障屏画”（Kinpekiga）。等伯在创立长谷川小画派之后，得到了关白丰臣秀吉（Toyotomi Hideyoshi）的青睐。1591年，秀吉在儿子去世后，建造了大德寺（Daitoku-ji）作为葬祭寺庙，委托等伯为大德寺的祥云寺（Shōun-ji），创作壁画和屏风。长谷川等伯的《松林图》是祥云寺委托作品之一，采用了当时的富裕赞助人所喜爱的动态、巨大风景形式。1598年，幕府将军德川家康（Tokugawa Ieyasu）授予等伯“法眼”（hōgen）的荣誉称号。等伯在江户（今东京）去世，享年71岁。

树叶中的温暖红色表明，这是秋天的场景。

巨大的树干在中央形成了一道强有力的斜线

得益于众多富有的赞助人，等伯可以随意使用金箔

《枫图》，约1593年

大小

《古琵琶演奏者的自画像》▷
大胆、自信，极富戏剧性，真蒂莱斯基引人注目的自画像反映了她的地位——那个时代中，娴熟而富有成就的画家之一。
尺寸：77.5厘米×72厘米。
年代：约1615—1618年

《古琵琶演奏者的自画像》

17世纪最伟大女画家的自画像，气势磅礴，因其对纹理、色彩和明暗度的运用而引人注目

女艺术家

由于社会对女性的限制，文艺复兴时期少有的成功女性艺术家通常都是修女，如普劳蒂拉·内利（Plautilla Nelli，1524—1588年）；或是男性艺术家的女儿或妻子，如著名的意大利画家索福尼斯巴·安圭索拉（Sofonisba Anguissola，约1532—1625年），得益于贵族背景和父母鼓励。大多数女性的画作尺寸不大，野心也不大，但真蒂莱斯基是17世纪最伟大的女画家。她创作了感情强烈、严肃认真的大型作品，能与领先的男性艺术家相抗衡。

阿尔泰米西娅·真蒂莱斯基（Artemisia Gentileschi，1593—约1654年）所在的时代，绘画还是一个以男性参与为主的领域，但人们认可她为杰出艺术家。她17岁时，画家阿戈斯蒂诺·塔西（Agostino Tassi）强奸了她，在审判中，她却遭受酷刑以测试诚实度。塔西定罪后，从未服过刑。为了维持家族荣誉，真蒂莱斯基嫁了出去，但后来与丈夫分居，过着那个时代不同寻常的独立生活。

自画像

1616年，真蒂莱斯基在佛罗伦萨生活时，成为佛罗伦萨美术学院（Florentine art academy）的首位女性学员，证明她已拥有很高声誉。可能就在这个时候，她画下了这幅引人注目的自画像，也许是为强大的美第奇家族画的。

这幅自画像是真蒂莱斯基笔下的数幅自画像之一，可能是为了促进事业发展。这是唯一一幅表现她本人，而并非以寓言方式呈现的作品。她用一种自信、几乎是挑衅的目光看着观者，这个表情也许反映了想在一个男性主导世界中出人头地的决心。美丽而豪华的皇室蓝色礼服上，有着金色的刺绣，是典型的佛罗伦萨当地风格。她弹着琵琶，手臂、手和手指的位置表明，她真的了解如何演奏。真蒂莱斯基对明暗对比的娴熟运用，达到了更高的戏剧性效果，显示曾受卡拉瓦乔影响。

▷《绘画的寓言》(*LA PITTURA*)
自画像
传统感的细节表明，此图中，阿尔泰米西娅把自己描绘成了绘画的化身。例如，凌乱的头发彰显“创作的狂怒”。

△约1615年，奥拉齐奥·真蒂莱斯基（Orazio Gentileschi），《琵琶手》(*THE LUTE PLAYER*)
阿尔泰米西娅的父亲奥拉齐奥也创作了一幅令人难忘的弹琵琶女子。

昏暗的背景

昏暗的背景让人联想到卡拉瓦乔（Caravaggio）的作品。他是真蒂莱斯基父亲奥拉齐奥·真蒂莱斯基的朋友。

爱情的联想

乐器在艺术中经常用作爱情的象征。琵琶尤其与浪漫有关，有时也暗指邪荡。

低胸长服

暴露的长服让部分评论家认为，真蒂莱斯基将自己描绘成宫女。

指法

左手的手指位置准确，可以弹出一个和弦。当时人尽皆知，真蒂莱斯基也是一位出色的音乐家。

微微发亮的衣服

长服上美丽的蓝色褶皱，彰显真蒂莱斯基作为色彩大师所掌握的技巧。

《帕里斯的审判》

一幅神话题材绘画杰作，来自17世纪伟大的裸体画画家之一

从文艺复兴时期起，“帕里斯的审判”就一直是裸体画画家的热门题材。他们有机会从3个不同角度描绘3位美女，展示身体的正面、侧面和背面。

大师级的丰富性

鲁本斯在画女性身体方面堪称无与伦比，曾多次处理这个主题。这是他最令人印象深刻的诠释作品，显示了他在捕捉肌肉组织、曲线和肤色方面的高超技巧。女神的皮肤似乎沐浴在光线中，在背景天空和幽暗树木中闪闪发光。

这幅画的主题是古典神话中的一个著名事件。纠纷女神厄里斯（Eris）用一个刻有“献给最美丽的女神”的金苹果，挑起了同伴之间的冲突。朱诺（Juno）、密涅瓦（Minerva）和维纳斯（Venus）3位女神都声称自己最美丽，众神之王朱庇特（Jupiter）命令牧羊人帕里斯判断，哪一位该获金苹果。帕里斯选择了维纳斯——他的决定带来了纷争，引发了导致特洛伊战争的事件。鲁本斯把这个故事变成了一场视觉盛宴，置于田园风光中，以动物等生动细节点缀。

▽ **年轻的诠释**

这幅《帕里斯的审判》是鲁本斯关于该主题的首幅画，大约创作于1600年，是他职业生涯的初期。不成熟之处尤其表现在刺眼的光线上。

鲁本斯的第二任妻子，海伦. 芙尔曼（Hélène Fourment），与画中维纳斯相似，是他喜欢的模特之一

鲁本斯

彼得·保罗·鲁本斯（Peter Paul Rubens，1577—1640年）是当时欧洲北部最著名、最具影响力的艺术家。他十分多产，且多才多艺，在当时每一种绘画分支中，他几乎都有出色表现；同时，他也创作设计作品，尤其是书籍和挂毯。他以安特卫普（Antwerp）为主居住地，但游历范围很广。

密涅瓦
智慧女神密涅瓦，可以通过她右侧的猫头鹰（传统中的智慧象征）和旁边的盾牌来识别。

朱诺
朱诺，众神的天后，与孔雀为伴。孔雀对着帕里斯的牧羊犬嘶嘶作声，预示着冲突即将爆发。

▷阿勒克托（ALECTO）的蛇
天空中，复仇女神之一阿勒克托手拿一条蠕动的蛇。她奉朱诺之命，去消灭特洛伊人。

蓝色天空
鲁本斯是一位出色的色彩大师，用鲜艳颜色为画作带来了活力和深度。

▽《帕里斯的审判》
鲁本斯是优秀的古典学者，熟悉帕里斯故事的古代文学资料。
尺寸：145厘米×194厘米。
年代：约1635年。

◁美杜莎（MEDUSA）
蛇发戈耳工（Gorgon）美杜莎的头，连同嘶嘶的孔雀、咆哮的狗，以及阿勒克托的出现，增添了威胁和不祥之感，暗示和平可能只是暂时的。

◁维纳斯
爱神维纳斯用玫瑰、珠宝和珍珠精心装饰头发。珍珠与她密切相关，因为据说她诞生自海中。

帕里斯
帕里斯出生时是特洛伊王子，但预言称，他将给城市带来毁灭，因而王后遗弃了他，盼他死去。牧羊人救起他，并抚养他长大。

大小

《夜巡》

17世纪荷兰艺术黄金时代最著名的画作，几乎被视为绘画版的国歌

伦勃朗

1642年，《戴平顶帽的自画像》
（*SELF-PORTRAIT IN A FLAT CAP*）

伦勃朗·凡·莱因（Rembrandt van Rijn，1606—1669年）是最伟大的荷兰艺术家，在蚀刻、素描和绘画方面都是佼佼者。他的早期职业生涯在家乡莱顿（Leiden）度过，于1631年至1632年前往阿姆斯特丹（Amsterdam）定居。起初他获得了巨大成功，但到17世纪40年代，财富开始缩减，因为他的艺术作品变得愈发封闭，更多为自娱而画，而非面向客户。1656年，他宣布破产，但仍然是一位受人尊敬的艺术家和著名教师。肖像和宗教画是他的主要绘画作品，但还有大量作品呈现了其他主题，如风景和神话。

荷兰艺术中，最独特的绘画类型之一是公民自卫队的群像，即受过训练的民兵在紧急情况下保卫城市。这类肖像画最早创作于16世纪20年代，1568年荷兰人反抗西班牙统治者后，变得特别流行。1609年，荷兰脱离西班牙，获得独立，民兵卫队自此变得更像社会俱乐部，而非严肃的战斗部队。伦勃朗（Rembrandt）的《夜巡》既是这一传统的顶峰呈现，也是对它的告别之作。

行动中的民兵卫队

这幅画的正式名称是《弗朗斯·班宁·科克上尉和威廉·范·鲁滕伯奇中尉指挥下的民兵连》（*The Militia Company of Captain Frans Banning Cocq and Lieutenant Willem van Ruytenburch*），实际上描绘的并非夜景。我们熟悉的标题于18世纪时首次使用，当时变色的清漆使画面变暗，后来作了清理。它描绘了班宁·科克上尉及其中尉在一群民兵等人物中的情景。与传统静态的民兵画像相比，这幅画十分动态，充满活力，刻画了准备出发的连队。画中有许多拥挤的人物，一条狗在吠叫，还有一位鼓手，画面充满动感。伦勃朗对光线和阴影的运用，将人们的视线吸引至中心人物身上，即系着红色腰带的上尉、优雅的中尉和女孩“吉祥物”（mascot）。他还在某些地方呈现了一种几乎三维的效果，例如上尉的手从画面中伸出来的样子。这幅画在当时很受欢迎，后来成为重要的爱国主义象征，是为国家赢得自由的人们所具勇气与责任感的缩影。

《夜巡》是迄今为止荷兰艺术家画的最大画作

△ **缺失的人物**
原本左侧还有3个围观者，是两个男人和一个男孩，具有吸引观众进入画面的效果。

△ **格里特·伦登斯（GERRIT LUNDENS）的临摹之作**
1715年，伦勃朗的巨幅画作在搬至阿姆斯特丹市政厅时，修剪了边缘，主要是左侧部分。格里特·伦登斯临摹了当时的原作，尺寸小了很多，但展示了丢失的部分。

旗手

扬·维舍尔·科内利森少尉（Ensign Jan Visscher Cornelisse）自豪地高举着队旗。

◁自画像?

背景中的一个头像，在旗手旁边，只看得到部分脸庞。有人称这是画家的自画像。

◁图框（CARTOUCHE）

这个图框盾牌印有18个名字，是为这幅画捐款的队伍成员，可能是在伦勃朗死后加上的。

女孩“吉祥物”

这个照亮的女孩可能是“吉祥物”。挂在她腰间的死鸟可能暗指民兵队的鸟爪形徽章，也是科克上尉名字的双关语。

指挥官

总指挥弗朗斯·班宁·科克上尉摆出手势，让中尉下令行军。

中尉

副指挥官威廉·范·鲁滕伯奇中尉身着漂亮的淡黄色制服，手持礼仪性武器。

△《夜巡》

民兵连准备行军的场景并没有特别意义，但伦勃朗把它变成了一出精彩的图画剧，充满生动的细节。

尺寸：379厘米×453厘米。

年代：1642年。

大小

《圣特蕾莎的狂喜》▷
贝尔尼尼的这一杰作，体现了他的作品甚至巴洛克艺术的典型特征：强烈的情感、有力的运动、戏剧感，以及技术的精湛性。
人物群的高度： 约2米。
年代： 1647—1652年。

《圣特蕾莎的狂喜》

17世纪最著名的雕塑作品，以前所未有的力度描绘了一桩神秘事件

△乔凡尼·洛伦佐·贝尔尼尼
贝尔尼尼是一位多才多艺的雕塑家，同时也是一位出色的业余画家，从这幅约绘于1623年的自画像可以看出。

乔凡尼·洛伦佐·贝尔尼尼（Gian Lorenzo Bernini，1598—1680年）是17世纪意大利的重要艺术家。他主要是一位雕塑家，但也是那个时代伟大的建筑师之一，左右了罗马艺术的发展方向。他的职业生涯是一个充满了胜利成果的故事，然而，正是在挫折时期，他创作了这座最著名的雕塑作品。

以岩石表达赞美之情

贝尔尼尼的职业生涯中，共服务过8位在位教皇。在教皇的偏爱短暂消失期间，富有的红衣主教费德里科·科纳罗（Federico Cornaro）委托他，设计罗马胜利之后圣母堂（the church of Santa Maria della Vittoria）的葬礼礼拜堂，《圣特蕾莎的狂喜》就是其中最重要的作品。

阿维拉的圣特蕾莎（St Teresa of Avila，1515—1582年）是一位西班牙修女，于1622年受封为圣徒。她的自传中描述了一个异象：她经历了与上帝的神秘结合。天使似乎将一根金矛刺入她的心脏，“刺穿了我的内脏，使我对上帝的大爱全部着火。这种痛苦是如此之大，以至于让我呻吟……但又是如此甜蜜，以至于我不想摆脱”。贝尔尼尼显示了非凡的想象力和技术能力，用坚实的大理石，令人信服地表现了这样一桩奇怪无形的事件。通过圣人的狂喜、飘逸的衣褶和戏剧性的场景，他成功将物质与精神融为一体。

> 据自我批判的贝尔尼尼说，
> 这是“我做过最不坏的事情”

贝尔尼尼的礼拜堂设计

贝尔尼尼设计了整座礼拜堂，出色融合了建筑、雕塑、绘画、拉毛灰泥、镀金铜、大理石镶嵌和（来自一个隐蔽窗口的）自然光。如同在剧院里一样，主雕塑的两侧还有两组旁观者浮雕，主要由贝尔尼尼的助手雕刻。赞助人红衣主教科纳罗的肖像与其他大理石“旁观者”不同，是个性化肖像，而非笼统形象，而且是这些人物中，唯一一个向外看去，并与观众进行眼神交流的人。

剧院包厢
礼拜堂两侧有两个“剧院包厢”，费德里科·科纳罗红衣主教出现在右二位置。

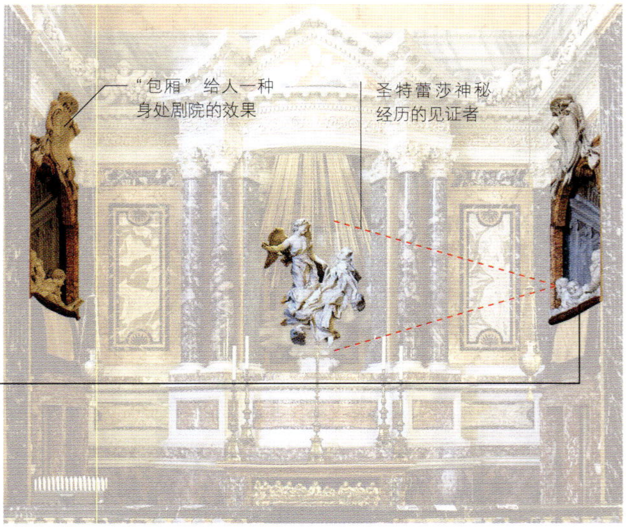

金色光芒

镀金的铜制射线，代表天堂之光，从外墙上的隐蔽窗户洒下。

天使

天使甜美而有光泽的脸庞，传递着一种天国的优雅和温柔。圣特蕾莎描述，幻象中的天使“非常美丽……脸部在燃烧”。

△嘴部微张

圣特蕾莎双眼闭着，但嘴微微张开，似乎在释放她在自传中提到的安静呻吟，“并不大声……而在内心，出于痛苦”。

褶皱

圣特蕾莎衣服上飘扬的褶皱充满了生命力，助于创造雕塑的戏剧性和运动感。

云朵

云层托起两个人物。贝尔尼尼用更粗糙的纹理，将云与抛光的皮肤和长袍区分开来。

赤脚

圣特蕾莎赤脚的形象恰如其分，因为她是赤足（Discalced）加尔默罗修女会的创始人之一。

斯里兰卡象牙柜

一个覆有象牙板的小木柜，雕刻着欧洲和斯里兰卡的复杂混合图像

17世纪，荷兰东印度公司（Dutch East India Company）应僧伽罗（Sinhalese）国王拉贾辛格二世（Rajasinghe II）之请，帮助驱逐了葡萄牙殖民者——100多年来，他们一直控制该岛的沿海地区。1638年签订的一份条约，使斯里兰卡和荷兰之间建立了互利但短暂的关系。后来双方为控制利润丰厚的贸易路线，开展了断断续续数次战争，互利关系终止。

精致的雕刻品

荷兰殖民者和之前的葡萄牙人一样，欣赏当地木材和象牙雕刻家的技艺，委托当地工匠制作家具和装饰品，既满足了他们对陌生事物的喜好，又融入了欧洲风格的元素。这种混合风格的上佳范例之一，就是这个工艺上乘的象牙镶板柜，制作目的是庆祝荷兰商人的到来。它可能是为荷兰东印度公司的一位官员制作的，或者是为了出口至荷兰。它是简单的木制储存柜，表面覆盖着精雕细琢的象牙板，装饰混合了传统图案和现代场景。

例如，柜门、抽屉和侧板都刻有常见的斯里兰卡主题：吉祥的狮头桓娑鸟（hamsa）、鹦鹉，以及复杂的叶子花卉雕刻图案。与此相反，柜子背板描绘的是野象狩猎，六头大象关在栅栏里，重要的是，一群荷兰士兵站在旁边。柜子顶板更明显地呈现了庆祝荷兰人到来这个制作目的，描绘了荷兰船只抵达斯里兰卡港口，商人受到当地人的欢迎。

在斯里兰卡的传统文化中，象牙是尊严的象征

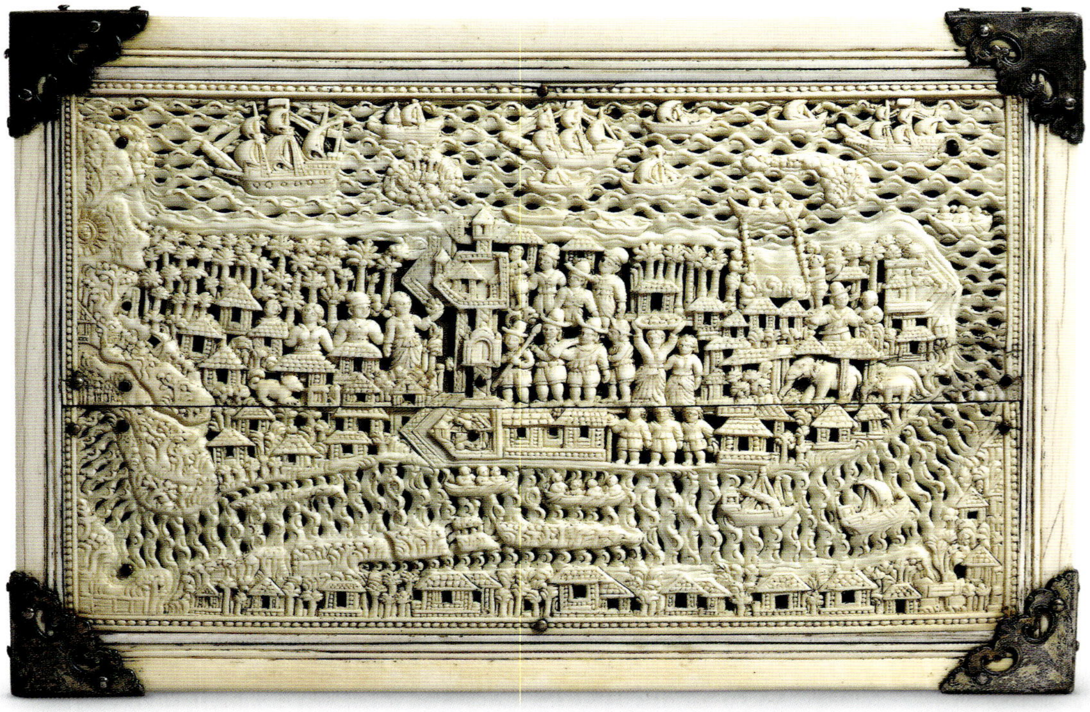

▷**顶板**
斯里兰卡和欧洲两种文化的交汇，在这块板上得以突显。顶部，荷兰船只从海上抵达；中央，荷兰商人受到当地人欢迎；画面底部，斯里兰卡船只顺流而下，驶向港口。

▽斯里兰卡象牙柜

这个柜子精雕细琢，展示了为迎合荷兰与葡萄牙市场而开发的混合风格，结合了斯里兰卡本土木材和象牙雕刻传统与当时的欧洲风格。

高度：19厘米。

年代：约1650年。

▷背板

这个呈现狩猎大象的画面因尺寸较大，与顶板一样，雕刻在两片象牙上。该背板中，位于对接处的两侧，雕刻得非常对称。

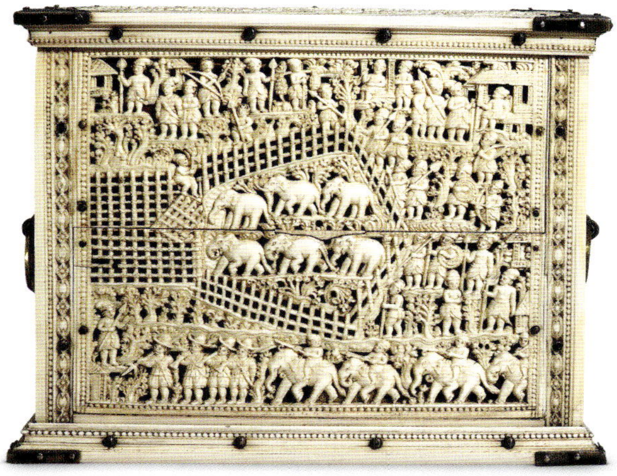

装饰

壮丽的象牙板完全包覆着简单的木柜。

大头针

抛光的圆头针，用来将象牙板固定在木制底座上。

抽屉

抽屉上也饰有卷叶图案和狮头鸟。

斯里兰卡风格

柜门上的设计是传统的斯里兰卡风格，描绘了狮头鸟的神话传说。

配件

柜子上的配件，如把手、铰链、角、钥匙孔板和铆钉，都由镀金的黄铜和银制成。

大小

何塞·涅托（JOSE NIETO）

在明亮门口停顿的人物，是玛丽安娜王后的内侍何塞·涅托。

△西班牙国王与王后

这对王室夫妇是间接出现的，是镜子里的模糊人物。他们是画架上绘画的主体对象，还是像我们一样的观众，在观察面前的场景？

艺术家的调色板

委拉斯贵支描绘了自己的绘画行为。画中调色板上的颜色印证了《宫娥》中使用的颜色：主要是大地色系和白色，加上红色点缀。

宫娥

两名宫娥，也就是这幅画的标题来源，框住了公主。其中一位端着银制托盘，为她提供饮料。

玛格丽塔公主

公主站在画的中心，沐浴在灯光下，尽管我们不清楚她是否为画的主体对象。

▷《宫娥》

委拉斯贵支的这幅杰作引发了诸多讨论，包括关于观赏性、观看者和被观看者之间的关系，以及艺术中肖像画的作用等。

尺寸：318厘米×276厘米。

年代：1656年。

大小

《宫娥》

一幅17世纪的画作，引发了大量评论与解释，但真正含义依然难以捉摸

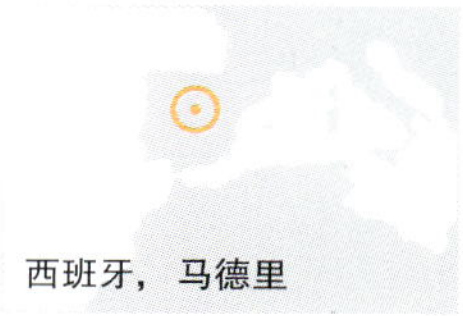

迭戈·委拉斯贵支（Diego Velázquez）的《宫娥》（*Las Meninas*）是一幅非正式的宫廷肖像画，描绘了国王的女儿、西班牙的玛格丽塔公主（Infanta Margarita），及她的各类随从。艺术家的近代传记作家安东尼奥·帕洛米诺（Antonio Palomino）对这幅画作了详细描述，因此学者们得以知晓几乎所有画中人物的确切身份。

画中，委拉斯贵支在他位于马德里阿尔卡萨尔宫（Alcázar Palace）的画室里。他站在左侧，正在创作一幅巨大画作，我们只看到画的背面。中间是大约四岁的小公主，身边有诸多随从，包括两位女仆。画室后墙上的镜子里，映出了两个人物：西班牙国王腓力四世（Philip IV），及其第二任妻子，奥地利的玛丽安娜王后（Queen Mariana）。

帕洛米诺将《宫娥》推崇为委拉斯贵支“最杰出之作”，称它受到国王的“高度评价”，但并未解释画面中到底发生了什么，所以后人还有推测的余地。一种观点认为，国王与王后参观委拉斯贵支画室时，画家正在为公主作画；另一种同样合理的推测是，角色恰恰颠倒，在画家为国王与王后作画时，公主与随从打断了他。从更深层次上而言，这幅画被视作关于表现本身的表现，也是委拉斯贵支对自己艺术尊严的一种宣言。毋庸置疑的是，它创造了非凡的真实感，一种活生生的人在可触摸空间里互动的感觉。

国王和王后是绘画对象，还是旁观者？

△玛丽·芭博拉（MARI BARBOLA）
站在画布最右侧直视着观众的，是玛丽·芭博拉。她是王室侍者，帕洛米诺形容她是“一个外表可怕的侏儒”。

△鲜艳色调
委拉斯贵支在画中加入了红色，让原本压抑的主色调变得活跃起来。观众的视线从右下角的红衣服，路过衣服和陶瓷壶，吸引至艺术家调色板和外衣上的红色，再抵达镜子里的红色窗帘。

委拉斯贵支

迭戈·委拉斯贵支（1599—1660年）出生于塞维利亚，在那里接受弗朗西斯科·巴切柯（Francisco Pacheco）的培训。1623年，24岁的他搬往马德里，此后作为腓力四世最喜爱的画家，享受着从未间断过的成功生涯。委拉斯贵支主要从事肖像画创作，尤其是为王室和宫廷成员画像。1659年，他获封骑士。

《埃塞俄比亚基督教圣像》▽

这幅三联画的特点是圣像色彩鲜艳、简单，人物衣着细节诸多，面部轮廓清晰。

尺寸： 31厘米×41.5厘米。**年代：** 约1682—1755年。

《埃塞俄比亚基督教圣像》

此画是17世纪或18世纪埃塞俄比亚宗教艺术的范例

埃塞俄比亚是将基督教作为国教的国家。这始于4世纪，埃塞俄比亚国王埃扎那（Ezana）因一位叙利亚基督徒而皈依基督教。随着时间推移，一种独特的埃塞俄比亚基督教艺术得到了发展，表现在插画手稿、教堂建筑和用于礼拜的物品上，包括圣像——通常绘有耶稣、玛利亚和圣徒画面的扁平画板。15世纪，欧洲人将圣像创作技术带来埃塞俄比亚，从那时起，教会开始委托艺术家牧师创作彩绘圣像。

虔诚图像

现存最早的埃塞俄比亚圣像可追溯至15世纪，札拉·雅各布国王（King Zara Yaqob，1434—1468年在位）下令做弥撒时要有玛利亚画像后，圣像制作量大幅增加。因此，许多圣像不管有没有基督，都描绘了玛利亚，她的两侧通常是大天使、圣徒、圣乔治和龙。埃塞俄比亚的正统艺术中，圣像占了很大比重，特点是人物简化，眼睛呈杏仁状，色彩明亮鲜艳。此处展示的是17世纪或18世纪的惊人例子（见对页）。它同其他许多圣像一样，画在覆着布的木板上。它是一幅三联画，有时圣像也会使用单幅和双联画的形式。这幅画上应该涂了几层石膏底，形成可着手绘画的白色表面。画出构图后，再涂上水浆涂料，即一种含有颜料和胶水或黏合剂的水基涂料。

有些圣像采用了连续的叙述手法，可以像故事一样阅读

绘画惯例

从传统上说，好人一般被描绘成¾样貌或全貌，坏人则被描绘成侧貌。

左侧画板

从上至下：基督与亚当夏娃一同进入地狱（Sheol）；圣徒；圣乔治与龙。

圣乔治与埃塞俄比亚

埃塞俄比亚可能在与东正教的接触间，引入了圣乔治。在东正教中，圣乔治与玛利亚有特别联系，据说他代表玛利亚传递信息，或干预人类事务。还有人声称，13世纪时，圣乔治在异象中，拜访了埃塞俄比亚皇帝格布雷·梅斯凯尔·拉利贝拉（Gebre Mesqel Lalibela），指示皇帝在岩石上雕刻一座教堂，用以纪念他。这座教堂至今仍是一个广受欢迎的朝圣地。圣乔治如今是埃塞俄比亚的守护神，该国许多教堂都供奉着他。

拉利贝拉的圣乔治教堂

水浆涂料
以水浆为基础的涂料包含矿物颜料，如朱砂（红色）、靛蓝（蓝色）和雄黄（黄色）。

铰链
绳索铰链可以让圣像关闭，保护里面的绘画。

十字架上的耶稣和小偷
这个《圣经》场景展示了耶稣的受难过程。此图中的小偷描绘了侧面脸庞，双臂捆在横木上，脚钉在柱子上。

布面
有时会把布粘在木板上，形成更平滑的绘画表面。

中央画板
玛利亚和耶稣的旁侧是大天使米迦勒（Michael）和加百列；圣徒或使徒。

右侧画板
耶稣受难，玛利亚和福音书作者圣约翰，以及两个钉在十字架上的小偷；圣徒；圣戴多禄。

木制底座
一块橄榄木板劈开后，形成了这3块画板。

大小

6

1700—1899年

这一时期的物品，反映了由帝国、民族主义和日益增长的工业化力量所重塑的世界。反叛和抵抗在艺术品中得以体现，如美国的星条旗，以及体现美洲原住民反抗美国侵占的神圣羽冠。部分物品标志着欧洲影响往太平洋地区的延伸；还有一些，如日本的武士盔甲，讲述了一种在机械化力量下消失的文化。但在这数个世纪的动荡中，艺术继续蓬勃发展：京剧和日本卷轴画持续存在，而欧洲则开启了一场实验，印象派作品尤为突出。

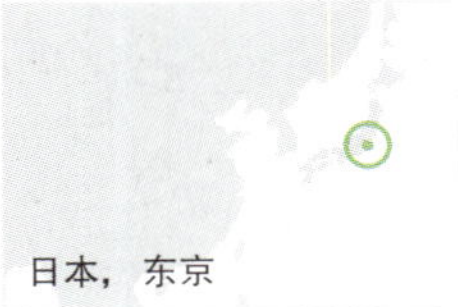

大小

日本漆器

18世纪的日本酒瓶，展示了古老莳绘（maki-e）工艺的精致之美

莳绘是一种日本装饰性漆器技术，大约在1200年前得以完善，字面意思是“撒成的画”。在莳绘作品中，不同细度的金、银等金属粉末，撒在用漆画于作品表面的图案上。漆从漆树液中提取。莳绘的生产在17世纪和18世纪抵达巅峰。当时，日本的领主和将军雇佣漆匠，为自己家中制作礼仪器具和装饰品，包括瓶、盒和家具。此图中的优雅酒壶采用了“平莳绘”（hiramaki-e）风格，可以追溯至18世纪。它呈葫芦形状，上有精致的樱花枝条和花朵图案，以及黑底描金的六边形网状设计。德川是1603年至1868年统治日本的幕府家族，德川家的葵纹（aoi mon，即三叶葵纹章）十分显眼地描绘在一个金色圆圈内。

黑漆
吕色漆（Rō-iro-urushi）是一种黑色的半透明漆。黑色来自铁。

红漆
绳索与流苏图案的红色，通过在基础漆中加入氧化铁或辰砂（硫化汞）而形成。

德川的象征
葵（三叶葵）的纹章图案，将酒瓶与日本德川家族联系了起来。

颜色的渐变
在画好的漆上撒上黄金粉，形成不同的浓淡。

▷日本漆器
这个葫芦形酒瓶可能制作于江户（今东京），当时德川幕府的中心。
高度：30.5厘米。
年代：1700—1800年。

平莳绘的制作

莳绘有3种主要技术，其中平莳绘发展于平安时代（Heian period，794—1185年）末期，是其中最简单的，特点是扁平或非常浅的浮雕设计。第一阶段是在表面涂上几层漆，每一层都要进行干燥和抛光，直到形成一个厚厚的基础层。接下来，将纸上绘制的图案（1）转移至准备好的表面（2）。在漆器上描画出图案（3），而后在仍然潮湿的情况下，撒上细小的金属粉末，通常是金粉（4）。干燥后，刷掉残留的粉末。在图案上涂上一层透明漆（5），然后进行一系列的抛光处理，以产生一个有厚度、有光泽的图案，可能会略高出表面（6）。

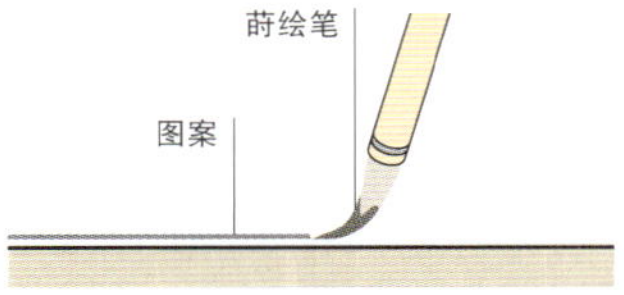

1 用毛笔和墨水在纸上绘制图案，然后用湿漆和颜料在纸背描画。

2 图案通过指尖的摩擦，转移至准备好的表面上，这个过程称为“置目”（okime）。

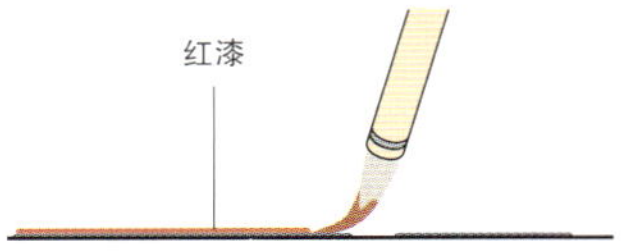

3 艺术家在转移的图案上涂漆，通常是红漆，这个过程称为“地描”（jigaki）。

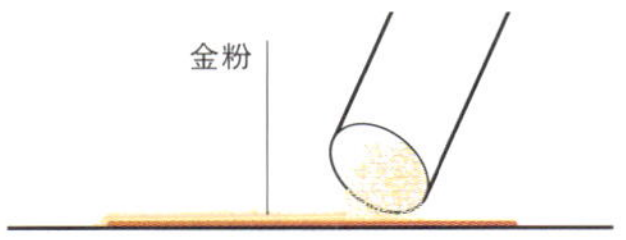

4 在这一步骤中，用竹筒或羽轴将金属粉末撒在湿漆图案上，这就是“粉莳”（Funmaki）。

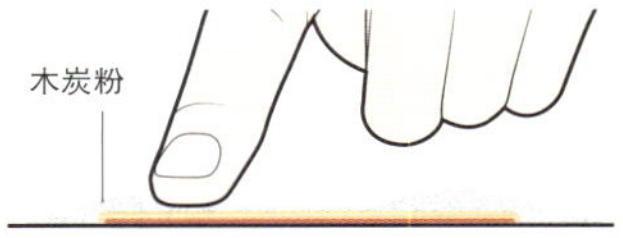

5 在图案上涂透明漆，干燥后，在“粉研”（Funtogi）步骤中，用木炭粉进行抛光。

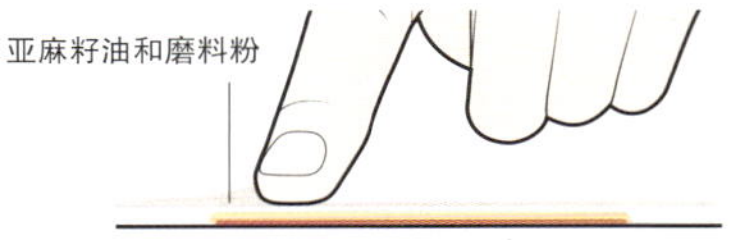

6 再加一层清漆，干燥后，用亚麻籽油和各种磨料进行抛光。

大小

马格达拉金冠

18世纪复杂的分层金冠，是埃塞俄比亚东正教的重要标志

马格达拉金冠是一件非凡的工艺品，据说制作于18世纪40年代，献给曼提瓦布皇后（Empress Mentewab，1730—1769年在位）与共同统治者，也是她的儿子伊亚苏二世皇帝（Emperor Iyasu II，1730—1755年在位）。他们随后可能将它赠送给了奎斯夸姆圣母教堂（Church of Our Lady of Qusquam）。那是一座由皇后下令建造的教堂，位于埃塞俄比亚首都贡德尔（Gondar）外的山区。

金冠由一个18K金的拱顶圆柱体构成，顶部饰有4位福音书作者的浮雕形象，还有8个珠子的金银丝外壳。下方，有两个穿孔金层围绕着圆柱体，由金属板冲压或切割而成，装饰了12位使徒、鲜花等图案。人们认为，金冠的内部结构曾经覆盖着织物，为各层提供了色彩斑斓的背景；如今只剩下几块皱巴巴的绿色材料碎片。

◁ **福音书作者雕刻像**
4位福音书作者分别以他们的传统符号表示。此处是马可和狮子。

遗失的装饰
这个装饰珠和颜料的痕迹表明，这顶金冠曾经拥有更精致的装饰。

金丝层
这些金丝层悬浮于中心圆柱体，使光线能够透过金丝照射到圆柱体上。

△ **马格达拉金冠**
向教堂捐赠贵重物品是埃塞俄比亚皇帝的一项职责，也是确保神职人员为他们祈祷的一种方式。
高度：21.5厘米。
年代：约18世纪40年代。

曼提瓦布皇后

曼提瓦布皇后（约1706—1773年）是埃塞俄比亚历史上极有权势的女性之一。她委托制作了金冠，以及修建了许多重要的建筑工程。她是巴盖发皇帝（Emperor Bakaffa）的妃子。在皇帝死后，她与其子伊亚苏二世共同统治国家。她的寿命长过儿子，甚至孙子伊约阿斯一世（Iyoas I），最后在隐居中度过了余生。

19世纪，埃塞俄比亚皇帝特沃德罗斯二世（Tewodros II）突袭了贡德尔，把金冠带至马格达拉

皇冠上装饰着4,936颗钻石和74颗珍珠

钻石十字架
中央拱的顶部是一个由5颗钻石组成的十字架，代表沙皇的基督教信仰，和上帝赋予的君主权力。

两个半球
皇冠分割成两个编篮半球，代表欧洲和亚洲——俄国所跨越的两个大陆。

高高的中央拱
中央拱上装饰着钻石花环，由橡树叶和橡子形状组成，代表力量与韧性。

◁尖晶石（未切割）
与此图类似的宝石经切割，制成皇冠上壮观的深红色尖晶石。切割后的宝石重达近398.7克拉，安装在一个12瓣的钻石花环上。

棕榈叶
一对交叉的棕榈叶装饰着正面和背面。1797年，钻石取代了棕榈叶上最初使用的彩色宝石。

圆环
皇冠底部，两条钻石带环绕着19颗较大的钻石。大钻石每一颗都重达5克拉。

△俄国皇冠
这顶皇冠在1920年的估值为5200万美元，但它关联着注定要灭亡的罗曼诺夫（Romanov）家族和俄国最后数位沙皇，让人们于1998年宣布它为无价之宝。
高度（含十字架）：约27.5厘米。
年代：约1762年。

大小

俄国皇冠

奢华的镶钻皇冠，有史以来最大的帝国皇冠，是权力与野心的有力象征

1762年，在叶卡捷琳娜二世（Catherine II）登上俄罗斯帝国皇位后不久，她就委托瑞士著名珠宝商乔治·埃卡特（George Eckart）和杰里迈亚·波齐尔（Jeremiah Pozier）制作出一顶比先前皇冠（见下侧方框）更大、更奢华的皇冠。

娴熟的工匠从叶卡捷琳娜一世（Catherine I，1725—1727年）和安娜·伊凡诺芙娜（Anna Ivanovna，1730—1740年）的皇冠中获得了灵感，而那些皇冠本身曾受到奥地利皇冠的启发。4顶皇冠都设计了一个圆环，环上放置两个圆顶半球形，高高的中央拱隔开它们，顶部是一块大宝石和十字架。新的帝国皇冠之所以如此与众不同，是因为精致的编篮框架和精心设计的中央拱，在数千颗钻石的光芒下，显得熠熠生辉，散发出女性魅力。这顶皇冠不仅仅是一件珠宝，叶卡捷琳娜用它明确表达了对女性权力的看法，以及认定俄国将成功超越欧洲列强的雄心壮志。

尼古拉二世（Nicholas II）在加冕仪式上戴着这顶皇冠。1917年的革命导致他与家人遭处决。1922年，国家钻石基金（State Diamond Fund）专门成立来管理这些珠宝。

俄国君主的皇冠

从14世纪，到1721年彼得大帝（Peter the Great）登基，为俄国皇室制作的皇冠都模仿了14世纪的莫诺马赫皇冠（Monomakh Cap）。那是一种毛皮镶边的金丝帽，上面覆盖着卷曲的黄金，镶嵌着宝石。例如，喀山王冠（Kazan Crown）和为沙皇迈克尔·费奥杜罗维奇（Michael Fyodorovich）制作的皇冠，都是毛皮镶边的金帽。然而，为了使俄国服饰更具现代化，1724年，在叶卡捷琳娜一世的加冕仪式上，彼得大帝为妻子委托制作了一顶西式圆顶半球形皇冠，为俄国皇冠设定了模板，如皇后安娜·伊凡诺芙娜和叶卡捷琳娜大帝的皇冠。

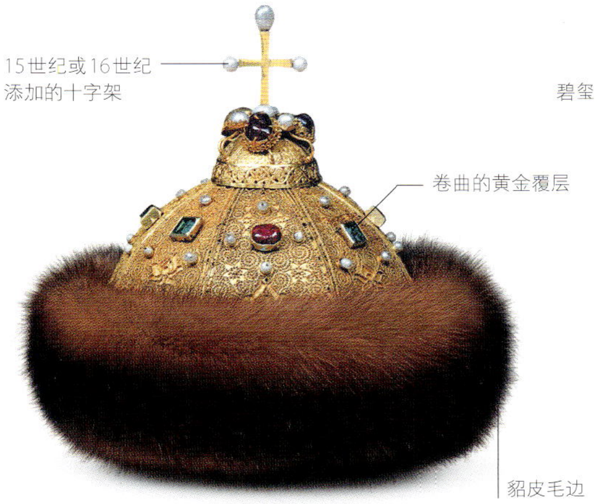

莫诺马赫皇冠

安娜·伊凡诺芙娜的皇冠

△**叶卡捷琳娜大帝**

图中展示了帝国皇冠和珠光宝气的披风，叶卡捷琳娜大帝是著名的珠宝爱好者。

《秋千》▷
就色彩和笔触的精致、人物形象的魅力以及迷人的生活乐趣而言，这是弗拉戈纳尔的至高成就之一。
尺寸：81.8厘米×64.8厘米。
年代：1767年。

《秋千》

18世纪的杰作，凝结了大革命前法国贵族社会的优雅、智慧与风度

弗拉戈纳尔

让·奥诺雷·弗拉戈纳尔（1732—1806年）出生于法国格拉斯（Grasse）。他一生中大部分时间都在巴黎度过，但职业生涯中曾两次拜访意大利。起初，他的目标是取得宏大历史题材方面的成功，但后来意识到，自己的才能在于为私人客户绘制亲密场景。这些客户包括当时的权势之人，尤其是路易十五（Louis XV）的情妇杜巴利夫人（Madame du Barry）。约1792年时，弗拉戈纳尔放弃绘画，在巴黎卢浮宫博物馆当了几年管理员。他去世时，人们几乎遗忘了他，半个多世纪以来，始终未曾受到重视。

弗拉戈纳尔（Fragonard）是18世纪中叶成功的法国画家之一。他擅长创作情趣盎然的画面，《秋千》就是其中最著名的一幅。当时诗人夏尔·科莱（Charles Collé）的记述，让我们对此画的创作情况有了些许了解。据科莱所言，一位“宫廷绅士”召见了画家加百利-弗朗索瓦·杜伊恩（Gabriel-François Doyen），他指着女主人说：“我希望你能把夫人画在秋千上，一位主教正在推她。我自己则位于能观察到迷人女孩之腿的位置。”杜伊恩刚以一幅大型宗教画作赢得赞誉，面对这个冒失的想法“目瞪口呆”，推荐弗拉戈纳尔来代替他。科莱没有说出这位“宫廷绅士”的名字，但最有可能的是圣朱利安男爵（Baron de Saint-Julien）。他担任的是与教会财务有关的政府税务职位，所以画面中要包含主教，无疑是他私下里的一个玩笑。

△埃斯特庄园（VILLA D'ESTE）
这座16世纪的宏伟花园位于意大利罗马附近的蒂沃利（Tivoli），为弗拉戈纳尔的许多作品提供了灵感。

享乐的艺术

记录中，此画的首位拥有者是弗朗索瓦-马利·梅纳吉·德·普雷西尼（Francois-Marie Ménage de Pressigny）。他也是一位高级税务官员，在1794年法国大革命（French Revolution）期间被送上了断头台。这场动乱也几乎结束了弗拉戈纳尔的职业生涯，因为扫除了他所擅长的贵族轻浮享乐世界。正是这种巨大的轻浮和嬉戏感，艺术家的《秋千》才创造了如此巨大的成功——那是典型的洛可可（Rococo）风格，弗拉戈纳尔是该风格的最后一位大师。迷人的叶子看起来有些人造感，助力营造出这幅画的魔幻氛围。

1859年，卢浮宫拒绝了收购《秋千》的机会

△丘比特
丘比特雕像将手指举至嘴唇，俏皮地叮咛要保密。

△狗
忠贞的传统象征。狗吠叫也许是想提醒不知情的丈夫。

拖鞋
在那个时代，松开的鞋子或拖鞋可视为行为放荡的标志。

帽子
年轻人伸出一顶帽子。有人将其解释为阴茎的象征。

老人
弗拉戈纳尔画的男人，比秋千上的女人年龄大得多，替代了原本提议的主教方案。也许是她的“绿帽”丈夫。

大小

米舍·米施杨·马姆布尔雕像

刚果库巴（Kuba）人制作，古老的传统木制雕像（ndop）之一，刻画的是一位国王

“Ndop”是刚果东南部库巴人的理想化木雕，代表尼姆（nyim，统治者）个人。库巴人是雕刻专家，他们用锛、刀和磨棒，创造出充满现实细节的自然主义雕塑。这些人物通常具有相同的形式和风格特征，勾勒出国王的形象，如此处（见右图），身着王室服饰，包括臂章、手镯、腰带、肩饰和特殊头饰，盘腿坐在地台上，右手置于右膝上，左手放在刀上。雕像的刀柄向外，表示和平。

不同统治者的个人形象，只有加入统治时期特有的图案和符号后，才能加以识别。在这个例子中，国王坐在装饰着断手的鼓上，这是米舍·米施杨·马姆布尔（Mishe miShyaang maMbul，约1710年在位）的识别符号（ibol）——值得注意的是，它是已知古老的库巴雕像之一，创作于约1760年至1780年。雕像的木材已经老化，形成一种奇妙的丰富光泽，可能因为经常用油擦拭。

库巴雕像代表了统治者的灵魂

库巴艺术

库巴人有高度发达的艺术传统，表现在纺织品、木雕和金属制品上，表面常有复杂的几何图案。库巴人作品中，木制面具十分引人注目，饰有花纹和纹理图案，并以头发、皮革、珠子、贝壳和羽毛作装饰。它们用于宫廷的仪式、入宫以及葬礼。该面具呈现的是库巴神话中的第一个人类——伍特（Woot）。

库巴面具

王室头饰
这种头饰称为“绍迪”（shody），边缘饰有雕刻的玛瑙贝壳，顶部有交错的图案。

比例
所有库巴雕像人物的头部都是全身的⅓，反映了库巴人对国王智慧的理想化呈现。

臂环
精雕细琢的细节突出了象征国王威望的物品，如臂环和腰带。

风格习惯
身体的姿势和平静的面部表情，是库巴雕像的常见风格。

断手鼓
所有库巴雕像都有一个突出的几何图案，作为识别标志。

热带硬木
库巴雕像是用一种名为“水晶皮”（Crossopteryx febrifuga）的小树的木材雕刻而成。

△ 米舍·米施杨·马姆布尔雕像
这尊库巴雕像刻画的是米舍·米施杨·马姆布尔，是非洲现存古老的木雕作品之一。库巴雕像不是统治者的真实肖像，而是他灵魂的容器，转移至他的继任者身上。
高度：49.5厘米。
年代：约1760—1780年。

大小

乾隆时期大象钟

英国为18世纪末的清朝宫廷定制的自动时钟

从17世纪开始，中国皇帝们对西方的报时钟非常着迷，欧洲人经常把这些钟作为礼物送给他们，希望能够借此进入朝廷。清朝早期的皇帝尤其热衷，收藏了一批大型音乐自动钟。

这座鎏金铜钟有着伦敦钟表匠彼得·托克勒（Peter Torckler）的签名，是为乾隆皇帝的宫廷而制作的，十分引人注目。它的设计参考了中国的风景和百姓，以及希腊神话中对阿特拉斯（Atlas）的描述。每隔3个小时，钟就会突然活跃起来：菠萝顶饰旋转，玻璃“瀑布”杆转动，水轮旋转，大象躯干上下移动，耳朵和尾巴摆动，眼睛随着六种曲调的变化而转动。

这座钟曾属于波斯沙阿，纳斯尔丁（Naser Al-Din，1831—1896年

△乾隆时期大象钟

这座钟因其工程学方面的精确性，及设计和机制的复杂性，非常引人注目。它也是一个令人着迷的例子，讲述18世纪时，时钟如何当作礼物，来促进中国和西方之间的外交关系。

高度：97厘米。

年代：1780—1783年。

自动钟

自动钟是一种报时钟，常有通过发条移动的机械人物或动物形象。中世纪，钟表开始加入这种自动装置。到了17世纪，自动钟已演变成相当小的机器，而且拥有多个移动部件和音乐元素，十分复杂，例如此处展示的例子，有着小风琴和斯皮内琴（spinet，一种早期键盘乐器），令人印象深刻。18世纪是自动钟的黄金时代，当时人们称它为“自鸣钟”（sing-songs）。这种装饰豪华、带着有趣自动机制的复杂时钟，成为富人喜欢的玩具。

约1625年，德国，带有斯皮内琴和风琴的音乐钟

▷**夏威夷羽毛披肩**

卡兰尼乌卜酋长的披肩需要大量羽毛和人力来制作，是夏威夷酋长阶层中最高级别的象征。（领口到下摆的）

长度：145厘米。

年代：约1779年。

夏威夷羽毛披肩

18世纪的壮观披肩，用鸟类美丽而显眼的羽毛，为一位夏威夷酋长制作

1779年1月，英国探险家詹姆斯·库克（James Cook）船长到达夏威夷岛的凯阿拉凯库亚湾（Kealakekua Bay）。卡兰尼乌卜（KalaniTimes New RomanopuTimes New Romanu）酋长接见了他。据说酋长从肩上取下羽毛披肩（‘ahu’ula），从头上取下羽毛头盔（mahiole），并把它们送给了库克，以示问候和善意。而后，酋长又在库克面前的地上，放了五六件羽毛斗篷和披风。羽毛披风是为特定之人设计和制作的，是酋长神性、等级和权力的有力象征。在夏威夷文化中，这样的羽毛制品都为贵族保留。披风的形状和翅膀般的设计，将酋长与夏威夷的羽神联系起来。他们认为，红色和黄色的羽毛能吸引神的保护。

披风大约由400万根红色和黄色的羽毛制成

夏威夷人的珍宝

卡兰尼乌卜的披风是一件非凡作品，用镰嘴管舌雀（‘i’iwi）和夏威夷吸蜜鸟（‘ō‘ō）身上的羽毛制作而成。镰嘴管舌雀是一种常见的旋蜜雀，而夏威夷吸蜜鸟现已灭绝，是一种黄黑相间的吸蜜鸟。学者们认为，为了这件披风，大约拔了20000只鸟的羽毛。夏威夷酋长把这些羽毛当作税来征收，还需要大量空地来提取披风所需的大量羽毛。约六根羽毛捆绑在一起，然后由极为熟练的工人用骨针和线，缝制在用奥洛纳灌木（olonā shrub）纤维制成的网布上，这是世界上耐用的天然纤维之一。

夏威夷吸蜜鸟

美丽的夏威夷吸蜜鸟是已灭绝的夏威夷吸蜜鸟科（Mohoidae）一员。数个世纪以来，人们用它的羽毛来为夏威夷贵族制作长袍、披风和羽毛杖。夏威夷原住民会捕捉这些鸟，每次小心翼翼地拔下几根羽毛，然后放生。尽管他们对羽毛的需求量很大，但鸟的数量仍然稳定。随着狩猎、疾病和森林砍伐越来越多，鸟越来越少，最后一次看到这种鸟是在1934年。

夏威夷吸蜜鸟

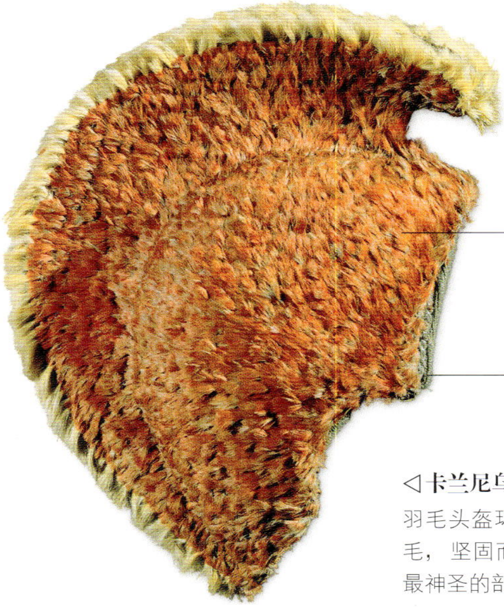

◁**卡兰尼乌卜的头盔**

羽毛头盔环绕着编篮框架制成，上面装饰着鸟类羽毛，坚固而轻便。它保护佩戴者的头部——身体中最神圣的部分。

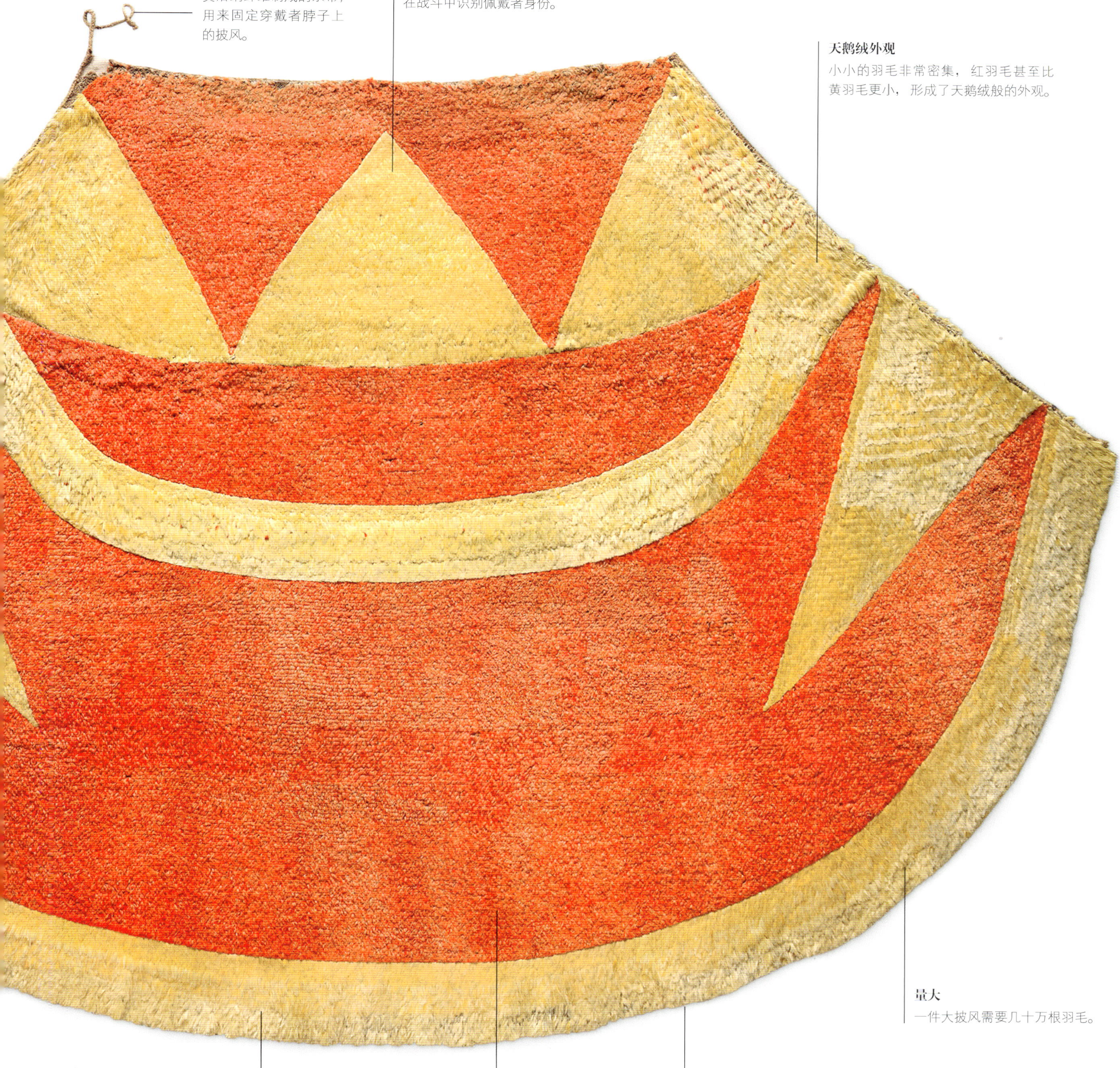
奥洛纳纤维系带
奥洛纳纤维制成的系带，用来固定穿戴者脖子上的披风。

定制设计
披风的独特图案可以让人在战斗中识别佩戴者身份。

天鹅绒外观
小小的羽毛非常密集，红羽毛甚至比黄羽毛更小，形成了天鹅绒般的外观。

量大
一件大披风需要几十万根羽毛。

高价
有些披风会使用黑色的羽毛，但价值最高的——如这一件——完全由黄色和红色的羽毛制成。

神圣羽毛
虽然黄色羽毛最为稀缺，但当地人认为红色羽毛最神圣。

自下而上的设计
羽毛从披风的底部缝至顶部，使它们可以平放。

大小

美国，夏威夷

夏威夷战神库

18世纪末或19世纪初的罕见巨型神庙雕像，为夏威夷的首位国王创作

1782年，卡米哈米哈一世（Kamehameha I）统一夏威夷群岛，建立了夏威夷王国。他为战神库卡·伊立莫库（Kūkā'ilimoku，意为“土地掠夺者”）或库（Kū），建造了数座神庙。此处所示的库雕像，是为卡米哈米哈创作的巨大神像中仅存的3座之一，被尊为夏威夷本土文化的重要象征。

这座令人印象深刻的雕像以面包树（breadfruit tree）木雕刻而成，比真人还大，采用了名为“科纳”（Kona）的表现主义风格。科纳风格的雕刻与其他波利尼西亚（Polynesian）风格有许多共同特征，但也有几个独特特征：融合了动态的姿势，8字形的鬼脸，扩大的眼睛和精致的发型。这座雕像嘴部不敬地微张，头发上是一排排风格化的猪头，学者因此认定它刻画的是库。

该雕像重达196千克

库和面包树

面包树在夏威夷文化中极为重要，曾由古波利尼西亚人带至岛上。它们是木材、食物、工艺材料和药物的主要来源。它们也构成了神话基础，其中有一个关于库神与夏威夷女性结婚的故事，但他的神灵身份是保密的。这对夫妇膝下有很多孩子。当饥荒来临时，库为了养活家人而牺牲自我，把自己埋在土中，只留下脚趾露在地面上——脚趾处长出了一棵光荣的面包树。

风格化的头发
人物的头发由一排排猪头组成，也许是代表献给库的动物。

情感激烈的木块
斜斜的眼睛和张开的鼻孔，呈现战神的激烈感情。

鬼脸
8字形的嘴巴是蔑视的表情，代表对敌人的挑衅。

雕刻的痕迹
雕像上特意留下了锛痕，增添了作品的装饰和活力。

独特的光泽
木头随着时间推移而变暗。新鲜面包树木材的颜色很浅。

◁夏威夷战神库
这座雕像刻画了夏威夷四大神灵之一的气势磅礴。他的姿态就像一名斗士：胸部鼓起，拳头紧握，仿佛准备击拳；膝盖弯曲，仿佛准备摔跤——这两种都是夏威夷的重要武术。
高度：2.67米。
年代：约1790—1820年。

大小

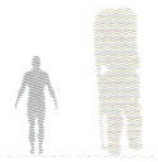

《班格瓦王后》

世界著名的非洲艺术品之一，对喀麦隆人（Cameroonians）而言，有着重要的精神意义

《班格瓦王后》是一座纪念性木制雕像，称为“纪念人物”（Lefem），由喀麦隆西南部喀麦隆草原（Cameroon Grassfields）上的班格瓦人制作。“纪念人物”雕像刻画的，通常是重要祖先、广受尊敬人物或王室成员的肖像，并成为王朝权力与权威的视觉性记载。

这座雕像的创作年份不详，但肯定早于1899年，因为那一年它从喀麦隆来到了德国。这座班格瓦雕像因充满活力的姿态和极富表现力的举止，而举世闻名、受人喜爱。这个人物站着，张嘴唱歌，膝盖弯曲，重心放在脚尖上，肩膀前缩，表明她正在跳舞。妇女在班格瓦文化中得到高度重视，部分原因是生殖能力，因此这个人物可能代表双胞胎或某种特殊儿童的母亲，而不一定是为了描绘王后创作的。她的雕像名更有可能反映的是西方观念，而非班格瓦文化；在西方，她还有“公主”和“舞女”等名字。

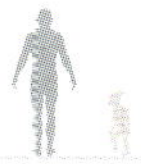
大小

“纪念人物”风格
“纪念人物”通常嘴巴张开，露出显眼的牙齿，突出外凸的眼睛。

粗凿的木头
人物表面保留着雕刻者留下的痕迹，并未打磨得十分光滑。

红色的紫木粉
红色粉末，表明所刻画的祖先在班格瓦人中很有威望。

拨浪鼓
雕像的右手拿着一个仪式用的编织拨浪鼓。

动感的站姿
雕像形态充满活力，捕捉了一个运动的瞬间，而不只是一种姿势。

▷《班格瓦王后》
这尊来自喀麦隆的木雕曾经和其他祖先雕像一起，安置在国王宫殿里，在参加仪式和重要场合时才带出去。
高度：81厘米。
年代：未知。

班格瓦夜行会（NIGHT SOCIETY）面具

班格瓦社会由一个名为“夜行会”的秘密组织来维持社会秩序。为了保持匿名状态，成员遮住自己的脸，肩上扛着木制大面具。这些面具拥有神圣含义，旨在煽动恐惧，让人们感觉其中灌注了强大力量，无法戴在人类头上。他们在仪式和葬礼上也会戴上这些面具，不戴的时候，就存放在面具保存者小屋的屋顶上，收集烟灰和灰尘，增添力量。

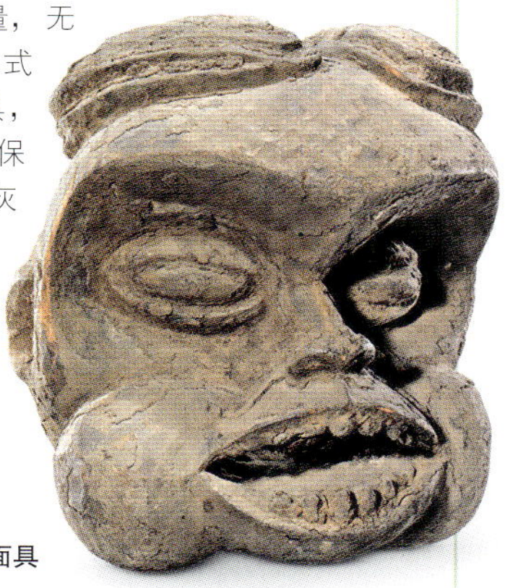
班格瓦夜行会面具

《拿破仑翻越阿尔卑斯山》▷
大卫将英雄式的理想化构思，与细节描绘的精确性结合在了一起。
尺寸：260厘米×221厘米。
年代：1801年。

《拿破仑翻越阿尔卑斯山》

19世纪的画作，是所有拿破仑画像中最英勇的一幅，展示了他年轻时军事成就的巅峰状态

1800年5月，拿破仑军队越过阿尔卑斯山，入侵意大利北部。这是法国革命战争（French Revolutionary Wars）中的一段插曲。法国革命战争是法国与反法国家同盟之间的战争，尤其是奥地利和英国的同盟。此时，拿破仑·波拿巴尽管只有30岁，但实际上是法国的独裁者，被誉为军事天才。在6月14日的马伦哥战役（Battle of Marengo）中，他赢得了对奥地利的重大胜利，并立即凯旋返回巴黎。

肖像画

雅克-路易·大卫（Jacques-Louis David）是拿破仑最热忱的崇拜者之一，也是当时法国的重要画家。他在1797年首次见到拿破仑，宣布他是“我的英雄”。他为拿破仑画了好几幅肖像画，但这幅画并非出于当事人本人委托，而是由西班牙的查理四世委托创作的，在法国取得对意大利的胜利后，展示一种阿谀的外交姿态。

拿破仑指示大卫，他希望画面呈现“骑着烈马的平静”。事实上，他是骑着一匹由向导带领的骡子穿越阿尔卑斯山的，所以这幅画是一幅煽动人心的宣传画，而非对历史事件的准确再现。大卫于1801年1月完成绘画。画作收到的评价如此之高，以至于他立即开始创作第二个版本，又和工作室创作了另外3个版本（其中一个版本他保存了一辈子）。这5个版本的尺寸几乎相同，内容也几乎相同，只在某些地方存在差异，例如马的颜色。

大卫

法国艺术家雅克-路易·大卫（1748—1825年）是当时重要的画家之一，不仅因为作品质量高，还因为他是一位伟大的老师，影响了下一代许多艺术家。他的职业生涯与政治事件紧密相连，因完完全全的英雄主义绘画而成名。人们认为，这些绘画与法国大革命的精神相契合，而大卫也确然积极参与其中。后来他因颂扬拿破仑的丰功伟业，而与拿破仑紧密捆绑在一起。1815年，拿破仑最终战败后，大卫流亡至布鲁塞尔。

拿破仑希望以“平静，骑着烈马”的形象永垂不朽

△**现实差距**
保罗·德拉罗什（Paul Delaroche）的《波拿巴翻越阿尔卑斯山》。

△**美丽的头颅**
据闻，大卫第一次见到拿破仑后，对他的学生说：“他的头颅真漂亮……像古董一样。”

△**构图**
右侧厚重的云层平衡了拿破仑举起手臂、奔马和飘逸斗篷所形成的对角线。

铭文
岩石上的铭文暗示，拿破仑可与曾经翻越阿尔卑斯山的两位伟大将军相比，分别是汉尼拔（Hannibal）和查理大帝（Karolus Magnus）。

军装
大卫参考了拿破仑在马伦哥战役中穿的制服，忠实地复制了它的细节。

斗篷
随风飘扬的斗篷有助于营造一种风度翩翩的动感氛围。在现实中，拿破仑穿的是一件厚重的大衣。

马匹
大卫以拿破仑的两匹马作为模特，包括他在马伦哥战役中骑的灰马。

大小

星
每颗星的直径约为61厘米，以手工缝制在蓝色旗布背景上。

星和条纹
这面旗帜最初有15颗星和15条条纹，代表1813年属于联邦的各州。

丢失的星
有一颗星不见了。有人剪掉了它，作为纪念品送人。

大小

△星条旗
星条旗的尺寸令人印象深刻，即使在缺失部分的情况下也是如此。它最初的尺寸为9.1米×12.8米，但随着时间推移，部分布片作为纪念品送给他人，导致旗布缩短了2.4米。
尺寸：9.1米×10.4米。
年代：1813年。

材料
这面旗帜以红、白、蓝3色的轻质羊毛织物（称为“旗布”）制成。星星的材质是白棉布。

结实织物
羊毛织物价格低廉、耐磨、耐水。直到20世纪中期，它还经常用来制作旗帜。

条纹
条纹宽约61厘米，由35厘米至46厘米的条状旗布缝制而成。

星条旗

一面巨大旗帜，是美国国歌的灵感来源，并成为国宝

美国，巴尔的摩

△巴尔的摩，麦克亨利堡

在这幅19世纪的麦克亨利堡版画中，巨大旗帜在港口船只前清晰可见。那个胜利的早晨，弗朗西斯·斯科特·基就是从这里看到的。

1814年9月14日上午，马里兰州（Maryland）巴尔的摩（Baltimore）边缘的麦克亨利堡（Fort McHenry）驻军，升起了一面巨大旗帜，以纪念美国在巴尔的摩战役中击败英国。这场美英战争开始自1812年。弗朗西斯·斯科特·基（Francis Scott Key）在看到这面旗帜和战争最终胜利的希望后，写下了一首名为《保卫麦克亨利堡》（*Defence of Fort M'Henry*）的诗。配上《致天国里的阿纳克利翁》（*To Anacreon in Heaven*）的曲调后，这首新歌以《星条旗》（*The Star-Spangled Banner*）的名字大受欢迎。1931年，它成为美国国歌。

这面星条旗是唯一一面拥有超过13条条纹的美国国旗

伟大的驻军旗

名为“星条旗”的旗帜就是所谓的驻军旗，即一种旨在从很远的地方就能看到的超大旗帜。它本来和一面较小的“风暴旗”（现已丢失）一起，在27米高的旗杆顶部飘扬，由麦克亨利堡的指挥官乔治·阿米斯蒂德（George Armistead）少校，委托巴尔的摩制旗专家玛丽·皮克斯吉尔（Mary Pickersgill）制作。玛丽在女儿、侄女和一位名叫格蕾丝·维泽（Grace Wisher）的年轻非裔女孩帮助下，花费6周至8周的时间，缝制了这两面旗帜。驻军旗以英国染色羊毛和白棉布制成。15颗星和15条条纹反映了当时的联邦州数；1818年，美国国旗上的条纹数量限制为13条，以纪念最初的殖民地，但每新加入一个州，都要加一颗星。这面旗帜取下后，交给了阿米斯蒂德，并在他家中保存了90多年。

修复

1914年，两年前捐赠了这面旗帜的史密森学会（Smithsonian Institution），委托旗帜修复师阿米莉亚·福勒（Amelia Fowler）修复这面旗帜。福勒和团队用了大约170万针，将它缝在亚麻布底衬上。而后，它悬挂在博物馆内展出。从1999年开始，这面旗帜经历了长达10年的保护过程，包括去除福勒的缝线。修复人员在一个专门为此建造的实验室里工作，清洁旗帜，记录状况，除去有害的修补。然后，把它固定在一个支撑板上，安装在一个可受操控的展示环境中。

1914年，修复旗帜

21世纪初，修复旗帜

▷殉道者的姿势

白衣男子伸出的手臂，很容易让人联想到钉在十字架上的基督；他的手掌上甚至有让人联想到基督钉子伤口的痕迹。

大小

比例失真

穿白衬衫的人是跪着的。如果他站起来，与其他人相比，他就会显得巨大。戈雅为了戏剧效果，接受了这种失真。

灯笼

巨大的灯笼点亮了场景，刺眼地照着最显眼的人物。

大地色

戈雅使用的主要是大地色，如灰色、棕色、暗绿色。这让穿着白色和黄色衣服的中心人物显得格外突出。

◁**《1808年5月3日》**
据说戈雅在作画时，使用手指、小刀和碎布，也使用画笔，从一个方面展现了他那非同寻常的表现自由。
尺寸：266厘米×345厘米。
年代：1814年。

《1808年5月3日》

对当代暴行的严酷描述，开创了19世纪初绘画的新局面

西班牙，马德里

半岛战争（Peninsular War）发生于1803年至1815年的拿破仑战争期间。这幅震撼人心的画作就是为了纪念这场战争期间一起骇人听闻的事件，当时法国军队占领了马德里。1808年5月2日，马德里人民反抗法国人，但法国军队很快镇压了起义，并以大规模处决的形式进行了可怕的报复。处决从第二天早上开始，一直持续至晚上。1814年，法国人被赶出西班牙后，戈雅（Goya）在西班牙政府的赞助下，创作了两幅关于起义的大型画作，“用画笔，将我们反对欧洲暴君（拿破仑）的光荣起义中，最英勇、最值得纪念的行动和场景永久化”。第一幅画《1808年5月2日》描绘了起义期间的残酷巷战，而另一幅画则描绘了惨烈后果。

无情的非人道行为

不知道戈雅是否目睹了这些血腥事件。当然，他并没有试图进行纪录片式的重现，而是传达出处决的巨大恐怖，

西班牙内战（Spanish Civil War）期间，为了安全起见，这幅画被转移至瓦伦西亚（Valencia）、巴塞罗那，最后抵达日内瓦（Geneva）

将爱国主义愤怒与对受害者的怜悯之情结合在一起。在传统的重大历史事件绘画中，常使用英雄主义姿态和装饰，但戈雅全都摒弃了，剥离出场景的本质，把囚犯的绝望与面目模糊刽子手的惨无人道进行对比。戈雅的手法大胆得恰到好处。他扭曲或简化部分形式，以达到图画剧的效果，对颜料的处理手法原始而充满活力。

◁**普通的灵感来源**
戈雅以米格尔·甘博里诺（Miguel Gamborino）的这幅版画（1813年）为基础，作了构图。这幅版画描绘了法国士兵杀害5名西班牙僧侣。然而，戈雅将这幅版画不温不火的虔诚之情，转化为极为强烈的悲剧感。

行刑队
刽子手们站在比实际情况更近的地方，空间的压缩加强了残酷的力量感。

《雾海上的漫游者》▷
这幅画是彰显弗里德里希在神秘、巨大风景方面品位的极佳范例之一。不寻常的竖画形式凸显了人物的直立形态。
尺寸：98厘米×75厘米。
年代：约1818年。

《雾海上的漫游者》

德国浪漫主义艺术中最具代表性的画作，赞美大自然令人敬畏的力量和威严

弗里德里希

卡斯帕尔·大卫·弗里德里希（Caspar David Friedrich，1774—1840年）出生于今德国波罗的海沿岸（Baltic coast）附近的一座小镇，在一个严格的新教家庭中长大。他很早就经历悲恸，过早失去了母亲和弟弟，这也造就了他忧郁的性格。弗里德里希在丹麦哥本哈根（Copenhagen）学习后，定居于德国的德累斯顿（Dresden）。在那里，他接触到了一个蓬勃发展的浪漫主义作家和哲学家圈子，在他们影响下，开始勃发艺术方面的独特想法。他在1807年才开始绘制油画，但很快就以令人神往的美丽风景画和寓言画打响了知名度。

《雾海上的漫游者》是德国有史以来著名的画作之一。虽然它基于真实地方所作，但风景是想象出来的，弗里德里希根据他在德国东南部易北河砂岩山脉（Elbe Sandstone Mountains）的素描而进行了创作。他将这些元素塑造成一种熟稔的形式，使用他喜欢的手法之一，“背部人物”（Rückenfigur），即从后方看到的人物，引导观众进入画中。孤独的旅行者站在岩石上，眺望着雾气半遮半掩下的广阔全景。

这种类型的风景画是德国浪漫主义的一个典型特征，与自然界令人敬畏的宏伟景象作对比，强调人类本质上的渺小。在浪漫主义作品中，画家往往将人类表现为处于自然界中的孤立和孤独。弗里德里希这幅充满精神力量的画作中，让自然与人的形象一样，成为一种情感的力量。在《雾海上的漫游者》中，飘逸的雾气愈发凸显风景的宏伟壮丽。忧郁而内省的弗里德里希认为，艺术应该是艺术家“灵魂与情感”的反映。他的风景画存在寓言的意义，在此画中，远处的山峰可能象征救赎，而通往山峰的岩石地带象征生活的考验。我们无从得知漫游者的模特到底是谁，但部分学者认为是一位名叫弗里德里希·戈塔德·冯·布林肯（Friedrich Gotthard von Brincken）的军官。1814年前后，他在与拿破仑作战时牺牲。这幅画可能是作为爱国主义纪念物而受托创作的。

孤独的漫游者可能是自画像

现实与精神

弗里德里希没有为这幅油画作品作详细的准备工作，但他确实曾画过3层底稿，分别使用了粉笔、铅笔和墨水。他在脑中想象出精确的构图，宣称：“艺术家不仅要画他面前之物，还要画自己内心之物。”

△齐克尔斯坦（ZIRKELSTEIN）
齐克尔斯坦是一座树木繁茂的山丘，位于德国一片名为萨克森瑞士（Saxon Switzerland）的山区，山顶上有一块独特的40米高砂岩块。1818年，弗里德里希在那里为他的画作准备了详细的草图。

△1822年，《月出海面》
这幅安静的画作中，魔力般的月光映照在海面上，缺乏弗里德里希的戏剧性风景和旋涡状薄雾。但是，梦幻般的场景中，帆船和3个人物剪影唤起了人们深深的渴望和神秘的氛围。

▽天气的感觉

风吹动这名男子的头发，他将衣领翻起以抵御寒冷。

山峰

可以辨认远处的山峰，那是位于德国萨克森州的齐克尔斯坦。

△远处的树木

旋涡状的雾气令人难以判断画中的距离，只有这些小小的树能让人大致有所估测。

对偶倒列

该男子以对偶倒列姿势站立，重心在右腿上，左腿略微向前弯曲，使身形自然，富有美感。

雾浪

岩石下方透出的光线似乎照亮了雾气。雾散后，只露出更多参差不齐的山峰和峭壁。

岩石露头

漫游者所站立的岩石露头，是皇冠山（Kaiserkrone hill）上一组易于辨别的奇形怪状岩石。

大小

《神奈川冲浪里》最初印刷了约5000张

题字
两个题字中，较小的是北斋签名；较大的写在框里，是作品的标题。

新品种蓝
北斋生动地使用了普鲁士蓝——一种来自欧洲的新型合成颜料。虽然当时普遍禁止进口，但荷兰商人还是利用有限的机会带入日本。

泡沫
波浪上的泡沫呈现爪子或触角的模样，威胁着下方的3艘船。

视觉呼应
前景的波浪与白雪皑皑的富士山互相呼应。

视觉冲击
波浪中的水花产生了富士山上落雪的效果。

渔民
渔民们平躺着，拼命抓着船沿。

大小

《神奈川冲浪里》

日本版画中最著名的作品，因影响了19世纪末欧洲艺术而备受瞩目

《神奈川冲浪里》是世界艺术中著名的图像之一，不仅作为博物馆藏品广为人知，且在广告和流行文化中也有大量借用。它出自日本艺术家葛饰北斋（Katsushika Hokusai，1760—1849年）之手，是题为“富岳三十六景”（*Thirty-six Views of Mount Fuji*）系列版画的其中一幅。这一系列版画从不同的角度，展示了各个季节和天气下这座神圣山峰的不同模样。

高耸的威胁

长期以来，日本的自我认同是由其地理环境决定的。它是一个由岛屿组成的国家，海洋既保护它，又隔离它。风和浪成为日本人心中神圣的力量。在北斋数十年的职业生涯中，创作了无数幅海洋主题作品，包括几幅单一的巨浪图像。在他生命的最后阶段，它们汇聚成这幅巨浪。这个巨浪不是海啸，而是一种“畸形波”（rogue wave），它耸立于3条细长渔船之上，看上去仿佛环绕着微小而遥远的富士山。北斋用一种欧洲式的透视感，将这座标志性的山峰归为背景，但富士山仍然是观众目光所及范围内，静止、泰然的焦点。深色的普鲁士蓝凸显了威胁的氛围，而白色的卷曲泡沫，以及抛动脆弱船只的波峰和波谷，则唤起了大海的喧嚣力量感。

《神奈川冲浪里》促成了19世纪欧洲对日本艺术的狂热，史称“日本主义”（Japonisme）。日本版画尤其吸引了印象派（Impressionists）和后印象派（Post-Impressionists）。

△《神奈川冲浪里》
北斋创作这幅杰作时，已经70多岁，但仍处于巅峰状态。
尺寸：26厘米×38厘米。
年代：约1830—1833年。

△《骏州江尻》（*EJIRI IN SURUGA PROVINCE*）
这幅画作同样出自“富岳三十六景”，展示了北斋的幽默天赋。旅行者在与风搏斗。风吹走了一顶帽子，吹走了妇女携带的纸巾，活泼的动作与富士山的宁静形成鲜明对比。画家把富士山的轮廓巧妙地勾勒出来。

日本木版画

1 为了创作传统木版画，艺术家先在薄纸上进行初步设计。2 然后，技艺高超的工匠将纸粘在木板上，按照艺术品的轮廓，透过图纸将图像刻于表面，这个过程会破坏图纸。3 在木块上涂上墨水，覆盖上一张纸。4 纸的背面用压印垫板（baren）搓擦，以转移墨水。每种颜色都需要一个单独的木板。

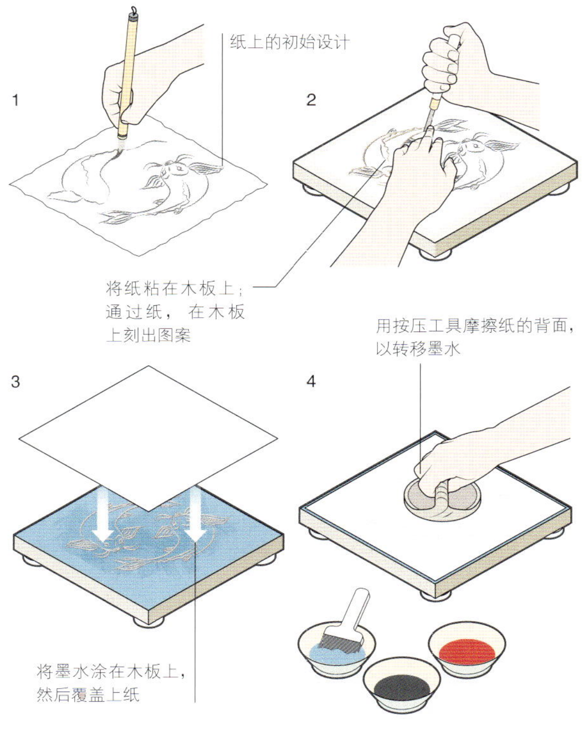

弦月
左上角可以瞥见升起的月亮。它的银色光芒与火红的夕阳形成鲜明对比。

幽灵船
透纳对无畏号的细节描绘很少，而且用了淡金色，给人一种神秘怪异的感觉。

拖船
当时的作家W.M.萨克雷（W. M Thackeray）将拖船描述为“一艘可恶、邪恶的小蒸汽船”，带着某种刽子手般的气息。

◁背景船只
在地平线上，透纳描绘了几艘模糊的船，其中一艘正在全速航行。这是对无畏号辉煌时期的辛酸暗示。

◁《被拖去解体的战舰无畏号》
这艘战舰被拖去解体的旅程是，沿着泰晤士河，从肯特郡驶向伦敦。它已经有40年历史，而且正在朽烂。
尺寸：91厘米×122厘米。
年代：1839年。

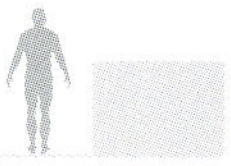

《被拖去解体的战舰无畏号》

维多利亚时期一幅深受喜爱的杰作，会深深唤起英国海军的英勇历史

透纳将《被拖去解体的战舰无畏号》称为“我的宝贝”。这幅画一直是他评价极高的作品之一。1839年，当这幅油画在伦敦皇家学院（Royal Academy）首次展出时，几乎得到一致赞扬。从那时起，它就经常位列英国最受欢迎绘画的清单之中。它受到如此交口称誉，部分原因是人们的爱国主义情绪，但更主要的原因，还是作为一件艺术品所展示的纯粹与恢宏。

最后的航行

无畏号战舰于1798年下水。这个不寻常的名字来自1759年被俘的法国船“Le Téméraire”，意为“大胆”或“鲁莽”。1805年，无畏号在特拉法加战役（Battle of Trafalgar）中发挥了主导性作用，但和平让许多这样的船舰成为多余之物。有些用作“废船监狱”（prison hulk），有些成为补给仓库。到1838年为止，曾在特拉法加战役中作战的27艘英国船舰中，有14艘当作废品售出。同年9月5日至6日，无畏号沿着泰晤士河被拖往远处，踏上了前往造船厂的最后旅程——从肯特郡（Kent）的希尔内斯（Sheerness），到伦敦的罗瑟希德（Rotherhithe）。这就是透纳描绘的事件。

艺术家通过想象画下了这一场景，并未试图作事实性的记录。例如，此时无畏号的桅杆已经被拆除，但透纳的画中，它们仍然在原地，增添了这艘悲剧注定之船的庄严感，与宽矮拖船的平凡功能形成对比。

透纳拒绝了所有购买这幅画的提议

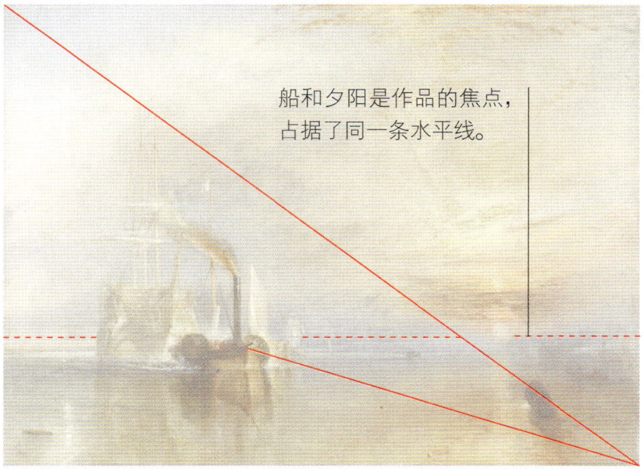

△ **向前航进**
穿过桅杆顶的对角线引导着观众的视线，从画的左上方，看向右下方；拖船和黑暗的浮标暗示了第二条对角线。这两条线在右下角形成一个点，这艘悲剧注定之船似乎正在向这个点移动。

透纳

很多人认为，约瑟夫·马洛德·威廉·透纳（Joseph Mallord William Turner，1775—1851年）是最伟大的英国画家。他几乎完全是风景画家，但他在这个领域中所表现出的宽广和力量，是任何其他艺术家都无法比拟的。最初，他用水彩颜料创作，但很快就开始绘制油画，并在这两种媒介中，发展出一种具有极高自由度和微妙性的技术，以细节堆砌出光与色彩的迷人效果。他死的时候很富有，也很有声望。

约1799年的自画像

日落
透纳以辉煌的夕阳而闻名遐迩。一位当时的评论家写道，此图“血红色的光”创造了一种“牺牲的庄严”之感。

武士盔甲

19世纪黑漆武士盔甲的杰出范例，装饰华丽

武士（Samurai），意为“侍”，是日本的精英士兵和官员阶层。他们为被称为“大名”（daimyo）的封建领主服务。其中部分武士晋升为将军，即军事领导人，1192年至1868年，实际统治着日本。武士的盔甲和武器是彰显身份的关键元素。

武士盔甲的设计发展于12世纪。最初为骑兵所用，包括一排排小铁片或皮革片（Kozane），或较大的板块，以获得更多灵活性。盔甲由多种元素组成，包括头盔、胸甲或背甲、护肩和护腿，从头到脚保护着穿戴者。

此处展示的这套有着令人印象深刻的复杂结构，是典型的武士盔甲，涉及许多不同工艺，包括锻造和精细的金属工艺，如雕刻、镂刻和镀金，还包括涂漆、编织和缝制。它的装饰性很强，制作起来非常耗时耗财。一套衣服可能需要几千个独立小片，每一片都要上10次漆，以保护穿着者免受恶劣天气的影响。仅仅就编织而言，通常需要1000多股丝，用于将各板块绑在一起，可能需要数个月的时间来制作。武士盔甲是高等地位的象征，反映了大名的品位和权力。

然而，到了19世纪，武士盔甲主要作礼仪性用途。戊辰战争（Bioshin War，1868—1869年）中，天皇军队击败日本最后一位幕府将军德川庆喜（Tokugawa Yoshinobu）后，废除了武士身份。

仪式性的武士盔甲▷
这个恢宏的范例展示了套装的装饰之美和令人敬畏的特质。武士盔甲是形式和功能的完美结合。
尺寸：真人大小。
年代：约1850年。

武士盔甲是骑兵和步兵在战斗中穿着的

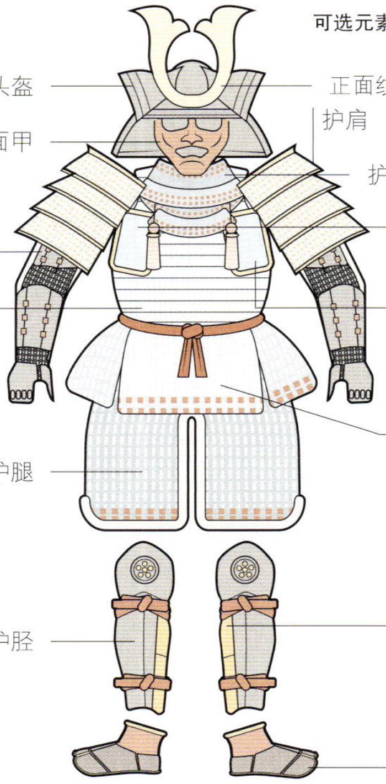

▷单独元素
就保护功能而言，武士把盔甲的部分构成物视为更为重要的元素。当完全穿戴时，盔甲从头到脚覆盖着武士，同时还兼具战斗所需的灵活性。

△ 镀金徽章
装饰性的雕花金属徽章，据说模仿了15世纪著名武士所佩戴的鹿角。

△ 铆接板
头盔由竖条板块铆接而成。

颏绳
颏绳将头盔和面罩固定于佩戴者头部。

面甲
面甲旨在保护佩戴者，并吓唬敌人。面甲通常会饰有以真发制成的胡须。

轻型系带
此处所示的“疏点系带”（sugake odoshi），用来固定铁或皮革制成的实心板。

环
镀金的铜环或铁环，连接用于识别阵营的小旗或弓。

▷ 侧视图
为了展示效果更佳，每件盔甲都绑在金属臂架上。臂架位于存放盔甲的箱子顶部。

△ 织物
盔甲上有数种纺织元素。此处可看到装饰织物，与盔甲板块相连。织物是带有花纹图案的丝绸、棉布或亚麻布，可能来自欧洲。

黑漆板
盔甲的铁板（有时是皮板）在拼接之前，都会单独上数次漆。

大小

大小

阿肯黄金砝码

18世纪至19世纪西非阿肯族美丽的黄铜制砝码，用来称量黄金

大约1400年至1900年，西非的阿肯人创造了黄金砝码，当地人称“mrammuo”，用于完善主要货币的衡量系统。主要货币指的就是金粉和金块。砝码由黄铜制成，采用失蜡法铸造。人们会在成品上钻孔，或滴上焊料，或加上铜塞，以确保砝码重量的精准性。

这些微小的雕塑非常详细复杂，早期例子往往呈几何图形，后来的则较为具象，刻画了人物、动物、植物和物体。它们的灵感来自阿肯人用来（且如今仍用来）传达文化、价值观和故事的无数谚语，并以这种方式，超越了它们作为市场基本工具的直接实际用途。

▽**阿肯黄金砝码**

这是两个来自阿肯地区的人物形象黄金砝码。该地区横跨如今的加纳和科特迪瓦。像这些比较复杂、漂亮的砝码，往往反映了商人的财富。

带枪人物的高度：4.4厘米。

年代：1700—1900年。

进口步枪

这个砝码反映了西非的贸易联系，因为枪支于19世纪时才从欧洲进口。

精致的细节

在如此小的砝码上，复杂的细节显示了金属匠对失蜡法的熟练掌握。

长矛

骑手右手拿着长矛，左手拉着缰绳。

地位标志

马不是加纳的原生物种，所以代表较高地位。

成套的黄金砝码作为传家宝，传承了下来

黄金砝码的象征意义

阿肯文化有丰富的口头谚语传统，其中许多是通过黄金砝码传达的。这些非语言交流的意义，可以根据上下文和说话人而有所不同。它们可能提醒一笔债务，可能作为警告或者友谊的象征。了解这些信息，是建立成功贸易关系的关键。例如，神话中的桑可法鸟（sankofa），总是向后看，意味着“从事后看是明智的”，或“不要忘记你的根”。今天，在恢复被奴隶制破坏的黑人历史过程中，它已成为有力象征。

18世纪至19世纪的桑可法砝码

刚果能量钉像

19世纪刚果人制作的雕像，据说里面有一个强大的灵魂

在非洲刚果地区刚果人的宗教中，钉像（Nkisi，复数为Minkisi）是一种容纳灵魂的物品。这种存放灵魂的集合艺术品，由雕刻家和宗教执行者（nganga）合作制成。钉像有多种形式，如罐和坩埚，但能量钉像通常采用人形雕像的形式，如图所示，代表一种特别具有攻击性的钉像，据信能够追捕罪犯，引发或治疗疾病。雕像内或雕像上有一种名为“魔法”（bilongo）的精神材料，以魔法或药用性能赋予钉像能量。“魔法”由各种动物、植物和矿物材料制成，每种材料都有不同用途。种子可能会告诉灵魂复制自己，白土会唤来精神世界的支持，而爪子会煽动灵魂去抓东西。“魔法”放置在关键部位，如眼睛后方、腹内、下颚线周围和腰部周围。

能量钉像唤起法律和秩序的精神力量，与宗教执行者协商使用，可作为誓言见证人，解决争端；如果怀疑存在巫术或不法行为时，则作为复仇者或监护人。每次协商时，都会把钉子、刀片等锋利的东西钉在物体上，以“激活”灵魂，促使它对有关问题采取行动。用得好的钉像最终身上会插有很多金属件。

帽子
与腹部的包一样，人物的帽子中也含有“魔法”。

宝贝贝壳（COWRIE SHELL）
宝贝贝壳经常用作货币，从印度洋进口至非洲。

动物毛发
19世纪时，钉像常用到黑猩猩和安哥拉疣猴（Angolan colobus）的毛发。

镶嵌眼球
椭圆形的瓷砖或贝壳镶嵌物，用树脂固定住。

腹部的药物
这个镜子密封的树脂内含有“魔法”。玻璃和镜子代表精神层面的“另一个世界”。

钉子和楔子
宗教执行者将尖锐的东西打入人物体内，以唤醒灵魂，可能代表罪行或争端的严重性。

黑色涂层
雕像上有一层黑色涂层，可能是丹宁染料。

大小

▷刚果能量钉像
这个刚果能量钉像由木材、金属、玻璃、织物、纤维、贝壳、骨头、皮革、葫芦、头发和羽毛组装而成。它的人形彰显了影响人类事务的能力。
高度：72厘米。
年代：1801—1875年。

刚果宗教

在刚果人的传统宗教中，宇宙一分为二，分为身处的世界和祖先的精神世界。宇宙上方住着创造者恩孔姆比·阿姆彭古（Nzambi a Mpungu）。当一个人死亡时，他会进入精神世界，除非他死于暴力。如果死于暴力，灵魂会在地球上游荡，直到凶手遭到报复。宗教执行者可以用钉像与灵魂互动。他们认为，狗能够在两个世界之间移动，因此钉像的形状可能是狗（kozo），通常是双头的。他们会特别要求这些狗猎杀女巫。

19世纪的狗钉像

京剧长袍

19世纪的例子，展示了京剧服装华美、艳丽的精湛工艺

京剧借鉴了中国的一些戏曲传统，1790年后，发展成为一种独特的艺术形式，并逐渐传遍中国。在这种高度传统化的戏剧中，演员必须掌握4种关键技能：歌曲、台词、舞蹈和武打。还有4种固定的角色类型：生（男）、旦（女）、净（男，花脸）和丑（男，丑角）。每个角色都有自己的惯例，决定了演员的化妆和服装。

工艺与奢华

京剧的服装称为“行头”，十分豪华、多彩，经过精心绣制。它们向观众传达角色的性别、角色、职业和社会地位，以明代服装为基础，同时受到更早期朝代的影响。服装主要有20种类型，如蟒（礼袍）、帔（非正式袍）和靠（士兵盔甲）。使用10种颜色：红、绿、黄、白、黑、粉、蓝、紫、淡褐和淡蓝。样式、颜色和图案的组合，呈现出一个完整的人物形象：红色的蟒暗示威严和高贵，如此处展示的19世纪例子；黑色的蟒暗示一位粗鲁但诚实的人物。长袍以高级丝绸精心制作，并以彩丝手工刺绣，包括金丝和银丝，是工匠们的杰作。他们不仅在设计和刺绣方面技术娴熟，也对美术和中国戏曲的复杂象征意义有着深度理解。

褐红色的蟒
较深的红色缎子表明该人物年龄较大。鲜艳的红色代表青年或中年。

▷京剧长袍
京剧观众需要能够立即识别表演者的性别和身份。这套长袍是为一位有一定身份的男性角色设计的。它以丝绸手工绣制而成，制作成本很高。
长度：142厘米。
年代：1800—1900年。

> 长袍上的复杂刺绣，需要数位刺绣工匠花上好几个月才能完成

横平针针法和钉线绣针法

京剧袍子上的刺绣有两种核心技术，横平针针法和钉线绣针法。刺绣工匠用多股丝线，每次在小范围内工作。以横平针针法，完全覆盖绣品的某个部位，这是一系列长而平的针法，紧密地缝在一起。然后，钉线绣针法可以帮助这些形状确定细节。这是一种贴线刺绣技术，用小针脚将一段线或绳固定于织物表面，通常线或绳内包裹着银或金，给刺绣成品增添了极大的深度、质感和戏剧性。

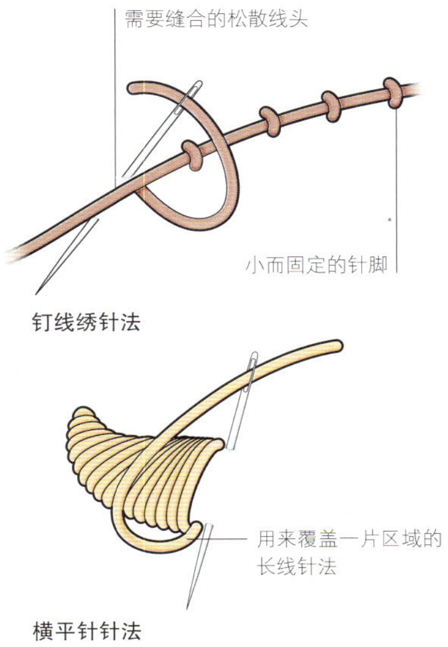

△梅兰芳
左为著名戏曲演员梅兰芳（1894—1961年），以扮演女性角色而闻名。右侧演员身穿带有独特白色“水袖”的长袍。

△京剧人物
这个京剧人物有着精致的妆容，他的大胆和威武体现在服装的强烈色彩上。

对称的图案
风格化的牡丹或菊花，在中央图案的两侧形成对称图案。

龙
鲜艳的龙图案，表明这件长袍可能是朝廷大臣的服装。

刺绣
蟒服饰上覆盖着彩丝刺绣，包括金色和3种蓝色调。

△ **密度和重量**
龙头的这个细节清楚显示了刺绣的密度，给长袍增加了很大重量，迫使演员缓慢而庄重地移动。

幸运的图案
长袍上有几条鲤鱼，这是一种与“跃龙门”有关的吉祥物，比喻在科举考试中取得好成绩。

水纹
袍子深色下摆上的半圆和对角线，象征着不同形式的水，有助于进一步识别角色。

大小

▽《奥菲莉娅》

这幅令人难忘的作品是米莱斯22岁时的作品。它是拉斐尔前派所引入新风格的缩影。

尺寸：76厘米×112厘米。

年代：1851—1852年。

◁艺术家的模特

模特是英国画家、诗人但丁·加布里埃尔·罗塞蒂未来的妻子，伊丽莎白·西达尔。西达尔后来自杀身亡。

知更鸟（ROBIN）

这只鸟的出现暗指“将我所有的快乐寄予着伶俐的知更鸟身上”，这是奥菲莉娅一直在唱的歌曲之一。

项链

奥菲莉娅脖子上戴着一串紫罗兰项链。这种花与忠诚、忧郁和早逝有关。

◁罂粟花

在奥菲莉娅右手边，漂浮着一朵罂粟花，是一种死亡的传统象征。

礼服

米莱斯为这幅画购买了“一件古老的衣服，上面都是银色的刺绣”。这条裙子花了他4英镑，“又旧又脏”。

◁头骨

在勿忘我（forget-me-nots）旁边的树叶中，米莱添加了一个图形，依稀类似于人类头骨的轮廓。

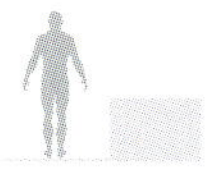

《奥菲莉娅》

维多利亚时代英国著名的画作之一，以惊人的视角描绘了自然界的细节

约翰·艾佛雷特·米莱（John Everett Millais）的《奥菲莉娅》，可能是拉斐尔前派（Pre-Raphaelite Brotherhood）成员创作的最美丽画作。这个团体对学院派艺术发起了攻击，宣称它们毫无生机、充满人工痕迹，从而震惊了维多利亚时代的艺术爱好者。相反，他们主张回归早期意大利艺术清新而自然的吸引力，即拉斐尔（1483—1520年）时代之前。拉斐尔就是典型的学院派画家。

关注细节

这幅作品的主题来自莎士比亚的戏剧《哈姆雷特》（*Hamlet*）。奥菲莉娅因悲伤导致发狂，自溺而亡。她“断断续续唱着古老的谣曲”，锦缎裙子的重量把她拖了下去。拉斐尔前派会先急于“认真研究自然”。因此，米莱把这一场景当作真实的事件，而非戏剧来画。他在英国萨里郡（Surrey）的霍格斯米尔河（River Hogsmill）畔，花了数月时间，画出惊人的背景细节，然后加入了模特伊丽莎白·西达尔（Elizabeth Siddall）的形象。这些花有象征性意义，要么借用自莎士比亚著作，要么来自维多利亚时代的花语手册。因此，三色堇（pansies）代表“徒劳的爱”，而红口水仙（pheasant's eyes）象征“悲伤”。

米莱在湿润的白色底布上作画，使用可以完全擦拭干净的瓷制调色板，这样颜色就不会互相掺杂。这让《奥菲莉娅》具有清晰、明亮的品质。但这是一个缓慢的过程，米莱很快就觉得，花一整天的时间来画一个“五先令硬币”大小的区域是不现实的。幸运的是，这幅画一眼就能看出其宝石般的价值，在真正完成之前就已售出。

米莱的模特在装满水的锡制浴缸中摆出姿势，油灯从下方进行加热

▷1877年，《贝娅塔·贝娅特丽丝》（*BEATA BEATRIX*）

与奥菲莉娅一样，西达尔的死也与罂粟有关：她过量服用鸦片酊。为表纪念，罗塞蒂（Rossetti）将她描绘成手持鲜花的贝娅特丽丝，也就是同名诗人但丁·罗塞蒂的灵感缪斯。

米莱

约翰·艾佛雷特·米莱（1829—1896年）是神童，11岁就进入了皇家美术学院（Royal Academy Schools）。1848年，他成为拉斐尔前派的创始成员。《奥菲莉娅》是该团体指导原则下的一个光辉典范，但米莱逐渐采用了一种更宽松、更流行的风格。他的职业生涯取得了巨大的成功，创作过书籍插图、社会肖像画和儿童情感画。他可能是那个时代最知名的英国艺术家，享有极高名望，让他受命成为皇家学院院长。他还曾被授予男爵爵位。

画名
长长的红色方框内是整个系列的名字，旁边的方形框内则是此画的标题。

远岸
河的远岸几乎消失在幽暗之中，但可依稀辨认出建筑物。

△倾斜形式
广重在作品中经常使用动态的倾斜形式，如此处桥和地平线的斜线。

船夫
中景处，有位船夫在把木筏划至当地木材场。

两个女人
穿着相同衣服的妇女勇敢地抵御恶劣天气，她们的红色衣服在柔和色调中提供了一抹亮色。

签名
广重的签名位于左下方红框内。旁边方框内是出版商的印章。

大小

◁《大桥安宅骤雨》
广重通过两个版画木块，以高超的技巧，切割出针状细密的平行线，创造出暴雨的惊人效果。
尺寸：37厘米×25厘米。
年代：1857年。

《大桥安宅骤雨》

日本版画代表作，对凡·高等19世纪的欧洲艺术家产生了巨大影响

除了北斋，广重可能是所有日本版画家中最受尊敬的人，而著名的《大桥安宅骤雨》则公认为是他的艺术巅峰之一。他经常描绘在日本各地旅行时看到的风景，但他也受到首都江户（今东京）的无尽启发，那是他一生生活的地方。此处展示的画面，来自他最雄心勃勃的最后系列作品，“名所江户百景”（*One Hundred Famous Views of Edo*）。这幅版画也是众人公认的该系列代表作。

日常生活场景

广重作品的特点通常是对普通人日常生活的观察，这是“浮世绘”（ukiyo-e）版画的典型题材。广重就是浮世绘大师。图中，他展示了两位优雅的女士和几位穿短裤的男士使用雨伞、帽子和草垫，来抵御夏天里突如其来的大雨。他们在东京隅田川（Sumida River）的一座木桥上，匆匆忙忙赶去避雨。艺术家用一种名为“晕”（bokashi）的技术，创造了天空中的颜色渐变，通过普鲁士蓝逐渐变暗，让人感受到暴风雨的威胁。在没有几何学、西式透视的情况下，这种手法有助于创造一种深度感，高视角的使用和桥的对角线也加强了效果。广重的版画将大胆的设计、微妙的气氛和令人陶醉的精致色彩融合在了一起。

广重以描绘雨水的技巧而闻名遐迩

歌川广重

歌川广重（Utagawa Hiroshige，1797—1858年）曾在浮世绘大师歌川丰广（Utagawa Toyohiro）门下学习艺术。职业生涯早期，他兼顾艺术与消防员的工作，后来将消防员一职转予另一位家庭成员。广重多才多艺，但主要以风景画闻名。他的风景画有很多系列，包括花、鸟和美女，都是当时流行的主题。他一生平淡无奇，专注于工作，据说他的性格温和而亲切。广重在主要系列作品“名所江户百景”完成之前就去世了，由他一位学生继续完成，共118幅，虽然标题只是“百”景。

◁凡·高《雨中桥》
许多重要欧洲艺术家都从广重作品中获得了灵感，包括文森特·凡·高（Vincent Van Gogh）。他在1887年创作了一幅《雨中桥》油画，就是广重这幅著名版画的摹本。

神圣羽冠

一个强有力的象征，代表着领导力，以及美洲原住民对19世纪欧洲殖民者涌入的抵抗

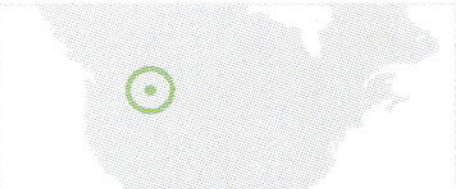

美国，蒙大拿州或北/南达科塔州

坐牛

坐牛（1831—1890年）是一位无畏的战士，1867年受命成为整个苏族的主酋长。在1876年6月的小巨角战役中歼灭美军后，撤退至加拿大，但那里的饥荒导致当地苏族人灭绝。回到美国后，他在水牛比尔（Buffalo Bill）的“狂野西部”（Wild West）表演中，成为国际知名人物。坐牛于1890年12月15日被杀，有人试图阻止他支持鬼舞运动（Ghost Dance Movement）。该运动在苏族人中引起了骚动。

羽冠是美洲原住民佩戴的象征性头饰。在平原印第安人中，只有那些赢得民心的领导者，才能戴上这种头饰。此处展示了从19世纪流传下来的著名头饰之一，属于塔坦卡·伊约坦卡（Thathánka Iyotake），即“坐牛”（Sitting Bull）。

抵抗的象征

坐牛是亨克帕帕·拉科塔·苏族（Hunkpapa Lakota Sioux）的酋长，领导美洲原住民抵抗美国，因为美国从19世纪60年代开始，试图将北美原住民限制在保留地内，将他们的土地留给欧洲定居者。1876年，他带领苏族人在小巨角战役（Battle of the Little Bighorn）中，取得了对美军的重大胜利，拉科塔人等平原印第安人称之为“油草之战”（Battle of the Greasy Grass）。

坐牛的羽冠是那次抵抗的有力象征。在拉科塔·苏族文化中，这顶羽冠还代表着佩戴者的成就。羽毛来自金雕（golden eagle），人们认为它是所有鸟类中最伟大、最有力的，也是人与造物主之间的信使。鹰羽经常用来表彰有益于团体的勇气或荣誉行为。坐牛的头冠以喇叭形帽式精心制作，羽毛呈扇形展开，让人想起平原印第安人所崇敬的太阳光芒。它的珠饰和羽毛上的裹布，也显示出欧洲人的影响，因为这两种东西都源自欧洲。欧洲人在19世纪50年代开始定居于平原之前，就已经沿着完善的土著贸易路线进行交易。

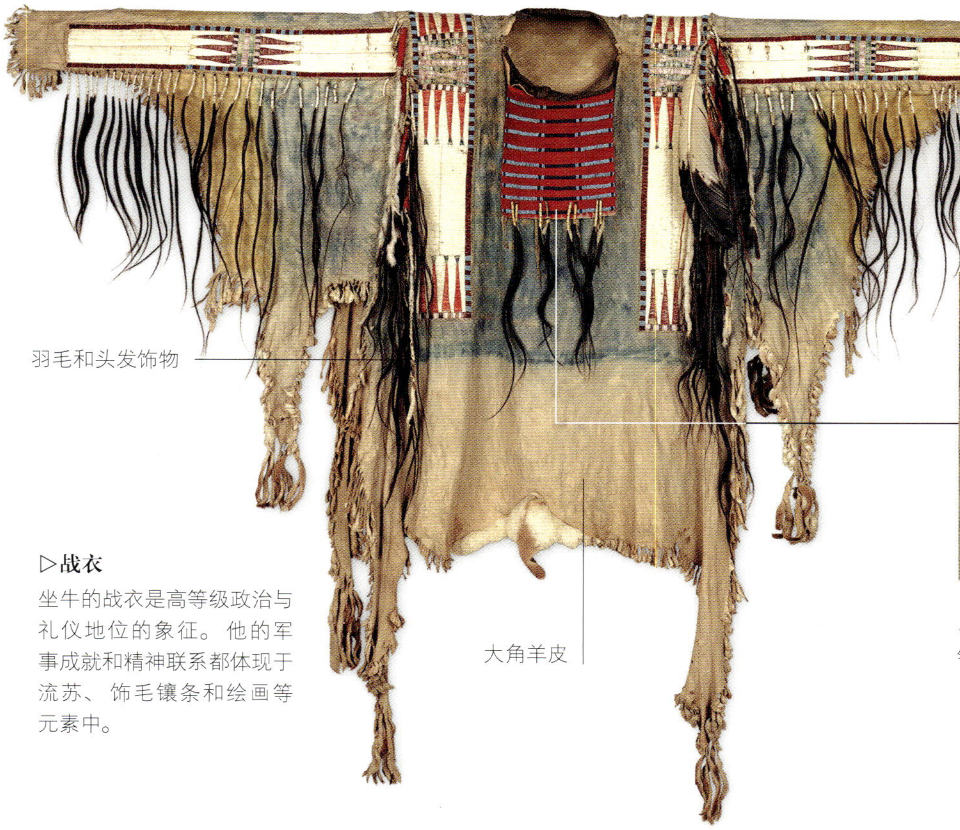

▷战衣

坐牛的战衣是高等级政治与礼仪地位的象征。他的军事成就和精神联系都体现于流苏、饰毛镶条和绘画等元素中。

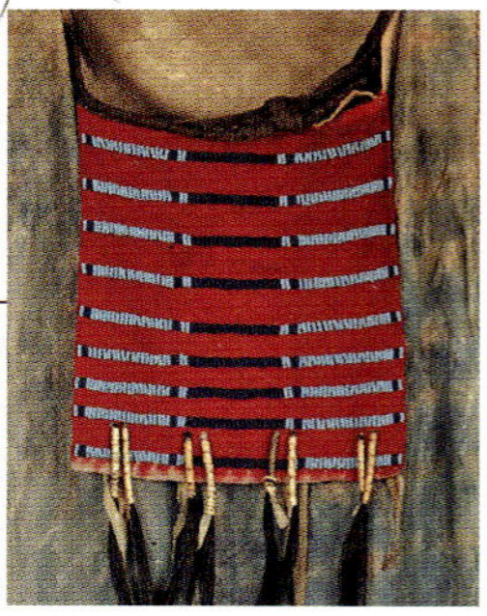

△饰毛镶条

镶条上装饰的是豪猪棘刺。

▽ **神圣羽冠**

根据拉科塔人的精神信仰，由于坐牛属于已经去往精神世界的人，所以他的顶冠是神圣的。它是19世纪拉科塔·苏族工艺中，一个罕见的例子，也是美洲本土历史的一个象征。

高度：约65厘米。

年代：约1875年。

大小

茜长羽毛

一根带着羽绒、长长的鹰羽，突出于其他羽毛之上，作为一种身份的象征。

金雕尾羽

做高尚的事、做正直的人，方可获得羽毛。

隐藏的无边帽

羽冠是围绕着鹿皮或毛毡无边帽制成的。

英国布

红色的斯特劳德布（Stroud cloth）包裹着羽毛，这是一种格洛斯特郡（Gloucestershire）制造的高质量毛布，受到美洲原住民的欢迎。

△**串珠眉带**

自1800年始，印第安人将欧洲的玻璃“小马珠”（pony beads）纳入设计中。之所以名为“小马珠”，是因为白人商人骑着小马，带来了珠子。它们开始取代印第安人用黏土、骨头、贝壳、铜和石头制作的珠子。

毛皮流苏

羽冠的装饰性流苏由黄鼠狼皮制成。

喇叭形

羽冠设计让羽毛优雅地向两侧和后方展开。

拉科塔人相信，这种鹰羽冠拥有神圣的知识和能量

《红磨坊的舞会》

印象派中欢快而雄心勃勃的作品之一

雷诺阿

19世纪七八十年代，皮埃尔-奥古斯特·雷诺阿（Pierre-Auguste Renoir，1841—1919年）在巴黎蓬勃发展的印象派运动中，发挥了核心作用。他专注于日常生活场景，题材常涉及年轻人的自我享受。19世纪80年代，他开始发展一种更广泛、更宏大的风格，绘制神话题材和当代主题。他的画作数量庞大，在最后数年里，也开启了雕塑创作。在他漫长生命结束时，已是世界闻名的人物。

红磨坊（Moulin de la Galette）是巴黎蒙马特（Montmartre）的一家舞场。这个名字来自邻近一座19世纪的风车（法语为“moulin”）和一种叫“格雷派饼”（Galette）的甜点，这种糕点在舞场内有售。那时，蒙马特是工人阶级区域，艺术家们经常光顾此地，一些著名画家描绘了这座红磨坊，亦即舞场。雷诺阿在绘制这幅光芒四射的画作时，就住在这片地区。这幅画在1877年第三届印象派展览（Impressionist exhibition）上展出。

捕捉运动和光线

尽管印象派画家在早期招致许多批评谩骂，且经常经济困难，但他们也有崇拜者，比如这幅画就在展览上受到了热烈赞扬。一位报纸评论员写道，“画家完美地捕捉到了这个露天舞厅的喧闹及略微的波希米亚氛围”，并补充道，“整幅画像彩虹一样闪闪发光”。松散的笔触和明亮鲜艳的色彩，使享受周日露天舞会的混杂人群栩栩如生，而雷诺阿再现斑驳光线的卓越能力则加强了对时间瞬间的捕捉。

画中描绘了艺术家的多位朋友和熟人，其中，乔治·里维埃（Georges Rivière）后来对这幅作品进行了详细描述。里维埃记录道，这幅画完全是在现场画的，朋友们每天帮雷诺阿把大画布从附近的工作室搬往那里。里维埃的描述也让画中大多重要人物都可以确认身份。

◁**风车**

红磨坊建于1622年，当时蒙马特还是个村庄。19世纪30年代，这里变成一家咖啡馆和舞场，此处所示为1900年前后之景。

△**1875—1876年，红磨坊（研究草图）**

这幅充满活力的油画草图是最终作品的初步研究。它以小而灵活的笔触快速绘制。

▽《红磨坊的舞会》

正如雷诺阿的许多画作一样　它大方赞美生活的美好和欢乐。

尺寸： 131厘米×175厘米。

年代： 1876年。

◁职业模特

这位跳舞的女子十分显眼，名为玛格丽特·勒格朗（Marguerite Legrand），人称玛格特（Margot），是一位职业模特。她的舞伴，即俏皮地斜戴帽子的高个儿，是古巴画家佩德罗·维达尔·德·索拉雷斯·卡德纳斯（Pedro Vidal de Solares y Cárdenas）。

▷拿着烟斗的男人

拿着烟斗的男人是诺贝尔·格内特（Norbert Goeneutte），雷诺阿的艺术家朋友。他戴着一顶高帽，但其他大多数人都戴着硬草帽，表明这里并非高级场所。

裁剪人物

画的左侧边缘，一个人物仿佛被裁剪了。这种手法让人联想到快照摄影，经常出现在印象派作品中。

引人注目的服装

美丽的粉蓝色条纹连衣裙穿在16岁的埃斯特尔·萨玛里（Estelle Samary）身上。靠在她身上的女子可能是她的姐姐珍妮·萨玛里（Jeanne Samary），是一位演员。

斑驳的阳光

阳光透过树叶，照在前景男子的深色外套上，形成了圆点花纹般的显眼效果。

静物画的细节

雷诺阿津津有味地用柔软的粗笔，画下桌上的玻璃器皿。

艺术评论家朋友

乔治·里维埃是雷诺阿亲密的朋友之一，也是印象派的主要文学支持者之一。恰如其分的是，雷诺阿笔下的他手握着钢笔。

大小 

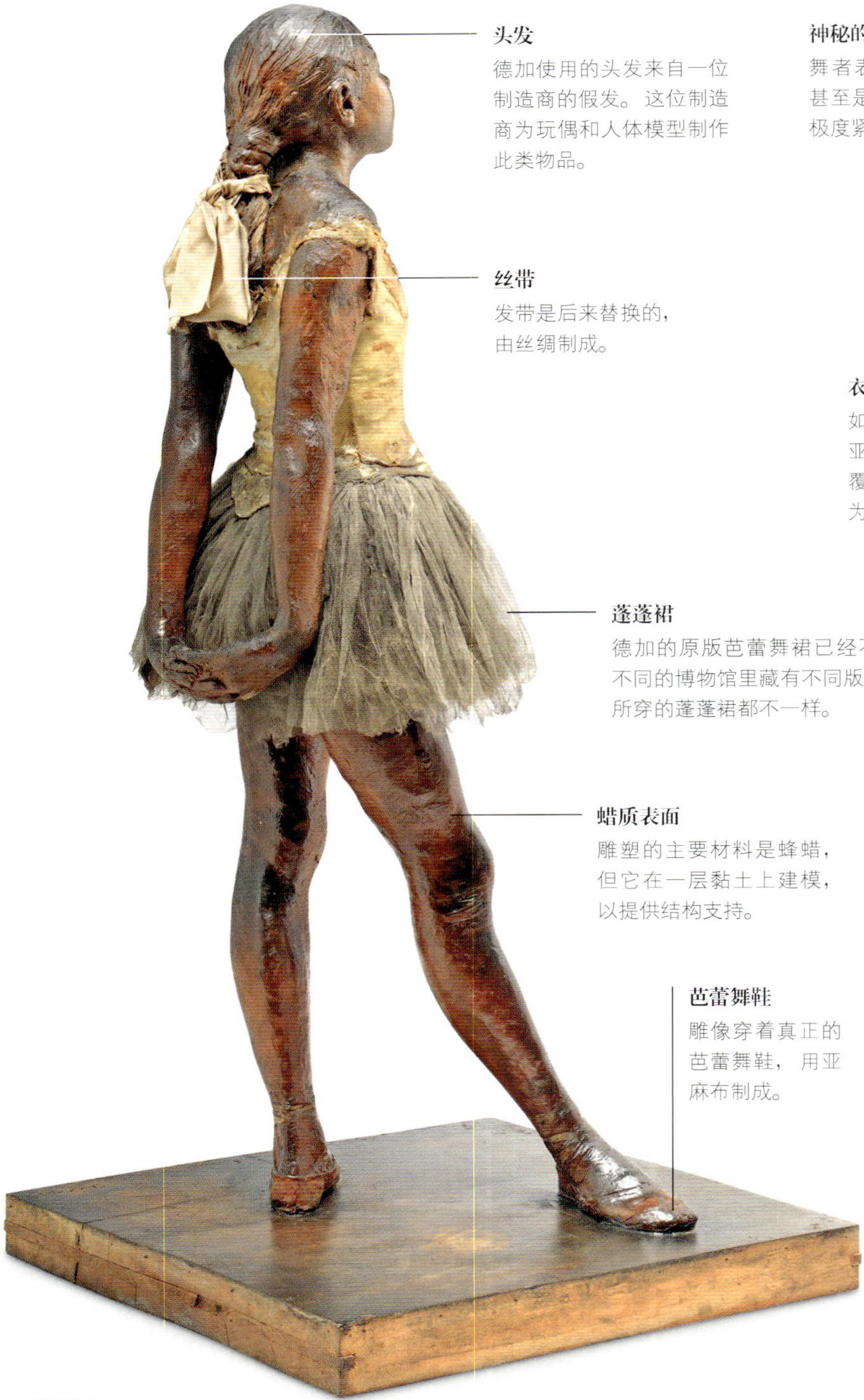

头发

德加使用的头发来自一位制造商的假发。这位制造商为玩偶和人体模型制作此类物品。

丝带

发带是后来替换的，由丝绸制成。

蓬蓬裙

德加的原版芭蕾舞裙已经不复存在。不同的博物馆里藏有不同版本的雕塑，所穿的蓬蓬裙都不一样。

蜡质表面

雕塑的主要材料是蜂蜡，但它在一层黏土上建模，以提供结构支持。

芭蕾舞鞋

雕像穿着真正的芭蕾舞鞋，用亚麻布制成。

△后视图

从后面看，舞者姿势的紧绷性，表现于双手扣于背后，双腿紧绷，双脚张开。

神秘的表情

舞者表情有时解读为庄重，甚至是傲慢，但有时解读为极度紧张。

衣服

如同头发和舞鞋一样，亚麻布上衣用蜡作了覆盖，以便与人物融为一体。

底座

底座以木材制成，让人想起芭蕾舞室的地板。

▷《14岁的芭蕾少女》

雕塑的模特是巴黎歌剧院芭蕾舞团（Paris Opera Ballet）的学生玛丽·范·歌特姆。她是洗衣女工和裁缝的女儿。

高度：99厘米。

年代：1878—1881年。

大小

《14岁的芭蕾少女》

19世纪原始的雕塑作品之一，标志着在特殊材料运用方面的突破

△1922年的青铜雕塑

原雕塑穿着短蓬蓬裙，但2018年的这个替代品，裙子更长、更蓬，更接近德加的画。

埃德加·德加（Edgar Degas）在19世纪60年代末开始制作小型蜡像。19世纪80年代，他的视力开始下降后，雕塑对他而言变得愈发重要，触觉弥补了眼睛的衰退。这些雕塑通常是亲密无间、草图般的作品。《14岁的芭蕾少女》是他最具野心的作品，也是他生前唯一展出的作品。

《14岁的芭蕾少女》在1881年的第六届印象派展览上展出，引起了轩然大波，因为它独创性地融入了真实的衣服和配件，如人的头发和亚麻布芭蕾舞鞋。一些充满敌意的评论家将其比作商店橱窗里的假人或玩偶，但也有些人则钦佩它的创造性和情感洞察力，因为它揭示了芭蕾舞训练对一个青春期女孩的压力影响。德加去世后，《14岁的芭蕾少女》大约有25个青铜仿作，但对页展示的，是1881年展出的蜡像原作。由于蜡是一种脆弱的媒介，这座雕像由一个内部支架支撑着。它的骨架由金属和木头组成，德加以这种柔软材料为基础进行造型。如今，人们认为这座雕像是雕塑史上的重要作品。通过它，德加将艺术从传统界限中解放出来，告知众人，可以使用任何材料或技术，只要它们能满足创作者的目的。

> 一位英国《艺术家》(*Artist*)杂志的评论家愤慨问道：“艺术还能更低档一些吗？”

△舞者的3幅研究草图，约1878—1881年

德加为模特玛丽·范·歌特姆（Marie van Goethem）画了许多图，因为他对雕塑抱有许多想法。有时他专注于细节，如头部或脚部；但此图中，他关注的是整体姿势。

内部结构

X光片显示了德加使用的复杂内部骨架。铅管构成了基本结构，在此基础上塑造出身体。木头组成中央躯干，木头上用绳子捆着棉垫，肚子上还有一层额外的垫子。用黏土覆盖整个结构，然后再涂上最后一层蜡。胳膊是单独连接的，用画笔作框架。

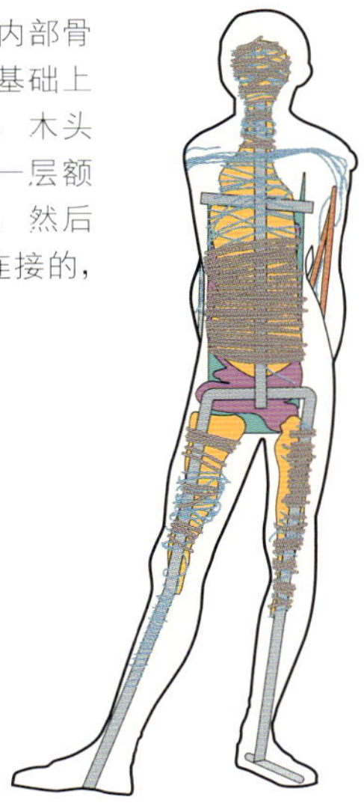

▽《阿尼埃尔的浴场》
国家官方沙龙拒绝了这幅画，便改为在新成立的独立沙龙上展出，任何人都可以付费在此参展。
尺寸： 201厘米×300厘米。
年代： 1884年。

工业特征
背景是河对岸克利希（Clichy）的一座铁路桥和工厂烟囱。

▷资产阶级夫妇
高帽和阳伞表明，这是一对资产阶级夫妇。他们正乘坐一艘带有法国国旗的船渡过河流。

圆顶硬礼帽
圆顶硬礼帽等服饰特征表明，这些人物是工人或中下层阶级。

色彩和技术
这幅画的特点是点状的色彩和交叉影线的图案，在草的处理上尤为明显。修拉后来又加入了点彩画派的细节，特别是（右侧）橙色帽子处。

无表情的脸
修拉几乎没有给脸部配任何表情。相较人物个性而言，他对人物在构图中的位置更感兴趣。

大碗岛

右上方的树丛位于大碗岛顶端，这是修拉下一幅重要画作的背景（见右下图）。

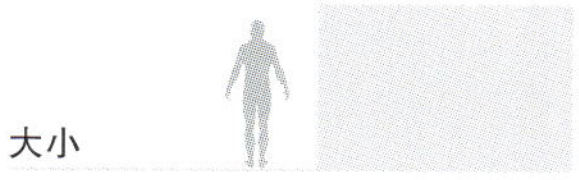

《阿尼埃尔的浴场》

19世纪末的一幅重要作品，标榜对印象派专注于瞬间的反对

《阿尼埃尔的浴场》是法国艺术家乔治·修拉（Georges Seurat，1859—1891年）展出的第一幅重要作品。这幅画绘于他25岁时，描绘的是普通人，可能是工厂工人，于炎热夏日里，在巴黎郊区放松。每个人物都是孤立的，沉浸在自己的思索中。这幅画之所以如此引人注目，一方面出于巨大的尺寸、令人印象深刻的构图和对色彩的创新使用，同时也因为它的表现方式捕捉到了这一天的炎热与寂静。这幅画第一次展出时，没有产生多大影响，但它含有未来艺术发展的重要种子。

彻底的改变

修拉欣赏印象派对色彩与光线的运用（见第284至285页），而且从此图可以看出，他与印象派一样，对当代日常生活这个主题有着浓厚的兴趣。然而，他拒绝了印象派的自发性和非正式性，而选择了一种更有条理和结构化的方法。在创造精心设计的构图时，他画了大量的预备画和油画草图。

修拉特别关注将科学原理应用于绘画中的色彩使用。在《阿尼埃尔的浴场》中，他开始使用一种技术，即使用小块的纯色笔触，或以轻按的方式，产生比物理混合的颜色更鲜艳的效果。凡·高等许多画家都尝试过这种技术，后来发展成为点彩画派（Pointillism）。修拉的作品是后印象派的代表，在这场广泛的运动中，艺术家们摆脱了印象派的自然主义，探索描绘世界的新方法。

重新创作的部分

1887年前后，修拉对这幅画进行了些微修改，用他发明的点彩画技术重新创作了橙色帽子。

△1883—1884年，《孔泰蜡笔画研究草图》（*CONTE CRAYON STUDY*）

在这幅图中，修拉展示了一个双手交叠于嘴旁的男人，似乎正在呼唤某人。

△1884—1886年，《大碗岛的星期天下午》（*A SUNDAY AFTERNOON ON THE ISLAND OF LA GRANDE JATTE*）

《阿尼埃尔的浴场》中，修拉描绘了工人阶级懒洋洋地躺在塞纳河绿草如茵的岸边。但在此画中，他描绘了同一河畔附近小岛上盛装打扮的资产阶级。

种子头
纹理对凡·高而言至关重要。在某些地方，如种子头这里，颜料涂得很厚。

生命的轮回
凡·高画了花的整个周期，没有丢弃死亡或枯萎的花。

绿色和黄色
在这个版本的《向日葵》中，绿色几乎是黄色之外的唯一颜色。

△合成颜料
铬黄等新型合成颜料，使凡·高能够创造出极高的色彩鲜艳度。但近年来，它们导致部分作品褪色。

富有表现力的花朵
头弯下的花和粗大弯曲的花茎，给画面带来了生命和活力。

签名
凡·高把签名写在花瓶上，令它看起来像陶工的标记。

日本的影响
在日本版画的影响下，凡·高在勾勒物体时，使用了坚定、厚实的轮廓。

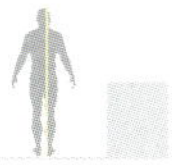
大小

◁《向日葵》
这可能是凡·高于1888年夏天创作的“向日葵”系列中最好的一幅。他的灵感来自印象派轻快明亮的主色调，和日本版画的色彩、简洁及清晰。这幅作品因其纹理和强烈色彩而引人注目。
尺寸：92厘米×73厘米。
年代：1888年。

《向日葵》

凡·高最受欢迎的画作，西方艺术中著名的图像之一

△《向日葵》
1888年夏天，凡·高在阿尔勒创作了“向日葵”系列，这是四幅画中的第三幅。在这个版本中，他用独特的蓝绿色背景与黄色的花朵形成对比。

1888年夏天，荷兰艺术家文森特·凡·高（1853—1890年）画了一系列向日葵的画，目的是装饰法国南部阿尔勒（Arles）一所房屋的墙壁。后来人们公认，这些画作是他极具标志性的作品之一，代表了他不同风格的融合点，释放出巨大的创造力，在他最后的岁月里，把他消耗殆尽。

构图和技术

这些作品最令人钦佩之处，是对纹理的大胆运用和丰富强烈的色彩，都通过铬黄等鲜艳的合成颜料得以实现，而这种颜料当时刚刚出现于市场上。在艺术家同伴保罗·高更（Paul Gauguin）同意前来阿尔勒看望他之后，凡·高以迅雷不及掩耳之势，同时创作了其中几幅油画，那是他人生中不多的乐观时期。

这个系列的另外3幅油画让蓝色和黄色形成对比。其中2幅的背景是不同色调的绿松石色，一幅是深蓝色。人们普遍认为，第四幅画是该系列佳作之一，构图仅限于单一主色，即黄色，以不同色调呈现，并与绿色作了结合。由于使用了厚涂颜料画法（impasto），画作表面很粗糙，在某些地方产生了三维效果；也有些地方，颜料涂得稍薄些。这幅充满生命力的画作中，最有活力的一点就是耀眼的浅黄色背景，它似乎要从画布上跳出来。这幅作品在当时是非常反传统的，那时的花卉画往往以装饰性为主，表面光滑，色调范围很大，花朵也很完美——凡·高的花在各方面都与众不同。

在凡·高的葬礼上，朋友们把向日葵放在他的棺材上

阿尔勒的画室

1888年2月，凡·高离开冬天阴霾的巴黎，前往法国南部的阿尔勒，在一栋有绿色百叶窗的黄色房子里，租了个房间。这片地区的温暖和明亮色彩立即振奋了他的精神，让他想起日本版画，称阿尔勒为他的“南方日本”（Japan of the South）。他希望有志艺术家能加入他，在这里形成一个新的艺术家聚居地，但最后只有高更来拜访他。这一时期，凡·高在他的个人风格中，加入了最后一个非常独特的关键组成部分——丰富而强烈的色彩。

阿尔勒，《黄房子》（*THE YELLOW HOUSE*，1888年）

△《文森特·凡·高画向日葵》（*VINCENT VAN GOGH PAINTING SUNFLOWERS*）
保罗·高更于1888年12月创作了这幅肖像画，凡·高后来评论说，高更描绘的他“极度疲惫，又充满电量”。

《孩童沐浴》▷
保罗·高更等艺术家称赞她的作品拥有大胆和活力，这幅画彰显了这些特质。
尺寸： 100厘米×66厘米。
年代： 1893年。

《孩童沐浴》

亲密的家庭场景，来自印象派运动中的重要女性参与者之一

卡萨特

玛丽·卡萨特（1844—1926年）在宾夕法尼亚州（Pennsylvania）出生并接受培训，但她的职业生涯大部分时间是在巴黎度过的。巴黎的八场印象派展览中，她参加了四场。她在欧洲和美国都获得了成功和赞誉。1915年，双眼白内障迫使她退出了画家、版画家的行列，但仍是艺术界相当有影响力的人物，为年轻画家提供建议，鼓励富有的美国朋友购买印象派作品。上方是创作于约1880年的水彩自画像，体现了卡萨特的早期印象派风格。

美国艺术家玛丽·卡萨特（Mary Cassatt）从未结婚或生子，但她最喜欢的主题是母亲与孩子。她像朋友埃德加·德加一样，避免采用传统的学究式姿势，而是像《孩童沐浴》那样，以现实世界快照般的姿态来描绘人物。

温柔与亲近

这幅画彰显了卡萨特如何出色描绘笨拙、饱满的年幼身体，与她的其他作品一样，很少有艺术家能在这方面，与她的技巧和创造性相提并论。这是她著名的作品之一，展示了她的巅峰状态，将设计的巨大力量与细节的精致细腻加以结合。

这幅画描绘了一个小女孩坐在她母亲的腿上，在盆里洗脚。从上往下观看是个不寻常的角度，凸显了画中的亲密感。卡萨特在职业生涯的早期，曾使用印象派典型的浅色和素描笔法，但在她画这幅作品时，已经形成了一种更坚定、更具线条感的风格。在这一点上，以及在她对非正统特写视角的偏爱上，是受到了日本版画的影响。1890年，她在巴黎看到了一个大型展览，被深深吸引，很快就开始了18幅系列彩色版画的创作，她说这是“模仿日本艺术”的作品，此画也是如此。

△约1880—1884年，埃德加·德加《玛丽·卡萨特》
德加是卡萨特的艺术导师。卡萨特形容，德加的作品改变了她的生活。

△1891年，玛丽·卡萨特《洗澡》(*THE BATH*)
卡萨特制作了一系列彩色版画，显示了她的作品中来自日本的影响。画中的女人抱着孩子，正在检查洗澡水的温度。

大小

头部接触

头部相互摩擦，营造出一种爱的氛围。虽然卡萨特描绘儿童时非常温柔，但她从未陷入多愁善感。

生动的笔触

背景的家具和墙纸，用充满活力的笔触，松散地描绘出来。

不寻常的视角

高高的视角，且十分接近画中人物，给观众一种亲切感，仿佛就站在人物前。

条纹连衣裙

大胆的条纹连衣裙，是卡萨特创造醒目效果能力的一个极佳例子。

地毯

画中的图案朝气蓬勃，如地毯上的花卉和几何图形，也是这幅画的一个显著特点。

签名

卡萨特的签名与地毯上的图案融为一体。

▽拼布图案被子
被子上，《圣经》中的场景与现实生活中的事件排列在一起。
尺寸： 175厘米×267厘米。
年代： 1895—1898年。

黑暗日
新英格兰的“黑暗日”发生于1780年5月19日。当时白天一片漆黑，人们不得不点燃蜡烛。

拼布工艺
被子的底层用小块布料缝制成15个板块。

◁复杂的缝饰
星星、太阳等宇宙天体，以小块布料剪成尖角形状，手工缝合而成。

《旧约》场景
约拿被扔下船，上帝派来救他的鲸鱼吞下了他。海龟在周围游动。

天体
星星、流星、太阳和月亮，展现了一个反复出现的主题，将各板块联系起来。

猪贝茨
这是“从乔治亚州跑了800英里抵达弗吉尼亚州的独立猪，它的名字叫贝茨”。

当地事件
鲍尔斯描绘了1833年11月13日的流星雨，人们十分恐惧，而上帝之手在保护他们。

运动
带有图案的材料和位置不规则的人物，给人以运动的感觉。

洗礼

这个板块描绘的是约翰为基督施洗，上帝的灵魂以鸽子的形式降临。

大小

拼布图案被子

视觉故事性民间艺术的有力范例，出自一位19世纪美国非裔妇女之手

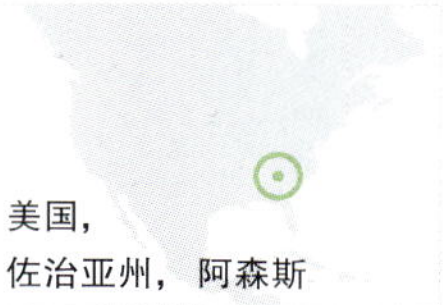

美国，
佐治亚州，阿森斯

哈丽特·鲍尔斯（Harriet Powers）所缝的被子，只有两条留存了下来，分别是“拼布图案被子”（Pictorial Quilt）和“圣经被子”（Bible Quilt），却公认为19世纪美国南方最成功的被子范例。1837年，鲍尔斯出生于乔治亚州（Georgia）阿森斯（Athens）的一个奴隶家庭。1865年美国南北战争（Civil War）结束时，她获得解放，开始与家人一起经营一个小农场。她的两床被子以棉布缝成，采用了手工缝制和缝饰（appliqué）的方式。缝饰是指用布料剪出形状，缝在底层上。

鲍尔斯不会阅读和书写，但用出色的作品创造了属于自己的视觉语言。虽然当时大多数被子都以图案为基础，但她打破了惯例，创造了叙事性的画面。从不同寻常的“拼布图案被子”中可以看出，她采用了自己独特的风格，主题比早期的“圣经被子”更为复杂。也许是受到西非纺织品的影响，她从有图案或彩色的布上剪下人物，并将它们置于对比鲜明的素色背景上。

象征性的缝制

尽管“拼布图案被子”看起来十分简单，但15个板块中的图像，同时借鉴了《圣经》故事和非裔美国人社区的口述故事，创造出一种关于惩罚和救赎的非凡“布道”。如此处所示，有约伯（Job）、约拿（Jonah）、《启示录》（*the Apocalypse*）和耶稣、流星风暴等自然现象，当地关于富裕罪人的故事，还有一头从乔治亚州跑到弗吉尼亚州的猪，奔波800英里。这头猪跑的可能是南北战争前逃跑奴隶所走的路线，为鲍尔斯的作品又增添了一层意义。

被子上有鱼、骆驼、大象、长颈鹿、狮子、鸡、猪、乌龟、骡子和一头预示大灾变的野兽

历史板块

有5个画面描绘了历史事件，其中一些发生于鲍尔斯生前。用她自己的话说（有删节），这些是：1 1780年5月19日的黑暗日。这一天的中午12点，人们看到有7颗星星。太阳落到一个小点上，然后陷入了黑暗中。2 1833年11月13日的星星坠落。害兽从窝里纷纷冲了出来。3 1895年2月10日，寒冷的星期四。一个女人在祈祷时冻僵了。杀死了所有蓝鸟。4 1846年的红灯夜。一个人敲钟，通知人们奇迹发生。5 对上帝一无所知的富人。弗吉尼亚州的鲍勃·约翰逊（Bob Johnson）和凯特·贝尔（Kate Bell）。

△ **圣经被子**

“圣经被子”因大胆风格和创新的生物呈现而广受推崇。这些生物通常不会出现在传统被子上。《圣经》画面包括伊甸园和圣家族。

《新约》场景

此板块展示了耶稣受难的场景：变暗的太阳，红色的血，水从基督身边流下，玛利亚和马大在他脚下哭泣。

刺青木板▷
特内·怀特雷的雕刻木板，巧妙融合了毛利传统工艺和欧洲艺术。
高度： 78厘米。
年代： 1896—1899年。

刺青木板

一块引人注目的毛利（Māori）木雕板，制作于19世纪晚期，刻有传统的面部刺青（tā moko）装饰

△ **海伊提基护身符（HEI-TIKI AMULET）**
这个海伊提基制作于19世纪，是一种毛利人的护身符，因具有神奇的力量而备受重视，由普纳姆（pounamu），即一种绿石雕刻而成。

1896年，新西兰殖民博物馆（Colonial Museum of New Zealand）委托雕刻这块标志性的木板时，许多传统的毛利木雕艺人已经采用了更为欧式的雕刻风格，以迎合欧洲买家的口味。然而，雕刻大师特内·怀特雷（Tene Waitere，1854—1931年）却选择继承毛利人传统，并将现代欧洲元素融入其中。他既不迎合市场，也不固执地抵制变革，而是创造出一种独具新西兰特色的创新现代风格。

文化融合

刺青木板上的三个头像是两男一女，一看就知道是毛利人，因为他们脸上都有刺青。木板名字中的“tā moko”即为刺青之意。但人物雕刻得非常逼真，在毛利艺术中并不常见。怀特雷所展示的，不是传统风格的提基（tiki，神话中人形的神），而是高度抛光的光头，清晰展示面部装饰图案。

不过，这块木板依然牢牢根植于木雕的“华卡罗”（whakairo）传统，将头像置于典型的毛利图案和神兽马奈亚（manaia）形象的背景之中。木板以本地的贝壳杉（kauri）和桃柘罗汉松（totara trees）木材雕刻而成，毛利人公共聚会的场所常用这些树木搭建。与木板类似的设计，也出现于船只前端。它们不仅仅是装饰，还蕴含了丰富的象征意义，讲述着部落文化和历史。因此，怀特雷的刺青木板堪称现代新西兰文化的象征，融合了新旧文化——毛利文化与欧洲文化。

> 砍伐“华卡罗”所需的树木时，要举行特殊的仪式，因为木材代表森林之神

刺青

传统的毛利刺青不仅仅是一种装饰，各种图案、符号及其位置都代表着佩戴者的不同等级和祖先。例如，酋长的独特刺青能让人一眼就认出他的权威性。全脸刺青通常是男性的专利，而女性通常在嘴唇周围和下巴上纹较少刺青。传统上，毛利人用骨凿［或称“乌伊”（uhi）］在皮肤上划出深深的口子，然后在伤口处涂上烧制的颜料。与用针文身时保留的平面不同，毛利人的刺青由凹槽组成，凹槽上有疤痕，也有染上的颜色。

《塔玛提瓦卡尼尼》（*TAMATI WAKA NENE*）

面部象征
男性面部刺青，或称“moko”，通常分为8部分，每个部分都有特定含义。

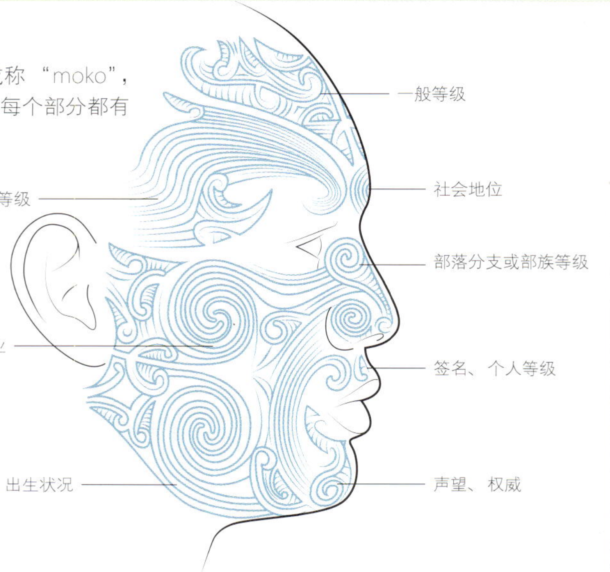

大小

明亮的眼睛
两个男性头像、一个女性头像以及后方生物的眼睛上，都镶嵌着珍珠母。

黑线
传统图案切割成凹槽，并用黑色突出，就像脸部刺青工艺一样。

写实风格
脸部以写实的方式表现，与传统的“华卡罗”木雕不同。

螺旋装饰
木板边框上有螺旋状的旋涡图案，与上方两个头像上的图案相似。

传统图案
细致的背景采用了毛利人的传统图案：木板上部有线条和圆点，下部有风格化的马奈亚神兽图案。

女性文身
传统上，女性刺青只纹在嘴唇、下巴上，有时也纹在鼻子上。

《睡莲池》

印象派的精品之作，标志着莫奈与家中美丽的水景花园，开启了一段绘画情缘

1899年起，莫奈开始在不同光线条件下，以同样风景创作了18幅画作，这是其中一幅

1883年，莫奈在吉维尼（Giverny）定居。这是一个位于巴黎西北约80千米的村庄，坐落在塞纳河畔。当他搬到那里时，已经40多岁，开始发迹。他一直很喜欢花园，但这是他第一次有能力专门打造一个符合自己品位的花园，在接下来的数年间，他把租住大屋前的区域改造成了五彩缤纷花朵的陈列馆。

闪烁的色彩

到了1890年，他已经富裕到可以买下这栋屋子。1893年，他又买下了相邻的一块地，开发成著名的水园，大型睡莲池是水园的中心。莫奈直至1899年才开始画池塘，但第二年，他的巴黎经销商保罗·杜朗-卢埃尔（Paul Durand-Ruel）经营的画廊中就展出了12幅园景画作，包括此处所示的《睡莲池》。

莫奈一旦开始画池塘，就愈发沉迷于此。这幅画的精美构图中，水园作为一个整体得以展现，树木和芦苇为水面上的桥聚成了密集、茂盛的框架。视角似乎在仰视桥的优雅曲线，与俯视池塘的表面之间来回转换。通过莫奈特有短而粗的笔触和色彩的涂抹，睡莲的红白花朵在水和树叶的冷色中，形成了生动、闪烁的图案。

莫奈

尽管克劳德·莫奈（Claude Monet，1840—1926年）偶尔也创作其他题材，但他主要还是以伟大的风景画家之一而闻名于世。作为印象派的核心人物，他一心一意致力于户外绘画的理想。通过这种方式，他捕捉到了所谓光线和气氛"最转瞬即逝的效果"。在视力下降后，他仍然坚持作画，直至生命的最后一刻。那时，他已经是一位广受尊敬的全国性人物。

▷1856年，歌川广重《龟户天神社的紫藤花》（*WISTERIA AT KAMEIDO TENJIN SHRINE*）

莫奈拥有一幅迷人的日本版画，出自歌川广重之手。

大小

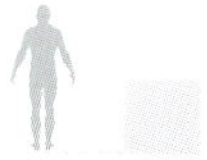

垂柳

左上角是一棵垂柳，莫奈用绿色、黄色和蓝色的宽幅垂直笔触，来描绘它的叶子。

密集的背景

莫奈让背景的树叶看起来比现实中更密集，创造出一种繁茂的包围感。

桥梁

莫奈在池塘上建造微弯的桥，是受到了日本版画中类似结构的启发。

△《睡莲池》

莫奈最初培育睡莲时，并未想到要画它们。“后来，我突然发现了池塘的神奇之处。”

尺寸：83.3厘米×93厘米。

年代：1899年。

倒影

柳木的垂直黄色倒影，修饰了桥的深色水平倒影，显示出莫奈对这一场景的密切观察和巧妙描绘。

签名

莫奈用与睡莲花底部相同的暗红色，在画上签名，并标注日期，与大块面的绿色形成对比。

7

1900年—今

20世纪是一个变化空前的时代，两次世界大战残酷地改变了社会和文化。这一时期的物品呈现出一种有趣的组合。在俄罗斯帝国的法贝热彩蛋（Fabergé eggs）和英国王室珠宝中，有些许早期奢华世界的影子，但同时，并列存在着安迪·沃霍尔（Andy Warhol）及其同行的艺术作品中所示的批量生产世界。毕加索关于格尔尼卡（Guernica）爆炸的画作和安妮·弗兰克令人心碎的日记，定格了人类的毁灭能力，但也有些成就昭示了人类突破传统、创造新世界的能力，如超现实主义和抽象艺术、戏剧等，甚至冲出地球，触摸到了月球。

法贝热彩蛋

复杂华丽的珠宝装饰艺术品，令人震撼，是俄罗斯帝国备受崇敬的珍品之一

法贝热

彼得·卡尔·法贝热是19世纪末至20世纪初最伟大的金匠。在他的指导下，法贝热之家制作了数百件精美作品，包括烟盒、办公桌用品、动物雕塑，以及为俄国皇室制作的惊人复活节彩蛋。

1885年至1916年，圣彼得堡（St Petersburg）的俄国豪华珠宝商法贝热之家，为罗曼诺夫（Romanov）王朝的沙皇亚历山大三世（Alexander III）和尼古拉二世（Nicholas II），制作了50个复活节彩蛋。那是送给他们妻子与母亲的礼物，每一个都用昂贵的材料制作，如铂金、黄金、珍贵宝石和水晶。它们展示着强大高超的技巧，包括珐琅、微型画、发条装置、金属铸造、镀金与雕刻。

每个法贝热彩蛋都包含一个“惊喜”。第一只蛋是上珐琅的“沙皇小母鸡彩蛋”（Hen Egg），里面有个金蛋黄；打开后，露出一只金鸡；鸡里面还有一顶钻石镶成的帝国皇冠迷你仿品，以及一个红宝石吊坠。沙皇与夫人非常满意，给予彼得·卡尔·法贝热（Peter Carl Fabergé）及其工匠自由，让他们随意设计未来所有的帝国复活节彩蛋。

情感与独创性

此处展示了法贝热制作的一些最精美、最耐人寻味的彩蛋，都来自尼古拉二世的委托，是送给他妻子亚历山德拉·费奥多罗夫娜（Alexandra Feodorovna）的礼物。例如，“跨西伯利亚铁路纪念彩蛋”（Trans-Siberian Railway Egg）隐藏着一个惊人的发条火车头，只有2厘米长，后面可拉5节车厢。最富感情的彩蛋是“沙皇玫瑰彩蛋”（Rosebud Egg），这是尼古拉送给亚历山德拉的首个彩蛋，上面镶嵌着钻石丘比特之箭；还有精致的“玫瑰网格彩蛋”（Rose Trellis Egg）；以及“亚历山大宫殿彩蛋”（Alexander Palace Egg）和“百合花束时钟彩蛋”（Bouquet of Lilies Clock Egg）。

绿色珐琅覆盖物上，饰有茛苕叶

中央银制部分刻着“1900年的西伯利亚大铁路”

礼拜堂车厢根据真实的旅行礼拜堂设计，供奉的是皇帝长女的同名圣人圣奥尔加（St Olga）

用钥匙可以上发条，让火车运行

◁跨西伯利亚铁路纪念彩蛋
许多人认为，这个神话般的艺术品所体现的独创性和美感，从未有作品能超越。法贝热的皇室彩蛋也标志着俄罗斯帝国的最后数年传奇。
高度： 26厘米。
年代： 1900年。

大小

▷沙皇玫瑰彩蛋

这枚猩红的半透明珐琅彩蛋上，装饰着钻石和皇帝肖像。里面的珐琅玫瑰花蕾内，曾经装有镶钻皇冠和红宝石吊坠。

高度：7.4厘米。

年代：1895年。

黄色珐琅玫瑰花瓣

▷百合花束时钟彩蛋

这枚彩蛋是法国路易十四风格的时钟，一根箭头形状的钻石指针，指向旋转表盘上的时间。

高度：27厘米。

年代：1899年。

百合花束

这座钟顶部是一束圣母百合（Madonna lilies），叶子和茎都是着了色的黄金，花以白色玛瑙雕刻而成。花蕊上各镶嵌着3颗小钻石。

分区

镶有钻石的条状物把蛋分成12个部分。黄金底座上雕刻着半透明的黄色珐琅，这种技术称为“玑镂”（guilloché）。

表盘

白色的珐琅钟表盘，以镶钻的罗马数字标示小时，围绕着彩蛋旋转。

▷亚历山大宫殿彩蛋

以软玉（nephrite）制成，镶有黄金和宝石。这枚彩蛋内有一个小小的宫殿模型，以金、银和珐琅制成。

高度：11厘米。

年代：1908年。

复刻的是亚历山大宫殿，位于圣彼得堡附近

粉红珐琅玫瑰与绿叶

▷玫瑰网格彩蛋

这枚彩蛋以淡绿色的珐琅制成，上面覆盖着钻石、珐琅叶子与玫瑰所组成的网格图案。顶部和底部镶有钻石。

高度：7.7厘米。

年代：1907年。

《思想者》

著名的雕塑作品之一，世界各地都有它的铸件

雕塑家奥古斯特·罗丹（Auguste Rodin）从来没有具体阐释过，这个肌肉发达的思想者在想什么，但它是如此有影响力，令人难忘，以至于已经成为关于内省或创造梦想的永恒、普遍象征。人们以无数种方式模仿，无论是严肃的，还是轻佻的。《思想者》结合了强壮的肌肉体格与沉思的姿势，既表现了安静，又暗示着潜在的行动力。

这座雕像原本打算置于一个过梁上，位于一对名为“地狱之门”（The Gates of Hell）的巨大铜门上方。1880年，罗丹受托，为巴黎一家新建的装饰艺术博物馆制作这对铜门。他根据但丁14世纪的史诗《神曲：地狱篇》（*Inferno*）进行设计，但在他生前，这对铜门未曾铸成。他将雕像的数个部分，分别改为独立雕塑，包括《思想者》。因此，这个人物的灵感来源是俯视地狱痛苦圈层的人。

1884年，《思想者》首次铸成青铜像，1904年开始制作纪念性版本，比真人还大。罗丹希望他的作品能够得到广泛传播，因此授权生产较小版本，提供给私人收藏家。

在巴黎默东（Meudon）的罗丹及妻子之墓上，有一座比真人还大的《思想者》铸像

大小

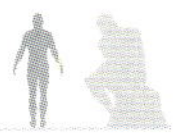

罗丹

法国雕塑家奥古斯特·罗丹（1840—1917年）的职业生涯早期，奋力拼搏但籍籍无名，主要靠做装饰石匠来谋生。直至30多岁，他才开始在艺术界崭露头角，到了1900年前后，众人已将他誉为世界领先的雕塑家。他雕刻了大量作品，包括公共纪念碑、寓言人物像和半身像。他也是多产的制图员。他的作品因旺盛活力与情感强度而受人瞩目。

▽《思想者》

罗丹在谈到这个人物时，曾说道：“他不仅用大脑思考……也用手臂、背部和腿部的每一块肌肉，用他紧握的拳头和抓紧的脚趾来思考。”

高度：180厘米。

年代：1904年。

低下的头

这个人物在向下看，部分原因是它原计划安置在“地狱之门”的顶部。头发未作细致处理，同样反映了观者应从下往上观赏雕像的计划。

夸张的上半身

巨大的肩膀和不自然的长臂，当观者从下方望去时，雕像才会显得比例正确。

米开朗基罗的影响

《思想者》的灵感之一，可能是米开朗基罗创作的洛伦佐·德·美第奇（Lorenzo de' Medici）之墓，位于佛罗伦萨。墓中有一尊以坐姿沉思的人物雕像，手举在脸部。

充满活力的表面

罗丹生动的处理方式创造了绝佳的纹理效果，与当时雕塑中经常出现的光滑处理，形成了鲜明的对比。

底座

底座上刻有罗丹的名字，以及巴黎阿列克西·鲁迪埃（Alexis Rudier）铸铁厂的标记。那就是这座雕塑的铸造地。

《第4组，十大，7号，成年》

一位反传统瑞典画家的壮观作品，被誉为“抽象艺术之母”

瑞典，斯德哥尔摩

这幅巨大的画作属于一组作品集，它们是为了传达来自所谓精神世界的思想。这些大胆而绚丽画作的创作者，是瑞典艺术家希尔玛·阿夫·克林特（Hilma af Klint，1862—1944年），对神秘学有着浓厚兴趣。她在1904年的一次通灵中，相信有一个名叫阿玛利亚（Amaliel）的灵魂与她联系，要求她在“星界”（astral plane）画画，“宣扬一种新的生活哲学”。她于1906年开始创作，在接下来的10年里，为完成“伟大使命”，创作了近200幅画。

这些画作根据不同主题，分成数个系列。“十大”（The Ten Largest）主题是生命的不同阶段，从婴儿至老年。此处展示的是第7幅，是对成年盛放狂喜的呈现，描绘了叶状或花瓣状的图形、螺旋状的卷须和细线，以及彩色的变形虫形状。这些图像都有暗示意义，阿夫·克林特对她笔下的复杂象征意义作出过详细解释，但画面带来的直接效果，则是一个不受现实约束的旋转幻想世界。

在阿夫·克林特的一生中，她那些具有突破性、多层次、不可再现的作品，只为少数几个亲密伙伴所知。然而，从20世纪80年代开始，这些作品得以展示，获得了极大赞誉，为她赢得身后之名，让她成为抽象艺术的杰出先驱，但她已无从得知。

象征性的图形

在阿夫·克林特的符号词典中，螺旋形代表成长、发展或进化，有时会表现为蜗牛壳图案。

黄色图形

巨大的黄色图形暗示着从球茎中冒出的花朵。对阿夫·克林特来说，黄色代表阳刚之气，蓝色代表阴柔之气，而绿色则代表着和谐。

▽《第4组，十大，7号，成年》

希尔玛·阿夫·克林特说，像这样的画“是我直接画出来的，没有任何预备图纸，画的时候充满力量”。

尺寸：328厘米×240厘米。

年代：1907年

植物图案

红色图形让人联想到叶子和卷须。在阿夫·克林特的早期职业生涯中，她是一位娴熟的植物学插画师。

维斯塔贞女（VESTALASKET）

这个词的宽泛译法是“维斯塔贞女”，以卷曲的字体，出现在阿夫·克林特的部分作品中。它暗指为罗马女神维斯塔服务的女祭司，严格遵循着行为准则，可能用来象征，阿夫·克林特通过绘画，坚持精神原则。

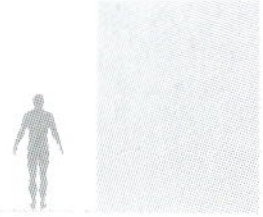

大小

《吻》▷
这幅令人惊叹的真人大小画作，因对丰富材料的奢侈使用，成为艺术家所谓“黄金阶段”的高光之作。
尺寸：180厘米×180厘米。
年代：1907—1908年。

《吻》

一幅感性杰作，是古斯塔夫·克林姆特（Gustav Klimt）最著名的画作，也是象征主义和新艺术派（Art Nouveau）的独特融合

△克林姆特和弗洛格

1910年，克林姆特与时装设计师同伴埃米莉·弗洛格（Emilie Flöge）在奥地利阿特塞湖（Lake Attersee）畔的卡默（Kammer）花园中合影。两人都穿着宽松的服装，让人想起《吻》中的长袍。

1907年至1908年，古斯塔夫·克林姆特（1862—1918年）在创作《吻》这幅杰作时，是一位具有争议的人物。他对性想象的喜好导致保守批评家不满，谴责他的作品不道德；他对最新前卫趋势的兴趣也引发了争议。因此，他与他人共同创立了维也纳分离派（Vienna Secession），一个较有影响力的艺术团体，挑战传统艺术界的约束性观点。

金色的茧

《吻》的第一次公开展示，是在一场独立展览上，即“艺术展览场”（Kunstschau）。这场展览本身是一个收支灾难，但即使是抨击克林姆特最激烈的批评家，也承认这幅画质量极高。在许多人看来，这是他“黄金阶段”的最高成就。可能因为父亲是一名金匠，克林姆特一直对金色很着迷，但直至新世纪的最初几年，他对金色的应用形式才最为丰富。他借鉴一些中世纪艺术家处理宗教场景的方式，将人物设置在华丽的金色背景中。

克林姆特之前已经画过两次《吻》，这是流行的象征主义主题，但1907年至1908年的这幅画被公认为是他的最佳版本。在完美的方形画布上，这对恋人在金色的茧中相拥，令他们脱离于日常世界。画中，华丽、闪亮的环境，完全的自我陶醉，与完全的离弃，似乎很神奇，但也存在着令人不安的元素。女子是跪着的：如果她站起来，会高过伴侣。此外，她紧闭的双眼可能代表欣喜，但灰暗的肤色和水平倾斜的痛苦脸庞，也促使人们将她与另一个流行的象征主义主题——被砍掉的头颅——相提并论。

2003年，奥地利铸币厂发行了100欧元金币，上面印有《吻》

拜占庭式马赛克

克林姆特这幅画作的灵感，大部分来自意大利圣维塔莱教堂中的拜占庭式马赛克。他于1903年首次参观该教堂，为彩色镶嵌物（玻璃片）和金色镶嵌物（金箔融在透明玻璃里）间的对比所震惊。他只获得了一项真正委托，即为比利时斯托克莱宫（Palais Stoclet）的饰带创作马赛克画，但这个过程对他的作品产生了重大影响。例如，在许多上流社会肖像画中，他用马赛克式的图案碎片包裹着人物，碎片与闪亮的金色背景融为一体。通过这种方式，他赋予了赞助人光辉形象，如同拉文纳的神圣人物与皇室人物一般。

约公元前547年，意大利拉文纳圣维塔莱的马赛克画

△1909—1911年，斯托克莱宫饰带上的《满足》（*FULFILMENT*）细节

这是斯托克雷特横饰带的预备研究草图。

服装

艺术家为服装选择了不同图案：男子的服饰上是生硬、有棱角的图形，女子的服饰上是圆形和花卉图案。

常春藤头冠

男子的常春藤冠暗示了与萨堤尔（satyrs）间的联系。萨堤尔是巴克斯（Bacchus）神的邪淫伙伴。

金粉

克林姆特喜欢在画作表面添加有趣的纹理。在《吻》中，他使用了一层金粉，创造出一种闪亮的效果。

花卉基座

风格化的花丛是典型的克林姆特风景画风格。他特别喜欢野花，让它们在他的花园里自由生长。

装饰性的圆圈

恋人金茧的女性一侧，装饰了圆圈，可能代表生命的循环。它们是克林姆特作品中反复出现的主题（另见左页图）。

脚

女人的脚在深渊边缘摇摇欲坠，也许暗示着爱情的危险。

大小

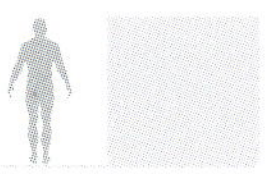

《女人头像》

现代艺术关键时期一件强有力的雕塑作品

经常有人称莫蒂里安尼为20世纪最伟大的意大利画家，但在他短暂的职业生涯中，1909年至1914年这5年主要是在巴黎度过的，几乎完全只做雕塑工作。他没有接受过专业的雕塑训练，早期的雕刻作品在工艺上相当粗糙，但他很快就变得十分娴熟，作品糅合了优雅与权威。

莫蒂里安尼将7个头像构想为一套“装饰性组合”

基本特性

莫蒂里安尼现存的所有雕塑作品，都是忧郁的头像，比如此处展示的这座，只有两个例外。《女人头像》最明显的特点是极度拉长的外形，后来也成为他绘画作品的显著特征。莫蒂里安尼致力于完善他心中关于理想化崇高之美的概念：光滑、面具般的脸，居中、噘起的嘴，卷曲的头发，梯形的鼻子，以及完全对称、突出的眼睛，并对这些特征作了风格化和简约化。他手下大胆的扭曲和简化，显示了非洲、基克拉泽斯（见第23页）、埃及等古代艺术带来的影响，但都是微妙、普遍的，而非具体的借用。结果形成了一种独特的风格，就像《女人头像》那样，唤起了一种冥想般的宁静、永恒与纪念的感觉。为了作集体展示，这些头像带有一种奇怪的仪式感。英国雕塑家雅各布·爱泼斯坦（Jacob Epstein）说，他的朋友莫蒂里安尼晚上“会把蜡烛放在每个头像上，效果就像一座座原始的神庙”。

▷ **珍妮·赫布特尼（JEANNE HEBUTERNE），约1918年**

莫蒂里安尼雕塑的修长外形，也是他肖像画的一个特点。人生最后数年中，他最喜欢的模特是情人珍妮·赫布特尼，为她绘制了20多幅画。

莫蒂里安尼

亚美迪欧·莫蒂里安尼（Amedeo Modigliani，1884—1920年）是一位主要在法国生活和工作的意大利艺术家。他是20世纪初杰出画家、雕塑家群体的一员，带来了艺术革新。他使用色彩和形式，来达到情感效果，而非模仿自然的外观。他还因放荡不羁的悲惨生活而闻名，令他在大众的想象中，成为一个与凡·高一样注定失败的天才。莫蒂里安尼是著名的花花公子，清醒时很有魅力，但醉酒时往往十分粗暴。他患有肺结核，酒精、毒品和贫穷也毁了他的健康。他死时只有35岁。

大小

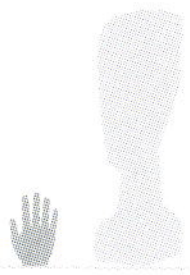

风格化的头发
莫蒂里安尼将女子额头上的头发，刻成了风格化的卷发。

眼睛
眼睛和眉毛是面部特征中雕刻得最精致的，但仍然是精致的形式化，而非自然化。

面具式的脸部
这张脸让人想起当时巴黎众多前卫艺术家所推崇的非洲面具。

对比鲜明的纹理
大部分头发都十分粗粝，与光滑的肉体形成对比。

△**正面图**
莫蒂里安尼力图通过剥离本质，来表现人类外形的基本特质。

长颈
长而优雅的脖子基本成为莫蒂里安尼的标志。根据一个难以置信的说法，他是在透过瓶颈的扭曲玻璃看到一个女人时，想到了这个创意。

平坦的石块
如同莫蒂里安尼的大多数雕塑一样，这是用一块扁平（相对便宜的）石块雕刻而成的。这个头像的材质是石灰石，不过他也用过砂岩。

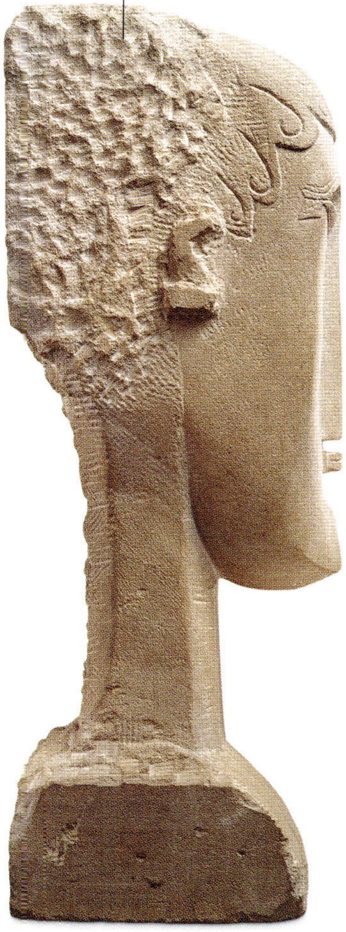

△**侧视图**
从侧面看，脸部呈明显的扁平化。

◁**《女人头像》**
莫蒂里安尼现存的石雕头像共有23座。有些粗制滥造，但也有些，比如这个，经过了精心加工。
高度：68.3厘米。
年代：1912年。

▷3个中心

康定斯基在这幅画中确定了3个不同的中心：左侧是一个“温柔的粉红色中心”；右侧是略微不和谐的红蓝色中心；它们中间是第3个中心，粉红色和白色“一起发泡”。

线条

线性元素为“作曲”系列注入了戏剧性和方向性。在这方面，康定斯基说，他喜欢“长而庄严”的线条与顶部相交横线之间的相互作用。

△《作曲6号》

康定斯基在创作这幅旋涡状的杰作时，正处于创作能力巅峰。乍一看，“作曲”系列的10件作品似乎都很混乱，但它们代表着他艺术哲学的深思和总结。

尺寸：195厘米×300厘米。

年代：1913年。

色彩

色彩是“作曲”系列中的关键元素。对康定斯基来说，每种色调都有各自的意义，设定了画面的表现内容和精神氛围。

纹理

康定斯基喜欢改变画作表面，经常将画布上光滑和粗糙的区域并列在一起，这样，观众在接近画作时，就会体验到不同的情绪。

不和谐的声音

抽象的音乐主题在这幅作品中比比皆是。康定斯基喜欢创造激烈、不和谐的内容，称之为“雷鸣般的碰撞”，但这些部分会在相邻区域得以平息。

《作曲6号》

抽象艺术史上的一座里程碑，也是康定斯基欣赏的作品之一

德国，慕尼黑

西方艺术中，第一批真正的抽象画创作于20世纪初。通常认为，出生于俄国的画家瓦西里·康定斯基（Wassily Kandinsky，1866—1944年）是这一领域的重要先驱。这位艺术家从一些风格和运动中获得灵感，包括俄国民间艺术、野兽派（Fauvism）和表现主义，因对色彩的自由使用和表现力而受到瞩目。

视觉音乐

康定斯基的抽象主义实验可以追溯至1909年，当时他开始创作一系列名为“即兴”（*Improvisations*）、“作曲”（*Compositions*）和“抒情”（*Impressions*）的作品。1910年至1939年，他创作了“作曲”系列，由10件作品组成，是他最重要的作品集。它们经过精心策划，成为抽象艺术的一座里程碑。他在命名和讨论自己作品时，常使用音乐术语，这是他深思熟虑的结果，试图把声音和色彩紧密联系在一起。评论家罗杰·弗莱（Roger Fry）将他的作品描述为“纯视觉音乐”。康定斯基本人也将“作曲”视为“表达缓慢形成的内心感受”。他旨在通过尝试消除客观性、现实主义的描绘和表现性的内容，创造一种更纯粹、更精神化的艺术形式。

雄心勃勃的作品之一是他的杰作《作曲6号》。这是一幅令人眼花缭乱的大型油画，绘制于1913年。据艺术家说，他在大约8个月的时间里创作了这幅作品，把自己完全淹没在“色彩和形状的共鸣”中。他为这幅画制定了“洪水”（Deluge）的主题，但故意避免对洪水进行任何具体性的涉及。相反，他急于传达“可怕的灾难”、巨大的动荡这种印象，但同时也宣泄着极度的平静和希望，让人体会到“一首温暖的赞美之歌”，一首从混乱中浮现而出的新颂歌。

康定斯基认为，艺术对观众有精神方面的作用，色彩对灵魂有着直接而强大的影响

蓝骑士（DER BLAUE REITER）

蓝骑士是前卫的艺术家团体，以德国表现主义为主。团体曾以康定斯基、弗朗茨·马克（Franz Marc）和奥古斯特·马克（August Macke）作品为核心，举办了展览，出版了一本较有影响力的年鉴。弗朗茨·马克擅长绘制色彩鲜艳的动物主题画。起初，他的作品呈现乐观甚至是欢乐的画面，但随着战争临近，他转为描绘暴力、世界末日般的愿景。在《动物的命运》（*Fate of the Animals*）的背面，他写道：“所有的存在都在燃烧，都在痛苦。”1916年的一场火灾中，这幅画的右侧损毁，同年，弗朗茨·马克在战场上牺牲。出生于奥地利的作曲家阿诺尔德·勋伯格（Arnold Schoenberg）为他们的年鉴撰写了一篇重要文章，为康定斯基的实验和他自己实验之间的相似之处感到高兴。

1913年，弗朗茨·马克《动物的命运》

大小

《春之祭》的服装

奔放而不落俗套的服装，在这部芭蕾舞剧中，产生了巨大的视觉冲击力，为20世纪初文化新观念的爆发作出了贡献

1913年5月，芭蕾舞剧《春之祭》（*The Rite of Spring*）在巴黎香榭丽舍剧院（Théâtre des Champs-Elysées）的首演成为传奇，堪称舞台史上最离经叛道的开幕之夜。伊戈尔·斯特拉文斯基（Igor Stravinsky）的音乐具有强烈冲击性，瓦斯拉夫·尼金斯基（Vaslav Nijinsky）的舞蹈编排奇怪而生硬，与典型古典舞蹈的流畅、协调和优美大相径庭。舞剧背景同样也反传统。观众中的传统派与前卫派支持者发生了冲突，据说敌意升级为拳脚相加，几乎发生暴乱。

色彩与丰富

谢尔盖·狄亚基列夫（Sergei Diaghilev，见左侧方框）创建的俄罗斯芭蕾舞团（Ballets Russes）演出了此剧。他非常重视芭蕾舞的视觉效果，委托杰出艺术家来设计布景和服装。《春之祭》的服装由尼古拉·罗里奇（Nikolai Roerich）设计，他丰富多彩的风格非常适合他与斯特拉文斯基共同创作的剧情。罗里奇沉浸于俄罗斯的历史与神话中，设计灵感来自富有赞助人玛丽亚·特尼舍娃公主（Princess Maria Tenisheva）所收集的古老民间服装。受过古典训练的舞者发现，罗里奇设计的服装沉重、原始、层叠，穿起来很不方便，在剧院灯光的照射下也非常热。橙色、红色、栗色、紫色、绿松石色、绿色和黄色等丰富色彩十分陌生，与传统芭蕾舞的柔和色调形成了巨大反差。

斯特拉文斯基将这部芭蕾舞剧的乐谱，献给了罗里奇

俄罗斯芭蕾舞团

这个著名的芭蕾舞团从1909年开始运营，直至1929年，其创始人俄罗斯大亨谢尔盖·狄亚基列夫去世。在这20年里，它在欧洲和南北美洲广泛巡演，但从未在俄罗斯演出。当时一些最重要的舞蹈家、作曲家和艺术家都有所参与。舞团的演出以异国情调的华丽而闻名遐迩。

谢尔盖·帕夫洛维奇·狄亚基列夫（1872—1929年）

△**原创服装设计**

部分罗里奇的服装设计稿，是用水粉颜料和墨水绘制的。

△**1913年，《春之祭》**

此图展示的是《春之祭》原版的6位女舞者。左起第2位是出生于波兰的玛丽·兰伯特（Marie Rambert），后来成为英国芭蕾舞界的重要人物。

▽《春之祭》的服装

少女（左）和青年的服装展示了尼古拉·罗里奇典型的大胆样式和华丽色彩。

每套服装的长度：约150厘米。

年代：1913年。

大小

几何形状
罗里奇使用一系列形状来创造生动的图案，如正方形、圆形、十字形、点形、菱形和三角形。

奖章
奖章缝制于服装上，防止舞者在舞动时奖章乱飞。

长度
演出中，会在腰部用腰带收拢服装，穿起来比此处展示的长度要短。

类似主教冠的帽子
这顶帽子是罗里奇发明的，让人想起拿破仑战争中俄国榴弹兵所戴的一种头盔。

厚重材料
这些服装主要—羊毛和厚棉布缝制而成。舞者觉得它们非常累赘，他们必须戴的假发也是如此。

流畅的装饰
在男子服装的下部，罗里奇使用了一条条流畅平滑的装饰图案，主要是橙色的。

多贡舞蹈面具

具有象征意义的卡纳加（kanaga）面具，20世纪时由马里的多贡人制作，令人印象深刻

面具在马里多贡人的文化和仪式中，起着至关重要的作用。他们相信，面具能创造一条通往祖先精神世界的通道。秘密的“艾瓦”（Awa）是一个仅供男性入会的社团，每60年会举行一次西吉仪式（sigi ritual），用来纪念首位祖先，也有人认为是纪念某些天体事件。艾瓦成员在西吉仪式和达玛仪式（dama ritual）上舞蹈时，都会戴上面具。面具用木材、纤维、皮革和颜料秘密制成，它们可以表现重要人物，如猎人、战士和医生，也可以呈现动物、物体和抽象概念。此处展示的面具是一个卡纳加面具，用于达玛仪式，由一位身着精心设计、彩色多层服装的舞者佩戴。

双杠十字形
扁平木板制成的面具上层结构呈双杠十字形，是卡纳加面具的显著特征。

上层结构的象征意义
上层结构象征宇宙的安排，上层和下层的横杆分别代表天空和大地。

翎颌
红色和黄色纤维组成的翎颌框住了脸部。

面部雕刻
面具呈盒子形状，雕刻了拱形的额头、箭形的鼻子和长方形的深深眼窝，并以黑色颜料作了装饰。

头罩
头罩由染成黑色和黄色的纤维编成，连接在面具背面。

▷**多贡舞蹈面具**
卡纳加面具的含义复杂，有着多层次解读。浅层上，它代表鸟；在更深的层面上，则意味着地面和天堂之间的联系。
高度：97厘米。
年代：1900—2000年。

大小

达玛仪式

每隔10年至15年，多贡人会在丰收的时候，举行达玛仪式。这是一种葬礼仪式，戴着面具的舞者将村里死者的灵魂，引向祖先之域，灵魂将在那里成为部族的守护者。卡纳加舞者精力充沛地重演多贡人的创世故事，绕着圈子摆动面具，并将面具顶端触碰地面，代表太阳及其赋予生命的力量。

马里邦贾加拉悬崖上的舞者

帕蒂亚拉项链

1928年，巴黎卡地亚（Cartier）公司为富可敌国的帕蒂亚拉王公（Maharaja of Patiala），制作了一条奢华的仪式用项链

诸多世纪以来，印度次大陆上有着多个由国王或王公统治的国家。1858年印度成为英国殖民地后，王公们继续统治国家，但纳入大英帝国的管辖之下。在这些富有的统治者中，帕蒂亚拉王公布平德·辛格（Bhupinder Singh，1891—1938年）以奢侈生活而闻名。20世纪20年代中期，他向世界上最负盛名的珠宝商之一巴黎卡地亚公司，寄去了数千颗钻石，包括234克拉的黄色戴比尔斯（De Beers）钻石，这是世界上第7大的抛光钻石。他下令制作一条令其他王公的财富黯然失色的项链。这条项链的设计采用了卡地亚帮助推广的装饰艺术（Art Deco）风格，由五条铂金链组成，上面镶嵌着钻石、锆石、黄宝石、红宝石、烟水晶和黄水晶。珠宝工匠们费时3年才完成。1948年，这条项链从帕蒂亚拉的国库中消失了，但1998年，铂金链等部分在伦敦重新出现。随后，卡地亚对它作了修复，但用合成钻石代替了一些丢失的宝石。

大小

△帕蒂亚拉项链

这条围兜般的项链是卡地亚有史以来最大的委托作品，于1928年赠送给帕蒂亚拉王公。他经常戴着它，直至1938年去世。

尺寸：约38厘米×25厘米。

年代：1928年。

项链上镶有

2,930多颗钻石

王公

王公，即“maharaja”一词，来自梵文，意思是“伟大的国王”。这个头衔最初为印度最强大国家的统治者保留，但在英国统治时期（1858—1947年），它扩展至支持殖民政权的较小统治者。王公是伟大的艺术赞助者，主要是因为他们赞同“达显”（darshan）的理念，认为让人看到国王的显赫是一种吉祥行为，因此会组织让臣民能欣赏到的奢华活动。

游行中的王公

▷**里约热内卢基督像**

这座雕像最初的构想是基督手持十字架和球。伸出手臂的点子归功于艺术家卡洛斯·奥斯瓦尔德。

高度：30米。

年代：1922—1931年。

心脏

基督胸部中间，有一个（就人物大小而言）小小的心脏图案。雕塑内部，有一个按比例放大的人类心脏，和外部表面一样，都覆盖了皂石砖。

脸部

虽然通常我们都认为保罗·兰多斯基是这座雕像的雕塑家，但基督的脸是由格奥尔基·列奥尼达（Gheorghe Leonida）创作的。他是一位罗马尼亚艺术家，曾经协助过兰多斯基。

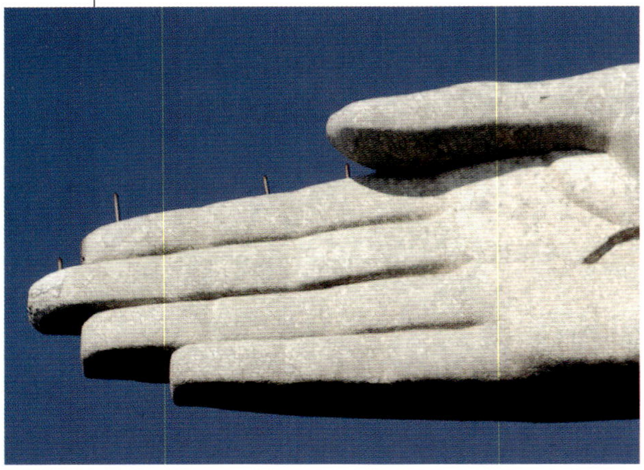

△**避雷针**

普通游客看不到，其实雕像的头部、肩部、手臂和手指上，都装有小避雷针，通常雷电每年都会击中雕像数次，偶尔也会造成损害，特别是指尖。此处还可以看到皂石块，覆盖雕像的皂石约有600万块。

风格化褶皱

基督长袍的风格化褶皱，类似于柱子的凹槽，与当时流行的装饰艺术风格一致。

2007年，
这座装饰艺术风格的
雕像被评为新世界七大奇迹之一

大小

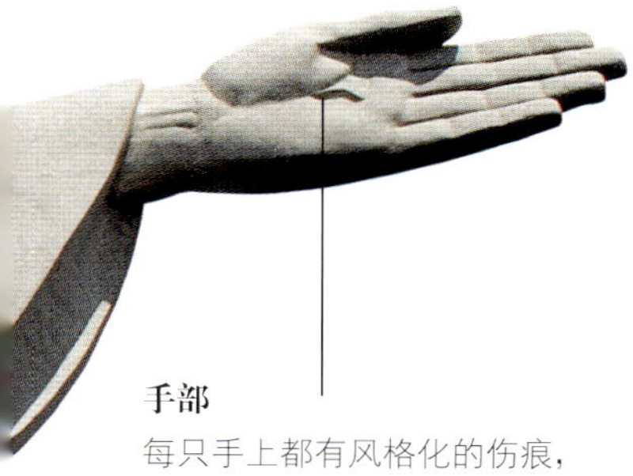
手部
每只手上都有风格化的伤痕，代表基督受难时的钉伤。

里约热内卢基督像

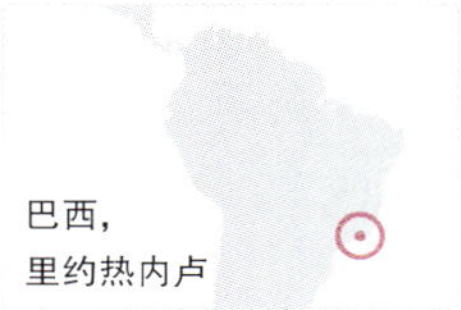

20世纪壮观的宗教艺术作品之一，构成了巴西最熟悉的地标

巨型雕像是世界上许多国家的重要地标，但没有一个国家的雕像，能像巴西里约热内卢（Rio de Janeiro）科尔科瓦多山（Mount Corcovado）顶上的基督像那样，令人叹为观止，这座山高700米，陡峭得令人眩晕。巴西拥有世界上最多的天主教人口，以及充满活力的流行宗教艺术传统。

雄伟的象征

19世纪50年代，人们首次提议在该地建造一座巨大的基督像。当时没有落实想法，但1921年又有人重新提起，并在次年奠基，尽管雕像的具体形式仍未决定。一位当地的土木工程师海托·达·席尔瓦·科斯卡（Heitor da Silva Costa）赢得了设计竞赛，并与不同专家合作，特别是巴西艺术家卡洛斯·奥斯瓦尔德（Carlos Oswald）和法国雕塑家保罗·兰多斯基（Paul Landowski），制定了雕像的最终结构和外观。建筑工程于1926年开始，材料通过铁路运上山。1931年10月12日，雕像举行了落成典礼。

雕像面朝升起的太阳，外层是一块块皂石砖。它高30米，伸出的手臂横跨28米，头部高3.75米。黑色花岗岩底座上有座小礼拜堂，2006年献给阿帕雷西达圣母（Our Lady of Aperecida，当地对圣母的称呼）。多年来，雕塑作了各种翻新，2002年安装了自动扶梯和电梯，便于游客登上顶部。这座雕像已经成为这座城市、这个国家和天主教会的象征。

▽居高临下的位置
这座光彩照人的雕像矗立在陡峭的科尔科瓦多山顶，高耸于瓜纳巴拉湾（Guanabara Bay）和里约热内卢之上。雕塑的资金主要来自无数普通民众的小额捐款。奠基日是1922年4月4日，即巴西脱离葡萄牙独立100周年。

结构和材料

雕像的主要材料是钢筋混凝土，即嵌入金属条或金属网的混凝土，以增加其抗拉强度。它是在现场浇筑的，模具由保罗·兰多斯基的法国工作室制作，然后运至巴西。为了建成更具吸引力的表面，混凝土上覆了数百万块由皂石制成的小三角形马赛克。皂石是巴西教堂经常使用的材料。雕像内部有一个狭窄的楼梯网络，用于维护。右臂上的舱口可以打开，方便工作人员在外部工作。雕像的底座由花岗岩制成。

▽《记忆的永恒》
达利对这种风格的画作提出了一种难忘的措辞——“手绘的梦境照片”。
尺寸：24厘米×33厘米。
年代：1931年。

舌形
达利喜欢视觉双关、双重形象和怪异变形，这块表明显地让人联想到人类的舌头。

光秃秃的树
树木在艺术中经常用作更新换代的象征，但这单独一棵光秃秃的树，暗示了时间的破坏。

当地景观
右上角的地貌灵感来自利加特港附近的一段海岸线。这片港湾位于达利当时居住的西班牙村庄。

蚂蚁
蚂蚁在手表上疾走，也许暗示时间的无情推进，侵蚀我们的生活。

柔软的手表
正是在这幅画中，达利首次突出采用了融化的手表。它们显示着不同的时间，很快成为一个标志性主题。

不规则形状
这幅画中心的奇怪形状，带有严重扭曲人脸的特征，有人将它解释为达利的自画像。

大小

《记忆的永恒》

公认的超现实主义杰作，作者是20世纪艺术中极具争议的人物之一

萨尔瓦多·达利（Salvador Dalí）是最著名的超现实主义艺术家，《记忆的永恒》可能是他最著名的画作，也是现代艺术中最熟悉的图像之一。超现实主义是20世纪20至30年代最普遍的先锋派艺术运动。它的追随者认为，物质主义和理性主义已腐蚀世界，希望通过重新强调情感和想象力的价值，特别是从梦境等无意识思维中获得灵感，来对抗这种腐蚀。

荒凉不安的风景

达利通过这般古怪、幻觉、梦境般的图像，来追求这个目标。这些场景没有逻辑意义，却清晰、整齐地描绘出来，在所描绘事物的怪异性和描绘方式的事实性之间，形成一种迷幻的张力。达利自己描述了他如何开始画《记忆的永恒》：一天晚上，他吃了一块流质的卡门贝尔（Camembert）奶酪，促使他思考了柔软的概念。

那天晚上睡觉前，他看了看正在创作的一幅画，那是一片荒凉的风景，觉得需要一些东西来起活跃作用。融化手表的想法在脑海中浮现后，他仅用两小时就完成了此画。之后，人们以多种方式解释这幅画，例如，代表人类对时间本质的迷恋，或用松软的图形暗示达利对阳痿的恐惧。无论它的确切含义是什么，都是那个时期令人困扰不安的图像之一。

达利声称，他画这幅画是为了帮助否定现实世界。

△ **利加特港（PORT LLIGAT）海湾**

这片风景位于西班牙加泰罗尼亚的利加特港海湾，展现了达利在《记忆的永恒》背景中描绘的那种地貌。

达利

萨尔瓦多·达利（1904—1989年）主要在出生地西班牙工作，但也曾前往巴黎和纽约。他创作了大量作品，包括各种设计以及绘画、雕塑和版画，也是一位多产的作家。他因古怪行为而闻名，人们指责他对赚钱的兴趣大于严肃艺术创作。但他最好的作品，特别是他在20世纪30年代超现实主义高峰期的作品，经受住了时间的考验。

公牛

毕加索在职业生涯中，曾多次画过公牛或牛头人，有时作为残暴的象征，有时作为一种自画像的形式。此处，这个生物似乎对它周围可怕的大屠杀感到茫然无措。

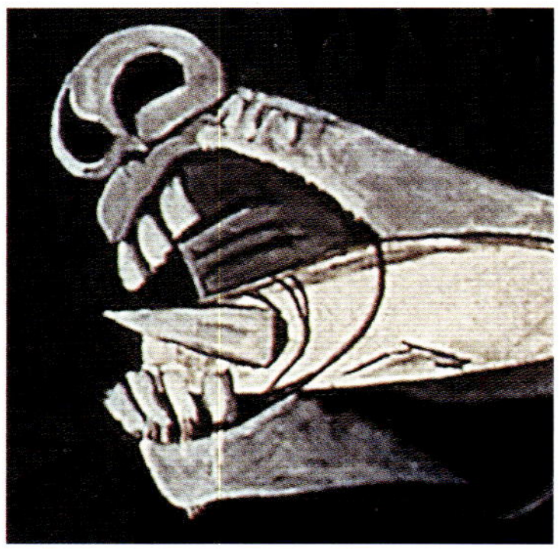

△隐藏的骷髅

死亡的比喻比比皆是。此处，受伤之马的鼻孔和牙齿构成了一个头骨的形状。

屠杀无辜者

痛苦的母亲抱着她死去孩子的瘫软身体。这一形象与西班牙教堂中经常展示的“圣殇”（Pietà）相呼应，这个术语指刻画圣母玛利亚和死去基督的绘画和雕塑。

《格尔尼卡》

巴勃罗·毕加索（Pablo Picasso）最有力、最感人的作品，许多人认为它是20世纪最伟大的画作

法国，巴黎

如果有哪幅画可以称之为一个国家灵魂的缩影，那必然是毕加索的杰作《格尔尼卡》(*Guernica*)。它以西班牙北部城市命名。在1937年4月西班牙内战（Spanish Civil War，1936—1939年）期间，这座城市遭到西班牙佛朗哥将军（General Franco）的德国和意大利法西斯盟友轰炸。平民的死亡引起了全球的愤怒，为这位西班牙艺术家在法国巴黎世界博览会（World's Fair）上的绘画，提供了一个强有力的主题。他以极快的速度工作，为1937年6月在世博会上的画作揭幕，做好了准备。

《格尔尼卡》完全是用白色、灰色和黑色画的，令它具有紧急新闻报道的感觉。它尺寸巨大，约349厘米×776厘米，营造出巨大的紧张感和不可避免的恐怖感。这幅画没有直接表现爆炸事件；相反，画面是一个充满了破碎、扭曲、混乱形状的房间。一头有着面具般脸部的公牛，一匹有着带刺舌头、长矛穿透身体的马，以及受折磨的妇女，这些主要元素是毕加索多年来在早期作品中完善和发展的主题。

◁《格尔尼卡》

巴勃罗·毕加索的巨大黑白画，把人类冲突造成的痛苦和恐怖，压缩进一幅画内。

尺寸：约349厘米×776厘米。

年代：1937年。

△战争的恐怖

这个惊恐的形象可能是一个女人，火焰吞噬的时候，她无法从上方的小窗户逃脱。

心神狂乱的女人

毕加索在画中刻画了几个发狂的女人。在他最早的预备草图中，这个人似乎怀里还抱着一个死去的孩子。

倒地的战士

人们将地上的这个人物诠释为斩首的士兵，或打碎的雕像。他手中握着一把断剑和一朵幽灵般的花朵。

鲜明的对比

白色、灰色与黑色地面的对比，给这幅画带来了照片般的质感，增添了强烈的梦魇般氛围。

材料和技术

毕加索创作《格尔尼卡》时，正与情人朵拉·玛尔（Dora Maar）共用巴黎大奥古斯丁街（rue des Grands-Augustins）的工作室。玛尔是一位才华横溢的摄影师。在毕加索不知疲倦地完善这幅复杂的画时，她记录了作品的每一个不同阶段。他展开巨大画布，然后用专门订购的亚光油漆涂抹，让它尽可能不反射光泽。画布的大小实际上导致了困难。毕加索不得不站在梯子上，完成画的上半部分；而在画下半部分时，他在普通画笔上安装了长柄。

1937年，巴黎，毕加索画《格尔尼卡》

毕加索想把《格尔尼卡》捐赠给西班牙政府，但佛朗哥活着的时候没有接受；它最终于1981年抵达西班牙

英国王室珠宝

世界上最完整的王室物品收藏，其中一些元素据说可以追溯至12世纪

▽ **君主权杖**

权杖于1910年进行了改造，加入了巨大的“非洲之星”，镶嵌在一个铰链式的支架上，这样可以把它拆下来单独佩戴。

英国王室珠宝由大约140件神圣与仪式物品组成，包括王冠、王权宝球、权杖、宴会与祭典用餐具、戒指和剑。藏品核心是加冕礼用品（Coronation Regalia），为查理二世所创，自1661年起用于英国君主的加冕；加上帝国王冠（Imperial State Crown），供英国君主在重要场合使用，如议会开幕大典（State Opening of Parliament）。

美与工艺

1649年查理一世遭处决后，议会下令，将使用了数个世纪的中世纪加冕礼用品“全部毁坏和污损”，挖出宝石并出售，熔化黄金做硬币。1660年君主制恢复后，王室金匠罗伯特·维纳（Robert Vyner）为查理二世的加冕仪式制作了一套优雅的黄金用品，共十一件。其中有沉重的圣爱德华王冠（St EdwardTimes New Romans Crown），框架以纯金制成，重2.23千克，只在加冕时使用；王权宝球（SovereignTimes New Romans Orb），一个空心金球，上面镶嵌着翡翠、红宝石、蓝宝石和玫瑰切割（rose-cut）钻石，每个宝石都配有珐琅底座；还有君主十字权杖（Sovereign’s Sceptre with Cross），是一根分为三部分的金棒，连接处有珐琅箍，上面镶嵌着钻石、紫水晶等宝石。

自1660年以来，帝国王冠大约有十个版本，因为每个版本在使用中都会有所损耗。目前的版本（见对页）是一个壮观的金框箍冠，镶嵌着钻石和王室宝石，有些据说可以追溯至中世纪。它创作于1937年，在1953年女王伊丽莎白二世（Queen Elizabeth II）的加冕仪式上作了调整，使得更匹配、适合她。

帝国王冠有2,868颗钻石、17颗蓝宝石、11颗绿宝石和269颗珍珠

△ **伊丽莎白二世女王（1952—2022年在位）**

此处展示的是1953年6月2日加冕仪式上的女王，戴着帝国王冠，手持王权宝球和君主权杖。

库里南（CULLINAN）钻石

1905年1月26日，在南非比勒陀利亚（Pretoria）附近的伯里梅尔矿场（Premier Mine）中，发现了重达3,106克拉的库里南钻石，是迄今为止发现的最大钻石。它以矿业公司董事长托马斯·库里南（Thomas Cullinan）的名字命名，1907年赠送给爱德华七世。这颗无价之宝通过邮寄抵达伦敦，而南非政府则以武装警卫运输诱饵的方式，来转移大众的注意力。这颗钻石由阿姆斯特丹的阿瑟（Asschers）切割成9颗大钻石和97颗小钻石。最大的钻石称“库里南一号”，又名“非洲之星”，重530.2克拉，镶嵌在君主权杖上；第二大的“库里南二号”，即“非洲之星二号”，重317.4克拉，装饰在帝国王冠上。

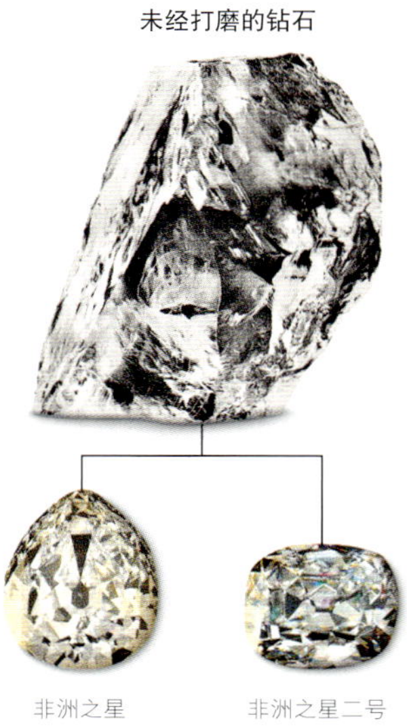

大小

▽帝国王冠

1937年，珠宝商杰拉德（Garrard）为乔治六世（George VI）制作了帝国王冠。它参照了1838年维多利亚女王的王冠，重达1.06千克。加冕仪式后，乔治六世离开威斯敏斯特教堂时戴着它，也曾在正式场合戴过，如议会开幕大典。

高度：31.5厘米。

年代：1937年。

圣爱德华的蓝宝石

这颗玫瑰切割的蓝宝石据说是在12世纪时，从忏悔者爱德华的坟墓中取出的。

展现世界

一个银制网状的地球，上面镶嵌了许多明亮式切割（brilliant cut）的钻石。

金框

王冠的镂空金框上镶嵌着宝石，以金或银为托架，有些旋进框架中。

橡果拱

4个半拱铸成橡树叶形状，镶嵌着钻石和珍珠“橡果”。

伊丽莎白的耳环

拱上悬挂着4颗较大的梨形珍珠，据说属于伊丽莎白一世。

镶嵌宝石

一颗圆顶平底的小型红宝石，填补了曾经在红色尖晶石上开过的孔。尖晶石当时开孔是为了做成吊坠。

黑王子的红宝石

人们认为，这颗红色尖晶石是卡斯蒂利亚国王于1367年送给黑王子爱德华的。

白色鼬皮带

白色鼬皮是白鼬的冬季皮毛，长期以来一直与王室有关。

非洲之星二号

这是从库里南钻石上切割下来的第二大钻石。库里南钻石是迄今为止发现的最大钻石（见方框）。

十字纹章

王冠上有5个十字架纹章。这些是中世纪早期的基督教十字架符号，横臂的中央比两端窄。

《两个弗里达》

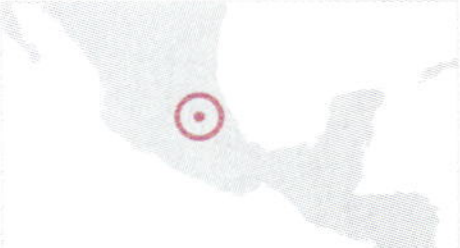
墨西哥，墨西哥城

20世纪艺术中，耐人寻味的人物之一所绘的自画像，带有强烈的个人色彩

许多画家都创作过揭露自我的自画像，但很少有人能接近弗里达·卡罗（Frida Kahlo），表现出一种十分无情的自我审视。在她的200多幅画中，约有⅓描绘了自己，其中许多幅对她所承受的身体与情感痛苦作了令人痛心的注解，包括此处所示的这幅。身体上的痛苦主要来自她18岁时的一次交通事故，她伤得很重，以至于余生经常承受着剧烈的疼痛；情感上的痛苦主要来自与墨西哥最著名艺术家迭戈·里维拉（Diego Rivera）间的纠缠。

一个整体的两半

人们认为，《两个弗里达》是卡罗杰出的画作之一，同时也是她的首幅大型作品。这幅画是引人注目的双人自画像，创作于1939年，就在她与里维拉离婚后不久，但他们又于第二年复婚。画中的她分为两人，手拉着手。右侧的自己身着传统墨西哥服装，人们将此诠释为，代表她被里维拉所爱、所尊重的部分。左侧的自己穿着更显欧洲风格的衣服，反映了她的混血遗传（她父亲是德国人，但定居在墨西哥），也许代表里维拉拒绝的部分。两个弗里达的心脏暴露在观者面前，一个破碎，一个完整，并通过一条动脉连接在一起。这条动脉还蜿蜒绕过两个弗里达的手臂，进一步将她们联系起来。这两个形象可以看作卡罗羸弱身体和精神力量的结合。

△**1843年，泰奥多尔·夏塞里奥（THEODORE CHASSERIAU）《两姐妹》（*THE TWO SISTERS*）**
据报道，卡罗的灵感来自夏塞里奥的画作《两姐妹》。

> 凭借《两个弗里达》，
> 卡罗获得了一生中最高的作品酬金

卡罗

弗里达·卡罗（1907—1954年）在墨西哥城出生、死亡，度过了大部分职业生涯。她在生前声望不高，丈夫迭戈·里维拉更为著名，掩盖了她的光芒。她的画作通常都较小且私密，而里维拉则在重要公共建筑中绘制巨大的壁画。但自1980年以来，卡罗作为一位艺术家，获得了越来越多的认可，并且由于不屈不挠、拒绝向苦难低头的精神，也成为女权主义的英雄。

▽《两个弗里达》

这是卡罗最大的一幅画，人物与真人差不多大小。通常她的画要小得多，其中许多是在床上画的。

尺寸：173厘米×173厘米。

年代：1939年。

心脏

“墨西哥人”弗里达的心脏看起来很健康，而“欧洲人”弗里达的心脏则切开了。心脏和血液在墨西哥文化中起着突出作用，这一传统可以追溯至阿兹特克人的人类献祭。

暴风雨背景

暴风雨的天空与卡罗内心的动荡是一致的。

手术钳

“欧洲人”弗里达拿着一把手术钳，试图用它来阻止断裂动脉中的血液流动。

微型画像

“墨西哥人”弗里达拿着丈夫的微型画像，画中的动脉与她的心脏相连。她去世时，这个微型画像仍在她手中。

长裙

卡罗喜欢穿长长的连衣裙和半裙，部分是为了隐藏残疾部位。童年时的小儿麻痹症导致她一条腿较短。

大小

霍普的妻子乔（Jo）
不仅为画中女子的形象
摆了参考姿势，
也提供了这幅画的名字

《夜游者》

对现代城市生活的孤独感，作了令人难忘的描绘

从20世纪20年代起，部分美国画家摒弃了欧洲前卫艺术的影响，转而创作本国特有的题材，并或多或少采用了自然主义风格。爱德华·霍普（Edward Hopper）是这一趋势中最杰出的人物，他的作品可称为“美国情景绘画”(American Scene Painting)。他在加油站、汽车旅馆房间，或快倒闭的通宵餐厅（即他最著名的作品）等看似无可建树的主题中，找到了丰富的绘画素材。

这幅杰作与霍普的许多画作一样，因对人类环境的洞察力而备受推崇，令人不安地传达出大城市中许多人经历的孤独、寂寞和无常感。观者在一个灯光明亮的餐厅外，看着里面4个人，刺眼的荧光灯凸显了忧郁感和外面城市的阴郁与黑暗。旁边的红砖建筑是典型的格林威治村（Greenwich Village）外观，霍普在此生活和工作了大半辈子。

△《夜游者》

这幅画中，3位顾客似乎与世隔绝，迷失在自己的思索中。霍普在谈到这幅画时说：“我并不觉得它特别孤独……也许，我在不自觉地画一座大城市的孤独。”

尺寸：84厘米×152厘米。

年代：1942年。

大小

大胆构图

霍普利用醒目、简化的建筑形式，与明暗对比鲜明的块面，为4个人物创造了一个引人注目的环境。

霍普

爱德华·霍普（1882—1967年）一生中，大部分时间都在纽约度过，但他在马萨诸塞州的科德角(Cape Cod)，拥有一座度假屋，也曾前往美国许多地区旅行，各地都曾给予他灵感。在他刚过四十岁时，仍以商业插画为生，但在1924年的一次成功展览后，成为全职艺术家。他不仅是当时美国的重要画家之一，还是杰出的蚀刻家。

后视图

霍普之妻乔在对这幅画的诠释中，提到了左侧那个男子"黑暗不祥的背影"。但是，他和其他人物一样，本质上仍然神秘费解。

◁男人和女人

霍普以自己和妻子乔作为两个中心人物的模特。他们身体接近，手几乎已碰触到，但霍普并没有明确他们之间的关系。

酒保

酒保似乎在说话，但由于脸部和顾客一样，在刺眼的荧光灯下显得一片惨白，因此很难判断他的表情。

咖啡桶

霍普用来陪衬人物的"道具'中，巨大的咖啡桶是最显眼的，此外还有咖啡杯、玻璃杯、盐罐和胡椒粉罐等。

《安妮日记》▷
《安妮日记》包含照片、剪报，以及内心想法的详细记录。她后来制作了一个编辑版本，旨在记录她的战争经历，让其他人看到。
尺寸： 17.3厘米×14.7厘米。
年代： 1942—1944年；1947年出版。

《安妮日记》

一位青春期女孩的手写日记，成为大屠杀代价的普遍象征

△签名簿
安妮的原始日记实际上是一本签名簿。写完后，她就用学校的练习本来代替。

1934年，当弗兰克一家搬往阿姆斯特丹时，这个城市似乎是德国犹太人的安全避难所。但随着纳粹占领荷兰，形势改变了。1942年，弗兰克一家被迫躲藏起来，在奥托·弗兰克（Otto Frank）公司地址的“秘密附属建筑”中生活了25个月，直到藏身之处遭突袭，落入德国警察手中。

从平凡到不平凡

在开始隐藏前不到一个月，安妮·弗兰克就开始写这本日记，后来为她赢得永恒声誉。在接下来的两年里，她详细记录了一位具有非凡智慧的年轻敏感女孩，在难以想象环境下的想法和印象，诚实程度令人震惊。在家人被捕后，安妮被送往奥斯威辛集中营（Auschwitz concentration camp），再迁至贝尔根-贝尔森（Bergen-Belsen）集中营，1945年，她在那里死于伤寒症，年仅15岁。她的父亲在拘留期间幸存下来，后来找回了这本日记，并予以出版。此后，它被译成了70多种语言。

能让这本日记成为文化艺术品的独特之处在于，它能让人深入了解一个有才华且敏感的人，在面对一种全局性恐怖时的心境。安妮的叙述毫无艺术性可言，却成为大屠杀深刻悲剧的缩影，让人们认识到，大屠杀对数百万受迫害家庭之一的影响。它的手写页面散发着青春的希望，但如今回想起来，却令人难忘地展现了这种粉碎希望的残酷。

秘密附属建筑

安妮的父亲经营生意的场所，是阿姆斯特丹市中心运河边的一栋建筑。而安妮写日记的秘密附属建筑，则隐藏在这栋建筑后侧扩建部分的二楼和三楼。入口藏在一个可移动书架的后方。里面有3间卧室，不仅是安妮及父母、妹妹玛戈特（Margot）的住所，也为范·佩尔斯（Van Pels）夫妇以及安妮父亲的一位牙医朋友提供了住处。他们依靠非犹太人的帮助，来获取食物等生活用品和外部世界的消息，帮助之人包括安妮父亲公司的前雇员。他们在白天必须特别安静小心，因为下方的仓库和办公室仍在使用。走动时，他们只穿着袜子。

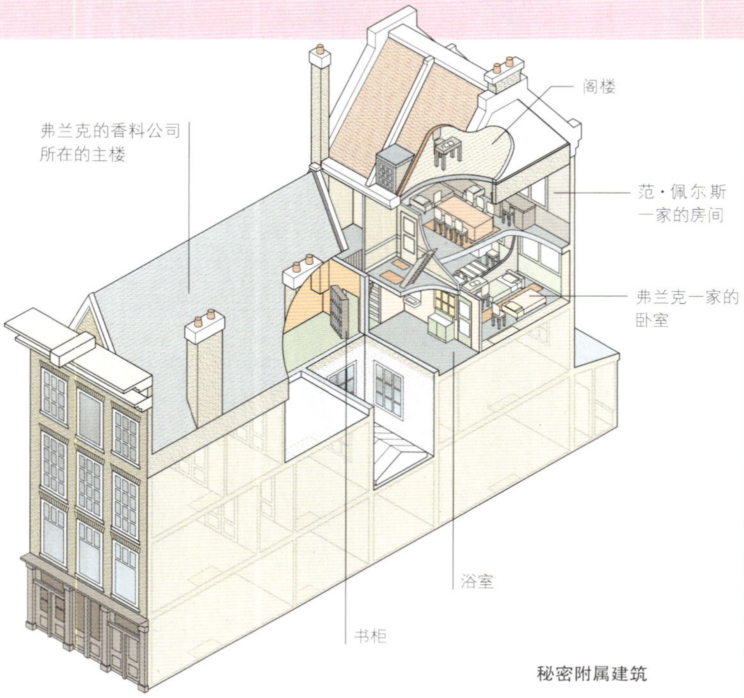

秘密附属建筑

△1940年，阿姆斯特丹，在第六蒙特梭利学校
这张照片展示了安妮在小学最后一年学习时的情景。在她班上，还有其他几名逃离纳粹德国的犹太儿童，包括她的密友汉内利·戈斯拉尔（Hanneli Goslar）。

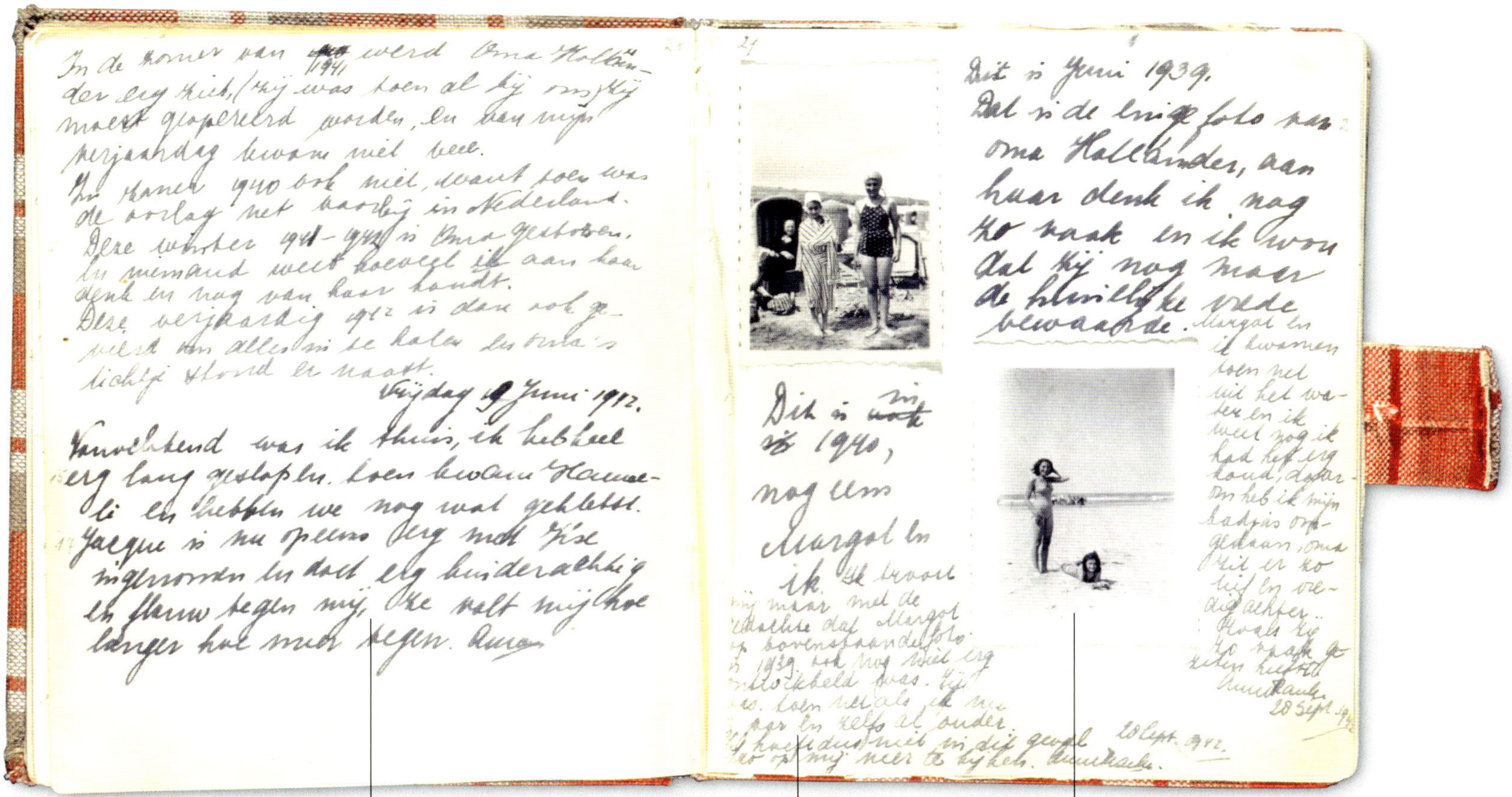

父亲的任务

战后，安妮父亲抄录了这些日记内容，最初是为了寄给朋友和亲戚。

母语

安妮虽然出生于德国，但用荷兰语写作。她从4岁起就在阿姆斯特丹生活。

海边度假

本页的两张照片显示，安妮与姐姐玛格特在海滩上。

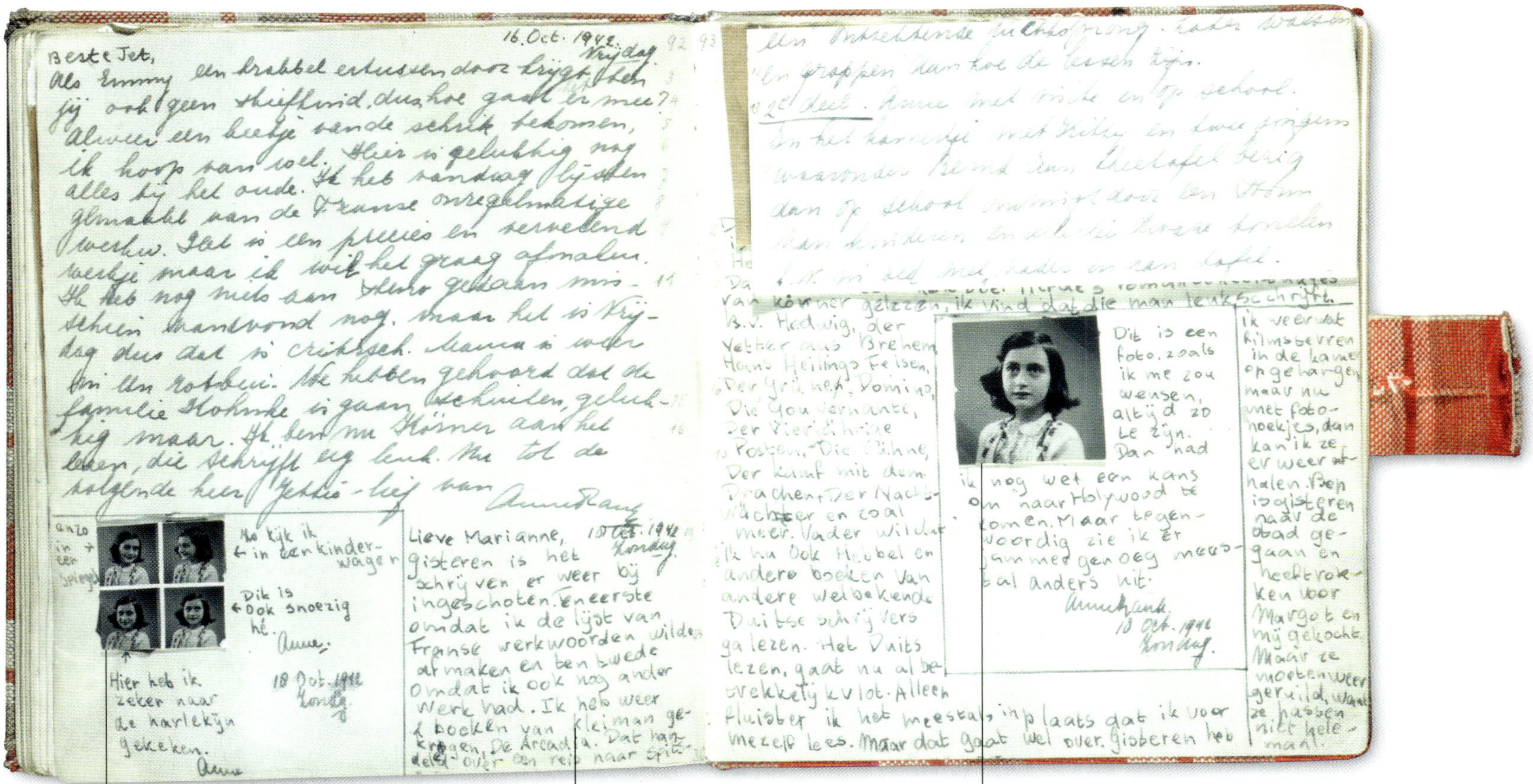

小时候的自己

这些照片拍摄于1939年，全页包含48张护照所需大小的照片，旁边还有安妮的评论。

想象的朋友

早期日记写给8个想象中朋友。后来她选定了其中一个，名叫凯蒂（Kitty）。

理想形象

安妮对这幅肖像照的评论是："这是我希望一直保持的样子。"

大小

《海》

优雅的杰作，来自抽象雕塑的重要先驱和伟大表现者之一

就在第二次世界大战爆发之前，芭芭拉·赫普沃斯（Barbara Hepworth）从伦敦搬至康沃尔郡（Cornwall）的圣艾夫斯（St Ives），并在此度过了余生。长期以来，这个渔港一直是吸引艺术家的地方，成为繁荣的前卫艺术中心。赫普沃斯经常汲取康沃尔景观带来的灵感。这座雕塑的名字“Pelagos”即希腊语中的“海”，灵感来自圣艾夫斯海湾的曲线。她从家中就能看到海湾，这给予她“一种包容和安全的感觉”。雕塑语言的丰富过程中，赫普沃斯是关键人物，告诉人们，雕塑不仅仅处理凹陷和开口，也可以是一种实体造型。在《海》中，弯曲、镂空的木头，加上亚光、冷蓝色的内表面，让人联想到贝壳或海浪，而亲密的规模尺寸加强了保护和庇佑的感觉。这座雕塑的含义远远超出了表面所见，是她试图将内部感觉转化为三维形式的一个极佳例子。

赫普沃斯

芭芭拉·赫普沃斯（1903—1975年）与毕生挚友亨利·摩尔（Henry Moore），以及赫普沃斯的第二任丈夫，即画家本·尼科尔森（Ben Nicholson），是英国抽象艺术发展的核心。职业生涯早期时，她主要从事石头和木头雕刻，但后来也创作铜制品。从20世纪50年代起，她开始在国际上享有盛誉，赢得了众多著名的委托和奖项。她在圣艾夫斯的工作室不幸毁于一场火灾，如今那里是专门为她建立的博物馆。

▽《海》
这座雕塑在静止与运动、宁静与紧张之间，达到了一种非凡的平衡。
高度：43厘米。
年代：1946年。

卷曲的弹簧
盘绕的形式创造了一种庇护感，但也有紧张感，仿佛一个即将展开的弹簧。

内部颜色
内部表面涂了非常淡的蓝色，让人联想到天空或大海；它的冷淡与未上漆木材的温暖形成了对比。

琴弦
据赫普沃斯说，这些弦代表“在自己与大海、风或山丘之间，感受到张力”。

底座
底座由橡木制成，与榆木雕塑有微妙的区别。

榆木
这座雕塑用榆木雕刻而成。这种木材不适合创造精致细节，但颜色和纹理都具吸引力。

大小

法国，巴黎

大小

《指示者》

第二次世界大战后不久的重要艺术作品之一，为一代雕塑家设定了议程

1948年1月至2月，纽约的皮埃尔·马蒂斯画廊（Pierre Matisse Gallery）举办了一场作品展。贾科梅蒂为此展创作了数件雕塑，《指示者》便是其中之一。1947年10月，他在一个创作热情迸发的夜晚，制作了这座真人大小的雕像，卡着最后期限交付——当工人们赶来，把它送往铸造厂进行铸铜时，陶土还没干。

贾科梅蒂在职业生涯早期，曾尝试过各种风格，但在此次纽约展览中，他形成了独特的成熟风格，其特点是极其修长、消瘦的人形。《指示者》和另一座憔悴、紧张的雕塑，共同表达了创作者如何看待经历第二次世界大战恐怖之后，人类的脆弱和不确定状态。贾科梅蒂以真人为模特，但他刮去黏土，似乎并非在记录肉体，而是肉体内的骨架。皮肤仿佛受到折磨，或留下了疤痕，雕塑家的手指和刀在黏土上留下的痕迹，在铜上仍然清晰可见。这个人物扎根于坚实的青铜底座，尽管痛苦地衰灭，但主宰了周围的空间，在极端的孤立与离奇中，显得有些高贵。

贾科梅蒂说，
他是在“午夜至第二天早上9点”
制作了这座雕像

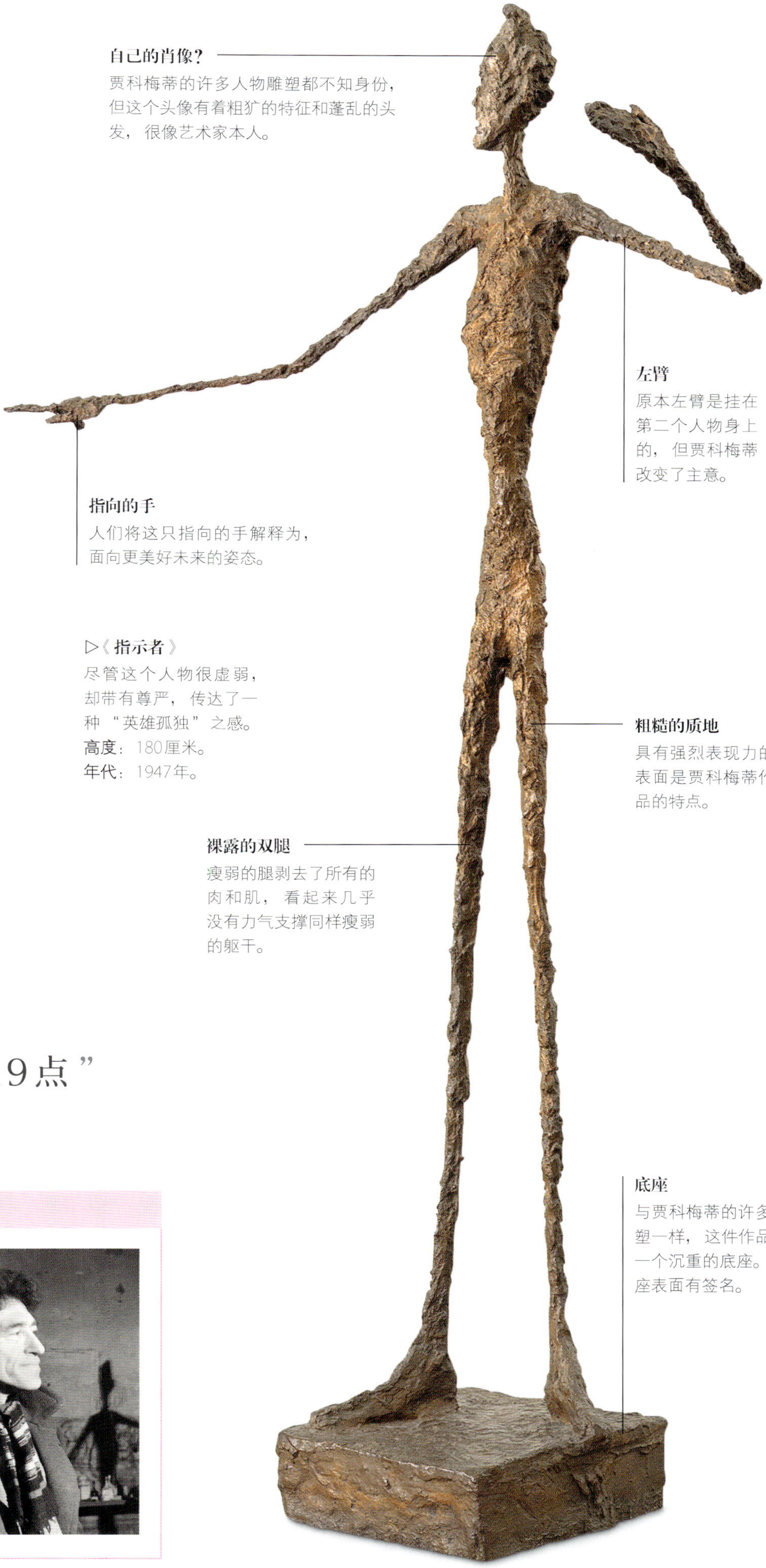

▷**《指示者》**
尽管这个人物很虚弱，却带有尊严，传达了一种“英雄孤独”之感。
高度：180厘米。
年代：1947年。

贾科梅蒂

阿尔贝托·贾科梅蒂（Alberto Giacometti，1901—1966年）来自一个瑞士艺术家庭，但职业生涯的大部分时间都在巴黎度过。他画了很多画，虽然断断续续，但也算多产，偶尔也绘制版画，但最出名的身份还是雕塑家。1948年的纽约展览上，他取得了轰动性的成功，赢得了国际声誉，随后获得一些著名奖项，包括1962年威尼斯双年展（Venice Biennale）的雕塑一等奖。然而，他继续在狭小、破旧的巴黎工作室里工作，他的正直和对世俗的漠视令人钦佩。

▷**液体颜料**
波洛克通常使用商业瓷漆，而非更传统的油彩或丙烯酸颜料，因为瓷漆的流动性适合他那与众不同的技术。

1950年的《第31号》

抽象表现主义（Abstract Expressionism）代表作，出自该运动中最著名的艺术家笔下

抽象表现主义者是20世纪40至50年代美国画家组成的一个松散团体。他们为自己国家的艺术带来了新的活力和抱负，态度的共同性多于风格的一致性。他们尤其相信，抽象绘画可以像传统艺术形式一样有意义。

杰克逊·波洛克（Jackson Pollock）是抽象表现主义者中最激进的。他有一个由谷仓改建的大画室。在1947年至1952年，也就是他职业生涯的巅峰期，他在大画室的地板上铺上画布，并不采用传统笔法，而是通过从罐子里滴落、泼洒颜料来作画。他在画布上走来走去，从四面八方泼洒和轻弹颜料。摄影师汉斯·南穆斯（Hans Namuth）拍摄了一系列波洛克工作时的照片，生动记录了这一过程“伟大的戏剧性”。他描述这些动作“像舞蹈一般”，平衡了自发性和控制的谨慎性。波洛克以这种方式创作的画作中，1950年的《第31号》是巨大而宏伟的作品之一，结合了动态的能量与令人惊叹的精致表面纹理。

波洛克

杰克逊·波洛克（1912—1956年）因混乱的个人生活而闻名，同时，人们也尊称他为抽象艺术史上最具原创性的人物之一。在职业生涯的大部分时间里，酒精中毒和抑郁症都在困扰着他；在创作高峰期，他保持了清醒，但在生命最后一年里几乎没有创作。他44岁因车祸去世前，已受到广泛赞誉，称他是那个时代重要的艺术家之一，其作品的活力和激情激励了许多画家。

△**1950年的《第31号》**
波洛克常给他的画作分配数字，而不是起传统的画名。他认为起名往往会分散观众的注意力，产生不相干的联想。
尺寸：270厘米×530厘米。
年代：1950年。

有限色彩
波洛克通常使用限定的颜色。此画的颜色主要是中性色，如黑色、灰色、棕色、白色，以及浅色背景，但也出现了一种精致的蓝色。

整体构图
波洛克以整体构图的方式创作绘画，每一部分都具有同等价值，没有中心或焦点。这种整体构图理念具有很大影响力。

裸露的帆布
波洛克没有用颜料覆盖整个表面，而是将画布的一部分裸露出来，特别是边缘部分，形成作品体系和纹理的一部分。

波洛克使用各种工具来控制颜料，
刷子、刀子、棍子，
甚至还有一个类似注射器的玻璃吸管

1962年，金宝汤出售
32个品种的汤；
沃霍尔把它们都囊括在内

美国，纽约

金宝汤罐头

沃霍尔规律排列的红白罐子，是美国波普艺术（Pop art）的一座里程碑

1960年前后，美国艺术家安迪·沃霍尔（Andy Warhol，1928—1987年）开始探索波普艺术，使用熟悉的图像作为题材，如广告、包装、漫画。他改变了大众市场的“图案”，那是“美术”的对立面。他改变图案的语境，把它们作为伟大作品来表现。沃霍尔每天吃的金宝汤罐头，提供了一个理想的灵感来源。他在1960年画了一罐，但直至1962年，这一主题才真正进入人们的视野。一摞摞的罐头成为纽约和洛杉矶主要展览的核心，使沃霍尔一夜之间成为名人。

工厂

沃霍尔在纽约一座工业车间内，有家著名工作室，名为“工厂”（The Factory），吻合其作品的流水线性质。室内完全用锡纸和银色颜料进行装饰。这是他工作的创意中心，也是放荡不羁艺术家朋友们的聚会场所。

1966年，纽约，安迪·沃霍尔

▽ **金宝汤罐头**

用“瑰宝”来形容这些平凡的物品，似乎有些不协调，但沃霍尔的罐头，标志着美国现代艺术发展中的一座重要里程碑。

尺寸（整体装置）：246.4厘米×414厘米。**年代**：1962年。

大小

鸢尾花饰

沃霍尔将罐头某些部位画得非常细致，但他也走了些许捷径，例如，他制作了一个鸢尾花的橡胶印章，可以轻松印上去。

金色的圆

乍一看，这些画看起来像是对原罐的忠实再现，但在大多数版本的主体中，沃霍尔用一个简单的金色圆形替代了金汤宝的徽章。

罐头名称

沃霍尔堆叠简单的罐头，看起来像杂货店里的随机堆放，但其实并非偶然。每个罐头都有一个不同的标题。

细微的变化

每幅画都是单独绘制的，因此沃霍尔无法避免一些微小的变化。例如，部分标签上的字体和红色阴影，有非常微小的差异。

金属漆

沃霍尔使用了闪亮的金属漆，使罐子看起来尽可能真实。

《地出》▷
这张照片显示，地球的南方在左边，与我们习惯的典型南北向视角不同。
年代：1968年。

《地出》

著名的地球照片，深刻改变了我们对世界的认识

1968年12月21日，阿波罗8号（Apollo 8）航天器从佛罗里达州肯尼迪航天中心（Kennedy Space Center）发射升空，里面载有3名宇航员，弗兰克·博尔曼（Frank Borman）、詹姆斯·洛威尔（James Lovell）和威廉·安德斯（William Anders）。它的任务是成为首个离开近地轨道的载人航天器，也将是首次抵达另一个天体——月球——的人类航天飞行。

遥远之美

经过68个小时、近3天的时间，阿波罗8号到达月球，进入月球轨道。12月24日，他们位于第4条轨道上，从月球背面出来时，博尔曼开始转动航天器。与此同时，地球从月球表面的后方滑入视野。安德斯从右侧窗户向外看，迅速拍下了一张黑白照片，这是人类从地球之外拍摄的第一张地球照片。当他急忙把一卷彩色胶卷放进相机时，地球从视野中消失了。它重新出现在另一个窗口，安德斯开始拍摄彩色照片。成果就是如今这张标志性照片：地球出现在月球荒芜的地平线之外，正如安德斯后来所说，捕捉到了“宇宙中唯一的颜色”。

这张地出照片是用一台经过特别改装的哈苏相机和一个250毫米的长焦镜头拍摄的，使用的是70毫米的胶片，是从太空看地球的首批照片之一。安德斯描述，月球表面如同“肮脏的海滩沙子一般”。照片提供了一块美丽蓝色绿洲之景，与月球表面形成了鲜明的对比，对我们在宇宙中所处位置的看法，产生了深刻的影响。这张照片至今依旧是对地球独特性和脆弱性的有力提醒。

地球日

《地出》获誉为“有史以来最具影响力的环境照片”。它与蕾切尔·卡逊（Rachel Carson）1962年的畅销书《寂静的春天》（*Silent Spring*）一起，激发了环保运动。1970年宣布设立首个“世界地球日”，召集了2000万美国人抗议工业污染影响环境。《地出》有力地将人们的注意力，集中于“地球飞船”的脆弱性上。

> “哇，真漂亮！”看到地球升起的威廉·安德斯喊道

△阿波罗8号成员
从左到右分别为詹姆斯·洛威尔、威廉·安德斯和指令长弗兰克·博尔曼。他们在肯尼迪航天中心，穿着太空服。

△第一张地出照片
航天器开始旋转后，当安德斯注意到地球在“升起”前，一直在使用长焦镜头，拍摄月球表面的高分辨率黑白照片。

8 号望乡（8 HOMEWARD）
这个陨石坑是2018年10月为纪念阿波罗8号任务50周年而命名的。

安德斯的地出
这个陨石坑是2018年10月以阿波罗8号宇航员威廉·安德斯的名字命名的。

遥远的地平线
月球地平线距离航天器约780千米。

▷倾斜的地球
原始照片显示地球在月球的左边；顺时针旋转95度后，得到了地球在月球表面上升的图像。

▽南瓜
日本直岛突入濑户内海（Seto Inland Sea）的防波堤上，草间《南瓜》的亮黄色塑料在自然景观中，显得格外突出。
高度：2米。
年代：1994年。

茎部
南瓜茎上的颜色反转了一下。

表面
草间的雕塑有非常光滑且具光泽的乙烯基表面。

圆点花纹
对草间来说，圆点是太阳、月亮和自我的象征。亿万个圆点构成了宇宙的无限，我们每个人都是其中的个体。

形状和轮廓
点形成的线条沿着南瓜的轮廓，凸显隆起的柱形。

底部
底部厚重的圆形，暗示着感性和稳定。

颜色
黑色的圆点与黄色形成鲜明的对比。

《南瓜》

前卫的巨型南瓜雕塑，布满了圆点，来自日本极具影响力的艺术家之一

草间弥生（Yayoi Kusama）其实接受的是日本古典绘画训练，这是一种基于日本传统技术的绘画风格，但她被美国的抽象艺术所吸引，并于20世纪50年代，参与了纽约的波普艺术发展。她标新立异的态度赢得了世界认可，从20世纪70年代开始，人们视她为20世纪日本极具影响力、极受欢迎的艺术家之一。

痴迷与重复

自1948年以来，南瓜和圆点一直是草间的标志性主题，以各种颜色和媒介来呈现，包括版画、雕塑和绘画，小至钥匙圈，大到此处展示的《南瓜》雕塑这般巨大存在。

她认为，南瓜是舒适和稳定的象征，也是一种自画像的形式。她说："最吸引我的，是它慷慨的质朴和坚实的精神基础。"

1994年，《南瓜》安置在直岛（Naoshima Island）贝尼斯艺术之地（Benesse Art Site）的一座码头上，成为在那里揭幕的首件户外作品，也是草间著名的作品之一。这是她迄今为止创作的巨大南瓜之一，也是第一件不仅为露天展览、而且在特定地点创造的作品。这座黄色的雕塑高2米、宽2.5米，覆盖着黑色圆点。它由玻璃纤维强化塑料制成，在大海和山脉的背景下，展现着戏剧性、不协调的模样。

草间对圆点的迷恋，源于童年时的幻觉

草间弥生

20世纪40年代，还是小女孩的草间弥生（1929年—）从家中植物苗圃中得到启发，开始绘画南瓜。她在京都市立美术工艺学校（Arts and Crafts School in Kyoto）学习，而后搬往纽约。她在纽约有些新创作，包括制作几个人同时穿的"狂欢服装"。2012年，在与时尚品牌路易威登（Louis Vuitton）的合作中，她对服装有了更传统性的参与。20世纪60年代初，草间设计了首个著名的无限镜屋，利用镜子和灯光创造重复性并在1993年为威尼斯双年展设计了一个与南瓜有关的镜子房间。1973年回到日本后不久，她自愿进入东京的一家精神病院，自此之后，那里一直是她的居所。

大小

大小

钢筋骨架
外部骨架由50毫米厚的钢筋制成。外面焊接上6毫米厚的钢板，构成头部和身体。

无脸的头部
葛姆雷让脸部没有任何特征，强调作品的普遍性，通过翅膀的展开庇护来表达信息。

脚踏实地
小小的脚和窄窄的脚踝给工程带来了挑战。从美学角度看，雕像的锥体形状衬托出展翼的磅礴气势。

隐蔽的核心
天使的身体内有一根空心钢管，提供了从脚部到胸部的额外支撑。

沉重的翅膀
每只翅膀重达50吨，在焊接之前，用136个螺栓将其固定于身上。

△**北方天使**
人们认为，这座雕像是一位保护者，守护着这片曾经因采煤和制造业而繁荣的地区。但如今，此地正面临着去工业化的问题。
高度：20米。年代：1998年。

雕塑家安东尼·葛姆雷用自己身体的石膏模型，作为雕像的模特

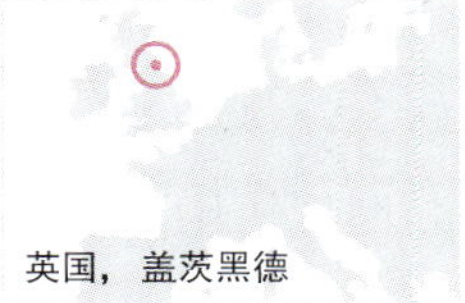

《北方天使》

5层楼高的戏剧性雕像，是英格兰东北部的标志

安东尼·葛姆雷（Antony Gormley）受托，为一个萧条工业地区复兴计划创作一座巨型雕像，如今这座雕像成了不可忽视的地标，每年至少有3000万人前来观赏。葛姆雷的目的不仅是纪念该地区的工业历史、展望未来，也是为了给人们的希望和恐惧提供一个焦点。巨大的钢制天使实现了这一功能，展开的翅膀向前倾斜了3.5度，伸出来拥抱所有进入它视线的人。

结构

在施工过程中，人们担心细长的底座在强风中不足以支撑雕塑。为了解决这个问题，采用了20米深的混凝土和钢铁基座，从岩石下方将雕像固定住。

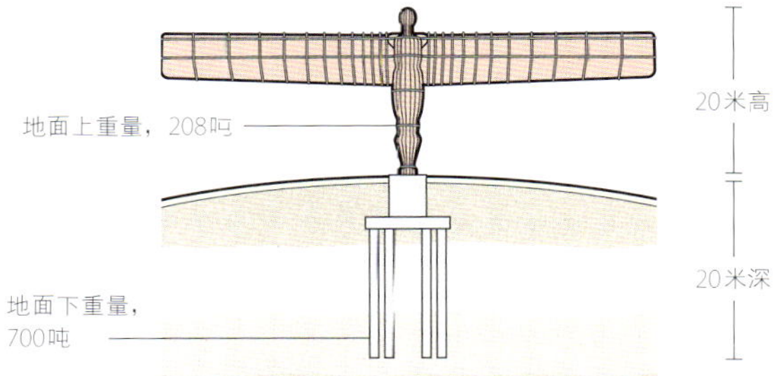

所在位置

本书中大多数物品都保存于精选收藏或专门建筑中。此处列出的是它们当前的位置。请注意，物品可能会出借给其他机构。

第14页 霍勒费尔斯的《维纳斯》：德国，布劳博伊伦史前博物馆（Museum of Prehistory Blaubeuren）
第15页 史前狮子人雕像：德国，乌尔姆博物馆（Museum Ulm）
第16—17页《阿尔塔米拉野牛图》：西班牙，坎塔布里亚，散提亚拿
第18页 卡卡杜岩画：澳大利亚，北领地，卡卡杜国家公园
第19页 犹太山脉石制面具：以色列，以色列文物管理局（Israel Antiquities Authority）
第20—21页 纳尔迈调色板：埃及，开罗，埃及博物馆（Egyptian Museum）
第22页《灌木丛中的公羊》：英国，伦敦，大英博物馆
第23页 基克拉泽斯雕像：（整体）希腊，雅典，国立博物馆（National Archaeological Museum）；（头部）法国，巴黎，卢浮宫
第24页 特尔·阿斯玛尔宝藏：（站立的男性朝拜者）美国，纽约，大都会艺术博物馆（Metropolitan Museum of Art）
第25页 吉萨的大斯芬克斯：埃及，吉萨
第26—27页 乌尔王军旗：英国，伦敦，大英博物馆
第28—29页《阿卡德王头像》：伊拉克，巴格达，伊拉克博物馆（Iraq Museum）
第30页《摩亨佐-达罗舞女》：印度，新德里，国立博物馆（National Museum）
第31页 古巴比伦珠宝：美国，纽约，大都会艺术博物馆
第32—33页 梅凯特墓俑：（牛群）开罗，埃及博物馆；（供奉者列队）美国，纽约，大都会艺术博物馆；（马厩）美国，纽约，大都会艺术博物馆
第34页《米诺斯持蛇女神》：希腊，克里特岛，伊拉克利翁考古博物馆（Heraklion Archaeological Museum）
第35页 内布拉星象盘：德国，萨克森-安哈尔特州，哈雷，国家史前博物馆（State Museum of Prehistory）
第36页 二里头牌饰：美国，马萨诸塞州，剑桥，哈佛艺术博物馆/亚瑟·萨克勒美术馆（Harvard Art Museums/Arthur M. Sackler Museum）
第37页 米诺斯章鱼陶瓶：克里特岛，伊拉克利翁考古博物馆
第38—39页 阿伽门农黄金面具：希腊，雅典，国立博物馆
第40—41页 特伦霍姆太阳战车：丹麦，哥本哈根，丹麦国家博物馆（National Museum of Denmark）
第42—43页 甲骨：中国台湾，台北
第44—45页《纳芙蒂蒂像》：德国，柏林，新博物馆（Neues Museum）
第46—47页 图坦卡蒙面具：埃及，吉萨，大埃及博物馆（Grand Egyptian Museum）
第48页 凯特贝特木乃伊：英国，伦敦，大英博物馆
第49页 赫梯鹿身酒器：美国，纽约，大都会艺术博物馆
第50—51页 康侯簋：英国，伦敦，大英博物馆
第52页 腓尼基象牙饰板：英国，伦敦，大英博物馆
第53页 奥尔梅克面具：美国，纽约，大都会艺术博物馆
第54—55页 雷戈里尼-加拉西胸针：意大利，罗马，梵蒂冈博物馆/埃特鲁斯坎博物馆（Vatican Museums/Gregorian Etruscan Museum）
第56页 斯特雷特威格仪式马车：奥地利，格拉茨，埃根博格城堡（Schloss Eggenberg），约翰州立博物馆/考古博物馆（Universalmuseum Joanneum/Archaeology Museum）
第57页 居鲁士圆柱：英国，伦敦，大英博物馆
第58—59页 阿提卡酒器：英国，伦敦，大英博物馆
第62—63页 波斯波利斯浮雕：伊朗，德黑兰，伊朗国家博物馆（National Museum of Iran）
第64页 诺克陶土雕塑：法国，巴黎，凯布朗利博物馆（Musée du quai Branly–Jacques Chirac）
第65页 查文石雕头像：秘鲁，查文国家博物馆（Museo Nacional de Chavín）
第66—67页 里亚切青铜雕像：意大利，雷焦卡拉布里亚，格拉西亚博物馆（National Museum of Magna Graecia）
第68—69页 奥克瑟斯宝藏：英国，伦敦，大英博物馆
第70—71页 帕特农神庙雕带：英国，伦敦，大英博物馆
第72页 金狮来通杯：伊朗，德黑兰，伊朗国家博物馆
第73页 阿雷佐的奇美拉：意大利，佛罗伦萨，国家考古博物馆（National Archaeological Museum）
第74—75页 阿格里斯头盔：法国，昂古莱姆博物馆（Musée d'Angoulême）
第76—77页 兵马俑：中国，陕西，西安
第78—79页 罗塞塔石碑：英国，伦敦，大英博物馆
第80—81页 古德斯特拉普坩埚：丹麦，哥本哈根，丹麦国家博物馆
第82—83页《拉奥孔》：意大利，罗马，梵蒂冈博物馆/庇护-克莱门博物馆（Pio Clementino Museum）
第84—85页 毕马兰舍利金函：英国，伦敦，大英博物馆
第86—87页 普里马·波尔塔的《奥古斯都像》：意大利，罗马，梵蒂冈博物馆/新翼陈列室（Braccio Nuovo）
第88—89页 蒂拉丘地宝藏：阿富汗，喀布尔，阿富汗国家博物馆（National Museum of Afghanistan）
第90—91页 报纸岩：美国，犹他州，圣胡安县（San Juan County）
第92页 阿马拉瓦蒂柱：英国，伦敦，大英博物馆
第93页 以弗所的《阿尔忒弥斯》：土耳其，塞尔丘克（Selçuk），以弗所考古博物馆（Ephesus Archaeological Museum）
第94—95页 图拉真柱：意大利，罗马
第96—97页 法尤姆木乃伊肖像：美国，（男性）伊利诺斯州，芝加哥艺术学院（Art Institute of Chicago）；（女性）纽约，大都会艺术博物馆
第98页 甘肃铜奔马：中国，兰州，甘肃省博物馆（Gansu Provincial Museum）
第99页 帕拉卡斯纺织品：美国，纽约，布鲁克林博物馆（Brooklyn Museum）
第100页 特奥蒂瓦坎雕像：美国，纽约，大都会艺术博物馆
第101页 莫切肖像陶器：美国，纽约，大都会艺术博物馆
第102页 纳斯卡陶器：美国，伊利诺斯州，芝加哥艺术学院；纽约，大都会艺术博物馆
第103页 莱克格斯杯：英国，伦敦，大英博物馆
第104—105页 阿旃陀石窟壁画：印度，马哈拉施特拉邦，奥兰加巴德（Aurangabad District）
第106—107页《女史箴图》：英国，伦敦，大英博物馆
第110—111页 圣维塔莱的马赛克画：意大利，拉文纳
第112—113页 萨顿胡头盔：英国，伦敦，大英博物馆
第114—115页 萨波特克壁画：墨西哥，瓦哈卡州，阿尔班山
第116—117页《林迪斯法恩福音书》：英国，伦敦，大英图书馆（British Library）
第118—119页 巴加尔的死亡面具：墨西哥，墨西哥城，国立人类学博物馆（National Museum of Anthropology）
第120—121页 博南帕克壁画：墨西哥，恰帕斯州，博南帕克
第122—123页《金刚经》：英国，伦敦，大英图书馆
第124—125页 宝石装帧的《林道福音书》：美国，纽约，摩根图书馆及博物馆（Morgan Library & Museum）
第126—127页 罗摩衍那碗：印度尼西亚，雅加达，印度尼西亚国家博物馆（National Museum of Indonesia）
第128—129页 伊格博-乌库青铜器：尼日利亚，拉各斯，国家博物馆（National Museum）
第130—131页 科尔多瓦清真寺的米哈拉布：西班牙，科尔多瓦
第132—133页 女王宫：柬埔寨，吴哥
第134页 加洛林星盘：法国，巴黎，阿拉伯世界研究中心（Institute of the Arab World）
第135页 易县罗汉像：美国，纽约，大都会艺术博物馆
第136—137页 贝恩沃德铜门：德国，希尔德斯海姆
第138—139页 贝叶挂毯：法国，贝叶，贝叶挂毯博物馆（Bayeux Tapestry Museum）
第140—141页《清明上河图》：中国，北京，故宫博物院
第142页《跳舞的天神蒂娃姐》：美国，纽约，大都会艺术博物馆
第143页《托尔特克战士头像》：墨西哥，墨西哥城，国立人类学博物馆
第144—145页《不动明王使者像》：日本，和歌山县，高野山灵宝馆（Koyasan Reihokan Museum）
第148页 刘易斯棋子：英国，伦敦，大英博物馆
第149页 马蓬古布韦的金犀牛：南非，比勒陀利亚大学（University of Pretoria），马蓬古布韦收藏（Mapungubwe Collection）
第150—151页 沙特尔大教堂的彩色玻璃：法国，沙特尔
第152—153页 科纳克太阳神庙的雕刻：印度，奥里萨邦，科纳克
第154—155页 圣索菲亚大教堂的马赛克画：土耳其，伊斯坦布尔，圣索菲亚
第156—157页《北野天神缘起绘卷》：美国，纽约，大都会艺术博物馆
第158页 加冕椅：英国，伦敦，威斯敏斯特教堂
第159页 奇穆衣领：美国，纽约，大都会艺术博物馆
第160—161页 复活节岛石像：波利尼西亚，复活节岛

第162—163页 马穆鲁克釉彩玻璃瓶：美国，纽约，大都会艺术博物馆
第164—165页 伊夫头像：英国，伦敦，大英博物馆
第166—167页《赫里福德世界地图》：英国，赫里福德，赫里福德大教堂
第168—169页 诸圣教堂《圣母登基》：意大利，佛罗伦萨，乌菲兹美术馆（Uffizi Gallery）
第170—171页 圣路易的圣洗盆：法国，巴黎，卢浮宫
第172—173页《查理曼半身像》：德国，亚琛大教堂藏宝馆（Aachen Cathedral Treasury）
第174页 爪哇葬礼面具：美国，纽约，大都会艺术博物馆
第175页 金佛：泰国，曼谷，金佛寺
第176—177页《苏支-纳托尔抄本》：英国，伦敦，大英博物馆
第178—179页 大维德花瓶：英国，伦敦，大英博物馆
第180—181页 黑王子之墓：英国，坎特伯雷，坎特伯雷大教堂
第182—183页 威尔顿双联画：英国，伦敦，英国国家美术馆（National Gallery）
第184页 索宁克雕塑：美国，纽约，大都会艺术博物馆
第185页《旧约圣三位一体》：俄罗斯，莫斯科，国立特列季亚科夫画廊（Tretyakov Gallery）
第186—187页 泰兹卡特里波卡面具：英国，伦敦，大英博物馆
第188—189页 明朝景泰蓝盖罐：英国，伦敦，大英博物馆
第190—191页 根特祭坛画：比利时，根特，圣巴夫大教堂
第192—193页《天使报喜》：西班牙，马德里，普拉多博物馆
第194—195页 古腾堡《圣经》：美国，纽约，摩根图书馆及博物馆
第196页 时钟塔的天文钟：瑞士，伯尔尼
第197页 象牙猎号：美国，华盛顿，史密森尼美国艺术博物馆（Smithsonian National Museum of African Art）
第198—199页《春》：意大利，佛罗伦萨，乌菲兹美术馆
第200—201页《人间乐园》：西班牙，马德里，普拉多博物馆
第204—205页《蒙娜丽莎》：法国，巴黎，卢浮宫
第206—207页《大卫》：意大利，佛罗伦萨，学院美术馆
第208—209页 西斯廷教堂天花板：意大利，罗马，梵蒂冈
第210—211页 塔赫马斯普的《列王纪》：美国，纽约，大都会艺术博物馆
第212—213页《藿桂斋图》：美国，纽约，大都会艺术博物馆
第214—215页《乌尔比诺的维纳斯》：意大利，佛罗伦萨，乌菲兹美术馆
第216—217页 阿尔达比勒地毯：英国，伦敦，维多利亚与艾尔伯特博物馆
第218—219页 切利尼盐罐：奥地利，维也纳，艺术史博物馆（Kunsthistorisches Museum）
第220—221页 贝宁铜器：英国，伦敦，大英博物馆
第222页 阿兹特克太阳石：墨西哥，墨西哥城，国立人类学博物馆
第223页 苏莱曼大帝的花押：美国，纽约，大都会艺术博物馆
第224—225页 查理九世的头盔：法国，巴黎，卢浮宫
第226—227页 伊兹尼克陶瓷：（主图像）英国，伦敦，大英博物馆
第228—229页 孝端皇后凤冠：中国，北京，中国国家博物馆
第230—231页《松林图》：日本，东京国立博物馆（Tokyo National Museum）
第232—233页《古琵琶演奏者的自画像》：美国，康涅狄格州，哈特福德，沃兹沃思艺术学院博物馆（Wadsworth Atheneum Museum of Art）
第234—235页《帕里斯的审判》：英国，伦敦，英国国家美术馆
第236—237页《夜巡》：荷兰，阿姆斯特丹，国立博物馆（Rijksmuseum）
第238—239页《圣特蕾莎的狂喜》：意大利，罗马，胜利之后圣母堂
第240—241页 斯里兰卡象牙柜：英国，牛津，阿什莫林博物馆
第242—243页《宫娥》：西班牙，马德里，普拉多博物馆
第244—245页《埃塞俄比亚基督教圣像》：美国，华盛顿，史密森尼美国艺术博物馆
第248页 日本漆器：美国，纽约，大都会艺术博物馆
第249页 马格达拉金冠：英国，伦敦，维多利亚与艾尔伯特博物馆
第250—251页 俄国皇冠：俄罗斯，莫斯科，克里姆林宫珍宝馆（Kremlin Armoury）
第252—253页《秋千》：英国，伦敦，华莱士收藏馆（Wallace Collection）
第254页 米舍·米施杨·马姆布尔雕像：美国，纽约，布鲁克林博物馆
第255页 乾隆时期大象钟：私人收藏
第256—257页 夏威夷羽毛披肩：新西兰，惠灵顿，新西兰博物馆/蒂帕帕博物馆（Museum of New Zealand/Te Papa Tongarewa）
第258页 夏威夷战神库：英国，伦敦，大英博物馆
第259页 班格瓦王后：法国，巴黎，戴珀基金会（Dapper Foundation）
第260—261页《拿破仑翻越阿尔卑斯山》：法国，巴黎，吕埃尔-马尔迈松（Rueil-Malmaison），马尔梅松城堡（Château de Malmaison）
第262—263页 星条旗：美国，华盛顿，史密森尼美国艺术博物馆
第264—265页《1808年5月3日》：西班牙，马德里，普拉多博物馆
第266—267页《雾海上的漫游者》：德国，汉堡，汉堡美术馆（Hamburger Kunsthalle）
第268—269页《神奈川冲浪里》：美国，纽约，大都会艺术博物馆等许多地点
第270—271页《被拖去解体的战舰无畏号》：英国，伦敦，英国国家美术馆
第272—273页 武士盔甲：英国，梅德斯通，梅德斯通博物馆及本特利夫艺术画廊（Maidstone Museum and Bentliff Art Gallery）
第274页 阿肯黄金砝码：（顶部）美国，纽约，布鲁克林博物馆；（底部）私人收藏
第275页 刚果能量钉像：美国，伊利诺斯州，芝加哥艺术学院
第276—277页 京剧长袍：美国，宾夕法尼亚州，费城，宾夕法尼亚大学博物馆（Penn Museum）
第278—279页《奥菲莉娅》：英国，伦敦，泰特美术馆（Tate Britain）
第280—281页《大桥安宅骤雨》：美国，纽约，大都会艺术博物馆等许多地点
第282—283页 神圣羽冠：加拿大，多伦多，皇家安大略博物馆（Royal Ontario Museum）
第284—285页《红磨坊的舞会》：法国，巴黎，奥赛博物馆（Musée d'Orsay）
第286—287页《14岁的芭蕾少女》：美国，纽约，大都会艺术博物馆
第288—289页《阿尼埃尔的浴场》：英国，伦敦，英国国家美术馆
第290—291页《向日葵》：英国，伦敦，英国国家美术馆
第292—293页《孩童沐浴》：美国，伊利诺斯州，芝加哥艺术学院
第294—295页 拼布图案被子：美国，马萨诸塞州，波士顿，美术博物馆
第296—297页 刺青木板：新西兰，惠灵顿，新西兰博物馆/蒂帕帕博物馆
第298—299页《睡莲池》：英国，伦敦，英国国家美术馆
第302—303页 法贝热彩蛋：（"跨西伯利亚铁路纪念彩蛋"和"百合花束时钟彩蛋"）：俄罗斯，莫斯科，克里姆林宫珍宝馆
第304页《思想者》：法国，巴黎，罗丹博物馆（Musée Rodin）
第305页《第4组，十大，7号，成年》：瑞典，斯德哥尔摩，希尔玛·阿夫·克林特基金会转交现代博物馆（Hilma af Klint Foundation c/o Moderna Museet）
第306—307页《吻》：奥地利，维也纳，美景宫美术馆（Belvedere Museum），上美景宫
第308—309页《女人头像》：美国，纽约，大都会艺术博物馆
第310—311页《作曲6号》：俄罗斯，圣彼得堡，冬宫博物馆（State Hermitage Museum）
第312—313页《春之祭》的服装：英国，伦敦，维多利亚与艾尔伯特博物馆
第314页 多贡舞蹈面具：美国，纽约，大都会艺术博物馆
第315页 帕蒂亚拉项链：英国，伦敦，卡地亚
第316—317页 里约热内卢基督像：巴西，里约热内卢
第318—319页《记忆的永恒》：美国，纽约，现代艺术博物馆（Museum of Modern Art）
第320—321页《格尔尼卡》：西班牙，马德里，雷纳索菲亚博物馆（Reina Sofía Museum）
第322—323页 英国王室珠宝：英国，伦敦，伦敦塔（Tower of London）
第324—325页《两个弗里达》：墨西哥，墨西哥城，现代艺术博物馆（Museum of Modern Art）
第326—327页《夜游者》：美国，伊利诺斯州，芝加哥艺术学院
第328—329页《安妮日记》：荷兰，阿姆斯特丹，安妮之家（Anne Frank House）
第330页《海》：英国，伦敦，泰特收藏（Tate Collection）
第331页《指示者》：美国，纽约，现代艺术博物馆；美国，爱荷华州，得梅因艺术中心（Des Moines Art Center）；英国，伦敦，泰特收藏
第332—333页 1950年的《第31号》：美国，纽约，现代艺术博物馆
第334—335页 金宝汤罐头：美国，纽约，现代艺术博物馆
第336—337页《地出》：有大量复印照片
第338—339页《南瓜》：日本，直岛，贝尼斯艺术之兆
第340—341页《北方天使》：英国，盖茨黑德（Gateshead）

词汇表

抽象表现主义（ABSTRACT EXPRESSIONISM） 20世纪40年代末，在纽约兴起的一种绘画类型。它的拥护者试图用抽象手法来表达情感，经常在大画布上使用不寻常的材料，如房屋油漆。

非洲比例（AFRICAN PROPORTION） 在许多非洲艺术中出现的人体比例。身体各部分的大小根据重要性而定，例如：作为命运之所在的头部，可能占人体的三分之一；而一组群体中，最重要的个体可能表现成最大的尺寸。

拟人（ANTHROPOMORPHISM） 利用人类特征来表现非人类的属性，例如将思想赋予动物。

装饰艺术（ART DECO） 一种流行于20世纪20至30年代的设计、装饰和建筑风格，特点是使用几何图形和鲜艳的色彩。它的名称来源于1925年在巴黎举办的国际现代装饰及工业艺术博览会（International Exhibition of Modern Decorative and Industrial Arts）。

新艺术派（ART NOUVEAU） 19世纪90年代在欧洲与美国兴起的一种设计、装饰和建筑风格，摒弃19世纪主流的模仿历史形式。其特点是线条流畅，通常以植物图案为基础。

浅浮雕（BAS-RELIEF） 一种雕刻类型，在墙壁、木板、瓷砖等平面上雕刻出形状，使特征凸出于背景之上。

菩提萨埵（BODHISATTVA） 在成佛（开悟者）的道路上，为帮助他人达到同样境界，而推迟最终觉悟的人。

晕（BOKASHI） 一种先进的日本木版印刷技术，依靠在印版上有选择性地涂墨，呈现出色调的微妙变化。

加洛林帝国（CAROLINGIAN EMPIRE） 自800年教皇利奥二世为查理曼加冕，至888年查理三世去世，法兰克国王查理曼及其继承者所统治的西欧与中欧领土。

朱砂（CINNABAR） 汞的红色矿石，用于颜料，如猩红色、朱红色。

卷尾或底页（COLOPHON） 书中的一段文字，通常位于末尾，提供出版日期、地点等信息，并标明出版商。

孔泰蜡笔（CONTÉ CRAYON） 由压缩石墨或木炭，与蜡和颜料混合，最终制成的绘图工具。

对偶倒列（CONTRAPPOSTO） 指人物的一部分扭曲或转离另一部分的姿势。

双联画（DIPTYCH） 由两块大小相等的画板组成的画，通常用铰链连接。

水浆涂料（DISTEMPER） 一种以胶水作为黏合剂的水性颜料。

肌肉和骨骼部位图（ÉCORCHÉ） 用于描绘人物的绘画或雕刻，以显示下层肌肉和骨骼的结构。

蜡画法（ENCAUSTIC） 一种起源于古代的绘画技法，将颜料与热蜡混合。

伊特鲁里亚（ETRUSCAN） 约公元前7世纪至公元前2世纪，占据意大利中部地区的古代文明。

表现主义（EXPRESSIONISM） 艺术家的主观反应和情感高于现实。往往会夸大或扭曲色彩和形式。

野兽派（FAUVISM） 20世纪初的法国绘画运动，特点是色彩运用激烈而富有表现力。名称来自法语“fauve”，意为“野兽”。

湿壁画（FRESCO） 将掺水的颜料涂抹在湿润的石灰或石膏灰泥上，在墙壁或天花板上绘制的绘画。该词也用于描述制作此类绘画的技术。

金银丝（FILIGREE） 精致的开放式珠宝金属制品，由金丝或银丝熔合而成，纹理类似蕾丝。

玻璃料（FRIT） 一种由预先混合的粉末材料制成的陶瓷玻璃。将它熔化后，会加水冷却这种液化混合物。

石膏底（GESSO） 由颜料、粉笔和动物胶等黏合剂制成的涂层，在绘画前涂在木板或画布上，使油画颜料更好地附着于基底。

阿拉伯胶（GUM ARABIC） 一种黏稠的水溶性黏合剂，由金合欢（acacia）树液制成。它可与颜料混合，使颜料变得黏稠，从而使笔触更精确，或更有质感。

印象派（IMPRESSIONISM） 19世纪60年代，在法国兴起的一场极具影响力的绘画运动。印象派画家反叛摒弃艺术学院派的形式传统，采用粗犷的笔触，在户外进行创作，赋予绘画新鲜感和自发性。

低浮雕（LOW RELIEF） 见浅浮雕。

北方文艺复兴（NORTHERN RENAISSANCE） 15世纪中叶，低地国家、德国、法国和英国的艺术家借鉴意大利文艺复兴时期的风格，将线性透视和自然主义等理念融入作品中。

山形墙（PEDIMENT） 门窗上的三角形结构，通常都装饰华丽。

腓尼基（PHOENICIAN） 约公元前1500年至公元前300年，居住在提尔（Tyre）、比布鲁斯（Byblos）、阿瓦德（Arwad）和西顿（Sidon）等地中海东岸城市的航海民族文化。

圣殇（PIETÀ） 该词来源于意大利语，原意为“怜悯”，用于描绘圣母玛利亚搀扶死去基督的绘画或雕塑。

多联画（POLYPTYCH） 由四块或更多画板组成的绘画或雕刻，有时用铰链连接。常用于祭坛画。

波普艺术（POP ART） 利用流行文化中的图像进行创作的现代艺术，如广告和漫画书中使用的形象。

后印象派（POST-IMPRESSIONISM） 19世纪90年代发展起来的艺术运动，根植于艺术家对精神和内心世界的探索，而非对外部现实的表现。它涵盖广泛的艺术风格。

文艺复兴（RENAISSANCE） 14世纪末，古希腊与古罗马的艺术和学问在意大利复兴，并在随后两个世纪中，传遍欧洲大部分地区。

洛可可（ROCOCO） 一种艺术、设计和建筑风格，特点是使用华丽感性的曲线、涡卷图形、镀金和淡雅色彩。它起源于17世纪30年代的法国，后传遍欧洲。

镀金银（SILVER GILT） 亦称“vermeil”，是指在银器上镀一层薄薄的金，有多种工艺可供选择，如锤击金箔，或用汞火镀金，或电镀。

施釉陶器（SLIPWARE） 一种陶器，饰有彩釉，以水、松散黏土，及云母、长石等矿物制成。

石碑（STELE） 竖立的石板，通常刻有纪念性文字或墓标。

窣堵波（STUPA） 佛教和耆那教建筑中，一种装有圣物的圆顶形纪念建筑。

超现实主义（SURREALISM） 20世纪20至30年代，在巴黎兴起的一场艺术与文学运动。超现实主义者认为，理性思维会压抑想象力，因此他们试图将无意识的思维引入作品中。

象征主义（SYMBOLISM） 19世纪末，在法国兴起的一场艺术与文学运动。它摒弃现实主义，转而采用源于想象、基于神话和神秘主义的梦幻般意象。

蛋彩（TEMPERA） 一种绘画媒介，含有蛋黄、牛奶，或胶水和树胶，用于黏合和承载颜料。

三联画（TRIPTYCH） 由三块画板（有时是铰链板）组成的绘画或雕刻。

搪瓷釉（VITREOUS ENAMEL） 在高温下熔化于金属表面的一层薄玻璃，用于装饰金属物品。

动物形象（ZOOMORPHISM） 利用动物特征来展现人或神的属性，例如基督教将圣灵描绘成鸽子。

索引

粗体字页码指主要条目。

C

D

E

F

J

K

L

M

N

Y

鸣谢

DK出版社（Dorling Kindersley）感谢：
艾丽奇·布拉内（Aliki Brane）、福齐亚·博拉博士（Dr Fozia Bora）、维维安·德尔加多博士（Dr Vivian Delgado）、阿尼班·萨哈（Anirban Saha）、罗宾·沃克（Robin Walker）和雪莱·韦尔（Shelley Ware）。

感谢高级书套设计师苏希塔·达拉姆吉特（Suhita Dharamjit）、DK产品与内容工作组（DK Product and Content Working Group）以及DK德里的阿莎（Aasha）对本书的投入和指导。

出版社感谢以下同意转载他们照片的人士：
（缩写：上-在上方；下-在下方或底部；中-在中间；最-在最左/最右；左-在左侧；右-在右侧；顶-在顶部）

1 Getty Images：De Agostini；Landesamt fuer Denkmalpflege und Archaeologie Sachsen-Anhalt：Juraj Lipták（中上）
2 © The Trustees of the British Museum，版权所有
3 Bridgeman Images：State Hermitage Museum, St. Petersburg, Russia（顶中）；© Cartier（右）
4 Getty Images：Hulton Archive / Heritage Images / Fine Art Images
7 © The Trustees of the British Museum，版权所有
8–9 Photo Scala, Florence：RMN-Grand Palais / Musée de la Tapisserie, Bayeux
9 Bridgeman Images：Brooklyn Museum of Art / John Thomas Underwood Memorial Fund（中左下）
10 Landesamt fuer Denkmalpfl ege und Archaeologie Sachsen-Anhalt：Juraj Lipták（下左）；Shutterstock.com：Shan shan（下中）；The Mappa Mundi Trust and Dean and Chapter of Hereford Cathedral（下右）
11 © The Trustees of the British Museum，版权所有；Getty Images：Universal History Archive（下左）
12–13 Getty Images：Hannes Magerstaedt
14 Alamy Stock Photo：mauritius images GmbH（下中）；Getty Images：Werner Forman / Universal Images Group（顶中）；Science Photo Library：Javier Trueba / MSF（下左）；Tübingen Unversity：Institut für Ur- und Frühgeschichte und Archäologie des Mittelalters / Abteilung für Ältere Urgeschichte und Quartärökologie（中右上）
15 Wikimedia Commons：Didier Descouens / Museum de Toulouse（下左）；Dagmar Hollmann（中）；Thilo Parg（中右）
16 Bridgeman Images：Henri Stierlin / Bildarchiv Steffens（下）；Dreamstime. com：Miriam Doerr（顶中）
17 Alamy Stock Photo：Hemis（下中）
18 Alamy Stock Photo：Mirosław Skórka（中右）；David Wall（下左）；Getty Images：Corbis / Penny Tweedie（下右）
19 Alamy Stock Photo：Zev Rad / BibleLandPictures.com（下左）；Courtesy Israel Antiquities Authority：Clara Amit（中右、下右）
20 Bridgeman Images：Mary Jelliffe（下右）；Getty Images：Ashmolean Museum / Heritage Images（下左）
21 Getty Images：Fine Art Images / Heritage Images（顶左、顶中）；Hulton Archive / Heritage Images / Fine Art Images（下右、下左）
22 Alamy Stock Photo：Science History Images（下左）；© The Trustees of the British Museum，版权所有
23 Alamy Stock Photo：funkyfood London – Paul Williams（右）；gravure française（下左）；Photo Scala, Florence：RMN-Grand Palais / Hervé Lewandowski（下中）
24 Courtesy of the Oriental Institute of the University of Chicago：（t右）Courtesy of Smithsonian；©2020 Smithsonian：（下左）；© The Metropolitan Museum of Art：Fletcher Fund, 1940（下右）
25 Alamy Stock Photo：funkyfood London – Paul Williams（中左上）；Zoonar GmbH（下）；Getty Images / iStock：Givaga（顶右）
26 © The Trustees of the British Museum，版权所有
27 Alamy Stock Photo：AF Fotografie（下右）；© The Trustees of the British Museum，版权所有。
28 Alamy Stock Photo：Interfoto（中）；Getty Images：DEA / M. Carrieri（下左）
29 Alamy Stock Photo：Peter Horree（下右）；Photo Scala, Florence：RMN-Grand Palais / Hervé Lewandowski（下左）
30 Alamy Stock Photo：Angelo Hornak（右）
31 © The Metropolitan Museum of Art：Fletcher Fund, 1947（中）；Fletcher Fund, 1931（下左）
32 akg-images：Andrea Jemolo（顶、中右）
33 © The Metropolitan Museum of Art：Rogers Fund and Edward S. Harkness Gift, 1920（顶右）；Rogers Fund and Edward S. Harkness Gift, 1920（中右）；Rogers Fund and Edward S. Harkness Gift, 1920（下）
34 Alamy Stock Photo：funkyfood London – Paul Williams（下中）；Pictorial Press Ltd / Tony Gale（右）
35 Landesamt fuer Denkmalpfl ege und Archaeologie Sachsen-Anhalt：Juraj Lipták（下中）；Shutterstock.com：Thomas Sanderhage（中右）
36 Harvard Art Museums：Arthur M. Sackler Museum, Bequest of Grenville L. Winthrop（右、下左）
37 Alamy Stock Photo：funkyfood London – Paul Williams（右）
38 Alamy Stock Photo：Granger, NYC（中）；Shutterstock.com：Gianni Dagli Orti（下左）
39 Alamy Stock Photo：funkyfood London – Paul Williams（下右）；Getty Images：De Agostini（中左上）
40–41 National Museum Of Denmark Besøg Nationalmuseets hjemmeside（下）
40 National Museum Of Denmark Besøg Nationalmuseets hjemmeside
41 National Museum Of Denmark Besøg Nationalmuseets hjemmeside
42 Xuan Che：（中左上）；Shutterstock.com：Shan shan（下左）
43 Alamy Stock Photo：Granger, NYC（中）；Bridgeman Images：British Library Board，版权所有（下右）
44 Dorling Kindersley：Bolton Library and Museum Services / Norman Taylor. Getty Images：De Agostini（顶右）
45 Getty Images：Patrick Chapuis / Gamma-Rapho（下右）；Photo Scala, Florence：bpk, Bildagentur fuer Kunst, Kultur und Geschichte, Berlin（下左）
46 Dorling Kindersley：Dreamstime.com：Michal Janoek / Wesleyc1701
47 Bridgeman Images：（顶左）；Getty Images：Rue des Archives（下左）
48 © The Trustees of the British Museum，版权所有
49 © The Metropolitan Museum of Art：（下右）；Gift of Norbert Schimmel Trust, 1989（下左、中右上）
50–51 © The Trustees of the British Museum，版权所有
50 Alamy Stock Photo：Heritage Image Partnership Ltd（下右）
51 © The Trustees of the British Museum，版权所有
52 Alamy Stock Photo：Peter Horree（下中）；© The Trustees of the British Museum，版权所有。
53 © The Metropolitan Museum of Art
54 Alamy Stock Photo：Album（下右）；Getty Images：DEA / G. Nimatallah（下中）
55 Getty Images：DEA / G. Nimatallah（中）；Steven Zucker（下右）
56 Universalmuseum Joanneum
57 Alamy Stock Photo：Irina Mavritsina（中右）；© The Trustees of the British Museum，版权所有
58 © The Trustees of the British Museum，版权所有
59 © The Metropolitan Museum of Art：Fletcher Fund, 1956（下）；Purchase, Mr. and Mrs. Martin Fried Gift, 1977（中左）
60–61 Getty Images：Lucas Schifres
61 © The Trustees of the British Museum，版权所有
62–63 AWL Images：Nigel Pavitt
63 Alamy Stock Photo：Prisma by Dukas Presseagentur GmbH（下右）
64 The Cleveland Museum Of Art：Andrew R. and Martha Holden Jennings Fund 1995.21（下左）；Photo Scala, Florence：RMN-Grand Palais / Hughes Dubois（右）
65 Alamy Stock Photo：Carlos Mora（右）；Getty Images：The Image Bank / Kevin Schafer（下左）
66 Photo Scala, Florence：Courtesy of the Ministero Beni e Att. Culturali del Turismo（左、右）
67 Getty Images：DEA / G. Nimatallah（中左）；Gamma-Rapho / Eric Brissaud（下左）
68 © The Trustees of the British Museum，版权所有。
68–69 Getty Images：De Agostini（中）
69 © The Trustees of the British Museum，版权所有。
70 Bridgeman Images：San Diego Museum of Art / Museum purchase through the Earle W. Grant Endowment Fund（下中）
70–71 Alamy Stock Photo：rin Babnik（中）
72 BiblePlaces.com / Todd Bolen：（下右）；Bridgeman Images；Getty Images：Mondadori Portfolio（下左）
73 akg-images：Pietro Baguzz（中右）；Getty Images：Leemage（下）
74 Getty Images：Gamma-Keystone / Alain Le Toquin（中）；Le musée d' Angoulême：Philippe Zandvliet（顶右、下右）
75 Getty Images：Werner Forman / Universal Images Group（下中、下右）
76 AWL Images：James Montgomery（下左）
77 akg-images：Laurent Lecat（左、右）
78 © The Trustees of the British Museum，版权所有
79 Alamy Stock Photo：B.O' Kane（下右）；© The Trustees of the British Museum，版权所有
80 akg-images：Erich Lessing（顶右）；Getty Images：De Agostini（下）；Werner Forman / Universal Images Group（顶左）
81 akgimages：Erich Lessing（下中）；Getty Images：DEA / A. Dagli Orti（中左）
82 Alamy Stock Photo：Erin Babnik（下中）；Bridgeman Images：Luisa Ricciarini（下右）；Photo Scala, Florence：RMN-Grand Palais / Martine Beck-Coppola（中左下）
83 Getty Images：Gamma-Rapho / Eric Vandeville
84 © The Trustees of the British Museum，版权所有
85 © The Trustees of the British Museum，版权所有
86 Alamy Stock Photo：World History Archive（中左上）；Getty Images：Araldo de Luca（中）；Universal Images Group（中左下）
87 Alamy Stock Photo：Heritage Image Partnership Ltd / Ashmolean Museum（下右）© Marie-Lan Nguyen/Wikimedia Commons（中右）
88 Getty Images：Fine Art Images / Heritage Images（下中）；Thierry Ollivier / Musee Guimet（下右）；Photo Scala, Florence：RMN-Grand Palais（中左）
89 Getty Images：Thierry Ollivier / Musee Guimet
90 Getty Images：Moment Open / Federica Grassi（下右）
90–91 Getty Images：Josh Brasted（中右）
91 Alamy Stock Photo：digitalknight（下右）；Getty Images：Corbis / Ted Soqui（下左、下中
92 Alamy Stock Photo：wayfarer
93 Alamy Stock Photo：funkyfood London – Paul Williams（下右）；Getty Images：De Agostini（左
94 Photo Scala, Florence：Courtesy of the Ministero Benie Att. Culturalie del Turismo（右、中左下）
95 Alamy Stock Photo：Vito Arcomano（下左）
96 Bridgeman Images：AGF / Leemage（中上）；© The Trustees of the British Museum，版权所有 © The Metropolitan Museum of Art：Rogers Fund, 1909（中右上）；Rogers Fund, 1911（中左）；Rogers Fund, 1909（下左）
97 The Art Institute of Chicago：Gift of Emily Crane Chadbourne（左）；© The Metropolitan Museum of Art：Rogers Fund, 1909（右）
98 Alamy Stock Photo：Leonardo Lazo（下）；Getty Images：LightRocket / Zhang Peng（顶右）
99 Bridgeman Images：Brooklyn Museum of Art / John Thomas Underwood Memorial Fund（右）
100 ©The Metropolitan Museum of Art：The Michael C. Rockefeller Memorial Collection, Bequest of Nelson A. Rockefeller, 1979（右、下左）
101 Alamy Stock Photo：agefotostock（右）；© The Metropolitan Museum of Art：Gift and Bequest of Alice K. Bache, 1966, 1977（下左）
102 The Art Institute of Chicago：Gift of Nathan Cummings（下左）；© The Metropolitan Museum of Art：Purchase, The Fred and Rita Richman Foundation Gift, 2006（下右）；The Michael C. Rockefeller Memorial Collection, Gift of Mr. and Mrs. Raymond Wielgus, 1960（下中）
103 © The Trustees of the British Museum，版权所有
104–105 Getty Images：Moment / Alex Robinson Photography
104 Getty Images：Moment / Alex Robinson Photography（顶右）
105 Alamy Stock Photo：ephotocorp（中右）
106 © The Trustees of the British Museum，版权所有
106–107 © The Trustees of the British Museum，版权所有
107 © The Trustees of the British Museum，版权所有
108–109 Getty Images：DEA / A. Dagli Orti. 109 ASEAN Cultural Heritage Digital Archive (ACHDA)：heritage. asean.org / National Museum of Indonesia（中上）
110 Getty Images / iStock：Photo Italia LLC（下左）
110–111 Getty Images / iStock：Borisb17（中）
111 Getty Images：DEA / A. De Gregorio（中右）

112 Alamy Stock Photo：Stefano Ravera（中）；© The Trustees of the British Museum，版权所有
113 Alamy Stock Photo：Ian G Dagnall（中左上）；© The Trustees of the British Museum，版权所有
114 Shutterstock. com：Gianni Dagli Orti（顶左）
114–115 Alamy Stock Photo：Album（中）
116 Alamy Stock Photo
117 Alamy Stock Photo：British Library：Shelfmark：Cotton Nero D. IV, f.25v（中左）
118 Dorling Kindersley：Holts Gems / Ruth Jenkinson（顶左）；Natural History Museum, London / Harry Taylor（中右上）；Shutterstock. com：Gianni Dagli Orti（中）
119 Alamy Stock Photo：Jan Wlodarczyk（下右）；Getty Images：Hulton Fine Art Collection / Heritage Images（下中）
120 Alamy Stock Photo：imageBROKER（下左）；Nature Picture Library（中）
121 Alamy Stock Photo：imageBROKER（下右）
122 © The Trustees of the British Museum，版权所有
122–123 Bridgeman Images：British Library Board，版权所有（中）
124 Photo Scala, Florence：Art Resource, NY / The Morgan Library & Museum（中、中左上）
125 Photo Scala, Florence：Art Resource, NY / The Morgan Library & Museum（下左、下右）
126 Alamy Stock Photo：robertharding（下左）；robertharding（下右）
127 ASEAN Cultural Heritage Digital Archive (ACHDA)：heritage.asean.org / National Museum of Indonesia（中、顶右）
128 Bridgeman Images：Dirk Bakker（下中）；Dirk Bakker（下右）
129 akg-images：André Held（顶）；Photo Scala, Florence：（下左）
130 Alamy Stock Photo：Album（下中）；Design Pics Inc（下左）；© The Metropolitan Museum of Art：Harris Brisbane Dick Fund, 1939（下右）
131 Getty Images：Moment Open / Alex Segre（中）；Moment Open / lluís vinagre – world photography（下右）
132 Getty Images：Stone / Anders Blomqvist（中、顶右）
133 Alamy Stock Photo：travelib prime（下左）；AWL Images：Jason Langley（下右）
134 Musée de l'IMA：Philippe Maillard（下左）
135 © The Metropolitan Museum of Art：Frederick C. Hewitt Fund, 1921（右）；Wikimedia Commons：Macau Scientific and Cultural Centre Museum (The Macau Museum)（下左）
136 Alamy Stock Photo：Imagebroker（下左）；The J. Paul Getty Museum, Los Angeles：Ms. 64 (97. MG.21), fol. 156（下右）
137 Alamy Stock Photo：imageBROKER（中左）；Interfoto（下右）；Bischofl iche Pressestelle Hildesheim：（中）
138–139 Photo Scala, Florence：RMN-Grand Palais / Musée de la Tapisserie, Bayeux（中）
138 Photo Scala, Florence：RMN-Grand Palais / Jean Gourbeix – Simon Guillot（下中、下右、最下右）
139 Photo Scala, Florence：RMN-Grand Palais / Jean Gourbeix – Simon Guillot（下左、下右）；RMN-Grand Palais / Musée de la Tapisserie, Bayeux（下中）
140–141 Wikimedia Commons：Baidu Tieba / Palace Museum, Beijing（下）
141 National Palace Museum, Taipei, Taiwan：（顶右）
142 © The Metropolitan Museum of Art：Gift of Florence and Herbert Irving, 2015（右）
143 Alamy Stock Photo：Tom Grundy（下中）；Getty Images：DEA / A. Dagli Orti（右）
144–145 Wikimedia Commons：Unkei / Koyasan Reihokan（顶）
145 Alamy Stock Photo：Tim Gainey（下右）；NARA National Museum：（下中）
146–147 Alamy Stock Photo：Robert Preston Photography
147 © The Metropolitan Museum of Art：Purchase, Nathan Cummings Gift, and Rogers Fund, 2003（中上）
148 © The Trustees of the British Museum，版权所有
149 Getty Images：Hulton Archive / Heritage Images / Fine Art Images（下左）；University of Pretoria Museums：（中右）
150 Alamy Stock Photo：Album（下左）；Getty Images：Universal Images Group（下右）
151 akg-images：Yvan Travert（中右下）；Getty Images：DEA / A. Dagli Orti（左）
152–153 Alamy Stock Photo：Robert Preston Photography（中右）
152 Getty Images：Stine / Richard I' Anson（下右）
154 Alamy Stock Photo：Jan Wlodarczyk（下中）；AWL Images：Jon Arnold（下左）；Getty Images：Tetra Images（下右）
155 Alamy Stock Photo：Ayhan Altun（左）；Have Camera Will Travel | Europe（中右上）
156–157 © The Metropolitan Museum of Art：Fletcher Fund, 1925（下、顶）
158 Dean and Chapter of Westminster：（下左）；Getty Images：Oli Scar（右）
159 Dorling Kindersley：Dreamstime.com：Chrishowey（下左）；© The Metropolitan Museum of Art：Purchase, Nathan Cummings Gift, and Rogers Fund, 2003（中右上）
160–161 AWL Images：Jordan Banks（中）
160 Alamy Stock Photo：Aleksandr Ugorenkov（顶右）
161 AWL Images：Karol Kozlowski（下右）
162 © The Metropolitan Museum of Art：Rogers Fund, 1941
163 © The Metropolitan Museum of Art：Gift of J. Pierpont Morgan, 1917（中右）Shutterstock. com：The Art Archive（下左）
164 Photo Scala, Florence：Andrea Jemolo（下左）
165 © The Trustees of the British Museum，版权所有（顶左）
166 The Mappa Mundi Trust and Dean and Chapter of Hereford Cathedral
167 The Mappa Mundi Trust and Dean and Chapter of Hereford Cathedral
168 Alamy Stock Photo：Heritage Image Partnership Ltd（中）；Vintage Archives（中左）
169 Alamy Stock Photo：Peter Barritt（中右）；Peter Barritt（下右）；Getty Images：DEA / A. Dagli Orti（下左）
170 Photo Scala, Florence：RMNGrand Palais / Franck Raux（下左、下右）
171 Photo Scala, Florence：RMN-Grand Palais / Franck Raux（顶中）；RMN-Grand Palais / Hughes Dubois（下、顶右）
172 akg-images：Erich Lessing（中、中左）；Getty Images：DEA / A. Dagli Orti（顶右）
173 Alamy Stock Photo：Album（中左）；Interfoto（下左）；Image Professionals GmbH（下右）
174 Alamy Stock Photo：Peter Horree（下右、中左）；Joana Kruse（下左）
175 Dreamstime. com：Somchai Jeamteerasakul（顶右）；Getty Images：Moment Open / Noppawat Tom Charoensinphon（中）
176 Alamy Stock Photo：gardeningpix（中左上）；© The Trustees of the British Museum，版权所有
176–177 © The Trustees of the British Museum，版权所有
177 © The Trustees of the British Museum，版权所有
178 © The Trustees of the British Museum，版权所有；Getty Images / iStock：RHJ（下左）
179 © The Trustees of the British Museum，版权所有；The J. Paul Getty Museum, Los Angeles：73.DE.65（下左）
180 Alamy Stock Photo：Michael Freeman（中）；Angelo Hornak（顶左）
181 Alamy Stock Photo：Darling Archive（下右）；Bridgeman Images：Canterbury Cathedral / Reproduced courtesy of the Chapter, Canterbury Cathedral（下左）
182–183 Bridgeman Images：National Gallery, London, UK（中）
183 Bridgeman Images：National Gallery, London, UK（中右上）
184 Alamy Stock Photo：Alissa Everett（下左）；© The Metropolitan Museum of Art：Gift of a private collection, 2015（中）；Gift of a private collection, 2015（右）
185 Bridgeman Images：Tretyakov Gallery, Moscow, Russia
186 Alamy Stock Photo：Niday Picture Library（下右）；Triangle Travels（中左）© The Trustees of the British Museum，版权所有
187 © The Trustees of the British Museum，版权所有；Dorling Kindersley：Natural History Museum, London / Colin Keates（中左上）
188 © The Trustees of the British Museum，版权所有
189 © The Metropolitan Museum of Art：Purchase, Florence and Herbert Irving Gift, 1993（中右上）
190–191 Bridgeman Images：Lukas – Art in Flanders VZW（中左）
191 Bridgeman Images：Lukas – Art in Flanders VZW（下中、下右）
192 Getty Images：De Agostini（中右上）；DEA / S.Vannini（下中）；DEA / G. Nimatallah（下右）
193 Getty Images：Leemage / Photo Josse（中）；Photo Scala, Florence：Image Copyright Museo Nacional del Prado © Photo MNP（顶右）
194 Photo Scala, Florence：Art Resource, NY / The Morgan Library & Museum（顶左、中、顶右）
195 Alamy Stock Photo：Chronicle（中右）；Photo Scala, Florence：Art Resource, NY / The Morgan Library & Museum（下左、下中、下右）
196 Alamy Stock Photo：Diego Grandi（中右）；Getty Images / iStock：Borisb17（下左）
197 National Museum of African Art, Smithsonian Institution…National Museum of African Art, Smithsonian Institution：Gift of Walt Disney World Co., a subsidiary of The Walt Disney Company（中右、中左上、中左下）
198–199 Getty Images：Corbis / Summerfi eld Press
199 Alamy Stock Photo：Album（下右）
200 Alamy Stock Photo：Album（中下）
200–201 Getty Images：Heritage Images（中）
201 Alamy Stock Photo：Keith Corrigan（顶左、顶右）；Getty Images：Heritage Images（下左）；PHAS（下右）
202–203 National Museum of African Art, Smithsonian Institution…National Museum of African Art, Smithsonian Institution
203 © The Metropolitan Museum of Art：Gift of Mr. and Mrs. Klaus G. Perls, 1991（中）
204 Alamy Stock Photo：Album（下左）；Getty Images：Christophel Fine Art（下右）；Francis G. Mayer（下中）；Photo Scala, Florence：RMN-Grand Palais（中右）
205 Photo Scala, Florence：RMN-Grand Palais（左、右）
206 akg-images：Rabatti & Domingie（下左）；Getty Images：Franco Origlia（顶右）；Photo Italia LLC（中）
207 Alamy Stock Photo：Heritage Image Partnership Ltd（中右）；Bridgeman Images：© Royal Collection / Royal Collection Trust © Her Majesty Queen Elizabeth II, 2022（下中）
208 Bridgeman Images
209 © The Metropolitan Museum of Art：Gift of Clarence Dillon, 1977（中右）
210 Alamy Stock Photo：CPA Media Pte Ltd（中左）；CPA Media Pte Ltd（右）
211 Alamy Stock Photo：Heritage Image Partnership Ltd（下中）；Universal Art Archive（下左）；Heritage Image Partnership Ltd（下右）
212 Getty Images：Sepia Times（下左）
212–213 © The Metropolitan Museum of Art：Gift of Douglas Dillon, 1989
214 Getty Images：Imagno（下左）
214–215 Getty Images：De Agostini
216–217 Alamy Stock Photo：Album（顶）
218–219 akgimages：Erich Lessing
219 akgimages：Erich Lessing（中右）；Alamy Stock Photo：AF Fotografie（下右）；Getty Images：Francis G. Mayer（中右上、顶右）
220 Alamy Stock Photo：Adam Eastland（下中）；© The Trustees of the British Museum，版权所有
221 © The Trustees of the British Museum，版权所有；© The Metropolitan Museum of Art：Gift of Mr. and Mrs. Klaus G. Perls, 1991（中左）
222 Getty Images：Universal History Archive
223 © The Metropolitan Museum of Art：Rogers Fund, 1938
224 Getty Images：Christophel Fine Art / Universal Images Group（中左）；Photo Scala, Florence：RMN-Grand Palais（下中、下右）
225 Alamy Stock Photo：SuperStock
226 Bridgeman Images：Freer Slacker Gallery / Freer Gallery of Art, Smithsonian Institution（下左）；Freer Slacker Gallery / Freer Gallery of Art, Smithsonian Institution（下右）；© The Trustees of the British Museum，版权所有
227 © The Trustees of the British Museum，版权所有；Getty Images：Ayhan Altun（下右）；Sepia Times（中左）
228 Getty Images：Asian Art & Archaeology, Inc. / CORBIS（中、下中）
229 Alamy Stock Photo：Universal Art Archive（下右）；Dreamstime.com：Jinfeng Zhang（下左）
230 Getty Images：Heritage Images（顶）
231 Alamy Stock Photo：Universal Art Archive（下中）；Getty Images：Heritage Images（顶）
232 Alamy Stock Photo：Heritage Image Partnership Ltd（中左）；Universal Art Archive（下右）；Bridgeman Images：© Royal Collection / Royal Collection Trust © Her Majesty Queen Elizabeth II, 2022（下中）
233 Alamy Stock Photo：Uber Bilder
234 Getty Images：Heritage Images（下左、下右）
235 Getty Images：Heritage Images（中、下中）；Photo Scala, Florence：National Gallery, London（顶中、下左）
236 Getty Images：Heritage Images（中左）
237 Rijksmuseum Amsterdam：（下）
238 Alamy Stock Photo：Adam Eastland（下右）；Album（中左）；Paolo Romiti（下中）
239 Alamy Stock Photo：Paolo Romiti（中右）；Getty Images：DEA / G. DAGLI ORTI（左）
240 Bridgeman Images
241 Alamy Stock Photo：Heritage Image Partnership Ltd（下）；Bridgeman Images
242 Alamy Stock Photo：Album（中左）
242–243 Alamy Stock Photo：Album
243 Alamy Stock Photo：Album（下中、下右、下左）
244 Getty Images：mtcurado
244–245 National Museum of African Art, Smithsonian Institution…National Museum of African Art, Smithsonian Institution
246–247 Getty Images：Mondadori Portfolio（中左）
247 © The Metropolitan Museum of Art：H. O. Havemeyer Collection, Bequest of Mrs. H. O. Havemeyer, 1929（中上、右）
248 © The Metropolitan Museum of Art：Gift of Florence and Herbert Irving, 2015（右）
249 Getty Images：DEA / C. Sappa（下左）；V&A Images / Victoria and Albert Museum, London
250 Alamy Stock Photo：The Natural History Museum（中右上）；Getty Images：Heritage Images（中）

251 Bridgeman Images：Getty Images：Heritage Images（下左、下右）
252 Bridgeman Images
253 Bridgeman Images：Wallace Collection, London, UK
254 Alamy Stock Photo：John Astor / The Brooklyn Museum / Museum Expedition 1922, Robert B. Woodward Memorial Fund（下左）；Brooklyn Museum：Purchased with funds given by Mr. and Mrs. Alastair B. Martin, Mrs. Donald M. Oenslager, Mr. and Mrs. Robert E. Blum, and the Mrs. Florence A. Blum Fund（右）
255 © The Metropolitan Museum of Art：Purchase, Clara Mertens Bequest, in memory of André Mertens, 2002（下左）；Sotheby's, London：Private Collection（右）256–257 Alamy Stock Photo：Historic Images（中右）
256 Alamy Stock Photo：Universal Art Archive（下中）；Bridgeman Images：Museum of New Zealand te Papa Tongarewa / Gift of Lord St Oswald, 1912（下右）
258 © The Trustees of the British Museum，版权所有；Getty Images / iStock：AlinaMD（下中）
259 Fondation Dapper：（右）；Yale University Art Gallery：Charles B. Benenson, B.A. 1933, Collection 2006.51.139（下左）
260 Alamy Stock Photo：Album（下左）；Fine Art Images / Heritage Images（中左）；Getty Images：Leemage / Photo Josse（下中）
261 Getty Images：Leemage / Photo Josse
262 National Museum of American History / Smithsonian Institution
263 Getty Images：AFP / Joyce Naltchayan（下右）；DigitalVision Vectors / Keith Lance（中左）；Universal Images Group / HUM Images（下左）
264–265 Photo Scala, Florence：Image Copyright Museo Nacional del Prado © Photo MNP
264 Bridgeman Images
265 Alamy Stock Photo：Vintage Archives
266 Alamy Stock Photo：imageBROKER（下左）；Uber Bilder（中左、下右）
267 Getty Images：Heritage Images（中、中右上、中右下）
268–269 © The Metropolitan Museum of Art：Rogers Fund, 1914（中左）
269 © The Metropolitan Museum of Art：The Howard Mansfi eld Collection, Purchase, Rogers Fund, 1936（下中）
270–271 Bridgeman Images：National Gallery, London, UK（中左）
270 Bridgeman Images：National Gallery, London, UK（下右）
271 Getty Images：Universal Images Group（下右）
272 Dorling Kindersley：Maidstone Museum and Bentli Art Gallery / Richard Leeney（下左）
273 Dorling Kindersley：Maidstone Museum and Bentli Art Gallery / Richard Leeney（顶左、顶右、下左、下右）；Maidstone Museum and Bentli Art Gallery / Richard Leeney（中）
274 Bridgeman Images：Brooklyn Museum of Art / Gift of Mr. and Mrs. Franklin H. Williams（中）；Heini Schneebeli（下右）；© The Metropolitan Museum of Art：Gift of Ernst Anspach, 1994（下左）
275 The Art Institute of Chicago：Ada Turnbull Hertle Endowment（右）；Bridgeman Images：Heini Schneebeli（下中）
276 Alamy Stock Photo：CPA Media Pte Ltd（下中）；© The Metropolitan Museum of Art：Rogers Fund, 1930（下右）.
277 University Of Pennsylvania Museum：Bequest of Maxwell Sommerville, 1904（中、中右）
278 Alamy Stock Photo：photosublime（顶中、下中）；©Tate, London 2018：（中）
279 Alamy Stock Photo：photosublime（顶左）；Getty Images：Corbis / Arte & Immagini srl（下右）；Heritage Images（下左）
280 © The Metropolitan Museum of Art：Purchase, Joseph Pulitzer Bequest, 1918
281 Getty Images：Fine Art Images / Heritage Images（下右）；© The Metropolitan Museum of Art：Henry L. Phillips Collection, Bequest of Henry L. Phillips, 1939（下左）
282 Getty Images：Corbis / Library of Congress / D.F. Barry（下左）；Royal Ontario Museum：© ROM（下中）
283 Royal Ontario Museum：© ROM（中）
284 Getty Images：Fine Art Images / Heritage Images（下右）；Universal Images Group / Sepia Times（中左）；Hulton Archive / Herbert Felton（下左）
285 Getty Images：Mondadori Portfolio（中、顶左、顶右）
286 Courtesy National Gallery of Art, Washington：Collection of Mr. and Mrs. Paul Mellon（左、右）
287 © The Metropolitan Museum of Art：H. O. Havemeyer Collection, Bequest of Mrs. H. O. Havemeyer, 1929（中左）；Photo Scala, Florence：Art Resource, NY / The Morgan Library & Museum（下左）
288–289 Getty Images：Leemage（中）；288 Bridgeman Images：National Gallery, London, UK（顶右）
289 Alamy Stock Photo：Universal Art Archive（下右）；Visual Arts Resource（下左）
290 Bridgeman Images：National Gallery, London, UK（中）
291 Bridgeman Images：Neue Pinakothek, Munich, Germany（中左）；Van Gogh Museum, Amsterdam, The Netherlands（下左、下右）
292 The Art Institute of Chicago：Robert A. Waller Fund（下右）；Getty Images：Corbis / Geoffrey Clements（中左）；Corbis / Francis G. Mayer（下中）
293 The Art Institute of Chicago
294–295 Bridgeman Images：Photograph © 2022 Museum of Fine Arts, Boston，版权所有 / Bequest of Maxim Karolik（中）
294 Bridgeman Images：Photograph © 2022 Museum of Fine Arts, Boston，版权所有 / Bequest of Maxim Karolik（顶右）
295 Bridgeman Images：Granger（下右）
296 Alamy Stock Photo：Universal Art Archive（下中）；Bridgeman Images：Mark and Carolyn Blackburn Collection of Polynesian Art（中左）
297 National Museum of New Zealand Te Papa Tongarewa：Ihaia Kereopa Whanau Trust
298 Alamy Stock Photo：Penrodas Collection（下左）；Getty Images：Universal Images Group / Picturenow
299 Photo Scala, Florence：National Gallery, London
300 Belvedere, Vienna
301 © Cartier：（中上）
302 Alamy Stock Photo：Heritage Image Partnership Ltd（中左下）；Getty Images：Fine Art Images / Heritage Images（下中）
303 Alamy Stock Photo：Penrodas Collection（中左）；Visual Arts Resource（下左）；Getty Images：Fine Art Images / Heritage Images（右）；Gamma-Rapho / David Lefranc（顶左）
304 Alamy Stock Photo：AF Fotografie（下左）；Getty Images：Chesnot（下右）
305 Getty Images：Fine Art Images / Heritage Images
306 Getty Images：Art Images（下右）；Imagno（中左）；Moment / Smartshots International（下中）
307 Belvedere, Vienna
308 Alamy Stock Photo：Album（下中）；Getty Images：Bettmann（下右）
309 © The Metropolitan Museum of Art
310–311 Bridgeman Images：State Hermitage Museum, St. Petersburg, Russia（中）
311 Bridgeman Images：Kunstmuseum, Basel, Switzerland
312 Alamy Stock Photo：Uber Bilder（中左下）；Bridgeman Images：Lebrecht Music Arts（下右）；Getty Images：Fine Art Images / Heritage Images（下中）
313 V&A Images / Victoria and Albert Museum, London
314 Alamy Stock Photo：Wolfgang Kaehler（下左）；Photo Scala, Florence：Art Resource / The Metropolitan Museum of Art（右）
315 Alamy Stock Photo：Artokoloro（下左）
316 Alamy Stock Photo：Stephen Lloyd Brazil（中左）；AWL Images：Architecture / Art Deco（右）
317 AWL Images：Alex Robinson（下左）
318–319 Bridgeman Images：Museum of Modern Art, New York, USA
319 Alamy Stock Photo：Prisma by Dukas Presseagentur GmbH（下左）；Getty Images：AFP（下右）
320–321 Photo Scala, Florence：Art Resource / John Bigelow Taylor / © Succession Picasso / © DACS, London 2022
320 Photo Scala, Florence：Art Resource / John Bigelow Taylor（中左上）
321 Bridgeman Images：Archives Charmet / © Succession Picasso / © DACS, London 2022（下右）；Photo Scala, Florence：Art Resource / John Bigelow Taylor / © Succession Picasso / © DACS, London 2022（中右上）
322 Alamy Stock Photo：FLHC9（下右）；ILN（中右下）；The Royal Collection Trust © Her Majesty Queen Elizabeth II：（下左）
323 The Royal Collection Trust © Her Majesty Queen Elizabeth II
324 Alamy Stock Photo：Active Museum / Active Art / Collection / Active Museum / Le Pictorium（下右）；Getty Images：Bettmann / © Banco de México Diego Rivera Frida Kahlo Museums Trust, Mexico, D.F. / © DACS, London 2022（下中）
325 Photo Scala, Florence：Art Resource / Photo Schalkwijk / © Banco de México Diego Rivera Frida Kahlo Museums Trust, Mexico, D.F. / © DACS, London 2022.
326–327 Photo Scala, Florence：Art Resource / The Art Institute of Chicago（中右）
326 Getty Images：Corbis / Oscar White（下中）
327 Photo Scala, Florence：Art Resource / The Art Institute of Chicago（下中）
328 Alamy Stock Photo：Album（中左）；Getty Images：Anne Frank Fonds Basel（下右）
329 Getty Images：Anne Frank Fonds Basel（顶）；Anne Frank Fonds Basel（下）
330 Getty Images：Fox Photos（中右上）；©Tate, London 2018：Barbara Hepworth © Bowness（下左）
331 Getty Images：Archive Photos / © Succession Alberto Giacometti / © DACS, London 2022（下中）；Photo Scala, Florence：The Museum of Modern Art, New York / Gift of Mrs. John D. Rockefeller 3rd. 678.1954 / © Succession Alberto Giacometti / © DACS, London 2022（右）
332–333 Photo Scala, Florence：The Museum of Modern Art, New York / Sidney and Harriet Janis Collection Fund（by exchange）. Acc. n.: 7.1968 / © The Pollock-Krasner Foundation ARS, NY and DACS, London 2022 / © DACS, London 2022（顶右）
332 Getty Images：Susan Wood / © The Pollock-Krasner Foundation ARS, NY and DACS, London 2022 / © DACS, London 2022（顶中）；Shutterstock.com：The LIFE Picture Collection / Martha Holmes / © The Pollock-Krasner Foundation ARS, NY and DACS, London 2022 / © DACS, London 2022（下右）
334–335 Photo Scala, Florence：The Museum of Modern Art, New York / Gift of Irving Blum；Nelson A. Rockefeller Bequest, gift of Mr. and Mrs. William A.M. Burden, Abby Aldrich Rockefeller Fund, gift of Nina and Gordon Bunshaft in honour of Henry Moore, Lillie P. Bliss Bequest, Philip Johnson Fund, Frances Keech Bequest. / © 2022 The Andy Warhol Foundation for the Visual Arts, Inc. / Licensed by DACS, London / © DACS, London 2022
334 Bridgeman Images：Zumapress / © 2022 The Andy Warhol Foundation for the Visual Arts, Inc. / Licensed by DACS, London / © DACS, London 2022（下中）
336–337 NASA：（中右）
336 Alamy Stock Photo：Futuras Fotos（下中）；Getty Images：Lambert（下左）；NASA
338–339 Alamy Stock Photo：Anthony Shaw © the artist / Courtesy Yayoi Kusama Studio / Victoria Miro Gallery, London
339 Shutterstock.com：AP / Itsuo Inouye（下右）
340–341 Getty Images：Universal Images Group / View Pictures / Antony Gormley, Angel of the North, 1998, Steel, 2000 × 5400 × 220 cm, Commissioned by the Gateshead Metropolitan Borough Council, Gateshead, England / Permission courtesy of Antony Gormley Studio © the artist